Die Zulässigkeit postnataler
prädiktiver Gentests

RECHT & MEDIZIN

Herausgegeben von den Professoren
Dr. Erwin Deutsch, Dr. Adolf Laufs, Dr. Hans-Ludwig Schreiber

Bd./Vol. 63

PETER LANG

Frankfurt am Main · Berlin · Bern · Bruxelles · New York · Oxford · Wien

Christiane Schief

Die Zulässigkeit postnataler prädiktiver Gentests

Die Biomedizin-Konvention des Europarats und die deutsche Rechtslage

PETER LANG
Europäischer Verlag der Wissenschaften

Bibliografische Information Der Deutschen Bibliothek
Die Deutsche Bibliothek verzeichnet diese Publikation in der
Deutschen Nationalbibliografie; detaillierte bibliografische
Daten sind im Internet über <http://dnb.ddb.de> abrufbar.

Zugl.: Heidelberg, Univ., Diss., 2003

D 16
ISSN 0172-116X
ISBN 3-631-51519-7

© Peter Lang GmbH
Europäischer Verlag der Wissenschaften
Frankfurt am Main 2003
Alle Rechte vorbehalten.

Das Werk einschließlich aller seiner Teile ist urheberrechtlich
geschützt. Jede Verwertung außerhalb der engen Grenzen des
Urheberrechtsgesetzes ist ohne Zustimmung des Verlages
unzulässig und strafbar. Das gilt insbesondere für
Vervielfältigungen, Übersetzungen, Mikroverfilmungen und die
Einspeicherung und Verarbeitung in elektronischen Systemen.

www.peterlang.de

Meinen Eltern

Vorwort

Die vorliegende Arbeit wurde von der juristischen Fakultät der Ruprecht-Karls-Universität Heidelberg im Sommersemester 2003 als Dissertation angenommen. Soweit möglich, fanden auch die nach Abschluß des Manuskrips bis zum Juli 2003 erschienenen Veröffentlichenungen Berücksichtigung.

Mein besonderer Dank gilt an dieser Stelle meinem verehrten Doktorvater, Herrn Professor Dr. Dr. h.c. Adolf Laufs, der mir das Gebiet des Medizinrechts während des Studiums nähergebracht und mir das interessante Thema dieser Arbeit ans Herz gelegt hat. Danken möchte ich ihm vor allem dafür, daß er mir viel Gestaltungsfreiraum ließ, dabei stets ansprechbar war und für den zügigen Fortgang des Dissertationsverfahrens gesorgt hat. Mein Dank gilt außerdem Herrn Professor Dr. Görg Haverkate für die zügige Erstellung des Zweitgutachtens. Danken möchte ich weiter Herrn Dr. Stefan Winter von der Bundesärztekammer, dem Deutschen Referenzzentrum für Ethik in den Biowissenschaften in Bonn, dem Bundesministerium für Justiz sowie Herrn Hubert Hüppe von der CDU-Bundestagsfraktion und Herrn Dr. Peter Liese vom Europäischen Parlament für die Überlassung von Informationen und Literatur.

Danken möchte ich an dieser Stelle auch meinem Freund, Herrn Dr. Heiner Feldhaus, für die akribische Durchsicht meiner Arbeit und Unterstützung während manch anstrengender Arbeitsphase.

Ganz besonderer Dank aber gebührt meinen Eltern, die mich in jeder Hinsicht stets unterstützt und gefördert und diese Arbeit überhaupt erst ermöglicht haben.

Hamburg, Juli 2003   Christiane Schief

Inhaltsübersicht

I. Einführende Bemerkungen 29
II. Einführung in die Problemstellung 42
III. Abgrenzungsfragen 56
IV. Methode und Aufbau der Arbeit 58

Erster Teil
Gendiagnostik – Prädiktive postnatale Gentests im Verhältnis zwischen Arzt und Ratsuchendem

Erster Abschnitt: Deutsche Rechtslage 61
I. Regelung der prädiktiven Diagnostik 61
II. Standesrecht und offene Fragen 64
III. Regelungsbedarf: Erforderlichkeit
 einer gesetzlichen Regelung der prädiktiven Diagnostik 76
IV. Verfassungsrechtliche Vorgaben – berührte Rechtspositionen 80
V. Lösungsansätze für eine gesetzliche Regelung 109

Zweiter Abschnitt: Die Regelungen der BMK 129
I. Voraussetzungen für die Zulässigkeit prädiktiver genetischer Tests 129
II. Rechtspositionen in Bezug auf das Analyseergebnis 147
III. Geplantes Zusatzprotokoll zur Humangenetik 149
IV. EMRK und Genomanalyse 150

Dritter Abschnitt: Bewertung und Schlußfolgerung 153
I. Art. 12 BMK – Zusammenfassung der Ergebnisse 153
II. Zur Kritik an Art. 12 BMK – notwendige Ergänzungen 153

III. UNESCO Deklaration – postnatale Diagnostik..................................155
IV. Vergleich mit dem Schweizer Gesetzesentwurf................................156
V. Zur Umsetzung der BMK-Regelungen für den Bereich postnataler Diagnostik im Verhältnis Arzt und Patient in deutsches Recht............157
VI. Stellungnahme...158

Zweiter Teil
Prädiktive postnatale Gentests im Verhältnis zu Dritten –
fremdnützige Tests

Erster Abschnitt: Deutsche Rechtslage und Meinungsstand.....................162
I. Normative informationelle Grundmodelle...162
II. Versicherungsrecht: Private Personenversicherungen.........................170
III. Arbeitsrecht..213
IV. Verwandte..240
V. Datenschutz..248
VI. Folgerung..250

Zweiter Abschnitt: Die BMK und die Zulässigkeit
prädiktiver postnataler Gentests im Verhältnis zu Dritten........................251
I. Grundnormen und Grundsätze der BMK...251
II. Versicherungsrecht...260
III. Arbeitsrecht..276
IV. Verwandte..283
V. Datenschutz..284
VI. Bewertung und Stellungnahme..288
Zusammenfassung der Ergebnisse...299

Inhaltsverzeichnis

Abkürzungsverzeichnis ... 26

I. Einführende Bemerkungen ... 29

  1. Bedeutung ... 29

    a) Rolle des Europarats ... 30

    b) Historische Entwicklung und Zielsetzung der Konvention ... 31

    c) BMK – als aktueller und objektivierter Kodex ... 33

    d) BMK – höheres Schutzniveau ... 34

  2. Erforderlichkeit einer europaweiten Regelung ... 34

    a) Nationales Recht ... 37

    b) Standesrecht: Deklaration von Helsinki ... 37

    c) Europäische Menschenrechtskonvention ... 38

  3. Rechtsnatur, verfassungsrechtliche Zulässigkeit und Umsetzung ... 39

    a) Rechtsnatur ... 39

    b) Verfassungsrechtliche Zulässigkeit der Konvention ... 40

    c) Umsetzung in innerstaatliches Recht ... 41

II. Einführung in die Problemstellung ... 42

  1. Begrifflichkeiten ... 42

  2. Medizinisch-diagnostische Möglichkeiten ... 46

  3. Prädiktive postnatale genetische Tests und die BMK ... 49

    a) Art. 12 BMK ... 49

    b) Art. 11 BMK ... 50

  4. Kritik an den Regelungen der BMK zur postnatalen Gendiagnostik: ... 50

    a) Die Erlaubnis von prädiktiver Gentests in Art. 12 BMK ... 50

      aa) Unbestimmtheit des Begriffs „gesundheitliche Zwecke" ... 52

      bb) Geeignetheit des Begriffs „gesundheitliche Zwecke" zur Einschränkung der Zulässigkeit prädiktiver genetischer Diagnostik ... 52

b) Die fehlende Regelung der Weitergabe
der genetischen Information und des Datenschutzes ... 56
III. Abgrenzungsfragen ... 56
IV. Methode und Aufbau der Arbeit ... 58

**Erster Teil: Prädiktive postnatale Gentests
im Verhältnis zwischen Arzt und Ratsuchendem** ... 59

Erster Abschnitt: Deutsche Rechtslage und Meinungsstand ... 61

I. Regelung der prädiktiven Diagnostik ... 61

1. Gesetzliche Vorschriften ... 61
2. Gesetzgeberische Vorarbeiten ... 62

II. Standesrecht und offene Fragen ... 64

1. Allgemeines Standesrecht: Aufklärung, Informed Consent und
Indikation - Unterschiede zwischen kurativer und prädiktiver Medizin ... 64

a) Unterschiede im Rahmen der Aufklärung ... 64

aa) Umfang der Aufklärung vor prädiktiver Diagnostik ... 65

bb) Therapeutische Aufklärung und Selbstbestimmungsaufklärung ... 66

cc) Aufklärung nach einer Genomanalyse ... 67

b) Prinzip des Informed Consent - Freiwilligkeit ... 67

c) Indikation ... 68

d) Vertraulichkeit ... 70

2. Richtlinien der Gesellschaft für Humangenetik –
Grundsatz der nichtdirektiven Beratung ... 70

3. Richtlinie der Bundesärztekammer zur Diagnostik der
genetischen Disposition für Krebserkrankungen ... 71

a) Ratsuchender ... 71

b) Gegenstand der Aufklärung und Freiwilligkeit ... 71

c) Informationsgeber - Arztvorbehalt ... 72

4. Internationales Standesrecht: Leitlinien der WHO ... 73
5. Rechtspositionen um das Analyseergebnis ... 73

6. Problem: Frühkindliche Genomanalyse
und Genomanalyse bei Minderjährigen 74

III. Regelungsbedarf: Erforderlichkeit
einer gesetzlichen Regelung der prädiktiven Diagnostik 76

IV. Verfassungsrechtliche Vorgaben – berührte Rechtspositionen 80

1. Menschenwürde, Art. 1 I Grundgesetz 80

Exkurs: Genomanalyse als notwendige Vorstufe der Gentherapie 82

2. Allgemeine Handlungsfreiheit, Art. 2 I GG 83

3. Wissenschafts- und Forschungsfreiheit, Art. 5 III GG 83

4. Berufsfreiheit Art. 12 GG 84

5. Allgemeines Persönlichkeitsrecht, Art. 2 I i.V.m. Art. 1 I GG 86

a) Allgemein 86

b) Genomanalyse und allgemeines Persönlichkeitsrecht 87

6. Recht auf Wissen – (Erhebung prädiktiven Wissens) 88

a) Recht auf Wissen – das Grundrecht des Einzelnen
auf Kenntnis der eigenen genetischen Konstitution 89

aa) Rechtliche Grundlage 89

Exkurs: Recht auf Nichtwissen 90

Exkurs: Pflicht zu wissen 92

bb) Interessen des Einzelnen an genetischer Diagnostik – Zwecke
genetischer Diagnostik: 94

aaa) Familienplanung 94

bbb) Lebensplanung – allgemeine Gesundheitsvorsorge 94

ccc) Gezielte Förderung bestimmter Anlagen und Eigenschaften 95

ddd) Gesundheitsvorsorge 95

cc) Umfang des Rechts auf Wissen: Das Für und Wider eines
uneingeschränkten Zugangs zu prädiktiver genetischer Diagnostik 95

aaa) Uneingeschränktes Recht auf Wissen – Free and
Informed Consent als einzige Grenze ärztlichen Handelns 95

bbb) Argumente für eine Einschränkung des Rechts auf Wissen 97
b) Grenzen des Rechts auf Wissen - Verfassungsrechtliche
Vorgaben für eine Einschränkung des Rechts auf Wissen 99
aa) Schranken des Allgemeinen Persönlichkeitsrechts 100
bb) Schranken des Rechts auf Wissen 101
c) Einschränkung des Rechts auf Wissen - Kollidierende
Interessen und Rechtsgüter 101
aa) Schutz des Ratsuchenden 101
bb) Unabsehbare soziale Auswirkungen für den Ratsuchenden 103
cc) Mißbrauchsgefahren – Kommerzialisierung genetischer Tests -
Entsolidarisierung durch Recht auf Wissen 103
dd) Gefahren für die Rechte Dritte 106
ee) Gefahr für die Allgemeinheit: Eugenische Zielsetzungen -
Diskriminierung 106
ff) Folgen für den Datenschutz 108
d) Folgerung 108
V. Lösungsansätze für eine gesetzliche Regelung 109
1. Arztvorbehalt 109
a) Allgemeiner Arztvorbehalt 110
b) Facharztvorbehalt 110
c) Beschränkter Arztvorbehalt 111
d) Stellungnahme: 112
2. Einwilligung 113
3. Aufklärung und Beratung 113
a) Umfang der Aufklärung und Beratung 113
b) Obligatorische oder fakultative genetische Beratung 114
c) Grundsatz der nicht-direktiven Beratung 115
4. Reihenuntersuchungen 115
5. Prädiktive Diagnostik bei Minderjährigen 116

6. Qualitätssicherung ... 116
7. Lösungsalternative: Qualitative oder quantitative Indikationskataloge ... 117
8. Lösungsalternative: Unterscheidung nach Art der zu diagnostizierenden Krankheit ... 118
9. Ethik-Beirat beim Bundesministerium für Gesundheit – Eckpunkte für eine gesetzliche Regelung ... 118
   a) Zielsetzung ... 118
   b) Bindung an medizinische Zwecke und Indikation ... 119
   c) Arztvorbehalt ... 120
   d) Fakultative genetische Beratung ... 120
10. Entwurf eines Gesetzes zur Regelung von Analysen des menschlichen Erbgutes (Gentest-Gesetz) der Bundestagsfraktion der Grünen ... 121
   a) Voraussetzungen zulässiger prädiktiver Diagnostik ... 121
   b) Doppelter Arztvorbehalt ... 122
   c) Vertriebsverbot für prädiktive genetische Tests ... 122
   d) Festlegung und Beschränkung des Untersuchungsgegenstandes ... 122
   e) Strafrechtliche Sanktionen ... 122
11. Datenschutzbeauftragte des Bundes und der Länder: Entschließung zu einer gesetzlichen Regelung von genetischen Untersuchungen ... 123
   a) Umfassende Einwilligung ... 123
   b) Bindung prädiktiver Diagnostik an medizinische Zwecke/ Indikation ... 123
   c) Strafrechtliche Sanktionen ... 123
   d) Prädiktive Diagnostik bei Minderjährigen ... 123
12. Empfehlungen der Enquête-Kommission „Recht und Ethik der modernen Medizin" zur gesetzlichen Regelung der genetischen Diagnostik ... 124
   a) Aufklärung – genetische Beratung – psychosoziale Beratung ... 124
   b) Keine umfassende Zweckbindung prädiktiver Diagnostik ... 124

c) Qualitätssicherung der genetischen Diagnostik 125
13. Stellungnahme 126
Zweiter Abschnitt: Die Regelungen der BMK 129
I. Voraussetzungen für die Zulässigkeit prädiktiver genetischer Tests 129
   1. Art. 12 – Bindung prädiktiver Gentests an gesundheitliche Zwecke 129
      a) Gesundheitliche Zwecke – Wortlaut des Art. 12 BMK 130
         aa) Zwingende Voraussetzung prädiktiver Tests 130
         bb) Gesundheitsbegriff 130
         cc) Krankheit 131
            aaa) Der konventionelle Krankheitsbegriff der kurativen Medizin 131
            bbb) Versicherungsrecht: Objektiver Krankheitsbegriff 131
            ccc) Prädiktive Medizin: Praktischer Krankheitsbegriff 132
         dd) Der Begriff der medizinischen Zwecke 133
         ee) Stellungnahme 134
      b) Bedeutungszusammenhang 135
         aa) Art. 2 BMK: Vorrang des menschlichen Lebewesens 135
         bb) Art. 13 BMK: Interventionen in das menschliche Genom 136
            aaa) Diagnostik 137
            bbb) Therapie 137
            ccc) Prävention 137
         cc) Art. 19 BMK: Therapeutischer Nutzen 138
         dd) Gesundheitsbezogene Forschung: Art. 15 BMK und der Entwurf des geplanten Zusatzprotokolls über biomedizinische Forschung 138
         ee) Art. 17 I BMK: Unmittelbarer Nutzen für die Gesundheit 139
         ff) Empfehlungen des Ministerkomitees des Europarats 140
            aaa) Empfehlung R (92) 3 hinsichtlich prädiktiver Gentests zu Gesundheitszwecken („health care purposes") 140
            bbb) Empfehlung R (90) 3 hinsichtlich medizinischer Forschung am Menschen 141

c) Entstehungsgeschichte der BMK – Erläuternder Bericht 141

   aa) Tests nur zum gesundheitlichen Nutzen des Betroffenen 142

   bb) Forschung 142

d) Sinn, Zweck und Zielsetzung des Art 12 BMK 143

e) Verfassungskonforme Auslegung 143

   aa) Selbstbestimmungsrecht 143

   bb) Andere Ansicht 144

   cc) Forschung 144

2. Medizinische Indikation für genetische Tests gemäß Art. 4 BMK 144

3. Einwilligung gemäß Art. 5 BMK und Beratung gemäß Art. 12 BMK 145

   a) Verhältnis von Aufklärung (Art. 5 BMK) und
   genetischer Beratung (Art. 12 BMK) 145

   b) Inhalt der genetischen Beratung 146

II. Rechtspositionen in Bezug auf das Analyseergebnis 147

   1. Recht auf Auskunft und Recht auf Nichtwissen Art. 10 II BMK 147

   2. Einschränkung nach Art. 10 III BMK 147

III. Geplantes Zusatzprotokoll zur Humangenetik 149

   1. Vorarbeiten - Geplanter Inhalt: 149

   2. Vorschläge zum Inhalt des Zusatzprotokolls 150

IV. EMRK und Genomanalyse 150

Dritter Abschnitt: Bewertung und Schlußfolgerung 153

I. Art. 12 BMK – Zusammenfassung der Ergebnisse 153

II. Zur Kritik an Art. 12 BMK – notwendige Ergänzungen 153

III. UNESCO Deklaration – postnatale Diagnostik 155

IV. Vergleich mit dem Schweizer Gesetzesentwurf 156

V. Zur Umsetzung der BMK-Regelungen für den Bereich postnataler
Diagnostik im Verhältnis Arzt und Patient in deutsches Recht 157

VI. Stellungnahme 158

Zweiter Teil: Prädiktive postnatale Gentests im Verhältnis zu Dritten; fremdnützige Tests 161

Erster Abschnitt: Deutsche Rechtslage und Meinungsstand 162

I. Normative informationelle Grundmodelle 162

1. Recht auf informationelle Selbstbestimmung – das Recht auf Nichtwissen (Datenherrschaft) 162

 a) Allgemeines Persönlichkeitsrecht im Zivilrecht – Persönlichkeitsrecht im Genbereich 162

 b) Recht auf Nichtwissen 164

  aa) Rechtliche Grundlage und Umfang 164

  bb) Einschränkung des Rechts auf Nichtwissen 165

 c) Drittwirkung 166

 d) Verhältnis zu Rechten und Interessen Dritter - Einschränkbarkeit 167

2. Prinzip des informed consent (Behandlungs-und Eingriffshoheit) 168

3. Analyseergebnis: Einsichtsrecht, Vertraulichkeit der Ergebnisse der Genomanalyse - Datenschutz 169

II. Versicherungsrecht – private Personenversicherungen 170

1. Anwendungsmöglichkeiten der Genomanalyse im Versicherungsrecht.. 170

2. Kollidierende Interessen und Rechte 171

 a) Versicherungsnehmer 171

 b) Versicherungsgeber 172

  aa) Risikoadäquate Prämienkalkulation – Natur des Versicherungsvertrags 172

  bb) Vertragsfreiheit 173

3. Rechtslage 174

4. Praxis 176

5. Gesetzgebungsbedarf 177

6. Erhebung prädiktiven Wissens vor Abschluß eines Versicherungsvertrags – Problemkonstellationen und Lösungsansätze 178

a) Argumente für ein generelles Erhebungsverbot 178

aa) Recht auf Nichtwissen 179

bb) Faktischer Zwang – Freiwilligkeit als ungeeignetes Kriterium 180

cc) Fehlende Notwendigkeit einer genetischen
Untersuchung im Versicherungswesen 181

dd) Förderung genetischer Diskriminierung 182

ee) Natur des Versicherungsvertrags 182

ff) Risikoauslese zu Lasten der gesetzlichen Versicherungen 182

b) Einwilligungslösung – ohne Anspruch des Versicherers auf
Durchführung eines Tests 183

c) Argumente für die Zulässigkeit von Genomanalysen beim Abschluß
privater Personenversicherungen 183

aa) Sinn und Zweck der Risikoprüfung 184

bb) Vergleich mit herkömmlichen Untersuchungsmethoden 184

cc) Unternehmerische und wirtschaftliche
Gestaltungsfreiheit der Versicherer 186

dd) Veränderung der Geschäftsgrundlage durch die Möglichkeiten
genetischer Diagnostik 188

d) Argumente für eine eingeschränkte Zulässigkeit 188

aa) Differenzierung zwischen Kranken- und Lebensversicherung 188

bb) Differenzierung nach der Versicherungssumme 191

cc) Differenzierung nach Art der zu testenden Krankheit 191

dd) Differenzierung nach der Qualität prädiktiven Wissens 192

ee) Zulässigkeit bei Bestehen einer gewissen Wahrscheinlichkeit
für eine bestimmte genetische Disposition 193

e) Lösungsmodell: Einheitsversicherung 194

7. Kenntnis der eigenen genetischen Disposition – Offenbarungspflicht -
Problemkonstellationen und Lösungsansätze 194

a) Gesetzliche Grundlagen: §§ 16 ff VVG 194

b) Genetische Krankheitsdisposition als gefahrerheblicher
Umstand – Inhalt des Fragerechts 194
   aa) Wortlaut 195
   bb) Ratio legis des § 16 VVG 195
      aaa) Erheblichkeit 196
      bbb) Vergleich mit anderen gefahrerheblichen Umständen 197
   cc) Meinungsstand und Lösungsansätze 198
      aaa) Anzeigepflicht – Fragerecht des Versicherers nach
      Ergebnissen genetischer Tests 198
      bbb) Einschränkung der vorvertraglichen Anzeigepflicht:
      Anzeigepflicht nur bei hoher Wahrscheinlichkeit
      eines zeitnahen Krankheitsausbruchs 201
      ccc) Anzeigepflicht nur bei lebensbedrohlichen
      und kostspieligen Risiken 202
      ddd) Offenbarungspflicht bei der Krankenversicherung 202
      eee) Offenbarungspflicht ab einer
      bestimmten Versicherungssumme 203
      fff) Keine Offenbarungspflicht hinsichtlich prädiktiven Wissens 203
      ggg) Verwertungsverbot 206
      hhh) Wartezeiten zwischen Versicherungsabschluß
      und Versicherungsbeginn 209
8. Schlußfolgerung 209
III. Arbeitsrecht 213
   1. Anwendungsmöglichkeiten der Genomanalyse im Arbeitsrecht 213
   2. Problemstellung und kollidierende Interessen und Rechte 215
      a) Interessen und Rechte des Arbeitnehmers 215
      b) Interessen und Rechte des Arbeitgebers 216
      c) Problemkonstellationen 217

3. Rechtslage - Genomanalysen im Verhältnis
Arbeitnehmer und Arbeitgeber; Regelungsbedarf 218

   a) Genomanalysen vor Abschluß eines Arbeitsvertrags 218

   b) Fragerecht des Arbeitgebers nach genetischen Testergebnissen 221

      aa) Inhalt und Umfang des Fragerechts des Arbeitgebers 221

      bb) Grundsätze über das Fragerecht des
Arbeitnehmers nach der Rechtsprechung 221

4. Die Frage der Zulässigkeit von Genomanalysen im Rahmen von
Einstellungsuntersuchungen – Lösungsvorschläge und
gesetzgeberische Vorarbeiten 223

   a) Unzulässigkeit von Genomanalysen im Rahmen von Einstellungs- und
Eignungsuntersuchungen vor Abschluß eines Arbeitsvertrags;
Verwertungsverbot 223

      aa) Genetische Diskriminierung 224

      bb) Recht auf Nichtwissen des Arbeitnehmers 225

      cc) Zwangslage des Arbeitssuchenden 225

      dd) Einschränkung der Berufswahl;
kein biologischer Determinismus 226

      ee) Negative Auswirkungen auf den Arbeitsschutz 226

      ff) Risikoverteilung im Arbeitsrecht 227

      gg) Sozialer Zwang 227

   b) Zulässigkeit der Genomanalyse im Rahmen von
Einstellungsuntersuchungen 228

   c) Zulässigkeit der Genomanalyse
bei Einwilligung des Arbeitnehmers 229

   d) Verbot mit Erlaubnisvorbehalt 230

      aa) Ausnahme vom Verbot der Genomanalyse
im Interesse des Arbeitnehmers 230

      bb) Ausnahme vom Verbot der Genomanalyse zum Schutz Dritter 232

5. Das Fragerecht des Arbeitgebers hinsichtlich bereits durchgeführter Genomanalysen – Offenbarungspflicht des Arbeitnehmers; Lösungsvorschläge – gesetzgeberische Vorarbeiten 235

a) Lösungsvorschlag: Grundsätzliches Frageverbot mit Erlaubnisvorbehalt - Eingeschränkte Offenbarungspflicht 235

b) Lösungsvorschlag: Verwertungsverbot – Keine Offenbarungspflicht bei vorhandenen Kenntnissen aus genetischer Diagnostik 236

c) Lösungsvorschlag: Möglichkeit der freiwilligen Weitergabe von Testergebnissen 238

6. Schlußfolgerung 239

IV. Verwandte 240

1. Recht auf Nichtwissen naher Angehöriger – erhobenes Wissen 241

2. Recht auf Wissen versus Recht auf Nichtwissen (Erhebung von prädiktivem Wissen) 243

3. Gesetzgeberische Vorarbeiten 246

4. Vergleich mit dem Schweizer Gesetzesentwurf 247

5. Stellungnahme 247

V. Datenschutz 248

VI. Folgerung 250

Zweiter Abschnitt: Die BMK und die Zulässigkeit prädiktiver postnataler Gentests im Verhältnis zu Dritten 251

I. Grundnormen und Grundsätze der BMK 251

1. Art. 12 BMK 251

a) Ausnahmen von der Gesundheitsbezogenheit nach Art. 26 I BMK - Fremdnützige Tests 252

b) Art. 8 II EMRK 253

2. Das Recht auf Privatsphäre und das Recht auf Nichtwissen Art. 10 I, II BMK 255

a) Art. 10 I BMK und Art. 8 I EMRK – Genomanalyse 255

b) Recht auf Nichtwissen gemäß Art. 10 II BMK 256
c) Einschränkungsmöglichkeiten gemäß Art. 26 I BMK 256
3. Art.11 BMK Nichtdiskriminierung 257
a) Zielsetzung 257
b) Art. 14 EMRK - Diskriminierungsverbot 258
c) Begriff der genetischen Diskriminierung 259
d) Ergänzende Maßnahmen 259
II. Versicherungsrecht 260
1. Die BMK und die Frage der Zulässigkeit der Durchführung genetischer Tests vor Abschluß eines Versicherungsvertrags 260
a) Verbot des Art. 12 BMK 260
b) Bedeutungszusammenhang: Art. 2 I BMK 261
c) Ausnahme von der Gesundheitsbezogenheit gemäß Art. 26 I BMK im Bereich des Versicherungswesens 262
2. Die BMK und die Frage der Offenbarungspflicht bei vorhandenen Testergebnissen 262
a) Art. 12 BMK und die Offenbarungspflicht im Versicherungsrecht 262
b) Art. 11 BMK und die Frage der Offenbarungspflicht 263
c) Art. 10 I BMK – Privatssphäre 265
d) Zwischenergebnis 266
3. Verwertung genetischer Information durch den Versicherungsträger 266
a) Entstehungsgeschichte der Konvention 266
b) Art. 12 BMK und die Frage der Verwertung von Testergebnissen 269
c) Art. 11 BMK und die Verwertbarkeit von Testergebnissen 270
d) Empfehlungen des Ministerkommitees 273
4. Vorarbeiten zum Zusatzprotokoll für Humangenetik für den Bereich des Versicherungsrechts 274
5. Bewertung und Schlußfolgerung 275
III. Arbeitsrecht 276

1. Erhebung prädiktiven Wissens im Arbeitsrecht 276
   a) Art. 12 BMK und die Frage der Erhebung prädiktiven Wissen
   im Rahmen von Einstellungsuntersuchungen 276
   b) Geplantes Zusatzprotokoll zur Humangenetik und die Frage der
   prädiktiven Tests im Arbeitsrecht 278
2. Verwertung genetischer Information auf dem Arbeitsmarkt 279
   a) Entstehungsgeschichte 280
   b) Genetische Veranlagung als sachlicher
   Differenzierungsgrund – Art. 11 BMK 280
   c) Geplantes Zusatzprotokoll zur Humangenetik 281
3. Stellungnahme 282

IV. Verwandte 283
1. Durchführung genetischer Tests im Interesse eines Verwandten 283
2. Weitergabe genetischer Testergebnisse
an ebenfalls betroffenen Verwandte 284

V. Datenschutz - Probleme im Zusammenhang mit der Weitergabe von
Testergebnissen 284
1. Art. 10 BMK - Datenschutz 285
2. Schranke des Art. 26 I BMK – Weitergabe der Testergebnisse 286
3. Empfehlungen des Ministerkommitees 286
4. Geplantes Zusatzprotokoll zur Humangenetik 287
5. Schlußfolgerung und Stellungnahme 287

VI. Bewertung und Stellungnahme 288
1. Lösung der Probleme im Bereich der prädiktiven genetischen
postnatalen Diagnostik im Verhältnis zu Dritten durch die BMK 288
2. Notwendiger Inhalt des Zusatzprotokolls zur Humangenetik 292
3. Vergleich mit den Regelungen der UNESCO Deklaration –
postnatale Diagnostik 292

4. Umsetzung und Durchsetzung der BMK für den Bereich
der postnatalen Diagnostik 293
5. Stellungnahme 295

Zusammenfassung der Ergebnisse 299

Literaturverzeichnis 303

Quellenverzeichnis 325

Abkürzungsverzeichnis

AcP	= Archiv für die civilistische Praxis
BÄK	= Bundesärztekammer
BMG	= Bundesministerium für Gesundheit
BMJ	= Bundesministerium der Justiz
BB	= Betriebsberater
BverfG	= Bundesverfassungsgericht
CDBI	= Steering Committee on Bioethics (Lenkungsausschuß für Bioethik)
CuR	= Computer und Recht
DÄBL	= Deutsches Ärzteblatt
DFG	= Deutsche Forschungsgemeinschaft
DÖV	= Die öffentliche Verwaltung
DuD	= Datenschutz und Datensicherung
EthikMed	= Ethik in der Medizin
EGMR	= Europäischer Gerichtshof für Menschenrechte
EuGRZ	= Europäische Grundrechte-Zeitschrift
JbfRE	= Jahrbuch für Recht und Ethik
JbfWE	= Jahrbuch für Wissenschaft und Ethik
JR	= Juristische Rundschau
JUS	= Juristische Schulung

KritikV	= Kritische Vierteljahresschrift für Gesetzgebung und Rechtswissenschaft
MDR	= Monatsschrift für Deutsches Recht
Med Law	= Medicine and Law
MedR	= Medizinrecht
NJW	= Neue juristische Wochenschrift
NVersZ	= Neue Zeitschrift für Versicherung und Recht
NZA	= Neue Zeitschrift für Arbeits- und Sozialrecht
RabelsZ	= Rabels Zeitschrift für ausländisches und internationales Privatrecht
RdA	= Recht der Arbeit
VersR	= Versicherungsrecht
ZfS	= Zeitschrift für Sozialreform
ZRP	= Zeitschrift für Rechtspolitik
ZSR	= Zeitschrift für schweizerisches Recht
ZVersWiss	= Zeitschrift für die gesamte Versicherungswissenschaft

I. Einführende Bemerkungen

Die Biomedizin-Konvention des Europarats:
Bedeutung und Verhältnis zum deutschen Recht

1. Bedeutung

Das Übereinkommen zum Schutz der Menschenrechte und der Menschenwürde im Hinblick auf die Anwendung von Biologie und Medizin: Übereinkommen über Menschenrechte und Biomedizin vom 4. April 1997[1] des Europarats, kurz Biomedizin-Konvention[2] (im Folgenden abgekürzt: BMK) genannt, soll zukünftig für 800 Millionen Menschen in 43 Ländern Europas das ethische und rechtliche „Grundgesetz" für alle Fragestellungen im Zusammenhang von Biomedizin, Bioforschung, Molekulargenetik und Menschenwürde sein.[3] Die neuen medizinisch technischen Möglichkeiten von Transplantationsmedizin, Fortpflanzungsmedizin und Gentechnik bringen bestehende Normen ins Wanken, und es steht zur Disposition, was der Einzelne als natur- und menschgegeben hinnehmen soll.[4] Menschenwürde und Persönlichkeitsrecht sind nicht allein im Rahmen der Gentechnik gefährdet, wo sich besonders deutlich die Kluft zwischen vorauseilendem technischem Fortschritt und fehlenden normativen Standards zeigt. Die Regelung der neuen Techniken, die Eindämmung der Gefahren unter Nutzung ihrer Vorteile kann in zweierlei Weise erfolgen. Auf der einen Seite steht die Lösung des „laisser faire bei bloßer Unterbindung extremen Mißbrauchs" durch bestehende rechtliche Normen, auf der anderen Seite eine „verantwortete Regelung durch Maßstäbe bewährter sittlicher und rechtlicher Tradition".[5] Dahinter steht die Einsicht, daß der technische Fortschritt keinen grundsätzlichen Eigenwert verkörpert, dem alle Werte geopfert werden müßten, sondern daß er vielmehr nur insoweit und dann erstrebenswert ist, wenn er einen tatsächlichen Fortschritt bedeutet und moralisch vertretbar ist. Erforderlich ist eine aktive Einstellung gegenüber den technischen

---

[1] Deutsche Übersetzung abgedruckt bei E. Deutsch, Medizinrecht, 1999, Rn 1033 oder in: JbfWE 1997, 285-303; verbindlich ist nur der Wortlaut in englischer und französischer Sprache (Art. 38 BMK), Convention for the Protection of Human Rights and Dignity of the Human Being with Regard to the Application of Biology and Medicine (englische Version) ebenfalls abgedruckt in: JbfWE 1997, 285-303.
[2] Früher „Bioethik-Konvention", umbenannt auf Grund der Kritik am Begriff der Bioethik, T. Degener, Chronologie der Bioethik – Konvention und ihre Streitpunkte, KritV 1998, 7, 20 mwN; BT-Durcks. 13/9577, 1 ff.; für den Begriff der Biomedizin-Konvention: Beschlußempfehlung und Bericht des Rechtsausschusses v. 27.06. 1995, BT-Drucks. 13/1816, 4; vorliegend wird der Begriff Biomedizin-Konvention gewählt, der mittlerweile gebräuchlich ist und aus dem Begriff „Menschenrechtsübereinkommen zur Biomedizin" und dem Begriff „convention on human rights und biomedicine" abgeleitet ist.
[3] T. Kienle, Bioethik und Pränataldiagnostik in Europa, ZRP 1996, 253.
[4] R. Damm, Prädiktive Medizin und Patientenautonomie - Informationelle Persönlichkeitsrechte in der Gendiagnostik, MedR 1999, 437, 438.
[5] E. Fechner, Menschenwürde und generative Forschung und Technik, JZ 1986, 653, 663.

Neuerungen und ihren Auswirkungen auf die Gesellschaft, die bewirkt, daß diese Entwicklungen planmäßig gestaltet und einer sozialen Kontrolle unterworfen werden.[6] In diesem Sinne enthält die Biomedizin-Konvention Regelungen für grundlegende Fragen der Anwendung der Medizin beim Menschen, ebenso wie für spezielle Bereiche wie die Transplantationsmedizin, die Forschung am Menschen, Genomanalyse und Gentherapie innerhalb von 38 Artikeln. Es soll sichergestellt werden, daß die Nutzung der medizinischen Fortschritte zum Wohl des Individuums, der Gesellschaft und der menschlichen Gattung erfolgt. Es soll ein Bewußtsein für die möglichen Gefahren entstehen, und es sollen die möglichen Folgen einer ständigen Prüfung unterzogen werden.[7] Ziel der Biomedizin-Konvention ist die Wahrung der Rechte und Grundfreiheiten, insbesondere der Integrität des Einzelnen im Hinblick auf die Anwendung von Biologie und Medizin.[8]

a) Rolle des Europarats

Der nach den Menschenrechtsverletzungen des zweiten Weltkriegs 1949 gegründete Europarat und besteht aus Repräsentanten der 43 Mitgliedsstaaten. Der Europarat ist Plattform für die Erwartungen, Ängste und Wünsche von etwa 800 Millionen Menschen in einem Gebiet, das vom Atlantik bis zum Ural reicht. In jüngerer Zeit traten die Russische Föderation, Kroatien und Georgien bei, so daß man von einer „paneuropäischen Organisation" sprechen kann.[9] Die Festigung der Einheit des Kontinents, der Schutz der Würde der Bürger in Europa, der Schutz der Demokratie und der Menschenrechte sind die wichtigsten Ziele des Europarats.[10] Die Europäische Menschenrechtskonvention von 1950 stellt das bedeutendste Werk zur Förderung dieser Ziele dar.[11] Im Rahmen der Gipfelkonferenz des Europarats im Oktober 1993 in Wien wurde das politische Mandat des Europarats durch die Staats- und Regierungschefs neu definiert: Der Europarat soll Hüter der demokratischen Sicherheit sein, die sich auf die Menschenrechte, Demokratie und Rechtsstaatlichkeit stützt und so Stabilität und Frieden in Europa

---

[6] P. Koller, Technische Entwicklung, gesellschaftlicher Fortschritt und soziale Gerechtigkeit, JbfRE 1999, 291, 292.
[7] Erläuternder Bericht zu dem Übereinkommen der Menschenrechte und Menschenwürde im Hinblick auf die Anwendung von Biologie und Medizin, 1997, DIR/JUR (97) 5, Abschnitt 3, 14.
[8] Art. 1 BMK.
[9] R. Streinz, 50 Jahre Europarat, : in R. Streinz (Hrsg.), 50 Jahre Europarat – Der Beitrag des Europarats zum Regionalismus, 2000, 17, 19.
[10] Vgl. auch D. Tarschys, 50 Jahre Europarat: der Weg nach einem Europa ohne Trennungslinien, in: U. Holtz (Hrsg.), 50 Jahre Europarat, 2000, 39; www.europarat.de, Der Europarat im Überblick; T. Oppermann, Europarecht, 1999, Rn 52 ff..
[11] C. Rudloff-Schäfer, Das Übereinkommen über Menschenrechte und Biomedizin des Europarats v. 4. April 1997 – europäische Standards in biomedizinischer Forschung und Praxis, DuD 1999, 322 ff.; vgl. zur Bedeutung der EMRK, D. Tarschys, in: U. Holtz (Hrsg.), 50 Jahre Europarat, 2000, 39, 40 ff.; R. Streinz, Europarecht, 1995, Rn 1.

fördern.¹² Organe des Europarats sind das Ministerkomitee als Entscheidungsorgan (Art. 13, 15 ff, Satzung des Europarats), das sich aus den Außenministern der Mitgliedsstaaten zusammensetzt und die beratende Versammlung (auch parlamentarische Versammlung genannt), welche keine legislativen Kompetenzen hat, vielmehr Stellungnahmen und Empfehlungen auf Anfragen des Ministerkomitees abgibt.¹³ Der Europarat, der mit der EMRK den Ausgangspunkt einer europaweiten Konsensbildung über Mindestnormen erschuf, ist die geeignete Institution für eine Konvention wie die BMK.¹⁴

b) Historische Entwicklung und Zielsetzung der Konvention

Bereits im Jahr 1985 wurde ein Ad-Hoc-Expertenausschuß des Europarats für die Bioethik gebildet, aus dem 1992 der Lenkungsausschuß zur Koordinierung von Menschenrechtsfragen und Bioethik entstand. Dieser Lenkungsausschuß unterliegt der Weisung des Ministerkomitees. 1990 regte die parlamentarische Versammlung des Europarats die Erarbeitung einer Rahmenkonvention an, in der allgemeine Grundsätze zur Bioethik aufgestellt werden sollten. Die Aufgabe der Entwicklung einer Rahmenkonvention auf der Basis der Europäischen Menschenrechtskonvention, welche allgemeine Regelungen zum Schutz des Menschen im Kontext der biomedizinischen Wissenschaftsentwicklung enthalten sollte, übertrug das Ministerkomitee dem Lenkungsausschuß.¹⁵ Weiter sollten spezielle Fragen innerhalb von Zusatzprotokollen geregelt werden. Es gibt ein solches Zusatzprotokoll zum Verbot des Klonens¹⁶ und es sind weitere zum Datenschutz, zur

---

¹² Vgl. Art. 1, 3 der Satzung des Europarats; www.eiz-niedersachsen.de/themen/europarataufgaben.htm; R. Streinz, in: R. Streinz (Hrsg.) 50 Jahre Europarat – Der Beitrag des Europarats zum Regionalismus, 2000, 17 19; allgemein zum Mandat des Europarats: B. Haller, Das paneuropäische Mandat des Europarats, in: U. Holtz (Hrsg.), 50 Jahre Europarat, 2000, 51-69.
¹³ R. Streinz, : in R. Streinz (Hrsg.) 50 Jahre Europarat – Der Beitrag des Europarats zum Regionalismus, 2000, 17, 24; M. de Wachter, The European Convention on Bioethics, Hastings Center Report 1997, 13; zu den Organen des Europarats vgl. T. Oppermann, Europarecht, 1999, Rn 54 ff..
¹⁴ L. Honnefelder, Intention und Charakter des Übereinkommens über Menschenrechte und Biomedizin, in: L. Honnefelder/J. Taupitz/S. Winter, Das Übereinkommen über Menschenrechte und Biomedizin des Europarats, 1999, 8, 9.
¹⁵ Ausführlich zur historischen Entwicklung: T. Degener, KritV 1998, 7, 9-11; T. Kienle, Die prädiktive Medizin und gentechnische Methoden, Diss. Tübingen 1998, 146 ff.; S. Winter, Gesundheitspolitische Analyse der Europäischen Menschenrechtskonvention zur Biomedizin, in: L. Honnefelder/J. Taupitz/S. Winter, Das Übereinkommen über Menschenrechte und Biomedizin des Europarats, 1999, 33 ff.; H. v. Schubert, Das Dilemma der „angewandten Ethik" zwischen Prinzip, Ermessen und Konsens am Beispiel der „Bioethik-Konvention" und kirchlichen Stellungnahmen, EthikMed 2000, 46 ff.; B.-R. Kern, Die Bioethik-Konvention des Europarates –Bioethik versus Arztrecht?, MedR 1998, 485, 486.
¹⁶ Zusatzprotokoll zum Übereinkommen zum Schutz der Menschenrechte und Menschenwürde im Hinblick auf die Anwendung von Biologie und Medizin über das Verbot des Klonens von menschlichen Lebewesen, 1998, abgedruckt in: JbfWE 1998, 331-338.

biomedizinischen Forschung[17], zur Humangenetik[18], zum Schutz des Embryos und zur Organtransplantation[19] geplant.

Der erste Entwurf der Konvention wurde 1994[20], der zweite 1995[21] vorgelegt. Schließlich wurde der endgültige Entwurf[22] im November 1996 vom Ministerkomitee zur Zeichnung ausgelegt. Innerhalb dieses Normsetzungsprozesses wurden Kritik und Verbesserungsvorschläge[23] zu den einzelnen Fassungen berücksichtigt.[24] Der Europarat hat den ersten Entwurf der BMK aus den grundlegenden Prinzipien der Europäischen Menschenrechtskonvention entwickelt. Dies geschah im Bewußtsein der schnellen Entwicklung in Biologie und Medizin[25] und ist die Reaktion auf die Herausforderungen und Gefährdungen der Menschenrechte durch die Biotechnologie. In Ergänzung[26] anderer internationaler Übereinkünfte wie der allgemeinen Erklärung über Menschenrechte, der europäischen Sozialcharta sollten für wichtige humanbiologische und medizinische Bereiche wie die Forschung am Menschen, die Organspende von Lebenden, die Forschung an Embryonen, mögliche Eingriffe in das Genom und die Anwendung gentechnologischer Verfahren europäische Grundsätze festgelegt werden. Wie sich aus Art. 27 BMK ergibt, handelt es sich hier nur um Mindeststandards: Danach darf das Übereinkommen nicht so ausgelegt werden als beschränke oder beeinträchtige es die Möglichkeit eines Vertragsstaates, im Hinblick auf die Anwendung von Biologie und Medizin einen über dieses Übereinkommen hinausgehenden Schutz zu gewähren. Es handelt sich um eine Rahmenkonvention, die Mindeststandards

---

[17] CDBI, Entwurf eines Zusatzprotokolls zum Übereinkommen über Menschenrechte und Biomedizin über biomedizinische Forschung, CDBI/INF (2001) 5, Arbeitsübersetzung des BMJ.
[18] Siehe dazu CDBI, Working Party on Human Genetics, DIR/JUR (97) 13.
[19] CDBI, Entwurf eines Zusatzprotokolls zu dem Übereinkommen zum Schutz der Menschenrechte und der Menschenwürde im Hinblick auf die Anwendung von Biologie und Medizin über die Transplantation von Organen und Geweben menschlichen Ursprungs, 3. Februar 1999, CDBI/INF (99) 2, Arbeitsübersetzung der Bundesregierung.
[20] Council of Europe, Draft convention for the protection of human rights and dignity of the human being with regard to the application of biology and medicine: Bioethics convention and explanatory report, DIR/JUR (94) 2, 1994; deutsche Fassung abgedruckt in JbfWE 1996, 277-289.
[21] CDBI, Draft convention for the protection of human rights and dignity of the human being with regard to the application biology and medicine, DIR JUR (96) 26, 1996; vgl. BR-Drucks 617/96.
[22] Council of Europe, Draft Concention for the protection of human rights and dignity of the human being with regard to the application of biology and medicine: convention on human rights and biomedicine, abgedruckt in BT-Drucks. 13/5435, 5 ff., 20 ff.
[23] Stellungnahme der Parlamentarische Versammlung des Europarats zum Entwurf einer „Bioethik-Konvention" Nr. 184, 2. Februar 1995, abgedruckt in JbfWE 1996, 291-295; Bundesrat zum ersten Entwurf, Verbesserungsvorschläge und Kritik, BR-Drucks. 117/95, 77; Bundestag, BT-Drucks. 13/1816.
[24] Vgl. DIR/JUR (96) 7.
[25] Vgl. Entwurf einer „Bioethik-Konvention" des Europarats in JbfWE 1996, 277; M. d. Wachter, The European Convention on Bioethics, Hastings Center Report 1997, 13, 14.
[26] Erläuternder Bericht DIR/JUR (97) 5, Abschnitt 11-12.

setzt, wodurch vor allem krasse Fehlentwicklungen vermieden werden sollen. Ein weiterreichenderer Schutz durch nationale Gesetze bleibt immer noch möglich.[27] Unberührt bleibt also eine strengere nationale Regelung wie beispielsweise das deutsche Embryonenschutzgesetz, das in § 2 das umfassende Verbot der Verwendung von Embryonen (zu Forschungszwecken) festschreibt. Andererseits ist Ziel nicht nur, Minimalschutz festzuschreiben, sondern vielmehr Mindestschutz zu gewährleisten. Absicht ist auch, Leitlinien für eine neue Gesetzgebung in den Staaten zu schaffen, die keinerlei oder nur unzulängliche rechtliche Grenzen im Bereich der Biomedizin kennen.[28]

Bislang haben 30 der 43 Mitgliedsstaaten des Europarats unterschrieben, darunter Frankreich, Italien, Spanien, Schweden, Norwegen und die Niederlande.[29] Die Konvention steht auch Nichtmitgliedsstaaten zum Beitritt offen, jedoch haben das weder die USA und Kanada, noch Japan bislang getan. Deutschland hat mit dem Hinweis darauf, daß die öffentliche Diskussion derzeit in Deutschland noch nicht abgeschlossen ist, noch nicht unterzeichnet.[30] Tatsächlich stellt sich für die Bundesrepublik Deutschland die Frage, ob sie noch beitreten soll oder ob das Übereinkommen dem deutschen Recht in bedeutsamen Punkten widerspricht, so daß der Beitritt aus rechtlichen oder politischen Gründen nicht möglich oder nicht angemessen ist.[31]

c) BMK – als aktueller und objektivierter Kodex
Zum Teil wird die Biomedizin-Konvention als der aktuellste, am meisten objektivierte Kodex Europas bezeichnet.[32] Zu berücksichtigen ist, daß innerhalb der BMK die Konflikte zwischen den unterschiedlichen ethischen Wertordnungen und Rechtsauffassungen der Mitgliedsstaaten ausgetragen werden.[33] Für die Abstimmung und Kompromißfindung zwischen den Mitgliedsstaaten war und wird

---

[27] A. Laufs, Nicht der Arzt allein muß bereit sein, das Notwendige zu tun, NJW 2000, 1757, 1764; K. Vilmar, in: S. Winter/H. Fenger/H.-L. Schreiber (Hrsg.), Genmedizin und Recht, 2001, Rn 488; vgl. dazu auch L. Honnefelder, Biomedizinische Ethik und Globalisierung – Zur Problematik völkerrechtlicher Grenzziehung am Beispiel der Menschenrechtskonvention zur Biomedizin des Europarats, in: A. Eser (Hrsg.) Biomedizin und Menschenrechte, 1999, 38-58.
[28] Bundesjustizministerium zur Bioethik-Konvention 1998, 11; A. Laufs, Arzt und Recht – Fortschritte und Aufgaben, NJW 1998, 1750, 1751; C. Rudloff-Schäfer, DuD 1999, 322.
[29] Aktueller Stand der Unterzeichnungen und Ratifizierungen abrufbar unter: www.conventions.coe.int/Treaty/EN .
[30] BT-Drucks. 13/9577, 2; vgl. BT-Drucks. 13/8404; vgl. auch zum Entwurf: Unterrichtung durch die Bundesregierung, Bericht über den Verhandlungsstand des Menschenrechtsübereinkommens zur Biomedizin, BT-Drucks. 13/5435, 1.
[31] Beitritt nach wie vor sehr umstritten: W. Höfling, Das "Menschenrechtsübereinkommen zur Bio-Medizin" und die Grund- und Menschenrechte, in: M. Wunder/T. Müller-Miebach (Hrsg.), Bio-Ethik und die Zukunft in der Medizin, 1998, 72 ff.
[32] T. Kienle, ZRP 1996, 253 vor der Artikulation der Konvention am 4.April 1997.
[33] T. Kienle, Die prädiktive Medizin und gentechnische Methoden, Diss. Tübingen 1998, 138.

nicht, wie vielfach befürchtet, der kleinste gemeinsame Nenner entscheidend sein, weil die ethischen Grundsätze in ihrer europäischen Tradition unumstößliche Grundsätze vorgegeben. Deshalb wird die Endfassung der Biomedizin-Konvention als ein Maximalkonsens bezeichnet, der fachlich abgewogene Handlungsrichtlinien für alle Adressaten der Molekularbiologie enthält.[34]

d) BMK – höheres Schutzniveau
Zurecht wird darauf hingewiesen, daß die Biomedizin-Konvention teilweise sogar strengere Regelungen als das deutsche Recht vorsieht, mit der Folge, daß es in diesen Bereichen zu einer Anhebung des Schutzniveaus käme.[35] Als Beispiel wird unter anderem Art. 22 BMK genannt.[36] Danach darf ein Teil des menschlichen Körpers, das bei einer Intervention entnommen worden ist, nur zu dem Zweck aufbewahrt werden, zu dem es entnommen wurde. Jede weitere Verwendung setzt angemessene Informations- und Einwilligungsverfahren voraus. Für diese Fälle fehlt eine explizite Regelung im deutschen Recht. Weiter wird Art. 11 BMK angeführt, der jede Form von Diskriminierung einer Person wegen ihres genetischen Erbes verbietet. Damit könnte eine Reihe von Streitigkeiten im deutschen Recht beendet und der Schutz für den Betroffenen erhöht werden.[37] Der im Bereich der genetischen Tests mittlerweile unbestrittene Handlungsbedarf würde durch Art. 12 BMK mit der Bindung genetischer Tests an gesundheitliche Zwecke und einem Verfahren, das Arztvorbehalt und eine genetische Beratung vorsieht, zumindest teilweise gedeckt. Teilweise wird die Ansicht vertreten, daß durch das Verbot des Keimbahneingriffs gemäß Art. 13 BMK und das Verbot der Geschlechterwahl gemäß Art. 14 BMK bisher nicht bestehende eindeutige Verbotsregelungen geschaffen wurden, die gefährliche Möglichkeiten des biomedizinischen Fortschritts eindämmen.[38]

2. Erforderlichkeit einer europaweiten Regelung
Die Erforderlichkeit einer europaweiten Regelung ergibt sich aus den neuartigen Problemen, die die Fortschritte in der Biotechnologie mit ihrer internationalen Dynamik aufwerfen. Der Mensch kann sich zumindest teilweise mit Hilfe der

---

[34] T. Kienle, ZRP 1996, 253.
[35] Für die Forschung an einwilligungsunfähigen Personen L. Honnefelder, Das Menschenrechtsübereinkommen zur Biomedizin des Europarats: zur zweiten endgültigen Fassung, in: JbfWE 1997, 305, 315.
[36] J. Taupitz, Die Menschenrechtskonvention zur Biomedizin: akzeptabel, notwendig oder unannehmbar für die Bundesrepublik Deutschland, VersR 1998, 542, 545; ders., Vereinbarungen zur Bioethik, in: L. Honnefelder/J. Taupitz/S. Winter, Das Übereinkommen über Menschenrechte und Biomedizin des Europarats, 1999, 17, 26 ff..
[37] J. Taupitz, Menschenrechtsübereinkommen zur Biomedizin, Kommentar, DÄBL 1998, A 1078, A 1079.
[38] W. Schweidler, Bioethische Konflikte und ihre politische Regelung in Europa, 1998, 18.

neuen biotechnologischen Möglichkeiten zum Herrscher über Fortpflanzung und Tod aufschwingen.[39] Neben den Vorteilen[40] für den Menschen, welche sich aus neuen Methoden zur Heilung von Krankheiten ergeben und ergeben könnten, müssen gleichzeitig die Nachteile[41], welche insbesondere in einer Bedrohung der Menschenrechte (Menschenwürde, Lebensschutz, Persönlichkeitsrecht) bestehen, eingedämmt werden. Die Lösung kann nicht darin liegen, sich den neuen Entwicklungen und Methoden der Biotechnologie und Biomedizin unter Hinweis auf die möglichen Nachteile und Gefahren ganz zu verschließen. Wissenschaftliche Forschung, die auf eine Verbesserung der medizinischen Behandlung abzielt, ist nicht nur ethisch vertretbar, sondern geboten, da die Verbesserung der medizinischen Versorgung des Menschen eine Aufgabe ist, der die medizinische Forschung verpflichtet ist.[42] Auch kann nicht auf die Einhaltung autonomer, selbstgesetzter Grenzen der Forschung gehofft werden.[43] Auf Grund der Gefahren für die Menschenrechte, die sich aus den Methoden der Forschung und der Anwendung der Biotechnologie und Biomedizin ergeben, wird eine verantwortliche Regelung zur Sicherung und Entfaltung der Menschenrechte im Kraftfeld der Biomedizin für unabdingbar gehalten.[44]

Diese Regelung sollte auf europäischer und internationaler Ebene durch die Festlegung allgemeiner Standards erfolgen, da nur so der Situation der grenzüberschreitenden wissenschaftlichen Zusammenarbeit auf diesem Gebiet innerhalb des europäischen Wirtschaftsraums Rechnung getragen werden kann.[45] Erforderlich ist ein europäischer ethischer Wertkonsens als erster Schritt zu einer internationalen Dimension von Verantwortungswahrung und Regulierung.[46] Durch die Öf-

---

[39] T. Kienle, Die prädiktive Medizin und gentechnische Methoden, Diss. Tübingen 1998, 139.
[40] K. Vilmar, in: S. Winter/H. Fenger/H.-L. Schreiber (Hrsg.), Genmedizin und Recht, 2001, Rn 475.
[41] "Die Kehrseiten und Gefahren der neuen Techniken mahnen zur Vorsicht" A. Laufs, Arzt und Recht im Umbruch der Zeit, NJW 1995, 1590, 1593.
[42] Ebenso ist es Aufgabe der Politik, Forschung in der Biomedizin zu fördern und geeignete Rahmenbedingungen für die Umsetzung in das Gesundheitssystem zu schaffen, W.-M. Catenhusen, in: S. Winter/H. Fenger/H.-L. Schreiber (Hrsg.), Genmedizin und Recht, 2001, Rn 633.
[43] J. Taupitz, in: L.Honnefelder/J. Taupitz/S. Winter, Das Übereinkommen über Menschenrechte und Biomedizin des Europarats, 1999, 17.
[44] M.-T. Tinnefeld, Menschenwürde, Biomedizin und Datenschutz, ZRP 2000, 10, 13.
[45] L. Honnefelder, in: Protokoll des Rechtsausschusses des BT v. 17.5. 1995, 39; M.-T. Tinnefeld, Freiheit der Forschung und europäischer Datenschutz, DuD 1999, 35; vgl. S. Winter zur Notwendigkeit einer internationalen Konsensbildung, in: S. Winter/H. Fenger/H.-L. Schreiber (Hrsg.), Genmedizin und Recht, 2001, Rn 854; ebenfalls für eine internationale Regelung A. Laufs, Arzt, Patient und Recht am Ende des Jahrhunderts, NJW 1999, 1758, 1763; Forschung ist international, Lenkungsausschuß, CDBI/INF (2001) 5 , Entwurf eines Zusatzprotokolls zum Übereinkommen über Menschenrechte und Biomedizin über biomedizinische Forschung, Präambel.
[46] W.-M. Catenhusen, Biotechnologie – Über die Notwendigkeit der Ethik und die Praxis der Regulierung, in: D. Mieth (Hrsg.), Ethik und Wissenschaft in Europa, 2000, 52, 60.

nung des europäischen Binnenmarktes 1993 für den freien Personen- und Dienstleistungsverkehr und die zunehmende Liberalisierung von biomedizinischen Leistungen wurde die Notwendigkeit einheitlicher ethischer Kriterien deutlich.[47] Zu nennen sind hier die wachsenden Fälle des „Medizintourismus". Ratsuchende reisen zunehmend in Nachbarländer wie die Niederlande oder Großbritannien, um dort zulässige Behandlungsmethoden in Anspruch zu nehmen, die in Deutschland verboten sind, wie beispielsweise die Präimplantationsdiagnostik. Ein einheitliches europäisches Regelungswerk würde solche Umgehung nationaler Schutzstandards durch Ausweichen in Nachbarländer bis zu einem gewissen Grad unmöglich machen.[48] Weiter besteht das Problem, wie auf positive neue Behandlungsmöglichkeiten zu reagieren ist, die durch Forschungsmethoden, die im Inland verboten sind, im Ausland entwickelt wurden. Es wird problematisch sein, sich diesen neuen Heilungsmöglichkeiten dann zu verschließen, zumal deutsche Patienten einen Rechtsanspruch auf die Ergebnisse ausländischer Studien haben.[49] Es gibt in diesem Sinne keine nationale Forschung mehr. Auch die Erforderlichkeit einer internationalen Auseinandersetzung über die Internet-Vermarktung von Gentests wurde erkannt.[50] Eine staatenübergreifende Regelung ist nötig, weil nur so die durch unterschiedliche Standortbedingungen und andere Faktoren verursachte Tendenz zu ethisch-rechtlicher Nivellierung nach unten vermieden werden kann.[51] Ein Völkervertragswerk wie die BMK, dem jeder europäische und außereuropäische Staat beitreten kann, ist angesichts der Globalisierung und Mobilität der Forschung geeignet, die Verlagerung ethisch bedenklicher Forschung in Länder ohne ausreichende Regelungen einzudämmen.[52] Dies verdeutlicht die Erforderlichkeit einer europaweiten Regelung und die globale Bedeutung der Gefahren durch die Biomedizin. Die Befürworter eines Beitritts weisen auch wegen dieser europäischen Dimension darauf hin, daß für Deutschland, wenn es seine im Embryonenschutzgesetz, Transplantationsgesetz, Arzneimittelgesetz ausgeprägten Ansichten aktiv behaupten will und der europäische Konsens in Grundfragen gelingen soll, kein Weg am Beitritt vorbeiführen wird.[53]

---

[47] T. Kienle, Die prädiktive Medizin und gentechnische Methoden, Diss. Tübingen 1998, 139.
[48] T. Kienle, Die prädiktive Medizin und gentechnische Methoden, Diss. Tübingen 1998, 145.
[49] S. Winter in, L.Honnefelder/J. Taupitz/S. Winter, Das Übereinkommen über Menschenrechte und Biomedizin des Europarats, 1999, 33, 40.
[50] Enquête-Kommission „Recht und Ethik der modernen Medizin", Schlußbericht, BT-Drucks. 14/9020, 2002, 159.
[51] A. Laufs, Das Menschenrechtsübereinkommen zur Biomedizin und das deutsche Recht, NJW 1997, 776.
[52] C. Rudloff-Schäfer, DuD 1999, 322, 323.
[53] W.-M. Catenhusen, Kontroversen, Kompromisse, Erfolgspunkte, in: A. Eser (Hrsg.) Biomedizin und Menschenrechte, 1999, 114 ff..

a) Nationales Recht

Im deutschen Recht ist die Materie, mit der sich die Biomedizin-Konvention beschäftigt zum Teil und jeweils in speziellen Gesetzen geregelt. Genannt seien das Arzneimittelgesetz (AMG), das Embryonenschutzgesetz (EschG), das Medizinproduktegesetz (MPG) und das Transplantationsgesetz (TPG). Diese bereits vorhandenen Gesetze befassen sich jeweils aus einem speziellem Blickwinkel mit Teilgebieten aus dem gesamten Themengebiet der Konvention. Überwiegend wird das Medizinrecht in Deutschland durch ärztliches Berufsrecht bestimmt. Es ist jedoch zu berücksichtigen, daß im Hinblick auf die Wesentlichkeitslehre des BVerfG[54] diese Materien zumindest in Grundzügen auch vom (deutschen) parlamentarischen Gesetzgeber behandelt werden müssen. Dies ergibt sich zum einen daraus, daß die getroffenen Regelungen Außenwirkung haben, d.h. nicht nur dem Ärztestand zugehörige Personen betreffen, sondern vor allem Grundrechte von Patienten und Probanden. Weiter ist die Materie von grundlegender Bedeutung für Gesellschaft und Sozialordnung. Die BMK wird durch den nationalen Gesetzgeber durch ein parlamentarisches Gesetz in deutsches Recht transformiert werden müssen und kann demnach im Hinblick auf die Wesentlichkeitstheorie nicht unter Hinweis auf die Deklaration von Helsinki oder anderes Standesrecht als überflüssig abgewertet werden.[55] Vielmehr würde ein ohnehin erforderliches förmliches Gesetz mehr Rechtsklarheit und Verbindlichkeit bringen. Außerdem würde die Bundesrepublik Deutschland zur Überwachung der rechtlichen Rahmenbedingungen der Biomedizin gezwungen.[56]

Darüber hinaus ist zu erwähnen, daß die für Deutschland verbindliche Richtlinie über In-vitro-Diagnostika Europäischen Gemeinschaft 98/79/EG[57] in Ziffer 11 der Erwägungsgründe Art. 1 (4) für die Entnahme und Verwendung menschlichen Gewebes ausdrücklich die Einhaltung der Grundsätze der BMK anordnet. Die Anerkennung und Bedeutung der BMK wird hierdurch deutlich.

b) Standesrecht: Deklaration von Helsinki

Die Deklaration des Weltärztebundes von Helsinki (Revidierte Deklaration von Helsinki[58]) erfaßt ähnlich wie die BMK grundlegende Fragen der Medizin, näm-

---

[54] BVerfGE 34, 165 (192f); 47, 46 (78 ff.); 49, 89 (126 ff.); 80, 124 (132); 83, 130 (142); ständige Rechtsprechung.
[55] So J. Taupitz, VersR 1998, 542.
[56] C. Rudloff-Schäfer in: S. Winter/H. Fenger/H.-L. Schreiber (Hrsg.), Genmedizin und Recht, 2001, Rn 141.
[57] IVD-Richtlinie 98/79/EG des Europäischen Parlaments und des Rates v. 27.10.1998 Ziffer 11, Amtsblatt Nr. L 331 v. 7.12.1998, 0001-0037; s.a. http://europa.eu.int/eur-lex/de/lif/dat/1998/de_398L0079.html .
[58] Fassung von 1996 abgedruckt in E. Deutsch, Medizinrecht, 2003, Rn 1302; zur neuesten Fassung: J.Taupitz, Die Neufassung der Deklaration von Helsinki des Weltärztebundes v. Oktober 2000, Medizinrecht 2001, 277-286.

lich solche der biomedizinischen Forschung am Menschen. Die revidierte Deklaration von Lissabon des Weltärztebundes befaßt sich mit den Rechten des Patienten.[59] Als internationales Standesrecht finden beide Deklarationen weiterhin Anwendung. Deshalb könnte man, insbesondere unter Hinweis auf Art. 4 BMK, wonach jeweils die schärfste Schutzregel anzuwenden ist, die Konvention zumindest teilweise als überflüssig betrachten. Teilweise insofern, als zumindest die Zulässigkeit prädiktiver Tests im Rahmen von Forschungsvorhaben innerhalb dieser Deklaration geregelt ist und geregelt werden sollte. Jedoch handelt es sich bei den Deklaration des Weltärztebundes um Selbstverpflichtungen der Ärzteschaft ohne unmittelbare Beteiligung und damit ohne Verantwortlichkeit des parlamentarischen Gesetzgebers. Auch auf Grund dessen wird die Verpflichtungskraft solcher Deklarationen nicht als sicher angesehen.[60] In den ärztlichen Berufsordnungen, die von Ärztekammern zur verbindlichen Regelung der ärztlichen Berufsausbildung in Form von Satzungen erlassen werden, finden sich ebensowenig ausdrückliche statische oder dynamische Verweisungen auf diese internationalen Deklarationen wie in den Kammergesetzen der Bundesländer. Nur solche Verweisungen würden jedoch die genannten Regeln zu unmittelbar verbindlichem Standesrecht machen.[61] Eine gewisse Verbindlichkeit erlangen solche internationalen Deklarationen schließlich nur als Auslegungshilfen zur Konkretisierung von Generalklauseln ärztlicher Berufsausübung oder als Ausdruck von Standesrecht in Form von Gewohnheitsrecht. Darüber hinaus bestehen Bestrebungen, die Schutzkriterien der revidierten Deklaration von Helsinki erheblich aufzuweichen.[62] Auf Grund dessen wird die Wichtigkeit eines anderweitigen Schutzes für Patienten und Probanden auf europäischer Ebene betont: Das Minus an standesethischem Schutz sollte gesetzgeberisch aufgefangen werden. Schon um der europäischen Ärzteschaft beim Gegensteuern gegen eine weltweite Absenkung des standesethischen Schutzniveaus den Rücken zu stärken, wird der Beitritt der BRD zur Konvention befürwortet.[63]

c) Europäische Menschenrechtskonvention

Zwar sind die Bestimmungen für die Regelung der Anwendung der modernen Medizin im Ausgang aus der EMRK ableitbar, gleichwohl handelt es sich bei der

---

[59] Fassung von 1995 abgedruckt in E. Deutsch, Medizinrecht, 2003, Rn 1301.
[60] J. Taupitz, VersR 1998, 542.
[61] J Taupitz, in: L.Honnefelder/J. Taupitz/S. Winter, Das Übereinkommen über Menschenrechte und Biomedizin des Europarats, 1999, 17, 19.
[62] Vgl. zu dieser Befürchtung J. Taupitz, in: Protokoll der 113. Sitzung des Rechtsausschusses des BT, öffentliche Anhörung zum Thema: Übereinkommen über Menschenrechte und Biomedizin, 1998, 28 ff.; ebenda E. Deutsch, 42.
[63] J. Taupitz, in: Protokoll der 113. Sitzung des Rechtsausschusses des BT, öffentliche Anhörung zum Thema: Übereinkommen über Menschenrechte und Biomedizin, 1998, 29.

EMRK um Abwehrrechte des Bürgers gegen den Staat.[64] Die Fortschritte und Konsequenzen der neueren medizinisch-biotechnologischen Entwicklung konnten in der Europäischen Menschenrechtskonvention nicht berücksichtigt werden. Die EMRK bietet keinen ausreichenden Schutz, denn sie enthält ebenso wie das Grundgesetz keine expliziten Regelungen zum Schutz des Embryos oder zu Spezialfragen wie Eingriffen in das Genom[65], wie sie der technische Fortschritt und die neuen Möglichkeiten der Biomedizin mit sich bringen.

3. Rechtsnatur, verfassungsrechtliche Zulässigkeit und Umsetzung

a) Rechtsnatur

Die BMK des europäischen Rates ist ebenso wie die Europäische Menschenrechtskonvention ein völkerrechtlicher Vertrag (Art. 59 II GG), der die unterzeichnenden Staaten zur nationalen Umsetzung der Regeln verpflichtet.[66] Hinsichtlich der Rechtsqualität handelt es sich um ius cogens, das zu seiner Wirksamkeit der Ratifizierung durch die 43 Mitgliedsstaaten des Europarates bedarf. Nicht erforderlich ist dagegen die Zustimmung des Ministerrats und die spezifische Ratifizierung durch die EU-Mitgliedsstaaten.[67] Andererseits werden Rat und EU-Mitgliedsstaaten durch die Konvention auch nicht rechtlich in die Pflicht genommen.[68]

Voraussetzung für das völkerrechtliche Inkrafttreten der BMK ist der Ablauf von drei Monaten ab dem Zeitpunkt, zu dem die Konvention durch fünf Staaten, wobei darunter mindestens vier Mitgliedsstaaten sein müssen, ratifiziert wurde (Art. 33 III BMK). Diese Voraussetzung ist seit dem 1.12.1999 erfüllt. Nach der Ratifizierung ist die Konvention in einem zweiten Schritt in innerstaatliches Recht umzusetzen. Soweit es sich um einen Staatsvertrag i.S.d. Art. 59 II S.1 GG handelt, bedarf er zunächst, um für die Bundesrepublik Deutschland verbindlich zu werden, der Zustimmung durch Bundesgesetz. Ein solcher Vertrag liegt vor, wenn sich der Vertrag auf Gegenstände der Bundesgesetzgebung bezieht. Das beurteilt sich danach, ob zur Umsetzung und Erfüllung der vertraglichen Pflichten die

---

[64] L. Honnefelder, Stellungnahme zum Entwurf einer „Bioethik-Konvention" des Europarates, JbfWE 1996, 297, 298.
[65] R. Giesen, Internationale Maßstäbe für die Zulässigkeit medizinischer Heil- und Forschungseingriffe - Das Vorhaben einer europäischen Bioethik-Konvention, MedR 1995, 353 ff..
[66] A. Laufs, NJW 2000, 1757, 1764 ;T. Kienle, Die prädiktive Medizin und gentechnische Methoden, Diss. Tübingen 1998, 149; M.-T. Tinnefeld, ZRP 2000, 10, 12.
[67] T. Kienle, ZRP 1996, 253, 256.
[68] EU-Mitgliedsstaaten können das Übereinkommen gleichwohl jederzeit ratifizieren, Erläuternder Bericht DIR/JUR (97) 5, Abschnitt 171.

Mitwirkung der gesetzgebenden Organe erforderlich ist.[69] Die einzelnen Materien der Biomedizin-Konvention sind in Deutschland teilweise schon spezialgesetzlich geregelt (ESchG, GenTG) und beziehen sich somit zumindest teilweise auf Gegenstände der Bundesgesetzgebung. Folglich ist davon auszugehen, daß der Beitritt der Bundesrepublik zur BMK ein Staatsvertrag im Sinne von Art. 59 II S.1 GG wäre und ein Zustimmungsgesetz durch den parlamentarischen Gesetzgeber bei Ratifizierung durch Deutschland erforderlich werden wird. Dieses Zustimmungs- oder Vertragsgesetz kann nur eine Zustimmung zum gesamten Vertrag enthalten; Änderungen oder Ergänzungen sind nicht möglich.[70] Völkervertragsrecht wird im Gegensatz zu den allgemeinen Regeln des Völkerrechts (Art.25 GG) nur durch spezielle Transformation wirksamer Bestandteil des Bundesrechts. Verträge, denen durch Bundesgesetz zugestimmt wurde, haben den Rang eines einfachen Bundesgesetzes.[71] Nur insoweit als Konventionsbestimmungen allgemeine Regeln des Völkerrechts im Sinne von Art. 25 GG darstellen, kann sich daraus ein übergesetzlicher Rang ergeben.[72]

b) Verfassungsrechtliche Zulässigkeit der Konvention

Soweit Regelungen der BMK einen Verstoß gegen Grundrechte darstellen könnten ist nach der Vereinbarkeit mit dem Grundgesetz zu fragen.[73] Einen Verstoß kann man letztlich jedoch nicht bejahen, denn es handelt sich bei der BMK nur um einen Mindeststandard; ein darüber hinausgehender Standard ist ausdrücklich möglich (Art. 27 BMK), wenn nicht sogar erwünscht. Das Grundgesetz stünde einem Beitritt nur entgegen, wenn Deutschland bei einem Beitritt verpflichtet wäre, die teilweise niedrigeren Standards implementieren[74] oder die Regelungen der BMK im Widerspruch zu den Wertentscheidungen des Grundgesetzes stehen. Die Grundrechte verbieten also einen Beitritt nicht von vornherein.[75] Die Konvention bildet nur insoweit einen zwingenden Maßstab als ihre Mindeststandards nicht

---

[69] O. Rojahn in: I. v. Münch/P. Kunig, GG Kommentar, Band 2, 2001, Art. 59 Rn 23; BVerfGE 1, 372 (388); zur Frage der Erforderlichkeit eines Bundes- oder Landesgesetzes siehe unter: Erster Teil, Erster Abschnitt, III..
[70] Keine inhaltliche Mitgestaltung, I. Pernice in: H. Dreier, Grundgesetzkommentar, Band II, 1998, Art. 59 Rn 47.
[71] B. Schmidt-Bleibtreu/F. Klein, Kommentar zum Grundgesetz, 1999, Art. 59 Rn 13.
[72] T. Oppermann, Europarecht 1999, Rn 90.
[73] D. Mieth, Kritik der Konvention des Europarats zur Biomedizin, DuD 1999, 328, 331; siehe zur Vereinbarkeit der Konvention mit den Grundrechten T. Kienle, Die prädiktive Medizin und gentechnische Methoden, Diss. Tübingen 1998, 195 ff..
[74] J. Taupitz/H. Schelling, Mindeststandards als realistische Möglichkeit – Rechtliche Gesichtspunkte in deutscher und internationaler Perspektive; in: A. Eser (Hrsg.), Biomedizin und Menschenrechte 1999, 95, 106.
[75] R. Giesen, MedR 1995, 353, 354.

unterschritten werden dürfen.[76] Im Übrigen entspricht das Übereinkommen in seinen wesentlichen Normen dem deutschen Recht und ist grundgesetzkonform.[77]

c) Umsetzung in innerstaatliches Recht

Die BMK verpflichtet die Mitgliedsstaaten, die in ihr enthaltenen Regeln in verbindliches innerstaatliches Recht umzusetzen (Art. 1, 23 BMK), es sei denn, es wird zu einzelnen Bestimmungen gemäß Art. 36 BMK ein Vorbehalt erklärt.[78] Dementsprechend muß gemäß Art. 1 II BMK jede Vertragspartei bezüglich ihres nationalen Rechts die notwendigen Maßnahmen ergreifen, um dem Übereinkommen Wirksamkeit zu verleihen. Das nationale Recht muß mit dem Übereinkommen in Einklang stehen.[79] Da die Biomedizin-Konvention hinsichtlich der Rechtsnatur mit der Europäischen Menschenrechtskonvention vergleichbar ist, kann auch eine Parallele im Hinblick auf die Umsetzung gezogen werden. In welcher Form ein solcher völkerrechtlicher Vertrag in nationales Recht umgesetzt wird, bleibt jedem Staat überlassen. Die Konvention enthält keine Transformationspflicht; vielmehr reicht es, daß das nationale Recht gleiche Garantien enthält.[80] Das ist in der BRD nicht für alle durch die Konvention geregelten Bereiche der Fall; daher ist im einzelnen zu prüfen, was erforderlich ist, um der Umsetzungsverpflichtung nachzukommen. Die im deutschen Bundesstaat aufgeteilten Gesetzgebungszuständigkeiten werden die Umsetzung erschweren.[81] Im erläuternden Bericht wird darauf hingewiesen, daß einzelne Bestimmungen der Konvention, soweit sie die nach innerstaatlichem Recht geltenden Voraussetzungen für eine unmittelbare Anwendung erfüllen, direkt angewandt werden können.[82] Darüber hinaus sind die Vertragsparteien durch Art. 25 BMK angehalten, geeignete Sanktionen für Verletzungen der Bestimmungen der BMK vorzusehen und entsprechenden Rechtsschutz zu gewährleisten (Art. 23 BMK).

---

[76] B.-R. Kern, MedR 1998, 485, 486; L. Honnefelder, in: L.Honnefelder/J. Taupitz/S. Winter, Das Übereinkommen über Menschenrechte und Biomedizin des Europarats, 1999, 9, 12.
[77] J. Taupitz, L. Honnefelder/J. Taupitz/S. Winter, Das Übereinkommen über Menschenrechte und Biomedizin des Europarats, 1999, 17, 30; ebenda S. Winter, 33, 43; Spätestens bei der Umsetzung der Regelungen in innerstaatliches Recht wird sich jeweils konkret die Frage stellen, ob sie verfassungskonform sind oder nicht, T. Kienle, Die prädiktive Medizin und gentechnische Methoden, Diss. Tübingen 1998, 176.
[78] J. Taupitz, in: L.Honnefelder/J. Taupitz/S. Winter, Das Übereinkommen über Menschenrechte und Biomedizin des Europarats, 1999, 17, 18; ders. Genetische Diagnostik und Versicherungsrecht, 2000, 18.
[79] Erläuternder Bericht DIR/JUR (97) 5, Abschnitt 20.
[80] T. Oppermann, Europarecht 1999, Rn 80 für die EMRK.
[81] A. Laufs, NJW 1997, 776, 777.
[82] Erläuternder Bericht DIR/JUR (97) 5, Abschnitt 20.

II. Einführung in die Problemstellung

Gerade im Bereich der Gentechnologie und Humangenetik[83] stellen sich, wie bei allen neuen Technologien drei grundlegende Fragen: Erstens, darf der Mensch tun, was er tun kann. Sollte man sich für eine Nutzung der neuen Technologie entscheiden, stellt sich zweitens die Frage, wie der Staat im Rahmen der Anwendung der Technologie die erforderliche Sicherheit gewährleistet und verbleibende Risiken auf ein vertretbares Maß reduziert. Drittens ist zu klären, ob, in welchem Umfang und wer für trotzdem eintretende Schäden haftet.[84] Die Biomedizin-Konvention bietet für den Bereich der genetischen Diagnostik in den Art. 10, 11 und 12 BMK entsprechende Grundlinien.

1. Begrifflichkeiten

Unter prädiktiven Tests versteht man Untersuchungsverfahren, bei denen Informationen über eine Disposition für das spätere Auftreten von Krankheiten gewonnen werden.[85] Es handelt sich hier um vorhersagende Tests, die von nicht prädiktiven (nachträglichen) Gentests wie beispielsweise Vaterschaftstests oder DNA-Analysen im Strafverfahren zu trennen sind. Weiter ist weiter differenzieren zwischen Gentests in Form von diagnostischen Tests, bei denen die Ursachen schon vorhandener Symptome und damit klinisch manifester Erkrankungen durch die Erfassung genetischer Veränderungen aufgeklärt werden soll (Diagnosesicherung) und Gentests als vorhersagenden, prädiktiven Tests. Allein letztere sind Gegenstand dieser Untersuchung. Sie zielen darauf ab, vor dem Auftreten von Symptomen genetische Veränderungen zu identifizieren, die in späteren Lebensabschnitten mit erhöhter oder mit an Sicherheit grenzender Wahrscheinlichkeit zu einer Krankheit führen.[86] Oft werden prädiktive Tests auch als präsymptomatische Tests bezeichnet.[87] Verwendet werden vier unterschiedlichen Methoden – die Phänotypanalyse, die DNA-Analyse, die Chromosomenanalyse und die protein-

---

[83] Zum Begriff vgl. E. Benda, Humangenetik und Recht – eine Zwischenbilanz, NJW 1985, 1730, 1731 ff..
[84] F. Nicklisch in R. Lukes/R. Scholz (Hrsg.) Rechtsfragen der Gentechnologie, 1985, Rechtsfragen der Gentechnologie unter besonderer Berücksichtigung des Privatrechts, 112, 113.
[85] DFG, Humangenomforschung und prädiktive genetische Diagnostik, Stellungnahme v. 20.6.1999, 47.
[86] Ethik-Beirat beim BMG, Prädiktive Gentests. Eckpunkte für eine ethische und rechtliche Orientierung, 2000, 3; I. Härtel, in: S. Winter/H. Fenger/H.-L. Schreiber (Hrsg.), Genmedizin und Recht, 2001, Rn 982; ebenda J. Schmidtke Rn 1030.
[87] Enquête-Kommission „Recht und Ethik der modernen Medizin", Schlußbericht, BT-Drucks. 14/9020, 2002, 115; so im Entwurf eines Gesetzes zur Regelung von Analysen des menschlichen Erbguts (Gentest-Gesetz) der Bundestagsfraktion „Die Grünen", 2001, § 18.

chemische Analyse.[88] Während die Phänotypanalyse hier außer Betracht bleibt, da sie sich auf die Beurteilung des äußeren Erscheinungsbildes beschränkt, ist es für die Problematik der Ermittlung der genetischen Veranlagung im einzelnen unerheblich, durch welche der genannten drei anderen Methoden sie erfolgt.[89]

Im Gegensatz zur kurativen Medizin und damit zusammenhängender Diagnostik werden bei der prädiktiven Diagnostik gesunde Menschen[90] untersucht, weshalb statt der Bezeichnung Patient die Begriffe Klient oder Ratsuchender verwendet werden.[91] Im Rahmen von Art. 12 BMK und der vorliegenden Arbeit werden vor allem Probleme im Zusammenhang mit prädiktiven Tests diskutiert. Jedoch geht es auch hier zum Teil um prädiktive Tests zu diagnostischen Zwecken, so daß die genannte Differenzierung nicht immer durchgehalten werden kann. Der Begriff prädiktiver (Gen-) Test ist im vorliegenden Zusammenhang im Sinne von vorhersagenden Tests zu verstehen.

Genetische Krankheiten sind alle Krankheiten, die durch Mutationen verursacht oder mitverursacht werden. Es wird unterschieden zwischen monogenen Erbkrankheiten, d.h. Krankheiten, deren Ursache auf ein einziges defektes Gen zurückzuführen ist[92] und multifaktoriellen Erbkrankheiten. Letztere entstehen auf Grund eines mehrstufigen Prozesses durch mehrere defekte Gene und äußere Einflüsse.[93] Dazu gehören Krebserkrankungen, Herz-Kreislauf- und Stoffwechselerkrankungen sowie viele psychische Krankheiten. Bei genetischen Krankheiten muß zwischen einer Keimbahnmutation, d.h. der Gendefekt ist bereits bei der befruchteten Eizelle vorhanden, und der somatischen Mutation, bei der die Störung auf bestimmte Körperzellen beschränkt ist, unterschieden werden.[94] Die genetische Veränderung ist nur im Fall der Keimbahnmutation erblich.

Grundsätzlich unterscheidet man bei prädiktiven genetischen Tests die zwei großen Bereiche der pränatalen Diagnostik oder Genomanalyse und der postnatalen

---

[88] Enquête-Kommission „Recht und Ethik der modernen Medizin", Schlußbericht, BT-Drucks. 14/9020, 2002, 116.
[89] G. Wiese, Genetische Diagnostik und Rechtsordnung, 1994, 37.
[90] Vgl. Bundesärztekammer, Richtlinien zur Diagnostik der genetischen Disposition für Krebserkrankungen, DÄBL 1998, A 1396, A 1397.
[91] E. Buchborn, Konsequenzen der Genomanalyse für die ärztliche Aufklärung in der prädiktiven Medizin, MedR 1996, 441 ff..
[92] DFG, Perspektiven der Genomforschung, Stellungnahme v. 26.5. 1999, 22.
[93] DFG, Humangenomforschung und prädiktive genetische Diagnostik, Stellungnahme v. 20.6. 1999, 45.
[94] DFG, Humangenomforschung und prädiktive genetische Diagnostik, Stellungnahme v. 20.6. 1999, 47.

Diagnostik oder Genomanalyse.[95] Während die pränatale Diagnostik alle Maßnahmen umfaßt, die darauf gerichtet sind, fetale Erkrankungen während der Schwangerschaft zu erkennen, ist ein Gentest postnatal, wenn das durch die genetische Diagnostik untersuchte genetische Material von einem geborenen Menschen stammt.[96]
Weiter müssen Fragen im Zusammenhang mit der Zulässigkeit der Erhebung prädiktiven Wissens von Fragen der Verwendung und Weitergabe bereits erhobenen prädiktiven Wissens unterschieden werden.

Gemeinhin versteht man unter Genomanalyse die Entschlüsselung der Gesamtheit der Erbanlagen eines Menschen. Dies ergibt sich daraus, daß die Gesamtheit der genetischen Information eines Individuums oder auch einer Spezies als Genom bezeichnet wird. Streng genommen ist eine Genomanalyse somit die Analyse der Sequenz aller oder eines großen Teils der Basenpaare einer Person.[97] Die umfassende molekulargenetische Untersuchung der gesamten DNA eines einzelnen Menschen befindet sich jedoch noch im Forschungsstadium.
In der Medizin bezeichnet man als Genomanalyse die Ermittlung der Sequenzabfolge aller Basen-Paare eines Organismus mit dem Ziel, eine Beziehung zwischen der Erbinformation (Sequenz) und den Eigenschaften des Organismus in Form einer Ursache-Wirkungsbeziehung aufzufinden. Beim Menschen geht es dabei um die Aufklärung von funktionellen Zusammenhängen zwischen Erbinformation, Umwelteinwirkungen und individuellem Gesundheitsstatus.[98]

Der Begriff Genomanalyse wird vielfach auch in modifizierter Weise verwendet, und richtigerweise kann man davon ausgehen, daß darunter nicht nur die molekulargenetische Analyse der gesamten DNA, sondern alle Untersuchungsmethoden gemeint sind, die einen Rückschluß auf die Struktur oder Funktion von Genen er-

---

[95] A. Schmidt, Humangenetische Forschung und ihre Anwendung aus juristischer Sicht, in: R. Toellner (Hrsg.) Humangenetik – Ethische Probleme der Beratung, Diagnostik und Forschung, 1993, 191.
[96] Enquête-Kommission „Recht und Ethik der modernen Medizin", Schlußbericht, BT-Drucks. 14/9020, 2002, 116; Keller/Günther/Kaiser, Kommentar zum Embryonenschutzgesetz, 1992, A V Rn 27.
[97] Bericht der gemeinsamen Arbeitsgruppe „In-vitro-Fertilisation, Genomanalyse und Gentherapie", 1985, 37.
[98] RÖMPP Lexikon Biotechnologie und Gentechnik, 1999, Genomanalyse; zu den einzelnen Methoden: A. Schmidt, Rechtliche Aspekte der Genomanalyse, Diss. Göttingen, 1991, 13; Abschlußbericht der Bund-Länder-Arbeitsgruppe „Genomanalyse", 1990, abgedruckt in W. Eberbach/P. Lange/M. Ronellenfitsch, Recht der Gentechnik und Biomedizin, Band 4, 2002, Teil II. F, 9 ff.; J. Schmidtke, in: S. Winter/H. Fenger/H.-L. Schreiber, (Hrsg.) Genmedizin und Recht, 2001, Rn 1032-1047.

lauben.[99] Vielfach wird die Untersuchung eines einzelnen Gens eines Individuums zur Abklärung einer genetisch bedingten Erkrankung auch als Gentest bezeichnet.[100] Oft wird in diesem Zusammenhang unter Genomanalyse auch nur der Nachweis einzelner Erbmerkmale eines Menschen oder einer Methode genetischer Diagnostik[101] verstanden; deshalb wird der Begriff Genomanalyse auch in der vorliegenden Arbeit entsprechend der Literatur in diesem Sinne verwendet. Ebenso ist der Begriff „genetische Untersuchung" oder „Gentest" als Bezeichnung für alle Untersuchungen zu verstehen, die darauf abzielen, Erkenntnisse über die genetische Veranlagung eines Menschen zu erhalten. Im Arbeitsrecht wird der Begriff „genetischer Analyse" verwendet, womit die begrenzte Untersuchung des menschlichen Genoms im Hinblick auf die arbeitsmedizinische Vorsorge des Arbeitnehmers gemeint ist.[102]

Genetische Defekte können durch direkte oder indirekte Gendiagnostik auf DNA-Ebene aufgedeckt werden. Während bei der direkten Genanalyse das mutierte Gen selbst analysiert wird[103], bedient man sich bei der indirekten Gendiagnostik sogenannter Marker in der Nähe des krankheitsauslösenden Gens; sie sind eng an das Krankheitsgen gekoppelte Merkmale, deren Informationsgehalt auf der Grundlage vielgestaltiger Ausprägungsformen Aussagen über die Vererbung des benachbarten Krankheitsgens ermöglichen. Für die indirekte Gendiagnostik ist, im Gegensatz zur direkten Gendiagnostik, immer die Untersuchung von erkrankten und gesunden Angehörigen notwendig.[104]

Unter genetischem Screening versteht man die Suche nach Genotypen (genetischen Anlagen) in einer symptomfreien Bevölkerung mit durchschnittlich (leicht) erhöhtem Krankheitsrisiko. Als Beispiele werden die ß-Thalassämie; die Cystische Fibrose und Fettstoffwechselerkrankungen genannt.[105] Ziel ist die Krank-

---

[99] Abschlußbericht der Bund-Länder-Arbeitsgruppe „Genomanalyse", 1990, abgedruckt in W. Eberbach/P. Lange/M. Ronellenfitsch, Recht der Gentechnik und Biomedizin, Band 4, 2002, Teil II. F, 10.
[100] J. Schmidtke in: Lexikon der Bioethik Band 2, 1998, 37.
[101] S. Cramer weist darauf hin, daß nicht die Genomanalyse, sondern die gezielte Untersuchung eines Gens auf Gendefekte durch indirekte oder direkte Genanlyse der genetischen Diagnostik diene, Genom- und Genanalyse, Diss. Heidelberg 1991, 6.
[102] G. Wiese, Genetische Analysen und Arbeitsschutz, BB 1994, 1209 ff..
[103] Abschlußbericht der Bund-Länder-Arbeitsgruppe „Genomanalyse", 1990, abgedruckt in W. Eberbach/P. Lange/M. Ronellenfitsch, Recht der Gentechnik und Biomedizin, Band 4, 2002, Teil II. F, 9; Zum direkten Gentest s.a. J. Schmidtke, in: S. Winter/H. Fenger/H.-L. Schreiber (Hrsg.), Genmedizin und Recht, 2001, Rn 1038.
[104] J. Epplen/H. Przuntek, Morbus Huntington: Im Spannungsfeld zwischen Klinik, Gendiagnostik und ausstehender Gentherapie, DÄBL 1998, A 32, A 33; J. Schmidtke, in: S. Winter/H. Fenger/H.-L. Schreiber (Hrsg.), Genmedizin und Recht, 2001, Rn 1045 ff..
[105] Ethik-Beirat beim BMG, Prädiktive Gentests. Eckpunkte für eine ethische und rechtliche Orientierung, 2000, 3.

heitsprävention, wobei das Gesundheitswesen von sich aus aktiv an die Bevölkerung herantritt. Üblich ist das Neugeborenenscreening bezüglich Stoffwechselerkrankungen mit dem Ziel der Früherkennung und der Verhinderung schwerer Schäden durch Einhalten einer speziellen Diät oder Therapie unmittelbar nach der Geburt. Zu diesen Stoffwechselerkrankungen gehören beispielsweise die Phenylketonurie, die Galaktosämie, bei der die Gefahr der Leberzirose und des Schwachsinns besteht, die Hypthyreose und die Mukoviszidose als eine der häufigsten Erbkrankheiten.[106]

2. Medizinisch-diagnostische Möglichkeiten

Die genetische Kartierung des menschlichen Genoms hat die Suche nach Ursachen von Erbkrankheiten sehr erleichtert, und für eine zunehmende Zahl von Erbkrankheiten stehen zuverlässige Methoden zur Erkennung der Anlageträgerschaft zur Verfügung.[107] Allein in den Jahren 1992-2000 hat sich die Zahl der Krankheiten und Merkmale, bei denen die genetische Verursachung bekannt ist, auf etwa 10.000 verdoppelt[108] und nimmt weiter ständig zu.[109] Manche gehen davon aus, daß nach der Sequenzierung eines einzelnen Gens die häufigsten Mutationen schnell identifiziert werden.[110] Gleichwohl gilt bislang, daß man nach der Sequenzierung des menschlichen Genoms zwar viel über dessen Anatomie weiß, jedoch noch nicht sehr viel über die Funktion, Interaktion und Regulation der Gene bekannt ist.[111] Dies führt dazu, daß der wachsenden Zahl an diagnostizierbaren Krankheiten kaum Therapiemöglichkeiten gegenüberstehen, so daß man von einem Auseinanderklaffen von Diagnose- und Therapiemöglichkeiten oder einer immer größer werdenden Schere spricht.[112] In jedem Fall ergeben sich durch die

---

[106] A. Schmidt, Rechtliche Aspekte der Genomanalyse, Diss. Göttingen, 1991, 33.
[107] H.-H. Ropers, Die Erforschung des menschlichen Genom: Ein Zwischenbericht, DÄBL 1998, A 663, A 664; Liste nachweisbarer monogener Krankheiten bei J. Schmidtke, in: S. Winter/H. Fenger/H.-L. Schreiber (Hrsg.), Genmedizin und Recht, 2001, Rn 1043.
[108] D. Lanzerath, Der Umgang mit prädiktivem Wissen in der genetischen Diagnostik – Ethische Aspekte unter besonderer Berücksichtigung des Krankheitsbegriffs, Schriftliche Eingabe im Rahmen der öffentlichen Anhörung von Sachverständigen bei der Enquête-Kommission „Recht und Ethik der modernen Medizin", 2000, 1 mwN.
[109] Enquête-Kommission „Recht und Ethik der modernen Medizin", Schlußbericht, BT-Drucks. 14/9020, 2002, 116 f..
[110] H. Fenger/O. Schöffski, Gentests und Lebensversicherung: Juristische und ökonomische Aspekte, NVersZ 2000, 449.
[111] W. Engel, in: S. Winter/H. Fenger/H.-L. Schreiber (Hrsg.), Genmedizin und Recht, 2001, Rn 746; ebenda H.-L. Schreiber, Rn 780; J. Schmidtke in: Lexikon der Bioethik Band 2, 1998, 38; H.-H. Ropers, DÄBL 1998, A 663, A 664; M. Herdegen, Die Erforschung des Humangenoms als Herausforderung für das Recht, JZ 2000, 633, 634; E. Richter, Therapie zwischen Leitlinien und Zukunftsvisionen, DÄBL 2002, A 18.
[112] H. Fenger/O. Schöffski, NVersZ 2000, 449, 450; Enquête-Kommission „Recht und Ethik der modernen Medizin", Schlußbericht, BT-Drucks. 14/9020, 2002, 116, 129.

wachsenden Kenntnisse über die prädiktive Diagnostik neue Möglichkeiten innerhalb der Diagnostik und der symptomatischen und präventiven Therapie.[113] Beispielsweise können mit Hilfe der prädiktiven genetischen Diagnostik Personen mit erhöhtem Risiko für eine erbliche Krebserkrankung nach der Feststellung, daß sie eine bestimmte genetische Mutation nicht geerbt haben, aus dem belastenden Vorsorgeprogramm entlassen werden.[114] Besteht eine Anlageträgerschaft, so kann durch frühzeitige Vorsorgeuntersuchungen oft rechtzeitig operiert oder anderweitig eingegriffen werden. Präventive Maßnahmen können frühzeitig eingeleitet und Krankheitsausbrüche möglicherweise dadurch verhindert werden. In manchen Fällen kann der Einzelne durch eine Umstellung seines Lebenswandels den Ausbruch der Krankheit hinauszögern oder verhindern.[115]

Die Vielzahl von bestehenden genetischen Testverfahren variiert bezüglich ihrer Ziele, Aussagekraft, Anwendungsmöglichkeiten, Aufwand, Genauigkeit und Zuverlässigkeit. Beispiele für Anwendungsmöglichkeiten von prädiktiver genetischer Diagnostik sind die genetische Disposition für bestimmte Krebsformen (familiärer Brust- und Eierstockkrebs; Schilddrüsenkarzinom, familiäre Polyposis) und neurologische Krankheiten wie Chorea Huntington.[116] Derzeit stehen noch keine Suchverfahren zur Verfügung, die generell alle Risiken erfassen; vielmehr ist jeder Test von vornherein auf bestimmte Fragestellungen ausgerichtet.[117] Es müssen Anhaltspunkte für ein bestimmtes Krankheitsrisiko bestehen, so daß die Anwendungsmöglichkeiten noch relativ beschränkt sind. Allerdings stellt die Untersuchung mit sogenannten DNA Chips eine vielversprechende Möglichkeit dar, um ein Gen auf viele verschiedene genetische Veränderungen zu untersuchen. Hierbei werden auf einen Kunststoffträger verschiedene DNA-Stücke aufgetragen, die bekannte Mutationen enthalten. Nachdem das isolierte Erbmaterial des Patienten auf diesen Chip aufgetragen wurde läßt sich feststellen, welche krankheitsauslösenden Genvarianten vorhanden sind.[118] Je mehr DNA-Stücke auf ei-

---

[113] M. Dietel/P. Proppring, Molekulare Diagnostik, DÄBL 2001, A 1978; DFG, Humangenomforschung und prädiktive genetische Diagnostik, Stellungnahme v. 20.6. 1999, 61; vgl. zum Stand der Technik und Forschung, K. Zerres, Enquête-Kommission „Recht und Ethik der modernen Medizin", Wortprotokoll der öffentlichen Anhörung von Sachverständigen am 16.10. 2000.
[114] Bundesärztekammer, Richtlinien zur Diagnostik der genetischen Disposition für Krebserkrankungen, DÄBL 1998, A 1396, A 1397; H.-D. Saeger/S. Pistorius/G. Fitze/H. K. Schackert, Prädiktive Medizin für das operative Fach, DÄBL 2002, A 441, A 443.
[115] H.-D. Saeger/S. Pistorius/G. Fitze/H. K. Schackert, DÄBL 2002, A 441 ff..
[116] DFG, Humangenomforschung und prädiktive genetische Diagnostik, Stellungnahme v. 20.6. 1999, 50; M. Dietel/P. Proppring, DÄBL 2001, A 1978.
[117] DFG, Humangenomforschung und prädiktive genetische Diagnostik, Stellungnahme v. 20.6. 1999, 52.
[118] Ethik-Beirat beim BMG, Prädiktive Gentests. Eckpunkte für eine ethische und rechtliche Orientierung, 2000, 4; vgl. dazu: W. Henn, Der DNA-Chip – Schlüsseltechnologie für ethisch problematische neue Formen des Screenings?, EthikMed 1998, 128-137.

nem Chip aufgetragen werden können, desto mehr Mutationen und damit Krankheitsdispositionen können gefunden werden. In ferner Zukunft könnte die Chiptechnologie standardmäßig zur Verfügung stehen, und eine Untersuchung auf viele verschiedene genetische Merkmale wird möglich werden.[119] Binnen weniger Jahre wird es voraussichtlich möglich sein, ein für die Kostenträger attraktives und flächendeckendes genetisches Screening zur Verfügung zu stellen, das auf verschiedene Krankheiten in der Bevölkerung anwendbar ist. Ein Beispiel ist das Screening auf dominante Tumordispositionen.[120]

Fest steht, daß durch die Fortschritte in der molekularen Humangenetik neue Möglichkeiten geschaffen werden, die Heterozygotie (Anlageträgerschaft) für zahlreiche rezessiv erbliche Erkrankungen zu bezahlbaren Preisen festzustellen. Es ist zu erwarten, daß sich durch die fortschreitende Entschlüsselung und Erforschung der DNA diese Testmöglichkeiten vervielfachen und die Kosten sinken werden, so daß die genetische Diagnostik vielen Menschen zur Verfügung stehen kann.[121] Derzeit sind ca. 280 Krankheiten durch Gentests diagnostizierbar.[122] Zunehmend relevant werden sogenannte „Gen-Kits", Test-Kits oder sogar „Home-Kits", die industriell hergestellt werden und bei denen Bluttropfen oder ein Mundschleimhautabstrich auf einen Teststreifen aufgetragen werden und das Resultat direkt ablesbar ist.[123]

Berücksichtigt werden sollte, daß genetische postnatale Tests fast immer nur Aufschluß über die Wahrscheinlichkeit eines Sachverhalts geben. Außer bei monogenen Erbkrankheiten wird die Genomanalyse keine eindeutige Krankheitsprognose erlauben, sondern nur Risiken angeben können.[124] Auch hier ist die Penetranz, d.h. die Durchschlagskraft einer genetischen Mutation und damit ihre klinische

---

[119] Ethik-Beirat beim BMG, Prädiktive Gentests. Eckpunkte für eine ethische und rechtliche Orientierung, 2000, 4.
[120] W. Henn/T. Schoeder-Kurth, Humangenetische Diagnostik: Die Macht des Machbaren, DÄBL 1999, A 1555, A 1556; Hinweis aus sinkende Kosten für Veranlagungstests, Max-Planck-Institut, Stellungnahme, Genomanalyse und Privatversicherung, RabelsZ 2002, 116, 117.
[121] P. Koller, JbfRE 1999, 291, 315; Positionspapier der Gesellschaft für Humangenetik e.V., Heterozygotendiagnostik und Heterozygotenscreening, abgedruckt in: W. Eberbach/P. Lange/M. Ronellenfitsch, Recht der Gentechnik und Biomedizin, Band 4 ,2002, Teil II. F, s.a. Kommission für Öffentlichkeitsarbeit und ethische Fragen der Gesellschaft für Humangenetik e.V. 1996, Medizinische Genetik 8, 125-131.
[122] E. Richter, Genetisierung der Medizin, DÄBL 2002, A 759.
[123] H. Fenger/O. Schöffski, NversZ 2000, 449 mit dem Hinweis, daß entsprechende Angebote in den USA bereits auf dem Markt sind.
[124] D. Birnbacher, Genomanalyse und Gentherapie, in: H.-M. Sass (Hrsg.), Medizin und Ethik, 1989, 212, 223; D. Sarrao, Europäisches Parlament, Anhörung des Nichtsständigen Ausschuß für Humangenetik v. 26.3.2001, Postnatale Gentests, 3.

Manifestation nicht immer so groß, daß es praktisch immer zum Krankheitsausbruch kommt.[125]

3. Prädiktive postnatale genetische Tests und die BMK

a) Art. 12 BMK

Art. 12 BMK regelt die Zulässigkeit der Erhebung prädiktiven Wissens. Untersuchungen, die es ermöglichen, genetisch bedingte Krankheiten vorherzusagen oder das Vorhandensein eines für eine Krankheit verantwortlichen Gens festzustellen sind ebenso wie Untersuchungen zur Klärung der genetischen Prädisposition oder Anfälligkeit für eine Krankheit, an Gesundheitszwecke oder eine gesundheitsbezogene Forschung und eine angemessene genetische Beratung gebunden. Geregelt ist dadurch neben der Zulässigkeit der Erhebung prädiktiven Wissens auch die genetische Diagnostik zur Diagnosesicherung („das Vorhandensein eines für eine Krankheit verantwortlichen Gens festzustellen") hinsichtlich bereits ausgebrochenen Krankheiten. Letzteres ist im Vergleich mit herkömmlichen Untersuchungsmethoden nicht anders zu beurteilen und bleibt in dieser Erörterung außer Betracht.

Nicht unter die Regelung der Zulässigkeit genetischer Tests des Art. 12 BMK fallen Tests, mit denen nichtkrankheitsrelevante Merkmale, wie Verhaltensmerkmale (Intelligenz, sexuelle Orientierung, Kriminalität etc.) vorhergesagt werden können.[126] Da Art. 12 BMK das Erfordernis der Gesundheitsbezogenheit nur für genetische Tests vorschreibt, bei denen von vornherein die Erkennung von Krankheiten intendiert ist, unterliegen Tests, durch die Aufschluß über nicht krankheitsrelevante Merkmale gewonnen werden soll keiner Einschränkung.

Eine explizite Regelung der Fragen zur pränatalen Diagnostik, wozu neben der Zulässigkeit bestimmter pränataler Diagnosemöglichkeiten insbesondere auch die der Zulässigkeit der Präimplantationsdiagnostik gehört, sollte durch die BMK nicht stattfinden. Aus dem Erläuternden Bericht, der im Rahmen der Vorarbeiten als Auslegungshilfe hinsichtlich der einzelnen Normen der BMK erarbeitet wurde, geht eindeutig hervor, daß das Recht auf Vornahme diagnostischer Tests an einem Embryo nicht eingeschränkt werden sollte. Tests mit dem Ziel, festzustellen, ob ein Embryo Träger von Erbanlagen ist, die dazu führen können, daß das Kind an

---

[125] C. Fonatsch, Genetische Diagnostik und Arztvorbehalt, in: C. Bartram et al. (Hrsg.) Humangenetische Diagnostik, 2000, 54.
[126] Europäisches Parlament, Stellungnahme/Entschließungsantrag des Ausschusses für Recht und Bürgerrechte v. 7. Juni 1996 A4-0190/96; 12.10; Europäisches Parlament, Entschließung zum Schutz der Menschenrechte und Menschenwürde hinsichtlich der Anwendung von Biologie und Medizin, B4-1029, 1082, 1084 und 1085/96 v. 20.9.1996.

einer schweren Krankheit erkrankt, werden durch die Bestimmung des Art. 12 BMK in keiner Weise eingeschränkt.[127] Damit wird unmißverständlich klar, daß die Präimplantationsdiagnostik durch die BMK nicht verboten werden sollte und zudem nicht an die Voraussetzungen des Art. 12 BMK gebunden ist. Vielmehr ist es dem nationalen Recht überlassen die Zulässigkeit und Durchführung der Präimplantationsdiagnostik zu regeln.

Im Rahmen der hier zu erörternden postnatalen Diagnostik stellen sich vielschichtige Probleme sowohl im Verhältnis von Arzt und Patient als auch im Verhältnis zu Dritten, wie die in Deutschland seit langem umstrittene Zulässigkeit von Genomanalysen in Arbeits-und Versicherungsverträgen zeigt.[128]

b) Art. 11 BMK
Art. 11 BMK verbietet jede Diskriminierung einer Person wegen ihres genetischen Erbes. Mit dieser Regelung soll der Befürchtung entgegengewirkt werden, daß Gentests, durch die Anfälligkeiten und Krankheitsdispositionen festgestellt werden, als Mittel der Selektion und Ungleichbehandlung genützt werden.[129]

4. Kritik an den Regelungen der BMK zur postnatalen Gendiagnostik:
Die Artikel 11 und 12 BMK über das menschliche Genom und die für dieses Gebiet wichtigen allgemeinen Artikel der BMK, nämlich Artikel 4, 10 und 26 BMK sind Gegenstand einiger Meinungsverschiedenheiten und Vorbehalte gegen die Konvention insgesamt.[130]

a) Die Erlaubnis von prädiktiver Gentests in Art. 12 BMK
Die Erlaubnis von vorbeugenden Gentests (prädiktive Tests) zur Erkennung von genetischen Dispositionen für Erbkrankheiten oder Anfälligkeiten in Art. 12 BMK gibt Anlaß zur Kritik.[131]

---

[127] Erläuternder Bericht DIR/JUR (97) 5, Abschnitt 83.
[128] Siehe dazu unter: Zweiter Teil, Erster Abschnitt, II. und III..
[129] Erläuternder Bericht DIR/JUR (97) 5, Abschnitt 74.
[130] G. Patzig, EthikMed 1994, 169 ff.; Deutscher Richterbund, Bioethik-Konvention stößt auf Kritik, DRiZ 1995, 149 ff.; A. Laufs NJW 1995, 1590, 1593 zum 1. Entwurf; daneben stellt die Frage der Forschung an nichteinwilligungsfähigen Personen ohne eigenen Nutzen (Art. 17 BMK) nach wie vor den umstrittendsten Punkt der BMK dar, vgl. M. Köhler, Europäische Bioethikkonvention – Beitritt unter Vorbehalt?, ZRP 2000, 8; Zum Entwurf G. Klinkhammer, Grafenecker Erklärung zur Bioethik, Orientierung an den Menschenrechten, DÄBL 1996, A 2290; vgl. auch J. Taupitz/H. Schelling in: A. Eser (Hrsg.) Biomedizin und Menschenrechte 1999, 95; G. Wolfslast, Einwilligungsfähigkeit im Lichte der Bioethik-Konvention, KritV 1998, 74 ff..
[131] T. Kienle, Die prädiktive Medizin und gentechnische Methoden, Diss. Tübingen 1998, 136 mwN, T. Degener, KritV 1998, 7, 26 mwN.

Prädiktive Tests eröffnen die Möglichkeit für den Patienten im Falle einer Disposition für eine bestimmte Erkrankung, eine vorbeugende Behandlung vornehmen zu lassen oder Risiken durch Veränderung des Lebensstils oder der Umwelteinflüsse zu verringern. Ein Paradigmenwechsel ist eingeleitet: Herkömmliche medizinische Krankheitsdiagnosen beinhalteten meist eine breite Spanne an Unsicherheit. Die neuen und wachsenden Möglichkeiten der direkten Gendiagnostik können im Gegensatz dazu eine unveränderliche Eigenschaft des Individuums nachweisen. Damit entsteht eine neue Qualität medizinischer Diagnostik. Diese Diagnostik ist nicht erst beim Auftreten von Symptomen möglich, sondern präsymptomatisch, vorgeburtlich, sogar unmittelbar nach der Befruchtung außerhalb des Körpers (Präimplantationsdiagnostik).[132] Damit ist eine frühzeitige Therapie, Prävention und Zukunftsplanung möglich.[133]

Einziger Inhalt der Bestimmung des Art. 12 BMK ist die Freigabe solcher Tests zu gesundheitlichen Zwecken und die Bindung an eine genetische Beratung. Eine Regelung zum Schutz vor Mißbräuchen und zum Persönlichkeitsschutz wurde nicht getroffen.[134] Dies wird deswegen kritisiert, weil die Tiefe des Eingriffs der Genomanalyse in den Kernbereich der Person durch die potentielle Gefährlichkeit für die menschliche Würde, Autonomie und Selbstbestimmung unbestritten ist.[135] Aufgrund der Bedeutung für das allgemeine Persönlichkeitsrecht wird die Zulässigkeit prädiktiver Tests für fraglich gehalten.[136] Inwieweit genetische Analysen trotz Eingriffs in den grundrechtlich geschützten Bereich zulässig sein können, bedarf der Klärung. Hier sind die unterschiedlichen Verfahren zu differenzieren und die tatsächlichen Gefahren zu eruieren. Dahinter steht die grundsätzlich zu entscheidende Frage, ob genetische Diagnostik im Rahmen bereits bestehender Verfahren im Gesundheitswesen an die Voraussetzungen der ärztlichen Indikation, Arztvorbehalt, ärztliche Aufklärung und genetische Beratung gebunden sein soll, oder ob ein freier Markt für gendiagnostisch bezogene Gesundheitsleistungen

---

[132] J. Epplen/H. Przuntek, DÄBL 1998, A 32.
[133] H.-P. Schreiber, Gentechnologie, Genomanalyse und Ethik, EthikMed 1998, 68, 71.
[134] Komitee zum Schutz der Menschenwürde, Schweiz, Temporary Committee on the Human Genetics and other new technologies of modern medecine, Statement for the Public EP Hearing on Human Genetics on 9 and 10 July 2001.
[135] R. Damm, MedR 1999, 437, 438; E. Deutsch, Das Persönlichkeitsrecht des Patienten, AcP 1992, 161, 169; ders., Haftung für unerlaubte Genomanalyse, VersR 1991, 1205, 1209, ders., Medizinische Genetik und Genomanalyse – Rechtliche Probleme, VersR 1994, 1, 2; dazu jüngst D. Regenbogen/Wolfram Henn, Aufklärungs- und Beratungsprobleme bei der prädiktiven genetischen Diagnostik, MedR 2003, 152, 155 ff..
[136] Vgl. dazu A. Schmidt, in: R. Toellner (Hrsg.) Humangenetik – Ethische Probleme der Beratung, Diagnostik und Forschung, 1993, 191, 193.

entstehen und der Patient als Kunde die von ihm gewünschten Leistungen erhalten soll.[137]

aa) Unbestimmtheit des Begriffs „gesundheitliche Zwecke"

Die Kritik an Art. 12 BMK setzt vor allem an der Unbestimmtheit der Begriffe an. Es ist nicht geklärt, was mit Gesundheitszwecken („health purposes") oder gesundheitsbezogener Forschung gemeint ist.[138] Der Wortlaut des Art. 12 BMK wird deshalb als unzureichend kritisiert. Der Begriff der gesundheitlichen Zwecke sei zu unscharf und zu weit, da er sehr subjektive Elemente der Lebensqualität mit einschließe.[139] Fraglich ist, ob darunter auch wichtige öffentliche Interessen im Gesundheitswesen[140], etwa solche epidemiologischer oder wirtschaftlicher Art, fallen können. Erforderlich ist zunächst eine (positive) Begriffsbestimmung von „gesundheitlichen Zwecken („*health purposes*").[141]

bb) Geeignetheit des Begriffs „gesundheitliche Zwecke" zur Einschränkung der Zulässigkeit prädiktiver genetischer Diagnostik

In einem zweiten Schritt ist zu klären, ob die Beschränkung auf gesundheitliche Zwecke geeignet ist, den mit prädiktiven Tests verbundenen Gefahren entgegen zu wirken. Hierbei ergeben sich Gefahren sowohl bei der Erhebung als auch bei der Verwendung prädiktiven Wissens:
Verbindet sich die Identifikation von krankheitsauslösenden Genen mit einer unangemessen objektivierenden Bewertung, so besteht die Gefahr, Merkmalsträger bestimmter Krankheiten in hohen Maße zu stigmatisieren und zu diskriminieren, denn der Anschein der Vermeidbarkeit dieser Krankheiten kann zu selektionistischem Verhalten führen.[142] In Deutschland ist die Zulässigkeit von Genomanalysen im Drittinteresse beispielsweise bei arbeits- und versicherungsrechtlichen Eingangsprüfungen seit langem heftig umstritten.[143]

---

[137] C. Bartram, in: C. Bartram et al. (Hrsg.), Humangenetische Diagnostik, 2000, XXII; dazu unter Erster Teil, Erster Abschnitt, IV. 5. b) und V..
[138] M.-T. Tinnefeld, ZRP 2000, 10, 13; D. Mieht, in: Protokoll der 113. Sitzung des Rechtsausschusses des BT, öffentliche Anhörung zum Thema: Übereinkommen über Menschenrechte und Biomedizin, 1998, 39; ders., DuD 1999, 328, 329.
[139] J. Taupitz, Genetische Diagnostik und Arztvorbehalt, in: C. Bartram et al. (Hrsg.) Humangenetische Diagnostik, 2000, 100.
[140] M.-T. Tinnefeld, Menschenrechtspolitik in Europa am Beispiel der Bioethik-Konvention des Europarates DuD 1999, 317, 320.
[141] Siehe dazu unter Erster Teil, Zweiter Abschnitt, I. 1..
[142] D. Lanzerath, Prädikative genetische Tests im Spannungsfeld von ärztlicher Indikation und informationeller Selbstbestimmung, JbfWE 1998, 193, 194; I. Nippertz/D. Wertz, in: S. Winter/H. Fenger/H.-L. Schreiber (Hrsg.), Genmedizin und Recht, 2001, Rn 954.
[143] H. Donner/J. Simon, Genomanalyse und Verfassung, DÖV 1990, 907-918; E. Lorenz, Zur Berücksichtigung genetischer Tests und ihrer Ergebnisse beim Abschluß von Personenversicherungsverträgen, VersR 1999, 1309-1315.

Testergebnisse wirken sich auf die Persönlichkeit des Betroffenen aus. Er muß gegebenenfalls seine Lebensplanung ändern, hat beispielsweise Hemmungen bei der Partnersuche, muß höhere Risikozuschläge bei Versicherungen bezahlen oder Einschränkungen des Zugangs zum Arbeitsmarkt hinnehmen. Genetische Information kann so einen Vorwand für soziale Stigmatisierung begründen.[144] Das Problem stellt sich somit dadurch, daß nach Erhebung dieser Daten die Gefahr des Mißbrauchs und eines Schadens beim Untersuchten besteht.

Es existiert die Gefahr, daß in Zukunft persönliche genetische Befunde, die der Einzelne etwa im Rahmen seiner „Gesundheitsverantwortung" erheben ließ, zur normalen Informationsstruktur einer Gesellschaft gehören und die genetische Veranlagung zu sozialer Differenzierung und Selektion führen könnte.[145] An der Zulässigkeit genetischer Tests sind Arbeitgeber und Versicherungen in besonderem Maße interessiert, und die Beschränkung der Anwendung genetischer Tests auf gesundheitliche Zwecke wird im Hinblick auf die Interessen der Arbeitgeber und Versicherungen an diesen Testergebnissen und den damit verbundenen Gefahren als unzureichend angesehen.[146]

Weiter wird die Zulässigkeit genetischer Tests auch deshalb angegriffen, weil der dadurch möglicherweise verursachte Anspruch auf genetische Normalität die Akzeptanz von Behinderten in der Gesellschaft gefährden könnte. Die Diskriminierung bestimmter Anlageträger und eine zunehmende Genetisierung der Gesellschaft stehe zu befürchten.[147]

Die Zulässigkeit prädiktiver Tests unter bestimmten Voraussetzungen auf Grund eines „Rechts auf Wissen" des Einzelnen kann insgesamt zu einem sozialen Druck zum Test führen. Durch die freiwillige Inanspruchnahme und Weitergabe prädiktiver Tests und ihrer Ergebnisse könnte sich der Einzelne Zugang zu gesellschaftlichen Leistungen wie Arbeitsplätzen und günstigen Versicherungsverträgen verschaffen. So würden indirekt auch andere zum Test genötigt und deren Autonomie und Recht auf Nichtwissen faktisch eingeschränkt. Man spricht in diesem Zusammenhang auch von „Entsolidarisierung durch Recht auf Wissen".[148] Durch

---

[144] Enquête-Kommission „Recht und Ethik der modernen Medizin", Schlußbericht, BT-Drucks. 14/9020, 2002, 131.
[145] H.-P. Schreiber, EthikMed 1998, 68, 73.
[146] T. Degener, KritV 1998, 7, 26.
[147] D. Lanzerath, Der Umgang mit prädiktivem Wissen in der genetischen Diagnostik – Ethische Aspekte unter besonderer Berücksichtigung des Krankheitsbegriffs, Schriftliche Eingabe im Rahmen der öffentlichen Anhörung von Sachverständigen bei der Enquete-Kommission „Recht und Ethik der modernen Medizin", 2000, 2, 3; E. Richter, DÄBL 2002, A 759.
[148] S. Kurip, Folgen der genetischen Diagnostik: Entsolidarisierung durch Recht auf Wissen, Schriftliche Stellungnahme zur Anhörung der Enquête-Kommission Recht und Ethik in der Medizin, 2000, 1; siehe dazu unter Erster Teil, Erster Abschnitt, IV. 6. c).

Art. 12 BMK ist eine Inanspruchnahme genetischer Diagnostik allein auf Wunsch des Ratsuchenden nicht möglich, so daß die genannten Gefahren nur insoweit bestehen, als diejenigen, die Tests zu gesundheitlichen Zwecken durchführen ließen diese zusätzlich zu den angesprochenen Zwecken nutzen und so andere ausgrenzen könnten. Nachdem die Zulässigkeit der Weitergabe von Testergebnissen nicht ausdrücklich geregelt wurde, ist die Frage, wie man Einzelne von der Weitergabe ihrer Testergebnisse zu ihrem eigenen Nutzen abhalten kann, ein offenes Problem.[149]

Weiter ist neben dem Fortschritt für Diagnostik, Prävention und Therapie durch die prädiktive Medizin die eklatante Kluft zwischen Diagnostik und Therapie zu berücksichtigen. Dem rasanten Fortschritt in der Diagnostik stehen verhältnismäßig immer weniger Therapien gegenüber.[150] Da prädiktive Tests es möglich machen, sehr früh zu erkennen, wer Träger eines bestimmten einzelnen Gens ist, das schwerwiegende Erkrankungen verursacht wie Mukoviscidose oder Chorea Huntington, aber andererseits für viele dieser Krankheiten derzeit keine Therapiemöglichkeit besteht, stellt sich die Frage nach der Zweckmäßigkeit solcher Untersuchungen.[151] Ob eine sinnvolle Begrenzung der Erhebung prädiktiven Wissens durch die Beschränkung der Zulässigkeit prädiktiver Tests auf gesundheitliche Zwecke erreicht werden kann bedarf der Klärung.

Mit zunehmender Akzeptanz genetischer Tests, wenn auch nur zu gesundheitlichen Zwecken, und anderer Möglichkeiten der Humangenetik wird befürchtet, daß dies einen wachsenden Anspruch der Gesellschaft auf kollektive Gesundheit und das utopische Verlangen nach „genetischer Normalität" vorantreiben könnte. Gesehen wird die Gefahr der Tendenz, mit Hilfe der Humangenetik einerseits die Ausbreitungen von Erbkrankheiten zu verhindern (negative Eugenik) und andererseits gewünschte Erbanlagen zu fördern (positive Eugenik). Das würde eine zunehmende Instrumentalisierung des Individuums mit bestimmten Krankheitssymptomen bedeuten.[152]

Weiter stellte sich die Frage des Schutzes des Einzelnen im Hinblick auf mögliche Ausnahmen von den Vorgaben des Art. 12 BEK. Nachdem Art. 12 BMK nicht unter die gemäß Art. 26 II BMK uneinschränkbaren Bestimmungen gefaßt wurde, kann eine Ausnahme von der Gesundheitsbezogenheit der in Frage stehenden Tests unter den Voraussetzungen des Art. 26 I BMK gemacht werden. Unklar ist, ob dies ein Einfallstor für fremdnützige Tests sein könnte und damit der erste

---

[149] Dazu unter: Zweiter Teil, Zweiter Abschnitt.
[150] U. Eibach, Genomanalyse und Menschenwürde – eine teleologisch-ethische Stellungnahme, EthikMed 1990, 22, 23.
[151] Siehe dazu unter: Erster Teil, Erster Abschnitt, IV.6. c) aa).
[152] D. Lanzerath, JbfWE 1998, 193, 194.

Schritt zum „gläsernen Menschen" gemacht ist. Befürchtet wird die Aushöhlung des vom Übereinkommen vorgesehenen Mindestschutzes.[153]

Man kann die Regelung des Art. 12 BMK jedoch auch dahingehend kritisieren, daß es das Selbstbestimmungsrecht und das Recht auf Wissen des Einzelnen unzulässig beschränkt. Mit der Bindung genetischer Tests an gesundheitliche Zwecke ist eine Inanspruchnahme genetischer Diagnostik nicht mehr allein auf Wunsch und mit Zustimmung des Betroffenen möglich. Andererseits enthält ein genetisches Testergebnis oft Aussagekraft für nahe Angehörige, die möglicherweise nichts über ihre genetische Konstitution erfahren möchten. Hier kollidiert das Informationsinteresse (Recht auf Wissen) mit dem Recht auf Nichtwissen von Verwandten. Es ist zu klären, inwieweit der Einzelne ein Recht hat, seine genetische Konstitution zu kennen (Recht auf Wissen) und inwieweit dieses Recht eingeschränkt werden kann oder eine Einschränkung gerechtfertigt sein kann.[154]

In diesem Rahmen stellt sich die Frage mit Hilfe welcher Kriterien und Grenzziehungen die Nutzung der prädikativen genetischen Diagnostik, welche unbestrittene Vorteile bei Therapie und Diagnostik hat[155], bereitgestellt werden kann und zugleich die Gefahren des Mißbrauchs verhindert werden können.[156] International versucht man diese Begrenzung der Durchführung genetischer Tests dadurch zu gewährleisten, daß man diese Tests an definierte Zwecke (wie Gesundheit oder ärztliche Teleologie) bindet.[157] Zu klären ist, ob die Bindung an gesundheitliche Zwecke und das Diskriminierungsverbot durch die BMK ausreichend ist, den Gefahren des Mißbrauchs entgegenzuwirken. Dies gilt um so mehr, als Art. 12 nicht in die Liste der unantastbaren Rechte des Art. 26 II BMK aufgenommen wurde.[158] Andererseits muß geklärt werden, ob diese Beschränkung im Hinblick auf die Selbstbestimmung und insbesondere auf das Recht auf Wissen eine angemessene Regelung ist.

---

[153] R. Giesen, MedR 1995, 353, 359 damals zu Art. 2 II BMK des ersten Entwurfs. In der endgültigen Fassung entspricht Art. 2 II des 1. Entwurfs weitgehend dem Art. 26 I BMK der endgültigen Fassung; vgl. J. Taupitz, VersR 1998, 542, 546; siehe dazu unter: Zweiter Teil, Zweiter Abschnitt, I. 1.; II. 1. c).
[154] Siehe dazu unter: Erster Teil, Erster Abschnitt, IV. a) und c), Zweiter Abschnitt, I. 1. e).
[155] H. Müller, Predictive Genetic Testing: Possibilities, Implications, Limits, in: H. Haker/R. Hearn/K. Steigleder (Hrsg.), Ethics of Human Genome Analysis, 1993, 136 ff..
[156] D. Lanzerath, Der Umgang mit prädiktivem Wissen in der genetischen Diagnostik – Ethische Aspekte unter besonderer Berücksichtigung des Krankheitsbegriffs, Schriftliche Eingabe im Rahmen der öffentlichen Anhörung von Sachverständigen bei der Enquête-Kommission „Recht und Ethik der modernen Medizin", 2000, 2.
[157] UNESCO, Allgemeine Erklärung über das menschliche Genom und die Menschenrechte, abgedruckt in JbfWE 1998, 213-224; vgl. dazu L. Honnefelder, Stellungnahme zur allgemeinen Erklärung über das menschliche Genom und die Menschenrechte der UNESCO, JbfWE 1998, 223-230.
[158] T. Degener, KritV 1998, 7, 27.

b) Die fehlende Regelung der Weitergabe der genetischen Information und des Datenschutzes

Zu kritisieren ist, daß die Weitergabe der Ergebnisse genetischer Tests an Dritte überhaupt nicht geregelt ist. Art. 12 BMK enthält keine Aussage zur Frage der Zulässigkeit der Weitergabe genetischer Daten.[159] Bemängelt wird, daß zwar mit Art. 12 BMK durch die Bindung genetischer Tests an gesundheitliche Zwecke und eine genetische Beratung eine Verbesserung im deutschen Recht eintreten würde, jedoch keine Vorschriften zum Schutz dieser genetischen Daten bestehen.[160] Wie bereits angesprochen, haben gerade Arbeitgeber und Versicherungen ein nachweislich großes Interesse an solchen Daten, und es besteht die Gefahr, daß genetisch ungünstiger ausgestatteten Personengruppen der Zugang zu Arbeitsstellen und Versicherungen verweigert oder erschwert wird.[161] Zu prüfen ist, ob Fragen der Weitergabe oder einer möglichen Offenbarungspflicht von bereits existierenden Testergebnissen durch die BMK oder das nationale Recht hinreichend geregelt sind. Hier ist problematisch, ob hinsichtlich der Gefahren für das Individuum ausreichende datenschutzrechtliche Regelungen bestehen.[162] Für Fragen des Datenschutzes ist mangels ausdrücklicher Regelung im Zusammenhang mit Art. 12 BMK allein Art. 10 I BMK die entscheidende Regelung. Insofern ist zu klären, ob dies eine hinreichende Leitlinie sein kann. Auch Art. 10 I BMK ist unter den Voraussetzungen des Art. 26 I BMK einschränkbar, und es gilt auch hier die Befürchtung, daß durch diese unklare Formulierung der Schutz des Einzelnen bezüglich der Weitergabe der erlangten Daten unsicher ist.[163]

III. Abgrenzungsfragen

Privatrechtliche Rechtspositionen im Zusammenhang mit der Genomanalyse als Diagnoseverfahren sind hinsichtlich des Ausgangsmaterials, des Analyseverfahrens und des Ergebnisses der Analyse berührt.[164] Die vorliegende Erörterung umfaßt weder Fragen bezüglich des Ausgangsmaterials, noch Fragen hinsichtlich der Patentierung menschlicher Gene.[165]

---

[159] C. Rudloff-Schäfer, DuD 1999, 322, 324.
[160] W. Höfling, Menschen mit Behinderungen, das „Menschenrechtsübereinkommen zur Biomedizin" und die Grund- und Menschenrechte, KritV 1998, 99, 105.
[161] T. Degener, KritV 1998, 7, 27 mwN.
[162] Siehe dazu u.a. Zweiter Teil, Erster Abschnitt, I. 3.; II. 7.; III. 3. b); IV. 1..
[163] Siehe dazu Zweiter Teil, Zweiter Abschnitt, V..
[164] J. Taupitz, Privatrechtliche Rechtspositionen um die Genomanalyse: Eigentum, Persönlichkeit, Leistung, JZ 1992, 1089.
[165] Siehe dazu u.a. J. Taupitz, JZ 1992, 1089-1099.

Aufgrund der Tatsache, daß es sich bei Art. 12 BMK um die Zulässigkeit von prädiktiven, d.h. vorhersagenden oder vorbeugenden genetischen Tests handelt, werden Fragen im Zusammenhang mit DNA-Analysen im Rahmen des § 81a StPO[166] und Vaterschaftsanalysen hier nicht erörtert, da sie nachträgliche Gentests im Hinblick auf eine Straftat oder bestehende Vaterschaft darstellen. Im Übrigen liegt in der Regel keine Verletzung des Persönlichkeitsrechts vor, da nur die nicht codierenden Bereiche untersucht werden, die zwar individualspezifisch sind, aber keine Aussage über die Erbinformation enthalten.[167]

Die Präimplantationsdiagnostik und die damit zusammenhängenden Fragen[168] sind nicht Gegenstand der vorliegenden Untersuchung, da sie wie bereits erörtert von der BMK nicht geregelt werden sollten. Ebensowenig wird auf die Problematik der verbrauchenden Forschung an Embryonen[169] eingegangen, die sich auch im Rahmen der Forschung an der Genanalyse stellt. Gleiches gilt für den sehr umfangreiche Problemkomplex der Forschung. Wenngleich auch Klärungsbedarf hinsichtlich der Frage besteht, was unter gesundheitsbezogener Forschung zu verstehen ist[170], würde die Erörterung der Abgrenzung gesundheitsbezogener Forschung von unzulässiger Forschung den Umfang dieser Erörterung sprengen.

Aus den selben Gründen ist die Frage der Behandlung von Einwilligungsunfähigen, die sich im Rahmen der pränatalen, aber auch der frühkindlichen postnatalen Genomanalyse stellt, hier nicht erörtert. Generell ist diese Problematik eher im Rahmen von Art. 17 BMK angesiedelt.[171] Ebenso ist eine umfassende Darstellung

---

[166] Vgl. dazu C. Rademacher, Verhinderung der genetischen Inquisition, ZRP 1990, 380-384;
[167] E. Deutsch, VersR 1994, 1, 3; Abschlußbericht der Bund-Länder-Arbeitsgruppe „Genomanalyse", 1990, abgedruckt in W. Eberbach/P. Lange/M. Ronellenfitsch, Recht der Gentechnik und Biomedizin, Band 4, 2002, Teil II. F, 8, 25.
[168] Vgl. dazu u.a. Enquête-Kommission „Recht und Ethik der modernen Medizin", Schlußbericht, BT-Drucks. 14/9020, 2002, 27-114.
[169] Vgl. dazu R. Merkel, Verbrauchende Embryonenforschung? Grundlagen einer Ethik der Präimplantationsdiagnostik und der Forschung an embryonalen Stammzellen, in: R. Schmücker/U. Steinvorth, Gerechtigkeit und Politik: philosophische Perspektiven, 2002, 151-177.
[170] T. Neuer-Miebach, in: Protokoll zur 113. Sitzung des Rechtsausschusses des BT, öffentliche Anhörung zum Thema: Übereinkommen über Menschenrechte und Biomedizin, 1998, 65.
[171] Vgl. dazu C. Peter, Forschung am Menschen – eine Untersuchung der rechtlichen Rahmenbedingungen unter besonderer Berücksichtigung einwilligungsunfähiger Patienten, 2000; I. Kamp, Die Europäische Bioethik-Konvention – Medizinische Versuche an nichteinwilligungsfähigen Menschen unter besonderer Berücksichtigung der Vorgaben im nationalen und internationalen Recht, Diss. Bayreuth, 2000; U. Fröhlich, Forschung wider Willen? Rechtsprobleme biomedizinischer Forschung mit Nichteinwilligungsfähigen, Diss. Mannheim 1999; A. Jürgens, Fremdnützige Forschung an einwilligungsunfähigen Personen nach deutschem Recht und nach dem Menschenrechtsübereinkommen zur Biomedizin, KritV 1998, 34-51; A. Hendriks, Article 17 of the European Convention on Human Rights and Biomedicine: incompatible with international human rights law?, KritV 1998, 111-117; J. Taupitz/U. Fröhlich, Medizinische Forschung mit nichteinwilligungsfähigen Personen – Stellungnahme der zentralen Ethikkommission, VersR 1997, 911-918.

der datenschutzrechtlichen Problematik bei genetischen Daten nicht möglich, so daß darauf nur begrenzt eingegangen wird. Im übrigen berühren Fragen des Datenschutzes nicht die hier problematisierte Zulässigkeit der genetischen Diagnostik als solche.[172]

IV. Methode und Aufbau der Arbeit

Wie erörtert, kann es nicht um die Frage einer grundsätzlichen Vereinbarkeit der BMK mit dem deutschen Recht gehen. Vielmehr sollen die durch neue biotechnologischen Methoden entstehenden Gefahren für den Einzelnen und die Gesellschaft aufgezeigt werden. Weiter wird erörtert werden, inwieweit die BMK im Gegensatz oder im Zusammenspiel mit dem deutschen Recht, angemessene Lösungen bietet oder mit dem deutschen Recht im Einzelnen nicht vereinbar ist. Soweit Regelungslücken verbleiben, sollen Lösungsmöglichkeiten aufgezeigt werden.

---

[172] So auch M. Spranger, Prädiktive genetische Tests und genetische Diskriminierung im Versicherungswesen, VersR 2000, 815, 816 Fn 15.

Erster Teil: *Prädiktive postnatale Gentests im Verhältnis zwischen Arzt und Ratsuchendem*

Gerade im Bereich der postnatalen Diagnostik gibt es zentrale Problemstellungen, und es ist keineswegs so, daß sie im Vergleich zu denen der pränatalen Diagnostik sehr viel weniger dringend wären.[173] Problematisch ist hier die präsymptomatische genetische Diagnostik, bei der sich die Frage nach dem Zweck des zu erhebenden Wissens für den zu Testenden selbst (im Verhältnis Arzt-Patient) stellt. Bei der Genomanalyse handelt es sich nicht nur um ein Problem der Dateninterpretation- und bewertung[174], sondern schon um ein Erkenntnisproblem insofern, als genetisches Wissen nicht zurückgenommen werden kann und die Entscheidung über die Erhebung prädiktiven Wissens für den Einzelnen die wichtigste Entscheidung ist. Die Fragen im Bereich der postnatalen prädiktiven Diagnostik sind biologisch-ethischer Art und setzen ein Abwägen von Werten voraus, die die Gesellschaft als fundamental ansieht. Entscheidende Werte sind hier die Würde des Menschen, die Freiheit des Einzelnen und seine Autonomie, selbst über die eigenen Belange zu entscheiden.

Das Arzt-Patientenverhältnis spielt für die Entwicklung der modernen Medizin und Medizinethik eine Schlüsselrolle. Einerseits spiegelt es die Änderungen des Rollenverständnisses von Arzt und Patient wider, andererseits auch die grundlegenden Änderungen der medizinischen Behandlungsmöglichkeiten. Das Arzt-Patientenverhältnis bewirkt, daß das ärztliche Handeln zunächst und vor allen Dingen unter verbindliche ethische Ziele gestellt ist; gewährt den Schutzraum, den die medizinische Behandlung braucht, um erfolgreich zu sein. Der Grad der Patientenbeteiligung verändert sich – der Selbstbestimmung wird heute eine größeres Gewicht beigemessen.[175] Gerade in der prädiktiven Diagnostik kommt der Gewährleistung der Patientenautonomie ein besonders großes Gewicht zu. Weiter wird die prädiktive genetische Diagnostik zunehmend wichtiger Bestandteil der Diagnostik.

Die Diagnose als schwieriger und gewichtiger Bestandteil der Arzt-Patientenbeziehung wird unterteilt in drei Abschnitte. Bei der Retrognose wird ein

---

[173] So aber G. Patzig, in: R. Toellner (Hrsg.) Humangenetik – Ethische Probleme der Beratung, Diagnostik und Forschung, 1993, Ethische Probleme der Postnataldiagnostik, 147.
[174] So aber C. Kaminsky, Genomanalyse: Absichten und mögliche Konsequenzen in der Perspektive angewandter Ethik, in: E.-M. Engels (Hrsg.) Biologie und Ethik, 1999, 194, 197.
[175] Enquête-Kommission „Recht und Ethik der modernen Medizin", Schlußbericht, BT-Drucks. 14/9020, 2002, 201; vgl. A. Laufs/W. Uhlenbruck, Handbuch des Arztrechts, 2002, § 52 Rn 9; § 58 Rn 6; § 61 Rn 15; vgl. in diesem Zusammenhang auch C. Katzenmeier, Patientenrechte in Deutschland heute, MedR 2000, 24-25 zur partnerschaftlichen Arzt-Patientenbeziehung und Selbstbestimmung.

Urteil über abgelaufene Vorgänge wie den bisherigen Krankheitsverlauf getroffen. Im Rahmen der Diagnose im engeren Sinne erfolgt eine Feststellung des gegenwärtigen Zustandes. Die Prognose als Teil der Diagnose bezieht sich auf den voraussichtlichen Krankheitsverlauf ohne ärztlichen Eingriff.[176] Auf sie bezieht sich die prädiktive Diagnostik.

---

[176] A. Eser/M. v. Lutterotti/P. Sporken, Lexikon Medizin Ethik Recht, 1989, 255.

Erster Abschnitt: Deutsche Rechtslage und Meinungsstand

I. Regelung der prädiktiven Diagnostik

1. Gesetzliche Vorschriften

Gentests als spezielle Methoden und Verfahren der Diagnostik einer bestimmten Erkrankung oder Erkrankungswahrscheinlichkeit sind nach der EG Richtlinie 98/79/EG als In-vitro-Diagnostika zu qualifizieren, wenn sie zum Zweck der medizinischen Analyse hergestellt und verwendet werden und dies im kommerziellen oder professionellen Rahmen stattfindet.[177] In-vitro-Diagnostika, die zur Anwendung der Analyse von Genen bestimmt sind, unterliegen dem gemeinschaftsrechtlichen und dem deutschen Medizinprodukterecht. Die Umsetzung der Richtlinie in nationales Recht erfolgte im Medizinproduktgesetz (MPG) und in der Verordnung über Medizinprodukte durch das am 1. Januar 2002 in Kraft getretene Medizinprodukteänderungsgesetz. Ebenso wie die Richtlinie regelt das MPG das Inverkehrbringen, die Inbetriebnahme und Anwendung von Medizinprodukten sowie deren Überwachung und die Abwehr von Risiken. Damit sind nur die Qualität des Medizinproduktes (Gentests), dessen technische Leistungsfähigkeit und dessen Produktsicherheit geregelt, nicht hingegen die Bedingungen und Regeln der Anwendung der Tests, der ärztlichen Untersuchung der Erbinformation, ihrer Auswertung und des Umgangs mit dem Testergebnis.[178] Von der in § 37 MPG festgeschrieben Verordnungsermächtigung zugunsten des Bundesgesundheitsministeriums wurde bislang kein Gebrauch gemacht. Hiernach ist es möglich, für bestimmte Medizinprodukte eine Verschreibungspflicht oder spezielle Vertriebswege vorzuschreiben, wenn dies aus Gründen des Gesundheitsschutzes oder der Sicherheit des Anwenders, des Patienten oder von Dritten geboten sein sollte.

Soweit die genetische Diagnostik noch im Experimentierstadium ist, und dies ist derzeit bei den meisten Testverfahren so, gelten die allgemeinen Regeln für diagnostische Experimente, wie sie in den §§ 40 ff. AMG und der revidierten Deklaration von Helsinki festgeschrieben sind.[179] Auch die auf dem Gebiet der Gentechnik und der Humangenetik erlassenen Gesetze, das Embryonenschutzgesetz

---

[177] IVD-Richtlinie 98/79/EG des Europäischen Parlaments und des Rates v. 27.10.1998 Ziffer 11, Amtsblatt Nr. L 331 v. 7.12.1998, 0001-0037.
[178] G. Schorn, in: S. Winter/H. Fenger/H.-L. Schreiber (Hrsg.), Genmedizin und Recht, 2001, Rn 200 ff., 243; Enquête-Kommission „Recht und Ethik der modernen Medizin", Schlußbericht, BT-Drucks. 14/9020, 2002, 130.
[179] E. Deutsch, Juristische Stellungnahme, in: Bundesminister für Forschung und Technologie (Hrsg.), Ethische und rechtliche Probleme der Anwendung zellbiologischer und gentechnischer Methoden am Menschen, 1984, 19.

(ESchG) und das Gentechnikgesetz (GentG)[180], regeln die Zulässigkeit der prädiktiven genetischen Tests nicht.

Insofern als das durch genetische Tests erworbene Wissen für den Betroffenen mit nennenswerten Gesundheitsgefahren verbunden ist, greift nach geltendem Recht nur der Erlaubnisvorbehalt des Heilpraktikergesetzes ein.[181] Jedoch ist durch diesen Vorbehalt nicht gewährleistet, daß nur entsprechend ausgebildete Personen genetische Diagnostik anbieten und durchführen dürfen. Infolge dessen besteht, vor allem hinsichtlich der informationellen Gefahren genetischer Beratung, keine ausreichende Regelung.[182]

2. Gesetzgeberische Vorarbeiten

Eine gesetzliche Regelung der Zulässigkeit und der Durchführung der genetischen Diagnostik und Beratung steht somit nach wie vor aus.[183] Indessen gab es gesetzgeberische Vorarbeiten, so die gemeinsame Arbeitsgruppe des Bundesministeriums für Forschung und Technologie und des Bundesministers der Justiz "In-vitro-Fertilisation, Genomanalyse und Gentherapie"[184], die Enquête-Kommission des Bundestages „Chancen und Risiken der Gentechnologie"[185], die Bund-Länder-Arbeitsgruppe „Genomanalyse"[186] und in jüngster Zeit die Enquête-Kommission „Recht und Ethik der modernen Medizin".[187] Derzeit wird an einem sogenannten Gentestgesetz gearbeitet.[188] Weiter existiert ein Gesetzesentwurf zur Regelung von Analysen des menschlichen Erbgutes (Gentest-Gesetz) der Bundestagsfrakti-

---

[180] Die Regelung der humangenetischen Aspekte wurde bewußt außen vor gelassen, W. Graf Vitzthum, Gentechnik und Grundgesetz, in: H. Maurer (Hrsg.), Das akzeptierte Grundgesetz, FS für G. Dürig, 1990, 185, 199.
[181] Ausführlich dazu J. Taupitz, in: C. Bartram et al. (Hrsg.), Humangenetische Diagnostik, 2000, 105 ff..
[182] C. Bartram in: C. Bartram et al. (Hrsg.), Humangenetische Diagnostik, 2000, XXVI.
[183] E. Deutsch, Medizinrecht, 2003, Rn 790; ders.: auf Grund der Eingriffstiefe soll eine Genomanalyse nur bei Zustimmung des Betroffenen oder einer gesetzlichen Ermächtigung, VersR 1994, 1, 2; Enquête-Kommission „Recht und Ethik der modernen Medizin", Schlußbericht, BT-Drucks. 14/9020, 2002, 130.
[184] Bericht der gemeinsamen Arbeitsgruppe des Ministers für Forschung und Technologie und des Bundesministers der Justiz, 1985 (Benda-Kommission).
[185] BT-Drucks. 10/6775.
[186] Abschlußbericht, 1990, abgedruckt in W. Eberbach/P. Lange/M. Ronellenfitsch, Recht der Gentechnik und Biomedizin, Band 4, 2002, Teil II. F, Bund-Länder-Arbeitsgruppe „Genomanalyse".
[187] Einsetzungsantrag am 20.03.2000 BT-Drucks. 14/3011.
[188] Ohne veröffentlichtes Material bis jetzt, zum Vorhaben: Ulla Schmidt in Berliner Zeitung v. 15.10.2001; Der Tagesspiegel v. 14.10.2001.

on der Grünen[189] und eine Entschließung zur gesetzlichen Regelung von genetischen Untersuchungen der Konferenz der Datenschutzbeauftragten des Bundes und der Länder.[190] Außerdem hat der Ethik-Beirat beim Bundesgesundheitsministerium Eckpunkte für eine ethische und rechtliche Orientierung zum Thema prädiktive Gentests aufgestellt.[191] Die einzelnen Positionen werden innerhalb der später folgenden Erörterung der berührten Grundrechtspositionen und der Frage des Regelungsbedarfs angesprochen.

Jüngst geht die Enquête-Kommission „Recht und Ethik der modernen Medizin" von der Notwendigkeit einer möglichst umfassenden gesetzlichen Regelung genetischer Untersuchungen aus.[192] Gesetzgeberischer Handlungsbedarf wurde von der Enquête-Kommission 1987 und der Bund-Länder-Arbeitsgruppe 1990 bereits eindeutig bejaht, hingegen von der Benda-Kommission 1985 noch verneint.[193] Gesehen wurden früher vorwiegend Probleme im Zusammenhang mit dem Arbeits- und Versicherungsrecht, dem Datenschutz und der pränatalen Diagnostik. Heute sieht man zunehmend das Problem der Erhebung unzweckmäßigen genetischen Wissens für den Einzelnen. Im Gentestgesetz soll der Schwerpunkt auf der Selbstbestimmung des Einzelnen liegen.

Mangels gesetzlicher Regelung richtet sich die Frage der grundsätzlichen Zulässigkeit und der Umfang der Genomanalyse derzeit nach allgemeinen medizinrechtlichen Rechtsgrundsätzen und Standesrecht.[194] Diskutiert werden in diesem Zusammenhang das „Recht auf Nichtwissen"[195], als Gegenstück das „Recht auf Wissen"[196], aber auch die „Pflicht zu wissen"[197] hinsichtlich der eigenen genetischen Konstitution.

---

[189] Bundestagsfraktion „Die Grünen" Entwurf eines Gesetzes zur Regelung von Analysen des menschlichen Erbguts (Gentest-Gesetz), 2001.
[190] Datenschutzbeauftragte des Bundes und der Länder, Entschließung und Anlage zur Entschließung zu einer gesetzlichen Regelung von genetischen Untersuchungen, 2001.
[191] Ethik-Beirat beim BMG, Prädiktive Gentests. Eckpunkte für eine ethische und rechtliche Orientierung, 2000.
[192] Enquête-Kommission „Recht und Ethik der modernen Medizin", Schlußbericht, BT-Drucks. 14/9020, 2002, 175.
[193] E. Benda, Bericht über die Interministerielle Arbeitsgruppe „In-vitro-Fertilisation, Genom-Analyse und Gentransfer", in: R. Lukes/R. Scholz, (Hrsg.), Rechtsfragen der Gentechnologie, 1985, 56, 69; Bericht der gemeinsamen Arbeitsgruppe „In-vitro-Fertilisation, Genom-Analyse und Gentransfer", 1985, 42.
[194] E. Deutsch, VersR 1991, 1205.
[195] G. Wiese, Gibt es ein Recht auf Nichtwissen? – Dargestellt am Beispiel der genetischen Veranlagung von Arbeitnehmern, in: E. Jayme et al. (Hrsg.), FS für H. Niederländer 1991, 475 ff., J. Taupitz, Das Recht auf Nichtwissen, in: Hanau/Lorenz/Matthes (Hrsg.), FS für G. Wiese 1998, 583 ff..
[196] Vgl. G. Patzig, Ethische Probleme der Postnataldiagnostik, in: R. Toellner (Hrsg.) Humangenetik – Ethische Probleme der Beratung, Diagnostik und Forschung, 1993, 147 ff.; E. Buchborn,

II. Standesrecht und offene Fragen

Die Musterberufsordnung für Ärzte[198] enthält keine konkreten Regelungen hinsichtlich der postnatalen Genomanalyse. Für die Fragen der prädiktiven Medizin ist der allgemein gefaßte § 13 der Berufsordnung maßgeblich. Danach sind bei speziellen medizinischen Maßnahmen, die ethische Probleme aufwerfen und zu denen die Ärztekammer Empfehlungen zur Indikationsstellung und zur Ausführung festgelegt hat, diese vom Arzt zu beachten.

Trotz der Tatsache, daß sich prädiktive Analyseverfahren weitgehend noch im Forschungsstadium befinden, enthält auch die Deklaration von Helsinki des Weltärztebundes keine speziellen Regelungen zur Genomanalyse.[199]

1. Allgemeines Standesrecht: Aufklärung, Informed Consent und Indikation - Unterschiede zwischen kurativer und prädiktiver Medizin

Bei der Genomanalyse sind zwei informationelle Grundmodelle miteinander verschränkt und bedürfen gegenseitiger Abstimmung: Für die Frage der Eingriffs- und Behandlungshoheit das Prinzip des Informed Consent und für den Bereich der Datenherrschaft das Recht auf informationelle Selbstbestimmung.[200] Dies ist bereits im Rahmen der Aufklärung zu berücksichtigen.

a) Unterschiede im Rahmen der Aufklärung

Während es sich im Rahmen der kurativen Medizin immer um einen kranken Menschen oder zumindest um einen vermeintlich kranken Menschen handelt, steht bei der prädiktiven Diagnostik immer ein gesunder Menschen im Mittelpunkt. Dementsprechend spricht man innerhalb der kurativen Medizin von Patienten; in der prädiktiven Medizin indessen oft auch von Klienten.[201] In der kurativen Medizin besteht in der Regel akuter Entscheidungs- und Handlungsbedarf[202],

---

MedR 1996, 441, 444; L. Honnefelder, Ethische Probleme der Humangenetik, in: J. Beckmann (Hrsg.), Fragen und Probleme einer medizinischen Ethik, 1996, 332, 336.
[197] E. Buchborn, MedR 1996, 441, 444; J. Taupitz, in: Hanau/Lorenz/Matthes (Hrsg.), FS für G. Wiese 1998, 583, 599.
[198] (Muster-)Berufsordnung für die deutschen Ärztinnen und Ärzte – MBO-Ä 1997, geändert durch die Beschlüsse des 103. Deutschen Ärztetages 2000, DÄBL Sonderdruck.
[199] Zur neusten Fassung, J. Taupitz, Die Neufassung der Deklaration von Helsinki des Weltärztebundes v. Oktober 2000, MedR 2001, 277-286.
[200] R. Damm, MedR 1999, 437, 439.
[201] Vgl. E. Buchborn, MedR 1996, 441 ff.; Ethik-Beirat beim Bundesgesundheitsministerium, Prädiktive Gentests. Eckpunkte für eine ethische und rechtliche Orientierung, 2000.
[202] E. Buchborn, MedR 1996, 441, weist darauf hin, daß im Rahmen pränatalen genetischen Diagnostik durchaus aktueller Entscheidungsbedarf hinsichtlich eines Schwangerschaftsabbruchs besteht.

während dies bei prädiktiven Eingriffen nicht der Fall ist. Vielmehr handelt es sich in der Regel um eine freiwillige Inanspruchnahme der Diagnostik. Dabei ist zu berücksichtigen, daß grundsätzlich an die Aufklärung strengere Anforderungen zu stellen sind, wenn es sich um einen diagnostischen Eingriff ohne therapeutischen Eigenwert handelt und diese Maßnahme nicht dringend oder vital indiziert ist.[203] Die Aufklärungspflicht ist bei diagnostischen Beratungsverträgen, wie er in der Regel bei prädiktiven Eingriffen vorliegt, Hauptpflicht. Bei klassischen kurativen Eingriffen hingegen ist die Aufklärungspflicht nur Nebenpflicht des Behandlungsvertrages.[204]

Diesen grundsätzlichen Unterschieden zwischen prädiktiven und kurativen Eingriffen ist im Hinblick auf Aufklärung und Indikation Rechnung zu tragen. *Buchborn* weist auf den wichtigen Unterschied hin, daß in der kurativen Medizin Arzt und Patient meist gleiche Vorstellungen bezüglich des Wohls des Kranken haben. Hingegen wird das Wohl des gesunden Ratsuchenden in der prädiktiven Medizin nicht vom Arzt, sondern vom Ratsuchenden individuell festgelegt. In Konsequenz dessen entscheidet und verantwortet der Ratsuchende die Folgerungen aus einer Genomanalyse zunächst selbst.[205]

aa) Umfang der Aufklärung vor prädiktiver Diagnostik
Um die Autonomie und das Recht auf Nichtwissen des Ratsuchenden zu wahren, muß der Arzt im Rahmen der Aufklärung vor dem prädiktiven diagnostischen Eingriff alles tun, um ihn zu einer rationalen und autonomen Entscheidung zu befähigen.[206] Eine ausführliche genetische Beratung ist erforderlich.

Im Rahmen der Aufklärung vor kurativen Eingriffen ist das therapeutische Privileg von der Literatur weitgehend anerkannt.[207] Die richterliche Spruchpraxis hingegen ist zurückhaltend bei Einschränkungen der Aufklärungspflicht aus therapeutischen Gründen und erkennt eine solche nur dann an, wenn die vollständige Aufklärung über die Natur des Leidens möglicherweise zu einem ernsten und nicht behebbaren Gesundheitsschaden führen könnte.[208] Nach *Buchborn* kann das therapeutisches Privileg im Rahmen der Aufklärung vor der Durchführung eines

---

[203] A. Laufs, Arztrecht, 1993, Rn 194.
[204] E. Deutsch, Das therapeutische Privileg des Arztes: Nichtaufklärung zugunsten des Patienten, NJW 1980, 1305.
[205] E. Buchborn, MedR 1996, 441.
[206] E. Buchborn, MedR 1996, 441, 444.
[207] Vgl. zur Problematik des therapeutischen Privilegs D. Giesen, Arzthaftungsrecht, 1995, Rn 309, 312 ff.; ders., Grundzüge der zivilrechtlichen Arzthaftung, Jura 1981, 10, 18 ff.; W. Eberbach, Die ärztliche Aufklärung unheilbar Kranker, MedR 1986, 180 ff.; E. Deutsch, Medizinrecht, 2003, Rn 248 ff., ders., NJW 1980, 1305ff; A. Laufs, Arztrecht, 1993, Rn 166, 193, 203, 250.
[208] BGHZ 29, 176 (182 f.).

prädiktiven Tests nicht gelten. Der Arzt hat keinerlei Spielraum bei der Frage, ob er (aus therapeutischen Gründen) unvollständig aufklärt oder umfassend informiert. Dieses Privileg besteht im Hinblick auf die Mitteilung einer infauster Prognose, nicht hingegen im Hinblick auf die Gefahren des Eingriffs.[209] Dem ist insbesondere unter Hinweis auf die besonders strengen Anforderungen an die Aufklärung im Rahmen von nicht vital indizierten diagnostischen Eingriffen zuzustimmen.

bb) Therapeutische Aufklärung und Selbstbestimmungsaufklärung
Bei prädiktiven diagnostischen Eingriffen liegt der Schwerpunkt der Aufklärung sehr viel mehr auf der Selbstbestimmungsaufklärung und damit schon vor der Durchführung der Diagnostik als auf der therapeutischen Aufklärung. Bei der therapeutischen Aufklärung ist entscheidend, ob therapeutische Gründe vorliegen, die es erforderlich machen, daß der Arzt den Patienten vollständig und rechtzeitig aufklärt.[210] Eine therapeutische Aufklärung erfolgt im vorliegenden Zusammenhang nach einem prädiktiven Eingriff. Hier wird der Arzt dem Patienten dessen Krankheitsbild oder Anfälligkeit erklären und ihn gegebenenfalls zu einer Umstellung seiner Lebensweise oder anderen präventiven Maßnahmen auffordern.
Die Selbstbestimmungsaufklärung soll die Persönlichkeitsrechte, vor allem das Selbstbestimmungsrecht des Patienten wahren und ist damit Grundvoraussetzung für die Frage der Wirksamkeit der Einwilligung in den Eingriff.[211] Sie dient der Entscheidungsfindung vor dem Eingriff.[212] Der Selbstbestimmungsaufklärung verbunden mit der anschließenden Einwilligung vor einem prädiktiven diagnostischen Eingriff kommt entscheidende Bedeutung zu. Denn ungünstige genetische Dispositionen, die im Anschluß aufgedeckt werden, können für den Einzelnen und seine Angehörigen eine schweren Lebenseinschnitt bedeuten und sie psychisch schwer belasten.[213]

Im Rahmen der Selbstbestimmungsaufklärung vor Durchführung prädiktiver Eingriffe muß eine ausführliche Aufklärung über die Art des diagnostischen Eingriffs mit seinen möglichen Folgen, insbesondere die Reichweite und Konsequenzen des Ergebnisses erfolgen.[214] Hierbei ist umfassend auf die sozialen Folgen für die Le-

---

[209] E. Buchborn, MedR 1996, 441, 442.
[210] A. Laufs, Arztrecht, 1993, Rn 163.
[211] A. Ehlers, Die ärztliche Aufklärung vor medizinischen Eingriffen, 1987, 48; E. Deutsch, NJW 1980, 1305; vgl. zur Aufklärungspflicht insgesamt: B.-R. Kern/A. Laufs, Die ärztliche Aufklärungspfilcht 1983.
[212] A. Laufs, Arztrecht, 1993, Rn 168; zur Selbstbestimmungsaufklärung vgl. B. Eisner, Die Aufklärungspflicht des Arztes, 1992, 63 ff..
[213] E. Buchborn, MedR 1996, 441, 442; vgl. zum prädiktiven Wissen als Eingriff S. Cramer, Genom- und Genanalyse, Diss. Heidelberg 1991, 48 mwN.
[214] E. Buchborn, MedR 1996, 441, 442.

bensplanung des Einzelnen und auf die Folgen für Angehörige einzugehen. Außerdem muß die zu erwartende Qualität prädiktiven Wissens erörtert werden. Dabei ist zu unterscheiden, ob das zu erwartende Testergebnis eine sichere Prädiktion oder nur eine gewisse Eintrittswahrscheinlichkeit vorhersagen kann.[215]

Auf Grund der Tiefe des Eingriffs Maßnahmen muß sichergestellt sein, daß zwischen der Aufklärung und der genetischen Beratung und dem prädiktiven Eingriff eine längere Überlegungsphase liegt.[216]

cc) Aufklärung nach einer Genomanalyse
Wie in der kurativen Medizin bestehen Unterschiede zwischen der Aufklärung über eine zu erwartende, schwere, nicht beeinflußbare Erkrankung und einer behandelbaren Erkrankung.[217] Im Falle einer später auftretenden behandelbaren Krankheit findet zunächst eine Diagnoseaufklärung über den medizinischen Befund[218] statt; zum entsprechenden Zeitpunkt klärt der Arzt dann therapeutisch auf. Insofern ergeben sich keine Unterschiede zur kurativen Medizin. Im Fall einer Krankheitsdisposition für eine schwere unbehandelbare Krankheit wie der Chorea Huntington kommt der Aufklärung über diese Erkrankung mit all ihren Konsequenzen das Gewicht eines schweren Eingriffs zu.[219] Doch auch hier ergeben sich letztlich keine Unterschiede zur Aufklärung im Fall einer infausten Prognose im Rahmen der kurativen Medizin.[220]

b) Prinzip des Informed Consent - Freiwilligkeit
Das grundlegende Prinzip des „Free and Informed Consent", d.h. der Grundsatz der freien und informierten Einwilligung durchzieht als spezifische Ausprägung der Menschwürde und Autonomie des Einzelnen den gesamten Bereich der Biomedizin.[221] Danach erfordert jeder medizinische Eingriff eine Einwilligung als autonome Entscheidung nach Aufklärung über Umfang und Tragweite des Eingriffs.[222] Für den Bereich genetischer Diagnostik ergibt sich das Erfordernis der

---

[215] Vgl. D. Lanzerath, Der Umgang mit prädiktivem Wissen in der genetischen Diagnostik – Ethische Aspekte unter besonderer Berücksichtigung des Krankheitsbegriffs, Schriftliche Eingabe im Rahmen der öffentlichen Anhörung von Sachverständigen bei der Enquête-Kommission „Recht und Ethik der modernen Medizin", 2000, 1.
[216] E. Buchborn, MedR 1996, 441, 442.
[217] E. Buchborn, MedR 1996, 441, 442.
[218] Vgl. dazu A. Laufs, Arztrecht, 1993, Rn 202.
[219] E Buchborn, MedR 1996, 441, 443.
[220] Zur Aufklärung und den möglichen Grenzen der Aufklärung im Fall einer infausten Prognose wird auf A. Laufs, Arztrecht, 1993, Rn 202, 203; E. Giesen, Arzthaftungsrecht, 1995, Rn 307 und E. Deutsch, Medizinrecht 2003, Rn 120 ff., 248 ff. verwiesen.
[221] M. Herdegen, JZ 2000, 633, 634.
[222] Eingehend dazu A. Laufs, in: A. Laufs/W. Uhlenbruck, Handbuch des Arztrechts, 2002, § 6 Rn 21 ff..

Einwilligung insbesondere aus dem Recht auf Nichtwissen, als Ausfluß des (gen-) informationellen Selbstbestimmungsrechts.[223] In jedem Fall stellt das Prinzip des Informed Consent die äußerste Grenze bei der Frage der Zulässigkeit prädiktiver Tests dar[224], was vor allem im Rahmen der Forschung von Bedeutung ist. *Deutsch* hält eine Genomanalyse, unabhängig vom Informed Consent, unter der Voraussetzung einer gesetzlichen Ermächtigung zulässig.[225]

Bei diagnostischen Maßnahmen wie prädiktiven Tests muß sich die Einwilligung auf die Ausforschung beziehen. Der Ratsuchende muß der Erhebung seiner Daten in jedem Fall insoweit zustimmen, als diese seine Intimsphäre berührt.[226] Damit zusammen hängt die Einwilligung in die Entnahme des zu untersuchenden Materials. Davon zu unterscheiden ist die anschließende Einwilligung in die Mitteilung der Testergebnisse nach durchgeführter Genomanalyse, die gesondert vorliegen muß. Ebenso ist eine gesonderte Einwilligung in die Weitergabe der Testergebnisse an Dritte erforderlich.[227]

c) Indikation

Die Möglichkeit, mit Hilfe genetischer Diagnostik eine in die Zukunft orientierte medizinische Aussage zu treffen ist neu. Es müssen deshalb die Voraussetzungen und die medizinischen Zielsetzungen für die sachgerechte Anwendung prädiktiver genetischer Diagnostik definiert werden.[228] Ausgangspunkt ist die klassische medizinische Indikation.

Neben dem Erfordernis der Einwilligung nach Aufklärung und der Ausführung lege artis, handelt ein Arzt dann rechtmäßig, wenn der Eingriff indiziert ist.[229] Der Begriff der Indikation wird in der Medizin definiert als „Grund zur Anwendung eines bestimmten diagnostischen oder therapeutischen Verfahrens in einem Erkrankungsfall, der seine Anwendung hinreichend rechtfertigt".[230] Eine andere Definition knüpft nicht an einen Krankheitsfall an, sondern definiert eine Indikation als „Grund oder Umstand, eine bestimmte (ärztliche) Maßnahme durchzuführen,

---

[223] Dazu unter Zweiter Teil, Erster Abschnitt, I. 1. a); vgl. S. Cramer, Genom- und Genanalyse, Diss. Heidelberg 1991, 186.
[224] M. Herdegen, JZ 2000, 633, 634; das Prinzip des Informed Consent als wesentlicher Bestandteil des Patientenschutzes in der medizinischen Genetik: D. Regenbogen/W. Henn, MedR 2003, 152, 155.
[225] E. Deutsch, VersR 1991, 1205.
[226] E. Deutsch, Medizinrecht, 2003, Rn 194.
[227] E. Deutsch, Genomanalyse im Arbeits- und Sozialrecht – Ein Beitrag zum genetischen Datenschutz, NZA 1989, 657, 660.
[228] DFG, Humangenomforschung und prädiktive genetische Diagnostik, Stellungnahme v. 20.6.1999, 49.
[229] Dazu grundlegend A. Laufs, Arzt und Recht im Wandel der Zeit, MedR 1986, 163 ff.
[230] Pschyrembel, Klinisches Wörterbuch, 2002, Indikation.

die nach Abschätzen des möglichen Nutzens und Risikos – unter Beachtung etwaiger Kontraindikationen – (für den Patienten) sinnvoll ist".[231] Unter diesen weiteren Begriff fallen auch Maßnahmen, die der Feststellung von Veranlagungen zu erblich bedingten Krankheitsanlagen oder der Feststellung einer Erbanlage dienen, die bei der Fortpflanzung zu einer erblichen Krankheit des Kindes führen könnte.

Nach *Laufs* ist ein ärztlicher Eingriff indiziert, wenn die vorgesehene Maßnahme innerhalb des berufliche Heilauftrags liegt und durch diesen geboten ist.[232] Somit ist zu klären, inwieweit eine Genomanalyse einen medizinischen oder ärztlichen Eingriff darstellt und innerhalb des ärztlichen Heilauftrags liegen kann und auf Grund dessen geboten ist. Wegen der Aussagekraft und der Konsequenzen einer Genomanalyse kann man, wie bei anderen Diagnosemaßnahmen, die Eingriffsqualität unproblematisch bejahen.[233]
Schwieriger ist die Beantwortung der Frage, wann eine Genomanalyse innerhalb des ärztlichen Heilauftrags liegt. Der ärztliche Heilauftrag umfaßt nicht nur die Bekämpfung bestehender Krankheiten, sondern gerade auch die Fürsorge für die Gesundheit im Sinne der Erhaltung derselben und der Gesundheitsvorsorge.[234] Dazu gehört auch eine auf Prävention ausgerichtete genetische Diagnostik. Wie schon von *Laufs* angesprochen, bewirken die neuen Techniken der Fortpflanzungsmedizin und der größere Pluralismus der Lebensstile, daß der ärztliche Heilauftrag ausgeweitet werden könnte. Gleichwohl stellt therapeutisch sinnloses Vorgehen keinen Heileingriff dar, sondern ist unärztliches rechtswidriges Handeln.[235] Beides gilt in besonderem Maße auch für die bestehenden und sich entwickelnden Möglichkeiten der Humangenetik. Ein breites Bevölkerungsscreening von gesunden Menschen ohne jeden Anhaltspunkt ist abzulehnen. Zwar ist sind derzeit nur Analyseverfahren auf bestimmte Krankheitsdispositionen hin möglich. Jedoch gilt es auch, Grundsätze zu entwickeln, die die Frage der Zulässigkeit von Genomanalysen auf eine Vielzahl von Krankheiten ermöglichen. Wie im Folgenden am Beispiel der Richtlinie der Bundesärztekammer dargestellt, muß für die Bejahung einer Indikation eine gewisse Familiarität gefordert werden. Im Hinblick auf die Genomanalyse beim Verdacht auf Chorea Huntington wurden von

---

[231] Lexikon Medizin, hrsg. von Urban & Schwarzenberg, 1995, Indikation.
[232] A. Laufs, Arztrecht, 1993, Rn 29; ders. Eingehende zum ärztlichen Heilauftrag: Der ärztliche Heilauftrag aus juristischer Sicht, 1989.
[233] S. Cramer, - jedes Wissen schon ein Eingriff, in: Genom- und Genanalyse, Diss. Heidelberg 1991, 48.
[234] (Muster-) Berufsordnung für die deutschen Ärztinnen und Ärzte, geändert durch die Beschlüsse des 103. Deutschen Ärztetages 2000 in Köln, Sonderdruck DÄBL § 1 Aufgaben des Arztes; Revidierte Deklaration von Helsinki über die biomedizinische Forschung am Menschen, abgedruckt in: A. Kloesel/W. Cyran, Arzneimittelrecht Kommentar, 2001, A 2. 13a; Hippokratischer Eid abgedruckt bei E. Deutsch, Medizinrecht, 2003, Rn 1299; H.-M. Sass, Medizin und Ethik, 1989, 351.
[235] A. Laufs, Arztrecht, 1993, Rn 29.

der International Huntington Association entsprechende Richtlinien für die Indikation und Aufklärung aufgestellt.[236]

Die Frage, ob bei prädiktiven Eingriffen in gleicher Weise wie bei kurativen Eingriffen eine Indikation für die Rechtmäßigkeit des Eingriffs zu fordern ist, oder ob die Durchführung prädiktiver Tests allein auf Grund ausdrücklichen Wunsches des Ratsuchenden, wie etwa bei nicht indizierten Schönheitsoperationen, durchgeführt werden kann, ist derzeit noch offen und wird im Rahmen der betroffenen Grundrechtspositionen erörtert werden.

d) Vertraulichkeit

Hinsichtlich der Vertraulichkeit und Weitergabe erhobenen prädiktiven Wissens unterfallen Genomanalysen und deren Ergebnisse, soweit sie als medizinische Maßnahmen durch einen Arzt durchgeführt wurden, unter dessen Schweigepflicht gemäß § 203 StGB und die standesrechtliche Schweigepflicht.

2. Richtlinien der Gesellschaft für Humangenetik – Grundsatz der nichtdirektiven Beratung

Die Gesellschaft für Humangenetik hat als Berufsverband Richtlinien für die postnatale genetische prädiktive Diagnostik erlassen.[237] Auch hier sind die Prinzipen des Informed Consent, der ausführlichen genetischen Beratung und der Freiwilligkeit festgehalten. Der Patient allein trifft die freie Entscheidung darüber, ob die genetische Diagnostik durchgeführt wird. Auf Grund der berührten Rechtsgüter, dem Recht auf Nichtwissen und dem Recht auf informationelle Selbstbestimmung darf der Arzt nicht auf Durchführung der genetischen Diagnostik drängen. Die Definition der genetischen Beratung vom Berufsverband Medizinische Genetik e.V. 1990 beinhaltet den Grundsatz der nicht direktiven Beratung: Die genetische Beratung soll „den Ratsuchenden helfen, auf der Basis der erforderlichen Informationen zu einer eigenen, für sie tragbaren Entscheidung zu gelangen ... der

---

[236] International Huntington Association, World Federation of Neurology: Guidelines for the molecular genetic predictice test in Huntington's disease, abgedruckt in: J Med Genet 1994, 555-559; oder Neurology 1994, 1533-1536.
[237] Deutsche Gesellschaft für Humangenetik, Leitlinien zur Erbringung humangenetischer Leistungen 1996, medgen 8, Sonderbeilage 1-2; Positionspapier der Gesellschaft für Humangenetik e.V. 1996, Heterozygotendiagnostik und Heterozygotenscreening, abgedruckt in: W. Eberbach/P. Lange/M. Ronellenfitsch, Recht der Gentechnik und Biomedizin, Band 4, 2002, Teil II. F, s.a. Kommission für Öffentlichkeitsarbeit und ethische Fragen der Gesellschaft für Humangenetik e.V. 1996, medgen 8, 125-131; dazu K. Zerres in: S. Winter/H. Fenger/H.-L. Schreiber (Hrsg.), Genmedizin und Recht, 2001, Rn 1074- 1080; fraglich ist allerdings die Durchsetzungskraft der Richtlinien, I. Nippert/D. Wertz, in: S. Winter/H. Fenger/H.-L. Schreiber (Hrsg.), Genmedizin und Recht, 2001, Rn 973.

Berater unterstützt die individuelle Entscheidungsfindung der Ratsuchenden ohne direkte Einflußnahme auf die Entscheidung".[238]

3. Richtlinie der Bundesärztekammer zur Diagnostik der genetischen Disposition für Krebserkrankungen

Die Richtlinie der Bundesärztekammer zur Diagnostik der genetischen Disposition für Krebserkrankungen[239] bezieht sich ausdrücklich auf die prädiktive genetische Diagnostik im Hinblick auf eine genetische Disposition für Krebserkrankungen. Daraus können Schlüsse auch für das Vorgehen im Rahmen von prädiktiven Tests für andere Erkrankungen gezogen werden.

a) Ratsuchender

Die prädiktive Diagnostik der genetischen Disposition für Krebserkrankungen soll von vornherein nur bei Personen mit erhöhtem Krebsrisiko durchgeführt werden. Gesunden Personen ohne auffallende Familienanamnese sollen solche Untersuchungen auf Krebsdispositionen gar nicht erst angeboten werden.[240] Jedoch geht auch die Richtlinie damit von der Zulässigkeit solcher Tests für Personen aus, bei denen eine erbliche Disposition nicht nachgewiesen ist. Diese Personen sollen gleichwohl ausdrücklich auf die Voraussetzungen solcher Tests hingewiesen werden, um unnötige Untersuchungen zu vermeiden.

Prädiktive genetische Untersuchungen sollen nur bei Volljährigen durchgeführt werden. Ausnahmsweise ist eine solche Diagnostik bei Minderjährigen zulässig, wenn therapeutische oder präventive Maßnahmen schon in jüngerem Alter stattfinden müßten.[241]

b) Gegenstand der Aufklärung und Freiwilligkeit

Die Richtlinie betont die Einbettung genetischer Diagnostik in die Beratung und fordert, die Person mit erhöhtem Krebsrisiko vor Durchführung der prädiktiven genetischen Diagnostik umfassend über Bedeutung und Tragweite dieser Untersuchung zu beraten und zu informieren. Im Rahmen der genetischen Beratung vor den prädiktiven Tests ist der Erbgang der in Frage stehenden Krebserkrankung, das Erkrankungsrisiko der einzelnen Person unter Berücksichtigung des Krankheitsbilds, der Familienanamnese und der Möglichkeiten einer prädiktiven Dia-

---

[238] Berufsverband Medizinische Genetik 1990 zitiert bei M.-T. Tinnefeld, ZRP 2000, 10, 13; E. Buchborn, der für die nichtdirektive Beratung kritisiert, MedR 1996, 441, 443; Berufsverband Medizinische Genetik, Deutsche Gesellschaft für Humangenetik, Leitlinien zur Erbringung humangenetischer Leistungen, medgen 8, Sonderbeilage 1-2, Ziffer 6.
[239] Richtlinien der Bundesärztekammer zur Diagnostik der genetischen Disposition für Krebserkrankungen abgedruckt in DÄBL 1998, A 1396- A 1404.
[240] DÄBL 1998, A 1397.
[241] DÄBL 1998, A 1398.

gnostik und Therapie im konkreten Fall zu erörtern.[242] Der Facharzt für Humangenetik muß darauf hinweisen, daß die Untersuchung von Verwandten ebenfalls erforderlich sein und daß das Wissen um eine Krebsdisposition eine starke seelische Belastung darstellen kann und die Möglichkeit einer psychotherapeutischen Begleitung besteht. Zusammenfassend läßt sich sagen, daß ausführlich auf die Reichweite der Ausforschung und die möglichen psychischen Folgen einzugehen ist.[243]

Aufgrund der Eingriffsintensität der genetischen Diagnostik ist die Freiwilligkeit jeder genetischen Untersuchung und die Gewährleistung der Vertraulichkeit der erhobenen Daten hervorgehoben.[244] Die Richtlinie fordert daher, daß der Ratsuchende vor Durchführung der genetischen Diagnostik seine Einwilligung in schriftlicher Form abgibt.

Nach erfolgter Diagnostik hat erneut eine Beratung stattzufinden; die Ergebnisse müssen schriftlich mitgeteilt werden.[245] Man spricht hier auch von der Einbettung prädiktiver Diagnostik in ein Beratungskonzept oder von dem Trias: Beratung – Diagnostik – Beratung. Im Rahmen der Aufklärung nach erfolgter prädiktiver Diagnostik soll der Betroffene erneut entscheiden können, ob er über seine genetische Disposition Bescheid wissen will, oder ob er von seinem Recht auf Nichtwissen Gebrauch macht.

c) Informationsgeber - Arztvorbehalt

Die Erhebung prädiktiven Wissens bezüglich der Krebserkrankungen ist allein Ärzten vorbehalten. Die Beratung soll interdisziplinär erfolgen. In die Beratung muß ein mit dem jeweiligen Krankheitsbild vertrauter Facharzt sowie ein Facharzt für Humangenetik einbezogen sein. In einem ersten Schritt wird der Patient bei entsprechender Familiarität des Auftretens einer bestimmten Krebsart auf die Möglichkeit der genetischen Beratung und Durchführung prädiktiver genetischer Diagnostik zum Nachweis der erblichen Krankheitsdisposition hingewiesen.[246] Anschließend findet im Fall des Einverständnisses des Patienten oder Klienten nach Aufklärung und genetischer Beratung die genetische Untersuchung durch einen Facharzt für Humangenetik[247] statt.

---

[242] Richtlinie der Bundesärztekammer A 1398.
[243] E. Deutsch, Medizinrecht, 2003, Rn 789.
[244] Richtlinie der Bundesärztekammer A 1397.
[245] DÄBL 1998, A 1398.
[246] DÄBL1998, A 1397, A 1398.
[247] Fachärzte mit der Zusatzbezeichnung „Medizinische Genetik" sind auch befugt, die genetische Beratung durchzuführen, DÄBL 1998, A 1398.

4. Internationales Standesrecht: Leitlinien der WHO

An dieser Stelle seien nur wenige Punkte der vorgeschlagenen Leitlinien für ethische Probleme in der medizinischen Genetik und bei genetischen Untersuchungen der Weltgesundheitsorganisation (WHO)[248] hervorgehoben. Die Leitlinien über die Anwendung ethischer Prinzipien auf genetische Untersuchungen enthalten das Gebot, daß medizinisch nicht indizierte Tests nicht durchgeführt werden sollen. Die Weltgesundheitsorganisation wendet sich damit gegen die freie Verfügbarkeit prädiktiver genetischer Diagnostik. Andererseits betont sie die Selbstbestimmung: Prädiktive Diagnostik soll Erwachsenen, die ein Risiko für eine genetische Krankheitsanlage haben, auch dann zur Verfügung stehen, wenn keine Therapiemöglichkeiten bestehen. Voraussetzung ist, daß sie entsprechend aufgeklärt wurden und wirksam eingewilligt haben.[249] Hinsichtlich der Selbstbestimmung, der Einwilligung und des Prinzips des Informed Consent sollen dem Ratsuchenden vorher die Ziele der Tests, die Wahrscheinlichkeit einer zutreffenden Prognose, die Möglichkeiten und Alternativen, aber auch die möglichen sozialen und psychischen Vorteile und Risiken sowie die Auswirkungen der Testergebnisse auf den Ratsuchenden und seine Angehörigen und die sozialen Risiken der Diskriminierung durch Versicherungen oder Arbeitgeber deutlich gemacht werden.[250]

5. Rechtspositionen um das Analyseergebnis

Das allgemeine Persönlichkeitsrecht umfaßt sowohl das Recht auf Wissen als auch das Recht auf Nichtwissen bezüglich des Analyseergebnisses.[251] Das aus dem Recht auf informationelle Selbstbestimmung[252] abgeleitete Recht auf Nichtwissen schützt den Einzelnen davor, daß ihm die Kenntnis anderer über seine genetische Disposition nicht gegen seinen Willen aufgedrängt wird.[253] Er selbst hat das Recht zu entscheiden, welche Informationen über die eigene Person er für erforderlich hält und ob er frei von dem Wissen über seine genetische Disposition leben will. Dies hat vor allem im Verhältnis zu Dritten wie Arbeitgebern und Versicherungen Relevanz und wird im zweiten Teil dieser Arbeit erörtert.

---

[248] WHO, Proposed international guidelines on ethical issues in medical genetics and genetic services, 1997, Table 2, Ethical principles applied to genetic services.
[249] WHO, Proposed international guidelines on ethical issues in medical genetics and genetic services, 1997, Table 6, Presymptomatic and Susceptibility Testing.
[250] WHO, Proposed international guidelines on ethical issues in medical genetics and genetic services, 1997, Table 5, Autonomy and Informed Consent.
[251] B. Gretter, Gesetzlich geregelte Informationspflicht gegenüber Risikoträgern von genetisch bedingten, heilbaren Krankheiten, ZRP 1994, 24, 26.
[252] Volkszählungsurteil, BVerfGE 65, 1 (43 ff.); vgl. dazu P. Krause, Das Recht auf informationelle Selbstbestimmung, JuS 1984, 268 ff.; zur Entwicklung vgl. P. Kunig, Das informationelle Selbstbestimmungsrecht, Jura 1993, 595 ff..
[253] S. Cramer, Genom- und Genanalyse, Diss. Heidelberg 1991, 266.

Das Recht auf Wissen am Analyseergebnis folgt aus dem Recht des Einzelnen, alle Informationen, die für seine Persönlichkeit wichtig sind, zu erfahren.[254] Dieses Wissen über sich selbst gehört zur Verwirklichung der Person, und genetische Daten betreffen den Kernbereich der Persönlichkeit.

Man spricht in diesem Zusammenhang auch von einem speziellen Persönlichkeitsrecht im Genbereich, das dem Betroffenen ein Recht auf Kenntnis oder Unkenntnis der eignen genetischen Konstitution zuweist und es ihm ermöglicht, andere nach seinem Willen an dieser Information teilhaben zu lassen oder auch nicht.[255] Gegenstand ist indes allein bereits erhobenes Wissen.

Nach Durchführung einer Genomanalyse gelten die zum Arztvertrag entwickelten Auskunfts- und Einsichtsrechte in die Krankenunterlagen.[256] Der Arzt ist im Rahmen des Behandlungsvertrags zur Auskunft über Diagnose, Behandlungsart und die Prognose über den Krankheitsverlauf verpflichtet.[257] Infolgedessen hat der Patient ein Recht auf Einsicht in die Krankenunterlagen.[258] Dieses Recht bezieht sich auf bereits erhobenes Wissen über eine Person. Begründet wird dies damit, daß der Patient nicht bloßes Objekt im Rahmen der Behandlung sein darf. Der Arzt muß auf Anfrage des Patienten Einsicht in die entsprechenden Unterlagen zur Feststellung der objektiven Befindlichkeit gewähren. Dieses Recht auf Kenntnis umfaßt auch genetische Befunde und Daten.[259]

6. Problem: Frühkindliche Genomanalyse und Genomanalyse bei Minderjährigen

Sogenannte Neugeborenensceenings auf therapierbare Stoffwechselerkrankungen sind nicht nur zulässig[260], vielmehr sind die Eltern, soweit eine Behandlung möglich und unmittelbar nach der Geburt zu erfolgen hat, sogar im Rahmen ihrer Personensorge (§ 1626 BGB) verpflichtet, alle Maßnahmen zu ergreifen, die durch das Kindeswohl geboten sind.[261] Dazu gehören die genannten Neugeborenenscreenings. Jedoch ist bei anderen Krankheiten, die erst im Erwachsenenalter auf-

---

[254] Beispiele: Das Recht auf Kenntnis der eigenen Abstammung, BVerfGE 79, 256 (268 ff.); D. Coester-Waltjen, Künstliche Fortpflanzung und Zivilrecht, FamRZ 1992, 369, 372.
[255] J. Taupitz, JZ 1992, 1089, 1098 f.
[256] W. Krüger, in: Münchner Kommentar, 2001, § 260 Rn 24.
[257] W. Krüger, in: Münchner Kommentar, 2001, § 260 Rn 23 mwN.
[258] BGHZ 85, 327, (329 ff.) = NJW 1983, 3228, 3229; vgl. dazu A. Laufs, Die Entwicklung des Arztrechts 1982/83, NJW 1983, 1345, 1349.
[259] J. Taupitz, JZ 1992, 1089, 1098: Persönlichkeitsrecht am Genbereich.
[260] Abschlußbericht der Bund-Länder-Arbeitsgruppe „Genomanalyse", 1990, abgedruckt in: Eberbach/Lange/Ronellenfitsch: Recht der Gentechnik und Biomedizin, Band 4, 2002, Teil II. F, 20, 27.
[261] A. Schmidt, Rechtliche Aspekte der Genomanalyse, Diss. Göttingen, 1991, 71 mwN.

treten und für die keine Behandlungsmöglichkeiten gibt, eine Zulässigkeit im Hinblick auf das Selbstbestimmungsrecht des Kindes problematisch.[262] Das Persönlichkeitsrecht des Kindes und dessen Recht auf Nichtwissen werden untergraben, wenn die Eltern entscheiden mit welchem Wissen über seine Gene das Kind aufwachsen soll.[263] Das Problem der Forschung und Behandlung an und von Einwilligungsunfähigen[264] stellt sich auch hier. Allein die Einwilligung der Eltern ist nicht maßgeblich. Entsprechend werden Kinder im Hinblick auf Morbus Huntington grundsätzlich nicht präsymptomatisch untersucht, weil sie noch nicht autonom über ihr Recht auf Nichtwissen oder Wissen entscheiden können.[265] Generell ist für den Bereich unbehandelbarer Krankheiten von einem Vorrang der Kinderrechte auszugehen und jede genetische Untersuchung, wenn nur auf elterlichen Wunsch hin, unzulässig.[266] Dementsprechend sollen genetische Untersuchungen bei Minderjährigen nur zulässig sein, wenn sie zum Schutz der Gesundheit notwendig sind, d.h. wenn präventive, therapeutische Maßnahmen vor Erreichen der Volljährigkeit eingeleitet werden müssen.[267] Konsens besteht darüber, daß die frühkindliche Genomanalyse nur aufgrund einer medizinischen Indikation mit Zustimmung des Sorgeberechtigten zulässig ist, wobei für alle behandelbaren Krankheiten und solche, die möglicherweise im Laufe des Lebens behandelbar werden, eine Indikation bejaht wird.[268]

---

[262] R. Damm, MedR 1999, 437, 442.
[263] W. Van den Daele, Mensch nach Maß? Ethische Probleme der Genmanipulation und Gentherapie, 1985, 99; R. Schimmelpfeng-Schütte, Das Neugeborenenscreening: Kein Recht auf Nichtwissen? Material für eine deutsche Gendatei?, MedR 2003, 214, 216.
[264] Vgl. dazu C. Peter, Forschung am Menschen – eine Untersuchung der rechtlichen Rahmenbedingungen unter besonderer Berücksichtigung einwilligungsunfähiger Patienten, 2000; I. Kamp, Die Europäische Bioethik-Konvention – Medizinische Versuche an nichteinwilligungsfähigen Menschen unter besonderer Berücksichtigung der Vorgaben im nationalen und internationalen Recht, Diss. Bayreuth, 2000; U. Fröhlich, Forschung wider Willen? Rechtsprobleme biomedizinischer Forschung mit Nichteinwilligungsfähigen, Diss. Mannheim 1999; A. Jürgens, KritV 1998, 34-51.
[265] J. Epplen/H. Przuntek, DÄBL 1998, A 32- A 36, wird allerdings hinterfragt, da frühe Gendiagnostik für eine symptomatische oder präventive Therapie sinnvoll sein kann.
[266] In diesen Fällen bestehen keine berechtigten Interessen an der Kenntnis des Genbestands durch Dritte, A. Schmidt, Rechtliche Aspekte der Genomanalyse, Diss. Göttingen, 1991, 72 mwN; R. Schimmelpfeng-Schütte, MedR 2003, 214, 216, siehe dort zu den Ethisch-rechtlichen Voraussetzungen des Neugeborenen-Screenings.
[267] Bundesärztekammer, Richtlinien zur Diagnostik der genetischen Disposition für Krebserkrankungen, DÄBL 1998, A 1396, A 1403; ähnlich Schweizer Gesetzesentwurf Art. 8 II abgedruckt in ZSR 1998, 473 ff. weitere Ausnahme: bei schwerer Erbkrankheit in der Familie und sich diese auf andere Weise nicht abklären läßt; R. Damm, MedR 1999, 437, 442.
[268] E. Deutsch in: Lexikon der Bioethik, Band 2, 1998, 41, ders., Medizinische Genetik und Genomanalyse, VersR 1994, 1, 2.

III. Regelungsbedarf: Erforderlichkeit einer gesetzlichen Regelung der prädiktiven Diagnostik

Schon Mitte der achtziger Jahre wurde gefordert, daß durch entsprechende Gesetze in den Bereichen des Medizinrechts sowie des Arbeits- und Versicherungsrechts der Freiheit des Einzelnen und seinem Lebensrecht Rechnung getragen wird.[269] Bislang ist der Gesetzgeber untätig geblieben. Neben den einzelnen Richtlinien der Bundesärztekammer[270] erfolgte auch keine umfassende Regelung der genetischen Diagnostik innerhalb der Musterberufsordnung für Ärzte.[271] Die Richtlinie der Bundesärztekammer knüpft die genetische Untersuchung bezüglich bestimmter Krebsarten zwar an das Vorliegen einer gewissen Familiarität. Jedoch gilt dies nur für die von der Richtlinie erfaßten erblichen Krebserkrankungen bedingt durch die bei Erlaß vorhandenen medizinischen Möglichkeiten, die ein breites Bevölkerungssreening bei gesunden Personen ohne auffällige Familienanamnese noch nicht erlaubten.[272] Dies kann sich in absehbarer Zeit ändern. Außer den genannten allgemeinen standesrechtlichen Bestimmungen und der Krebsdiagnostikrichtlinie der Bundesärztekammer sind derzeit somit keine Regelungen zur Zulässigkeit und Durchführung der prädiktiven postnatalen Diagnostik vorhanden. Festzuhalten bleibt, daß derzeit genetische Tests mangels gesetzlicher Regelungen für jedermann, insbesondere bei privaten Instituten im Rahmen von kommerziell angebotenen Test-Kits, zugänglich sind[273] und nicht zwingend von einem Arzt durchzuführen sind. Daraus resultieren die im Folgenden[274] erörterten gravierenden Gefahren für die Gesellschaft und den Einzelnen. Angesichts dessen ist es nicht richtig, daß die Unterschiede zwischen genetischen und anderen medizinischen Daten hinsichtlich Weitergabe und Vertraulichkeit nicht sehr groß sind und der Gesetzgeber deshalb hier bisher zurückhaltend gewesen sein soll. Gesetzlicher Handlungsbedarf besteht im Bereich der postnatalen Diagnostik nicht nur für das Arbeits- und Versicherungsrecht[275], sondern auch für die auftretenden

---

[269] E. Deutsch, Die Genomanalyse: Neue Rechtsprobleme, ZRP 1986, 1, 3.
[270] Richtlinien der Bundesärztekammer zur Diagnostik der genetischen Disposition für Krebserkrankung, DÄBL 1998, A 1396, A 1398; Richtlinien zur pränatalen Diagnostik von Krankheiten und Krankheitsdispositionen der Bundesärztekammer abgedruckt in DÄBL 1998, A 3236- A 3242.
[271] So aber erwartet von S. Cramer, Genom- und Genanalyse, Diss. Heidelberg 1991, 282.
[272] Richtlinien der Bundesärztekammer zur Diagnostik der genetischen Disposition für Krebserkrankung, DÄBL 1998, A 1396, A 1398.
[273] D. Lanzerath, JbfWE 1998, 193, 195.
[274] Erster Teil, Erster Abschnitt, IV. 6. c).
[275] So jedoch S. Winter in: S. Winter/H. Fenger/H.-L. Schreiber (Hrsg.), Genmedizin und Recht, 2001, Rn 849; jüngst zur Erforderlichkeit einer gesetzlichen Regelung: J. Goerdeler/B. Laubach, Im Datenschulgel – Zur Notwendigkeit der gesetzlichen Regelung von genetischen Untersuchungen, ZRP 2002, 115 ff..

Probleme bei der Erhebung prädiktiven Wissens im Verhältnis zwischen Arzt und Patient.[276] Das Problem der Regelung der neuen Erkenntnis- und Handlungsmöglichkeiten in der Humangenetik, insbesondere die Frage wie man ihre Vorteile gefahrlos nutzen kann, ist indessen nicht allein durch Rückgriff auf ärztliches Berufsrecht oder Standesethos zu lösen.[277] Die genannte Richtlinie der Bundesärztekammer entfaltet, wie andere Bestimmungen und Richtlinien der Bundesärztekammer, keine unmittelbare rechtliche Verbindlichkeit. Die Bundesärztekammer hat dafür nicht die entsprechende öffentlich-rechtliche Kompetenz.[278] Bei einer Verletzung solcher Richtlinien drohen dem Arzt lediglich berufsrechtliche Sanktionen.[279] Auch die (Muster)Berufsordnung[280] für deutsche Ärzte hat keinen Rechtssatzcharakter.[281] Sie wird vom Deutschen Ärztetag erlassen, um die größtmögliche Einheitlichkeit des Berufsrechts für deutsche Ärzte in der Bundesrepublik zu gewährleisten. Diese Musterberufsordnung wird dann von den Landesärztekammern in das jeweilige Satzungsrecht weitgehend inhaltsgleich übernommen.[282]

Aufgrund der Gesetzgebungskompetenz der Länder[283] zur Regelung der Berufsausübung der zugelassenen Heilberufe sind in den Ländern Kammer- und Heilberufsgesetze erlassen worden.[284] Bestimmungen der Bundesärztekammer werden berufsrechtlich justiziabel, wenn sie in die Berufsordnungen aufgenommen werden und damit Stand der ärztlichen Kunst durch Beschluß der Kammerversammlung der Landesärztekammern werden. Jedoch bleibt die Rechtssetzungskompetenz der Ärztekammern bezüglich der wesentlichen Bestimmungen problematisch.[285] Im einzelnen ist unklar, wie weit diese Kompetenz geht, und es besteht Uneinigkeit, ob die Standesorganisationen der Ärzte die Regelungskompetenz zur Regelung der prädiktiven Medizin besitzen, weil nicht allein die Be-

---

[276] Vgl. Antrag der Abgeordneten K. Reiche et al., Anwendung von Gentests in Medizin und Versicherungen, BT-Drucks. 14/6640.
[277] L. Honnefelder, in: J. Beckmann (Hrsg.), Fragen und Probleme einer medizinischen Ethik, 1996, 332, 337; E. Benda, NJW 1985, 1730, 1734; a.A. DFG, die keinen Anlaß für gesetzgeberische Maßnahmen sieht und Empfehlungen der Berufsverbände für ausreichend hält, Humangenomforschung und prädiktive genetische Diagnostik, Stellungnahme v. 20.6. 1999, 40.
[278] Vgl. auch Enquête-Kommission „Recht und Ethik der modernen Medizin", Schlußbericht, BT-Drucks. 14/9020, 2002, 175; E. Deutsch, Medizinrecht, 2003, Rn 50.
[279] Vgl. J.-W. Vesting, Ärztliches Standesrecht: Instrumentarium zur Regelung der Gentherapie?, NJW 1997, 1605.
[280] (Muster-)Berufsordnung für die deutschen Ärztinnen und Ärzte – MBO-Ä 1997, geändert durch die Beschlüsse des 103. Deutschen Ärztetages 2000, DÄBL Sonderdruck.
[281] A. Laufs, Arztrecht ‚1993, Rn 66.
[282] H. Narr, Ärztliches Berufsrecht, Band II, 2002, Rn B6.
[283] Art. 30, 70 GG Grundsatz und Primat der Länderzuständigkeit.
[284] Zusammenfassung bei H. Narr, Ärztliches Berufsrecht, Band II, 2002, Rn B3.
[285] Vgl. J.-W. Vesting, NJW 1997, 1605, 1606.

rufsausübung, sondern auch Interessen Dritter berührt sind.[286] Ferner hat das Bundesverfassungsgericht festgestellt, daß spezifische Gefahren für den Betroffenen und die Allgemeinheit durch die Rechtssetzung der standesrechtlichen Selbstverwaltungskörperschaften entstehen können.[287]

Gleichwohl sind Grundrechte nicht vorbehaltlos gewährleistet. Gesetzliche Schranken oder Rechte Dritter sowie gewichtige Interessen der Allgemeinheit können dem allgemeinen Persönlichkeitsrecht und damit dem Selbstbestimmungsrecht und dem Recht auf Wissen des Einzelnen entgegenstehen. Darüber, welche Gemeinschaftsinteressen so gewichtig sind, daß das Freiheitsrecht des Einzelnen zurücktreten muß, hat indes in erster Linie der Gesetzgeber zu entscheiden. „Dieser Entscheidungspflicht kann sich der Gesetzgeber nicht beliebig entziehen". In einer parlamentarischen Demokratie ist gerade das Parlament „dazu berufen, im öffentlichen Willensbildungsprozeß unter Abwägung der verschiedenen, unter Umständen widerstreitenden Interessen über die von der Verfassung offen gelassenen Fragen des Zusammenlebens zu entscheiden".[288] Der Staat soll Hüter des Gemeinwohls sein. Ausgehend vom Parlamentsvorbehalt stellt sich die Frage, ob die Regelung der offenen Problemstellungen um die Genanalyse zwingend durch den Gesetzgeber erfolgen muß. Nach der Wesentlichkeitstheorie[289] des Bundesverfassungsgerichts muß der Gesetzgeber die wesentlichen Entscheidungen im grundrechtsrelevanten Bereich selbst treffen. Grundrechtsrelevant ist, was für die Verwirklichung der Grundrechte wesentlich ist. Der Gesetzgeber kann dort, wo er die für die Grundrechtsverwirklichung wesentlichen Bereiche geregelt hat die nähere Ausgestaltung den Berufsstandsvertretungen überlassen.[290] Den Umfang dieser Arbeit würde es sprengen, auf die Frage der Schutzpflicht des Staates im Hinblick auf die Grundrechte und eine daraus folgende zwingende gesetzliche Regelung der Problematik[291] einzugehen. In jedem Fall übersteigen die rechtlichen Implikationen der prädiktiven Medizin schon jetzt und um so mehr im Hinblick auf die schnell voranschreitenden Möglichkeiten der genetischen Diagnostik, die dem Arzt beggenenden üblichen Problemsituationen und Gefährdungen. Grundlegende Entscheidungen für den Einzelnen und die Allgemeinheit, Entscheidungen über das menschliche Leben, Krankheit und Gesundheit und das allgemeine Per-

---

[286] Vgl. zur In-vitro-Fertilisation M. Schröder, Ethik-Kommissionen, Embryonenschutz und In-Vitro-Fertilisation: gültige Regelungen im ärztlichen Standesrecht?, VersR 1990, 243, 245; auch im Hinblick auf die Strukturen der ärztlichen Standesorganisationen und die fehlende demokratische Legitimation S. Cramer, Genom- und Genanalyse, Diss. Heidelberg 1991, 289 ff..
[287] BVerfGE 33, 125 (159).
[288] BVerfGE 33, 125 (159).
[289] BVerfGE 57, 295 (321); 46, 47 (79).
[290] T. Kienle, Die prädiktive Medizin und gentechnische Methoden, Diss. Tübingen 1998, 115.
[291] Vgl. zum Meinungsstand über die Regelungskompetenz zur Regelung der Genanalyse und der Gentherapie T. Kienle, Die prädiktive Medizin und gentechnische Methoden, Diss. Tübingen 1998, 120 ff..

sönlichkeitsrecht sind zu treffen. Deshalb ist *Cramer* zuzustimmen, wenn er eine Delegation der Verantwortung der Legislative an die Standesvertretungen nicht für möglich hält.[292]

Für eine umfassende gesetzliche Regelung genetischer Untersuchungen haben sich aus diesen Gründen jüngst auch die Enquête-Kommission „Recht und Ethik in der modernen Medizin"[293], der Ethik-Beirat beim Bundesgesundheitsministerium[294], die Bundestagsfraktion der Grünen durch ihren Gesetzesentwurf zu einem Gentest-Gesetz[295], die CDU/CSU-Fraktion des Bundestages und die Datenschutzbeauftragten des Bundes und der Länder[296] ausgesprochen.

Weiter ist zu klären, ob eine gesetzliche Regelung durch die Länder möglich oder ob eine bundesgesetzliche Regelung erforderlich ist. Als Argument für eine bundesgesetzliche Regelung wird die Gefahr des „Diagnosetourismus" für den Fall der Regelung des Zugangs zu prädiktiver Diagnostik durch länderverschiedene Indikationskataloge ins Feld geführt.[297] Dabei ist auch die Notwendigkeit einer europäischen oder gar internationalen Regelung in diesem Bereich zur Verhinderung von „Medizintourismus" bei der Frage, ob eine einheitliche bundesgesetzliche Regelung erforderlich ist, zu berücksichtigen.

Überzeugend ist, daß auf Grund des Gebots der Einheitlichkeit eine bundesgesetzliche Regelung anzustreben ist, und daß nur eine ausgewogene Gesamtkonzeption die einheitliche Ausübung der genanalytischen Diagnostik ermöglicht und die mit ihr verbundenen Gefahren eingedämmt werden können.[298] Eine einfachbundesgesetzliche Regelung der prädiktiven Medizin ist demnach erforderlich.[299]

---

[292] S. Cramer, Genom- und Genanalyse, Diss. Heidelberg 1991, 289, 290.
[293] „Recht und Ethik der modernen Medizin", Schlußbericht, BT-Drucks. 14/9020, 2002, 175.
[294] Ethik-Beirat beim Bundesgesundheitsministerium, Prädiktive Gentests. Eckpunkte für eine ethische und rechtliche Orientierung, 2000.
[295] Bundestagsfraktion „Die Grünen", Entwurf eines Gesetzes zur Regelung von Analysen des menschlichen Erbguts (Gentest-Gesetz), 2001.
[296] Datenschutzbeauftragte des Bundes und der Länder, Entschließung zu einer gesetzlichen Regelung von genetischen Untersuchungen, 2001.
[297] S. Cramer, Genom- und Genanalyse, Diss. Heidelberg 1991, 296.
[298] S. Cramer, Genom- und Genanalyse, Diss. Heidelberg 1991, 298-299.
[299] T. Kienle, Die prädiktive Medizin und gentechnische Methoden, Diss. Tübingen 1998, 127; ebenso J.-W. Vesting, Somatische Gentherapie – Regelung und Regulierungsbedarf in Deutschland, ZRP 1997, 21, 23; ebenso spricht sich die CDU/CSU Bundestagsfraktion für eine bundesgesetzliche Regelung aus, Antrag der Abgeordneten K. Reiche et al., Anwendung von Gentests in Medizin und Versicherungen, BT-Drucks. 14/6640.

IV. Verfassungsrechtliche Vorgaben – berührte Rechtspositionen

Neben der Bedeutung der Grundrechte als Verkörperung der „objektiven Werteordnung", die bei der Auslegung von Generalklauseln innerhalb des einfachen Rechts zu berücksichtigen ist, kann sich die Verpflichtung für den Gesetzgeber ergeben, die grundrechtlich verankerten Rechtsgüter gegenüber Dritten zu schützen.[300] Trotz der Tatsache, daß im Rahmen dieser Untersuchung schwerpunktmäßig privatrechtliche Rechtspositionen im Zusammenhang mit der Genomanalyse betrachtet werden sollen, ist zunächst auf die verfassungsrechtlichen Grundlagen einzugehen, die anerkanntermaßen nicht nur im Rahmen der Drittwirkung zivilrechtliche Rechtspositionen nachhaltig beeinflussen.[301] Es stehen sich auf der einen Seite Durchführungs- und Teilhabeinteressen und auf der anderen Seite Abwehr- und Verhinderungsinteressen gegenüber. Der Einzelne soll einerseits ein „Recht auf Wissen", andererseits auch ein „Recht auf Nichtwissen" haben. Dies zeigt, daß die Genomanalyse in widerstreitende Interessen und Rechte eingreift.[302] Die Befürworter der neuen Methoden der Humangenetik berufen sich sowohl auf das Recht der Forschungsfreiheit als auch auf das Selbstbestimmungsrecht des Betroffenen.[303] Diese konträren Interessen sind durch das Privatrecht zu schützen und miteinander in Einklang zu bringen.

1. Menschenwürde, Art. 1 I Grundgesetz

Im Zusammenhang mit der Zulässigkeit der Genomanalyse wird oft mit der Menschenwürde des Einzelnen argumentiert. Was konkret aus dem Gebot der Menschenwürde folgt, ist nicht statisch und gleichbleibend, sondern wird durch die historische Entwicklung und den jeweiligen Stand der Erkenntnis beeinflußt. So haben weder die Vorstellungen der Väter und Mütter der Verfassung, noch die

---

[300] Abschlußbericht der Bund-Länder-Arbeitsgruppe „Genomanalyse", 1990, abgedruckt in W. Eberbach/P. Lange/M. Ronellenfitsch, Recht der Gentechnik und Biomedizin, Band 4, 2002, Teil II. F, 12; D. Murswiek, in: M. Sachs, Grundgesetz Kommentar, 2003, Art. 2 Rn 29 ff.; insbesondere im Hinblick auf Art. 2 II GG: H. Schulze-Fielitz, in: H. Dreier, Grundgesetzkommentar, Band I, 1996, Art. 2 II Rn 47 ff.; J. Isensee, in: J. Isensee/P. Kirchhof, Handbuch des Staatsrechts V, 2000, § 111 Rn 5 ff., 86 ff..
[301] Vgl. J. Taupitz, JZ 1992, 1089; M. Sachs, Grundgesetz Kommentar, 2003, Vorb. Art. 1 Rn 32; H. Dreier, Grundgesetzkommentar, Band I, 1996, Vorb. Art. 1 Rn 57; W. Rüfner, in: J. Isensee/P. Kirchhof, Handbuch des Staatsrechts V, 2000, § 117, Rn 62.
[302] J. Taupitz, JZ 1992, 1089.
[303] E. Benda, in: E.Benda/W. Maihofer/H.-J.-Vogel (Hrsg.), Handbuch des Verfassungsrechts, 1994, § 6 Rn 39; ders., Humangenetik und Recht, NJW 1985,1730 ff.; E. Fechner, JZ 1986, 653, 660 ff.; H. Hofmann, Biotechnik, Gentherapie, Genmanipulation – Wissenschaft im rechtsfreien Raum?, JZ 1986, 253, 255 ff..

heute bestehenden Auffassungen einen Anspruch auf zeitlose Gültigkeit.[304] Dies gilt in besonderem Maß für die neuartigen Entwicklungen und Bedrohungen durch die Möglichkeiten der Humangenetik.

Anerkannt ist, daß die Menschenwürde als oberste Verfassungsnorm mit höchstem Rechtswert die Wirkung der anderen Grundrechte verstärkt und in ihnen seine Konkretisierung und Verwirklichung findet.[305] Es besteht jedoch kein Wertanspruch auf Menschenwürde in Form eines subjektiven Rechts.[306] Überhaupt besteht Kritik am inflationären Rückgriff auf die Menschenwürde im Bereich der Gentechnologie[307] und er wird für wenig hilfreich gehalten.[308] Etabliert ist indessen das Verbot, den Menschen zum Objekt zu machen und Zwecken außerhalb seiner selbst zu unterwerfen.[309] Grundsätzlich ist die Menschenwürde keiner Relativierung durch Abwägung zugänglich.[310]

Gentechnologische Eingriffe sind am Lebens-, Gesundheits- und Persönlichkeitsschutz des Art. 2 GG zu messen, und gentechnische Diagnostik berührt in der Regel allein das allgemeine Persönlichkeitsrecht. Nur in Sonderfällen soll Art. 1 I GG verletzt sein wie in den Fällen genetischer Diskriminierung.[311] Durch gezielte genetische Reihenuntersuchungen mit dem Zweck, Einzelpersonen eine Rolle oder einen Status zuzuweisen, wird die grundlegende Basisgleichheit und damit die Menschenwürde verletzt.[312] Ebenso ist eine Verletzung der Menschenwürde zu bejahen, wenn durch das Zusammenwirken von Gentechnik und Informationstechnik komplette Datenprofile einzelner Personen gewonnen werden und so ein individuelles Entscheidungsverhalten und Lebensbild unmöglich oder erschwert wird.[313] Hier dürften das Wesen der Menschenwürde, das gerade auch in der Un-

---

[304] E. Benda, in: E. Benda/W. Maihofer/H.-J. Vogel (Hrsg), Handbuch des Verfassungsrechts, 199.', § 6 Rn 41.
[305] G. Dürig, in: Maunz/Dürig, GG-Kommentar, 2001, Abs. 1 Art. 1 Rn 4; 13; S. Vollmer, Genanalyse und Gentherapie, Diss. Konstanz, 1989, 100-104; S. Cramer, Genom- und Genanalyse, Diss. Heidelberg 1991, 27
[306] So die überwiegende Ansicht ,G. Dürig, in: Maunz/Dürig, GG-Kommentar, 2001, Abs. 1 Art. 1 Rn 4, 13; J. Taupitz, JZ 1992, 1089, 1090.
[307] W. Graf Vitzthum, Gentechnologie und Menschenwürdeargument, ZRP 1987, 33.
[308] T. Ramm, Die Fortpflanzung – ein Freiheitsrecht?, JZ 1989, 861, 864.
[309] G. Dürig, in: Maunz/Dürig, GG-Kommentar, 2001, 1 Art. 1 Rn 28; W. Graf Vitzthum, in: H. Mauer (Hrsg.), Das akzeptierte Grundgesetz, FS für G. Dürig, 1990, 185, 196; ders., Die Menschenwürde als Verfassungsbegriff, JZ 1985, 201, 205.
[310] BVerfGE 45, 187 (229).
[311] W. Höfling, in: M. Sachs, Grundgesetz Kommentar, 2003, Art. 1 Rn 37.
[312] W. Höfling, in: M. Sachs, Grundgesetz Kommentar, 2003, Art. 1 Rn 27a; vgl dazu Bericht der Benda-Kommission, 1985, 39 ff..
[313] W. Höfling, in: M. Sachs, Grundgesetz Kommentar, 2003, Art. 1 Rn 37.

zulänglichkeit und Unvollkommenheit des Einzelnen[314] liegt und dessen Einzigartigkeit entscheidend sein. Der Einzelne würde in den genannten Fällen zum bloßen Objekt herabgewürdigt, worin die entscheidende Verletzung des Art. 1 I GG liegt.[315] In jedem Fall muß der Schutz der Menschenwürde und der Individualität des Einzelnen die Entwicklung der Gentechnologie leiten und innerhalb des Grundrechts auf Datenschutz das Verbot des staatlichen Zugriffs auf höchstpersönliche Daten gebieten.[316]

Insgesamt ist zu unterscheiden zwischen konkreten Gefährdungen individueller Grundrechtsträger, für die Art. 2 GG primär maßgeblich ist, und Gefährdungen des Menschlichen oder des Humanums allgemein, wofür Art. 1 GG Gradmesser ist.[317] Fest steht, daß dem Wertanspruch auf Menschenwürde der Grundgedanke vom Menschen als geistig-sittlichem Wesen zugrunde liegt, das darauf angelegt ist, in Freiheit sich selbst zu bestimmen und sich zu entfalten.[318] Das Menschenbild des Grundgesetzes ist jedoch nicht das eines isolierten Individuums, sondern das eines sozialen gemeinschaftsbezogenen Individuums. Die Spannung zwischen Individuum und Gemeinschaft wurde vom Grundgesetz im Sinne der Gemeinschaftsbezogenheit der Person entschieden, ohne daß dabei der Eigenwert der Person angetastet wird.[319] Art. 1 I GG schützt die Wahrung der personalen, d.h. der psychischen, seelischen und intellektuellen Integrität, wobei das allgemeine Persönlichkeitsrecht gerade in diesem Bereich in einem die Menschenwürdegarantie verdrängenden Konkurrenzverhältnis steht.[320] In Konsequenz dessen wird sie als Wertmaßstab im Rahmen des Allgemeinen Persönlichkeitsrechts erörtert werden.

Exkurs: Genomanalyse als notwendige Vorstufe der Gentherapie
Von Fragen der Genomanalyse als diagnostischem Verfahren sind Fragen der Genomanalyse im Rahmen der Gentherapie zu unterscheiden.[321] Jede Gentherapie setzt eine vorherige Genomanalyse voraus, wobei eine Genomanalyse in diesem Fall eine therapeutische Zielsetzung hat. Die Frage der Vereinbarkeit einer sol-

---

[314] E. Benda, in: E. Benda/W. Maihofer/H.-J. Vogel (Hrsg), Handbuch des Verfassungsrechts, 1994, § 6 Rn 16
[315] Dies gilt zunächst für staatliches Handeln, BVerfGE 27, 1 (6); G. Dürig, in: Maunz/Dürig, GG-Kommentar, 2001, Art. 1 Rn 28.
[316] P. Kirchhof, in: J. Isensee/P. Kirchhof, Handbuch des Staatsrechts V, 2000, §124 Rn 113.
[317] W. Höfling, in: M. Sachs, Grundgesetz Kommentar, 2003, Art. 1 Rn 22, 23.
[318] T. Kienle, Die prädiktive Medizin und gentechnische Methoden, Diss. Tübingen 1998, 35; E. Benda; in: E.Benda/W. Maihofer/H.-J. Vogel (Hrsg.), Handbuch des Verfassungsrechts, 1994, § 6 Rn 16; G. Dürig, in: Maunz/Dürig, GG-Kommentar, 2001, Art. 1 Rn 18.
[319] BVerfGE 4, 7 (15, 16).
[320] W. Höfling, in: M. Sachs, Grundgesetz Kommentar, 2003, Art. 1 Rn 28.
[321] J. Taupitz, JZ 1992, 1089.

chen vorausgehenden Genomanalyse mit der Menschenwürde ist grundsätzlich eine andere und kann im Zusammenhang mit der Gentherapie erörtert werden.[322]

2. Allgemeine Handlungsfreiheit, Art. 2 I GG

Das Recht auf freie Entfaltung der Persönlichkeit ist bei einer Genomanalyse insofern berührt, als es Ausgangspunkt für das Erfordernis einer Einwilligung nach Aufklärung vor jedem medizinischen Eingriff ist.[323] Das Selbstbestimmungsrecht und die Autonomie des Einzelnen verbieten grundsätzlich den Eingriff in die körperliche Integrität ohne Zustimmung.[324] Dieses Prinzip des Informed Consent ist seit dem Nürnberger Kodex[325] ein international grundlegendes Prinzip des Arztrechts.

3. Wissenschafts- und Forschungsfreiheit, Art. 5 III GG

Auf Grund der Tatsache, daß die Genomanalyse sich noch weitgehend im Forschungsstadium befindet, ist die Forschungsfreiheit desjenigen zu berücksichtigen, der die genetischen Tests durchführt. Durch die aktiv freiheitsentfaltende Seite des allgemeinen Persönlichkeitsrechts kommt dem einzelnen Forscher ein spezielles Persönlichkeitsrecht im Hinblick auf Wissenschaftsfreiheit zu.[326] Nachdem die Forschungsfreiheit im Grundgesetz nicht ausdrücklich eingeschränkt ist, unterliegt sie allein den verfassungsimmanenten Schranken und findet ihre Grenzen in den Grundrechten anderer.[327] Die kollidierenden Grundrechte müssen mit Rücksicht auf das Gebot der praktischen Konkordanz[328] in Abwägung treten und in optimalen Ausgleich gebracht werden. *Lerche* kritisiert, daß der Forschungsfreiheit ein zu weiter Raum eingestanden wird, wenn man Grenzen der

---

[322] T. Kienle unterscheidet von vornherein zwischen Keimbahnzellentherapie und diesbezüglicher Diagnostik und somatischer Gentherapie und diesbezüglicher Diagnostik, Die prädiktive Medizin und gentechnische Methoden, Diss. Tübingen 1998, 31; vgl. dazu H. Wagner/B. Morsey, Rechtsfragen der somatischen Gentherapie, NJW 1996, 1565 ff.; vgl. zu den Möglichkeiten der Gentherapie vgl. A. Mauckner/G. Nikol, Aktueller Stand der Gentherapie, DÄBL 1997, A 995- A 997.
[323] J. Taupitz, JZ 1992, 1089, 1090; D. Murswiek, in: M. Sachs, Grundgesetz Kommentar, 2003, Art. 2 Rn 206 bezogen auf die körperliche Unversehrtheit.
[324] A. Laufs, in: A. Laufs/W. Uhlenbruck, Handbuch des Arztrechts, 2002, § 61 Rn 14 ff.; Wiedemann, in: D.C. Umbach/T. Clemens, Grundgesetz, Band I, 2002, Art. 2 II Rn 362; BverfGE 52, 131 (171, 175); P. Kunig, in: I. v. Münch/P. Kunig, GG Kommentar, Band 1, 2000, Art. 2 Rn 12 mwN.
[325] Abgedruckt bei D. Giesen, International Medical Malpractice Law, 1988, Appendix I, 727.
[326] G. Wiese, Persönlichkeitsrechtliche Grenzen sozialpsychologischer Experimente, in: H.-M. Pawlowski/G. Wiese/G. Wüst (Hrsg.), FS für K. Duden, 1977, 719, 742.
[327] H. v. Mangoldt/F. Klein, Das Bonner Grundgesetz, 1999, Art. 5 Abs. 3 Rn 374, 375, 378 ff.; Beschränkung durch kollidierendes Verfassungsrecht B. Pieroth/B. Schlink, Grundrechte, 2002, Rn 630 ff.; M.-T. Tinnefeld, DuD 1999, 35, 37.
[328] D. Schmalz, Grundrechte, 1991, Rn 166.

Forschungsfreiheit nur im Einzelfall von kollidierenden höherwertigen Verfassungsgütern bejaht. Vielmehr soll entscheidend sein, ob die allgemeine Rechtsordnung im Rahmen der Verfassung eine derartige Forschungstätigkeit zulasse oder verbiete.[329] Außerdem muß berücksichtigt werden, daß – wenn man sich auf das Recht der Forschungsfreiheit gerade im Bereich der biotechnologischen Forschung beruft – die konventionelle Unterscheidung von „reiner" und „angewandter" Wissenschaft als veraltet gelten muß. Sowohl das „Was" als auch das „Wie" der Erkenntnis steht hier auf beiden Seiten: „die «Anwendung» findet bereits in der Untersuchung selbst und als Teil von ihr statt. Schon daraus folgt, daß die Freiheit der Forschung nicht unbedingt sein kann".[330]

Niemals besteht jedoch die rechtliche Möglichkeit zur Durchführung einer Genomanalyse ohne Zustimmung des Betroffenen.[331] Unzulässig ist Forschung, die gegen die Menschwürde verstößt.[332]
Die Fortschritte und Möglichkeiten genanalytischer Diagnostik beruhen auf der Grundlagenforschung zur Entschlüsselung und Kartierung des menschlichen Genoms.[333] Ihre Zulässigkeit muß anhand ihrer Zielsetzung beurteilt werden. Legitime Intention ist bei der Fortentwicklung der genetischen Diagnostik, die Möglichkeiten individuelle Hilfe zu leisten zu verbessern.[334] Gegen Art. 1 GG hingegen verstößt jede eugenisch motivierte Grundlagenforschung und ist damit unzulässig.[335] Es dürfte jedoch im Einzelfall schwierig sein, dies schon im Forschungsstadium zu erkennen und damit als unzulässig herauszufiltern.

4. Berufsfreiheit Art. 12 GG

Die gesetzliche Einführung eines Arztvorbehalts für die Durchführung von Genomanalysen würde eine Einschränkung der Berufsfreiheit derjenigen bedeuten, die genetische Analysen einschließlich Beratung durchführen wollen, ohne Arzt zu sein.[336] Denn die Berufsfreiheit ist die Freiheit jeden Bürgers, jede Tätigkeit als

---

[329] P. Lerche, Verfassungsrechtliche Aspekte der Gentechnologie, in: R. Lukes/R. Scholz (Hrsg.), Rechtsfragen der Gentechnologie, 1985, 88, 92.
[330] H. Jonas, Wissenschaft und Forschungsfreiheit, in: H. Lenk (Hrsg.), Wissenschaft und Ethik, 1991, 193, 205.
[331] J. Taupitz, JZ 1992, 1089, 1095.
[332] M. Bethge, in: M. Sachs, Grundgesetz Kommentar, 2003, Art. 5 Rn 232.
[333] S. Cramer, Genom- und Genanalyse, Diss. Heidelberg 1991, 1 ff..
[334] T. Kienle, Die prädiktive Medizin und gentechnische Methoden, Diss. Tübingen 1998, 40 mwN.
[335] Art. 1 als letzte Hürde gegen den optimierenden Zugriff auf die Gattung Mensch: W. Höfling, in: M. Sachs, Grundgesetz Kommentar, 2003, Art. 1 Rn 23.
[336] J. Taupitz, in: C. Bartram et al. (Hrsg.), Humangenetische Diagnostik, 2000, 119 f.; Enquête-Kommission „Recht und Ethik der modernen Medizin", Schlußbericht, BT-Drucks. 14/9020, 2002, 165.

Beruf zu ergreifen, für die er sich geeignet glaubt und sie damit zur Grundlage seiner Lebensführung zu machen. Sie umfaßt die Berufswahl und die Berufsausübung.[337] Nach der Drei-Stufen-Theorie des Bundesverfassungsgerichts sind Berufsausübungsregelungen als Beschränkung der Berufsfreiheit dann zulässig, wenn vernünftige Gemeinwohlerwägungen den Eingriff zweckmäßig erscheinen lassen.[338] Bei der Einführung eines allgemeinen Arztvorbehalts als Vorstufe des Facharztvorbehalts kommt eine Berufswahlregelung in Betracht. Darunter fallen zum einen subjektive Zugangsvoraussetzungen wie die der Aus- und Vorbildung, die vom Einzelnen beeinflußbar sind. Sie sind zulässig, wenn sie zum Schutz eines wichtigen Gemeinschaftsguts, das der Berufsfreiheit des Einzelnen vorgeht, geboten sind. Zum anderen existieren objektive Zugangsvoraussetzungen, die von der persönlichen Qualifikation des Einzelnen unabhängige Bedingungen darstellen, die allein dann zulässig sind, wenn sie zur Abwehr nachweisbarer oder höchstwahrscheinlich schwerer Gefahren für ein überragend wichtiges Gemeinguts unbedingt erforderlich sind.[339] Die Einführung eines Arztvorbehalts für die prädiktive genetische Diagnostik würde eine subjektive Zulassungsvoraussetzung darstellen[340], da sie eine vom Einzelnen zu beeinflussende Ausbildungsvoraussetzung ist. Diese rechtfertigt sich aus der Sache heraus und beruht darauf, daß die Durchführung der prädiktiven genetischen Diagnostik nur durch theoretische und praktische Schulung erworbene Kenntnisse und Techniken sachgemäß möglich ist. Der Arzt ist verpflichtet und auf Grund seiner beruflichen Ausbildung in der Lage, den Ratsuchenden umfassend und ausreichend aufzuklären, so daß der Betroffene eine autonome selbstbestimmte Entscheidung treffen kann. Dazu gehört auch die Aufklärung über die Gefahren und Implikationen genetischer Diagnostik. Nur dann ist das Selbstbestimmungsrecht des Einzelnen gewährleistet.
Der Arztvorbehalt ist somit geeignet und erforderlich, die sich aus der prädiktiven Diagnostik ergebenden Gefahren für die Selbstbestimmung des Einzelnen einzudämmen. Eine sachgemäße Durchführung durch andere Berufsgruppen wie Heilpraktiker ist mangels entsprechend gewährleisteter Kenntnisse nicht möglich, so daß die Einführung eines Arztvorbehalts auch verhältnismäßig wäre.

Eine weitere Verschärfung des Arztvorbehalts als subjektive Zugangsvoraussetzung würde die Einführung eines Facharztvorbehalts darstellen. Auf Grund des notwendigen Fachwissens für eine genetische Beratung wird vielfach die Durchführung durch einen Facharzt für Humangenetik gefordert.[341] Eine solche Beschränkung durch eine künftige gesetzliche Regelung ist mit Art. 12 GG verein-

---

[337] R. Scholz in: Maunz/Dürig, GG-Kommentar, 2001, Art. 12 Rn 1.
[338] BVerfGE 7, 377 (405) Apothekenurteil.
[339] BVerfGE 7, 377 (406 f.).
[340] J. Taupitz, in: C. Bartram et al. (Hrsg.), Humangenetische Diagnostik, 2000, 120.
[341] So auch die Richtlinien der Bundesärztekammer zur Diagnostik der genetischen Disposition für Krebserkrankungen, DÄBL 1998, A 1396 ff..

bar, da auf Grund der Tiefe des Eingriffs in das Persönlichkeitsrecht des Ratsuchenden und die Gewährleistung seiner Selbstbestimmung eine sachgerechte Aufklärung und genetische Beratung vor und nach der Genomanalyse und insbesondere eine korrekte Interpretation des Testergebnisses nur bei einem Facharzt für Humangenetik oder für medizinische Genetik gewährleistet ist. Zum Schutz des Ratsuchenden und zur Verhinderung der sozialen Folgen einer kommerziellen Verbreitung von Gentests ist eine solche Regelung zweckmäßig, geeignet, erforderlich und verhältnismäßig.

5. Allgemeines Persönlichkeitsrecht, Art. 2 I i.V.m. Art. 1 I GG

a) Allgemein

Im Rahmen der Rechtssprechung zur allgemeinen Handlungsfreiheit hat das Bundesverfassungsgericht unter Berufung auf Art. 1 GG spezielle Grundrechtskonkretisierungen aus der allgemeinen Handlungsfreiheit entwickelt. Das allgemeine Persönlichkeitsrecht wurde mit bestimmten Inhalten von der Rechtssprechung anerkannt.[342] Die verschiedenen Ausgestaltungen des Allgemeinen Persönlichkeitsrechts gelten verschiedenen Entfaltungsweisen des Einzelnen, nämlich der Selbstbestimmung, der Selbstbewahrung und der Selbstdarstellung.[343] Das Allgemeine Persönlichkeitsrecht steht in engem Zusammenhang mit dem Schutz der Menschenwürde des Art. 1 I GG und findet seine Grundlage als eigenständiges Grundrecht in Art. 2 I und Art. 1 I GG.[344] Es ist im Gegensatz zu Art. 1 I GG durch Gesetz beschränkbar und ein sonstiges Recht im Sinne von § 823 I BGB.[345] Begründet wird das allgemeine Persönlichkeitsrecht damit, daß die Würde des Menschen mit der Entfaltung der individuellen Persönlichkeit zu schützen ist. Das von den Zivilgerichten entwickelte Allgemeine Persönlichkeitsrecht ist Mittel des Privatrechts, dem Verfassungsgebot des Art. 1 I GG zu entsprechen.[346] Grundsätzlich entfaltet das allgemeine Persönlichkeitsrecht, wie andere Grundrechte auch, keine unmittelbare Drittwirkung. Jedoch besteht Einigkeit, daß dieses Recht nicht nur Abwehrrecht gegen den Staat ist, sondern vielmehr auch im privatrechtlichen Bereich in zweifacher Hinsicht von Bedeutung ist: Als wertentscheidende Grundsatznorm der Verfassung ist es für die Auslegung von zivilrechtlichen Ge-

---

[342] BVerfGE 27, 1 (6); 80, 367 (373 ff.) ; 79, 256 (268); 78, 38 (49); 34, 238 (246).
[343] B. Pieroth/B. Schlink, Grundrechte, 2002, Rn 373.
[344] P. Kunig in:, I. v. Münch/P. Kunig, GG Kommentar, Band 1, 2000, Art. 1 Rn 10; B. Pieroth/B. Schlink, Grundrechte, 2002, Rn 373.
[345] BGHZ 24, 72 (76 f.); 50, 133 (143); BVerfGE 34, 269 (280 f.); 35, 202 (220); H. Thomas/Palandt, BGB-Kommentar, 2003, § 823 Rn 175 ff..
[346] G. Dürig, in: Maunz/Dürig, GG-Kommentar, 2001, Art. 1 Rn 38; W. Höfling, in: M. Sachs, Grundgesetz Kommentar, 2003, Art. 1 Rn 59.

neralklauseln wie § 823 I BGB heranzuziehen.[347] Darüber hinaus ist die Legislative verpflichtet, gerade auch die im Bereich des allgemeinen Persönlichkeitsrecht geschützten Rechtsgüter vor Eingriffen durch Dritte zu schützen.[348] *Zippelius* geht mit Recht davon aus, daß die Menschenwürde auch im Verhältnis der Bürger untereinander unmittelbar verpflichtend wirkt und sich dies gerade innerhalb des allgemeinen Persönlichkeitsrechts äußert.[349] Angesichts der Menschenwürde als oberstem Leitprinzip des Grundgesetzes und angesichts der Unverzichtbarkeit der Menschenwürde ist dem zuzustimmen.

b) Genomanalyse und allgemeines Persönlichkeitsrecht

Es besteht Einigkeit, daß die Genomanalyse in den Schutzbereich des allgemeinen Persönlichkeitsrechts fällt.[350] Manche gehen davon aus, daß die genetische Analyse, unabhängig davon, ob die stummen Sequenzen oder die codierenden Bereiche dechiffriert werden, in das Allgemeine Persönlichkeitsrecht (Art. 2 I i.V.m. Art. 1 I GG) eingreife.[351] Fest steht, daß die Kenntnis der eigenen genetischen Daten und damit auch der gesundheitlichen Risiken tiefgreifende Auswirkungen auf die Lebensführung und Psyche des Einzelnen haben kann[352] und sie dadurch den Kern der Persönlichkeit betrifft. Gerade im Hinblick auf das allgemeine Persönlichkeitsrecht unterscheidet sich die Genanalyse von herkömmlichen Diagnostika elementar.[353] Die Vorhersagegenauigkeit ist sehr viel größer und zeitlich sehr viel früher, nämlich bereits beim noch gesunden Menschen möglich. Es können darüber hinaus auch Prädispositionen für Anfälligkeiten unter dem Einfluß von Umweltfaktoren erkannt werden und weitreichende, unabänderliche Aufschlüsse über die genetische Konstitution des Menschen gewonnen werden. Durch eine Genomanalyse können Eigenschaften und Neigungen erkannt werden; man kann eine

---

[347] Das Recht auf Achtung der Würde und auf freie Entfaltung der Persönlichkeit ist auch im privatrechtlichen Bereich von jedermann zu achten, BGHZ 13, 334 (338); 24, 72, (76 ff.).
[348] Abschlußbericht der Bund-Länder-Arbeitsgruppe „Genomanalyse", 1990, abgedruckt in W. Eberbach/P. Lange/M. Ronellenfitsch, Recht der Gentechnik und Biomedizin, Band 4, 2002, Teil II. F.
[349] R. Zippelius, in: Bonner Kommentar zum Grundgesetz, Stand 2001, Art. 1 Abs. 1 und 2 Rn 35
[350] Abschlußbericht der Bund-Länder-Arbeitsgruppe „Genomanalyse", 1990, abgedruckt in W. Eberbach/P. Lange/M. Ronellenfitsch, Recht der Gentechnik und Biomedizin, Band 4, 2002, Teil II. F; E. Deutsch, ZRP 1986, 1, 2; H. Donner/J. Simon, DÖV 1990, 907, 912; J. Taupitz, JZ 1992, 1089, 1090; M. Herdegen, JZ 2000, 633, 635.
[351] A. Schmidt, in: R. Toellner (Hrsg.) Humangenetik – Ethische Probleme der Beratung, Diagnostik und Forschung, 1993, 191, 193.
[352] D. Lanzerath, Der Umgang mit prädiktivem Wissen in der genetischen Diagnostik – Ethische Aspekte unter besonderer Berücksichtigung des Krankheitsbegriffs, Schriftliche Eingabe im Rahmen der öffentlichen Anhörung von Sachverständigen bei der Enquête-Kommission „Recht und Ethik der modernen Medizin", 2000, 3.
[353] T. Kienle, Die prädiktive Medizin und gentechnische Methoden, Diss. Tübingen 1998, 64, 65; I. Nippert/D. Wertz in: S. Winter/H. Fenger/H.-L. Schreiber (Hrsg.), Genmedizin und Recht, 2001, Rn 954.

Person in ihrer Individualität einem bestimmten Verhalten zuordnen. Dies macht die gewichtige Tiefe des Eingriffs in das allgemeine Persönlichkeitsrecht aus.[354] Auf Grund seiner genetischen Bedingtheit hat das erlangte Wissen meist auch Aussagekraft für Blutsverwandte, ohne daß sie vom Test wußten, oder ihm zugestimmt hätten. Damit sind auch sie in ihrem Persönlichkeitsrecht (Recht auf Nichtwissen) betroffen.[355] Der Analysierte, seine Kinder und unter Umständen auch seine weiteren Angehörigen müssen dann möglicherweise mit einer schwerwiegenden Diagnose leben und aufwachsen. Dies hat Folgen für die Lebensplanung und -führung sowie die weitere persönliche Entwicklung – das allgemeine Persönlichkeitsrecht ist damit insbesondere im Hinblick auf das Selbstbestimmungsrecht betroffen.[356] Teilweise wird wegen der Eingriffswirkung der Diagnoseaufklärung nach einem prädiktiven Test von einer Sonderform des ärztlichen Eingriffs gesprochen.[357] Genanalytische Maßnahmen sind nicht von vornherein mit Art. 1 GG unvereinbar. Ihre Zulässigkeit im Rahmen von pränataler Diagnostik oder im Arbeits- und Versicherungsbereich gerät jedoch an verfassungsrechtliche Grenzen vor allem im Hinblick auf das allgemeine Persönlichkeitsrecht.[358] Die Zwecke, zu denen sie durchgeführt wird oder die Art und Weise des Umgangs mit dem erhobenen Wissen können verwerflich sein.[359] Besonders deutlich wird die Frage nach der Zweckmäßigkeit der Erhebung prädiktiven Wissens bei Krankheiten, für die derzeit noch keine Therapiemöglichkeit besteht.

6. Recht auf Wissen – (Erhebung prädiktiven Wissens)

Geklärt ist, daß es grundsätzlich keine prädiktiven Tests ohne Zustimmung des Betroffenen geben kann.[360] Nicht geklärt ist, ob und inwieweit der Einzelne ein Recht auf Wissen hinsichtlich seiner genetischen Disposition hat, ob genetische Tests allein mit seiner Zustimmung zulässig sind oder ob die prädiktive Diagnostik an eine Indikation oder andere Voraussetzungen gebunden ist. Unklar ist da-

---

[354] E. Deutsch, VersR 1991, 1205.
[355] Vgl. D. Lanzerath, Der Umgang mit prädiktivem Wissen in der genetischen Diagnostik – Ethische Aspekte unter besonderer Berücksichtigung des Krankheitsbegriffs, Schriftliche Eingabe im Rahmen der öffentlichen Anhörung von Sachverständigen bei der Enquête-Kommission „Recht und Ethik der modernen Medizin", 2000, 3.
[356] T. Kienle, Die prädiktive Medizin und gentechnische Methoden, Diss. Tübingen 1998, 65, 67.
[357] Vgl. jüngst D. Regenbogen/W. Henn, MedR 2003, 152, 155.
[358] P. Kunig in: I. v. Münch/P. Kunig, GG Kommentar, Band 1, 2000, Art. 1 Rn 36; S. Cramer, Genom- und Genanalyse, Diss. Heidelberg 1991, 29.
[359] A. Eser/M. v. Lutterotti/P. Sporken, Lexikon Medizin Ethik Recht, 1989, Zur rechtlichen Problematik der einzelnen Verfahren, 527.
[360] Vgl. S. Cramer, Genom- und Genanalyse, Diss. Heidelberg 1991, 186; dies stellt immer einen Verstoß gegen die Selbstbestimmung und damit gegen die Menschenwürde dar, L. Honnefelder, in: J. Beckmann (Hrsg.), Fragen und Probleme einer medizinischen Ethik, 1996, 332, 341; M. Herdegen, JZ 2000, 633, 635; zu den haftungsrechtlichen Folgen bei unzulässiger Genomanalyse E. Deutsch, VersR 1991, 1205-1209.

mit, ob ein etwa bestehendes Recht auf Wissen uneingeschränkt besteht und inwiefern es an anderen Schutzgütern zu messen ist und seine Grenzen finden muß. Mit anderen Worten stellt sich hier die Frage, mit Hilfe welcher Kriterien und Begrenzungen die Anwendung der prädikativen genetischen Diagnostik, welche unbestrittene Vorteile bei Therapie und Diagnostik hat[361], bereitgestellt werden kann und zugleich die Gefahren des Mißbrauchs verhindert werden können.[362]

a) Recht auf Wissen – das Grundrecht des Einzelnen auf Kenntnis der eigenen genetischen Konstitution

aa) Rechtliche Grundlage

Der Einzelne ist in Folge seines Allgemeinen Persönlichkeitsrechts und seiner allgemeinen Handlungsfreiheit nach Art. 2 GG grundsätzlich frei in der Entscheidung, ob er eine genetische Diagnostik durchführen lassen will oder nicht, und welche Konsequenzen er daraus ziehen will. Jeder soll das Recht auf vollständige Kenntnis des eigenen Genoms haben. *Kienle* spricht in diesem Zusammenhang vom genetischen Selbstbestimmungsrecht[363], *Fisahn* vom Grundrecht am eigenen genetischen Code[364]. Jedenfalls stünde einem absoluten Verbot der Genomanalyse das Selbstbestimmungsrecht des Einzelnen entgegen.[365] Auch andere stützen das Recht auf Kenntnis der eigenen genetischen Konstitution auf das Allgemeine Persönlichkeitsrecht und den herausragende Rang der Autonomie und dem daraus entspringenden Recht des Einzelnen auf Selbstbestimmung.[366] Neben dem Recht auf freie Entfaltung der Persönlichkeit wird das Recht auf Wissen und das Recht auf Nichtwissen auch auf die Menschenwürde gestützt.[367] Der Einzelne muß, damit er seine Individualität entfalten kann, die Möglichkeit haben, die sein Wesen determinierenden Faktoren zu kennen. Er hat das Recht, seine genetische Konstitution feststellen zu lassen. Dieses Recht auf Wissen ist vom Allgemeinen Persönlichkeitsrecht umfaßt.[368] Auch *Taupitz* leitet ein Recht auf Wissen als höchstpersönliches Recht, die eigene genetische Konstitution feststellen zu lassen, aus dem allgemei-

---

[361] H. Müller, in: H. Haker/R. Hearn/K. Steigleder (Hrsg.), Ethics of Human Genome Analysis, 1993, 136 ff..
[362] D. Lanzerath, JbfWE 1998, 193, 194.
[363] T. Kienle, Die prädiktive Medizin und gentechnische Methoden, Diss. Tübingen 1998, 67, 68 mwN, 201.
[364] A. Fisahn, Ein unveräußerliches Grundrecht am eigenen genetischen Code, ZRP 2001, 49, 52.
[365] E. Deutsch, NZA 1989, 657, 658.
[366] C. Bartram, in: C. Bartram et al. (Hrsg.), Humangenetische Diagnostik, 2000, XXX.
[367] Enquête-Kommission „Recht und Ethik der modernen Medizin", Schlußbericht, BT-Drucks. 14/9020, 2002, 132.
[368] B. Gretter, ZRP 1994, 24, 26; Abschlußbericht der Bund-Länder-Arbeitsgruppe „Genomanalyse", 1990, in: W. Eberbach/P. Lange/M. Ronellenfitsch, Recht der Gentechnik und Biomedizin, Band 4, 2002, Teil II, F.

nen Persönlichkeitsrecht ab.[369] Ausgangspunkt dieses Rechts auf Wissen ist weiter die Autonomie des Klienten, aus der sich ergibt, daß genetische Diagnostik allen Personen nach qualifizierter Beratung auf der Grundlage einer individuellen Entscheidung zur Verfügung steht.[370]

Exkurs: Recht auf Nichtwissen
Mehr Beachtung in der Literatur fand bislang im Zusammenhang mit den Möglichkeiten der Gendiagnostik das sogenannte Recht auf Nichtwissen.[371] Zu unterscheiden sind hierbei zwei Problembereiche: Das Recht auf Nichtwissen bezüglich der Erhebung genetischer Daten und kollidierende Informationsrechte Dritter (Recht auf Nichtwissen versus Recht auf Wissen) auf der einen Seite. Auf der anderen Seite bestehen Fragestellungen im Fall bereits erhobenen Wissens und einer möglicherweise aufgedrängten Information darüber.[372] Mittlerweile beschäftigt sich die fachliche Diskussion nicht mehr nur mit dem Recht auf Nichtwissen, sondern mit einer Stufenfolge potentieller informationeller Rechts- und Pflichtenpositionen; dem Recht auf Nichtwissen wird ein konkurrierendes Recht auf Wissen gegenübergestellt.[373]

Das Recht auf Nichtwissen ergibt sich aus dem allgemeinen Persönlichkeitsrecht und gibt dem Einzelnen das Recht, seine genetische Konstitution nicht zu kennen.[374] Der Einzelne hat ein Recht auf Nichtwissen in der Form, daß er selbst entscheidet, ob er von der Möglichkeit, seine genetische Konstitution zu kennen,

---

[369] J. Taupitz, JZ 1994, 1089, 1094; ders. in: Hanau/Lorenz/Matthes (Hrsg.), FS für G. Wiese, 1998, 583, 595.
[370] Arbeitskreis „Biomedizinische Ethik und Technologiefolgenabschätzung" beim Wissenschaftlichen Beirat der Bundesärztekammer, Memorandum: Genetisches Screening, abgedruckt in W. Eberbach/P. Lange/M. Ronellenfitsch, Recht der Gentechnik und Biomedizin, Band 4, 2002, Teil II. F; s.a. DÄBL 1992, A 2317 ff., B 1433 ff..
[371] Bericht der gemeinsamen Arbeitsgruppe „In-vitro-Fertilisation, Genom-Analyse und Gentransfer" Bundesminister für Forschung und Technologie (Hrsg.), 1985, 38; Beschlußempfehlung und Bericht des Ausschusses für Forschung und Technologie, Vorschlag der Kommission für eine Entscheidung des Rates über ein spezifisches Forschungsprogramm im Gesundheitsbereich: Prädiktive Medizin: Analyse des menschlichen Genoms (1989-1991) BT-Drucksache 11/3555, 9; Enquete-Kommission „Chancen und Risiken der Gentechnologie" BT-Drucks. 10/6775, 1987, 151; Abschlußbericht der Bund-Länder-Arbeitsgruppe „Genomanalyse" 1990, abgedruckt in W. Eberbach/P. Lange/M. Ronellenfitsch, Recht der Gentechnik und Biomedizin, Band 4, 2002, Teil II, F, 12 ff.; S. Cramer, Genom- und Genanalyse, Diss. Heidelberg 1991, 266 ff.; G. Wiese, in: E. Jayme et al. (Hrsg.), FS für H. Niederländer, 1991, 475, 477 ff.; T. Kienle, Die prädiktive Medizin und gentechnische Methoden, Diss. Tübingen 1998, 67 ff.; J. Taupitz, in: Hanau/Lorenz/Matthes (Hrsg.), FS für G. Wiese, 1998, 583 ff.; W. Graf Vitzthum, in: H. Maurer (Hrsg), Das akzeptierte Grundgesetz, FS für G. Dürig, 1990, 185, 188.
[372] Dazu unter: Zweiter Teil, Erster Abschnitt, IV. 1..
[373] R. Damm, MedR 1999, 437, 448.
[374] S. Cramer, Genom- und Genanalyse, Diss. Heidelberg 1991, 251 ff., 261.

Gebrauch machen will oder nicht. Der Einzelne muß frei darüber entscheiden können, ob er in Unkenntnis seiner möglicherweise bestehenden Dispositionen leben will oder ob er sich diese Kenntnis verschaffen will, um sein Leben bewußter, möglicherweise verantwortungsvoller gestalten zu können. Die Rechtsordnung darf nicht verbieten, daß sich der Einzelne diese Kenntnis verschafft.[375] Dies gilt sowohl im Hinblick auf die Erhebung prädiktiven Wissens als auch bezüglich der Information über solches Wissen. Da die Kenntnis über die genetische Konstitution auch Handlungsspielräume und die Lebensplanung des Einzelnen zerstören kann, muß es möglich sein, daß der Ratsuchende sich für die Ungeplantheit und Unbestimmtheit seiner Zukunft entscheidet.[376] Entsprechend dem Recht auf informationelle Selbstbestimmung[377], das die Freiheit des Einzelnen stärkt, indem es ihm das alleinige Recht zuerkennt, über die Erhebung und Verwendung seiner persönlichen Daten zu entscheiden, muß es auch ein Recht auf genetische Selbstbestimmung[378] geben. Dieses soll dem Einzelnen ein Recht geben, seine Gene zu kennen (Recht auf Wissen) oder nicht zu kennen (Recht auf Nichtwissen).[379]

Man könnte davon ausgehen, daß, sollte es ein Recht auf Nichtwissen in diesem Bereich geben, ein Recht auf Wissen notwendigerweise vorher bestehen muß. Das Recht auf Wissen schließt dann ein Recht auf Nichtwissen ein.[380] Zuzustimmen ist jedoch *Taupitz*, der verdeutlicht, daß eine spiegelbildliche Identität beider Interessen nicht besteht. Sowohl das Abwehrrecht (Recht auf Nichtwissen) als auch das Informationsrecht (Recht auf Wissen) können weiter als das jeweils andere gehen.[381]

Das Recht auf Nichtwissen beinhaltet, daß das Persönlichkeitsrecht auf Achtung eines autonomen, zur Willensentschließung fähigen Wesens nicht ohne Grund

---

[375] G. Wiese, in: E. Jayme et al. (Hrsg.), FS für H. Niederländer, 1991, 475, 482.
[376] A. Laufs, Arztrecht, 1993, Rn 406; W. Van den Daele, Mensch nach Maß? Ethische Probleme der Genmanipulation und Gentherapie, 1985, 79-81.
[377] BVerfGE 65, (1 ff.); „Enquete-Kommission „Chancen und Risiken der Gentechnologie", 1987, BT-Drucks. 10/6775, 151.
[378] W. Van den Daele, Mensch nach Maß? Ethische Probleme der Genmanipulation und Gentherapie, 1985, 83 ff.; T. Kienle, Die prädiktive Medizin und gentechnische Methoden, Diss. Tübingen 1998, 68; ebenso für eine Ableitung aus dem informationellen Selbstbestimmungsrecht H.-B. Wuemerling, in: S. Winter/H. Fenger/H.-L. Schreiber (Hrsg.), Genmedizin und Recht, 2001, Rn 565.
[379] W. Van den Daele, Mensch nach Maß? Ethische Probleme der Genmanipulation und Gentherapie, 1985, 81.
[380] Hermerén zitiert bei D. Lanzerath, JbfWE 1998, 193, 198.
[381] J. Taupitz, in: Hanau/Lorenz/Matthes (Hrsg.), FS für G. Wiese, 1998, 583, 599, das Recht auf Wissen ist an dieser Stelle allerdings im Hinblick auf die Informationsinteressen Dritter problematisiert.

mißachtet werden darf.[382] Eine Ausnahme von diesem Grundsatz bedarf der Rechtfertigung und einer gesetzlichen Grundlage.[383]

Zusammenfassend läßt sich sagen, daß das Recht auf Nichtwissen Ausprägung des Rechts der Person ist, das wiederum dem allgemeinen Persönlichkeitsrecht in Gestalt des Selbstbestimmungsrechts und der Menschenwürde entspringt.[384] Aus dem Recht auf Nichtwissen folgt auch das Verbot der einseitig, direktiven, aktiven genetischen Beratung; dabei bedeutet aktive Beratung, daß der Arzt unaufgefordert unerbetene Informationen aus der Beratung Verwandter an den Ratsuchenden weitergibt.[385] Die Herleitung des Rechts auf Nichtwissen aus dem allgemeinen Persönlichkeitsrecht und dem Recht auf informationelle Selbstbestimmung entspricht diesem als Abwehrrecht gegen die Informationsinteressen Dritter.[386] Das Recht auf Wissen indessen ist eher auf der Seite der Persönlichkeitsentfaltung und Autonomie als Bestandteil des allgemeinen Persönlichkeitsrechts angesiedelt als im klassischen Bereich des Rechts auf informationelle Selbstbestimmung.

Exkurs: Pflicht zu wissen

Bisweilen wird sogar eine Pflicht zu wissen diskutiert.[387] Es soll eine moralische Pflicht der autonomen Person geben, über sich selbst und ihr Schicksal soweit wie möglich aufgeklärt zu sein.[388] Ein Verzicht würde die Autonomie schwächen und begrenzen. Die Frage, ob der Einzelne im Hinblick auf kollidierende Informationsrechte Dritter verpflichtet ist, sich genetisches Wissen zu verschaffen, wird seit langem diskutiert.[389] Jedenfalls setzt eine Pflicht zu wissen notwendigerweise das Recht auf Wissen (bzgl. der genetischen Disposition) voraus. Aus der Pflicht zu wissen ergibt sich möglicherweise eine Pflicht zur Wissensoffenbarung gegenüber Dritten (z.B. Verwandten).[390]

---

[382] J. Taupitz, in: Hanau/Lorenz/Matthes (Hrsg.), FS für G. Wiese, 1998, 583, 601.
[383] H.-B. Wuemerling, S. Winter/H. Fenger/H.-L. Schreiber (Hrsg.), Genmedizin und Recht, 2001, Rn 565.
[384] J. Taupitz, in: Hanau/Lorenz/Matthes (Hrsg.), FS für G. Wiese, 1998, 583, 601.
[385] S. Cramer, Genom- und Genanalyse, Diss. Heidelberg 1991, 266; A. Laufs, Arztrecht, 1993, Rn 406.
[386] E. Buchborn, MedR 1996, 441, 444; S. Cramer, Genom- und Genanalyse, Diss. Heidelberg 1991, 184; J. Taupitz, in: Hanau/Lorenz/Matthes (Hrsg.), FS für G. Wiese, 1998, 583, 590 f..
[387] E. Buchborn, MedR 1996, 441, 444; G. Patzig, in: R. Toellner (Hrsg.), Humangenetik – Ethische Probleme der Beratung, Diagnostik und Forschung, 1993, 147, 149.
[388] I. Kants „Pflichten gegen sich selbst", Die Metaphysik der Sitten, Werke in sechs Bänden Band IV, 549.
[389] G. Wiese, in: E. Jayme et al. (Hrsg.), FS für H. Niederländer, 1991, 475, 477, dazu im ZWEITEN TEIL.
[390] R. Damm, MedR 1999, 437, 448.

Besonders deutlich wird das berechtigte Interesse an der Kenntnis der eigenen genetischen Veranlagung und dessen Bedeutung für das Persönlichkeitsrecht in dem Fall, in dem ein junger Mensch, dessen Eltern an einer autosomal-dominanten Erbkrankheit gestorben sind, weiß, daß er ebenfalls ein entsprechend hohes Risiko hat. Nur durch genetische Diagnostik ist es möglich, jemandem in einer solchen Situation die Sicherheit zu geben, ob er eine entsprechende Veranlagung hat oder nicht. Gerade im Fall des Ausschlusses der genetischen Veranlagung ist die Bedeutung für den Einzelnen und dessen Persönlichkeitsrecht sehr groß, und man kann von einem Recht, seine Anlageträgerschaft zu kennen sprechen.[391] Ähnliches kann für den Fall gelten, in dem der Einzelne Anlageträger ist. Er kann dann die ihm verbleibende Zeit anders und intensiver nutzen und eine verantwortungsvolle Entscheidung über die Frage treffen, ob er seine Erbanlagen an die nächste Generation weitergeben möchte oder nicht.[392] Auch das Wissen um eine Disposition für eine schwere unheilbare Krankheit kann für den Einzelnen entlastend sein.[393] Im Rahmen des medizinisch diagnostisch Möglichen muß es dem Ratsuchenden überlassen sein, ob er über die Tatsache einer später ausbrechenden Krankheit Bescheid wissen will. Das Recht auf Wissen, bezogen auf die eigene genetische Veranlagung und die damit verbundene Erhebung prädiktiven Wissens, findet seine Grundlage somit im informationellen Selbstbestimmungsrecht und in der Autonomie des einzelnen Menschen als Bestandteil seines Selbstbestimmungsrechts gemäß Art. 2 I, 1 I GG.

Aus diesem Recht auf Wissen um die eigene genetische Konstitution ergibt sich außerdem ein Auskunftsanspruch auf Mitteilung der genetischen Daten, die bei staatlichen oder privaten Stellen über den Betroffen bereits vorhanden sind.[394]

Das Zugeständnis eines solchen Rechts auf Wissen wird andererseits auch kritisiert. Hingewiesen wird auf die Mißbrauchsgefahren und die Mißverständnisse, die dadurch in der Bevölkerung entstehen können.[395] Insgesamt könnte dies dem Selbstbestimmungsrecht letztlich eher abträglich sein. Aus den genannten Gründen spricht jedoch mehr dafür, das Bestehen eines Rechts auf Wissen grundsätz-

---

[391] T. Kienle bejaht in diesen Fällen ein Recht zu Wissen, Die prädiktive Medizin und gentechnische Methoden, Diss. Tübingen 1998, 66, 67.
[392] Bericht der gemeinsamen Arbeitsgruppe „In-vitro-Fertilisation, Genom-Analyse und Gentransfer" Bundesminister für Forschung und Technologie (Hrsg.), 1985, 38; G. Patzig, in: R. Toellner (Hrsg.), Humangenetik – Ethische Probleme der Beratung, Diagnostik und Forschung, 1993, 147, 148.
[393] K. Berberich, Zur aktuellen Bedeutung genetischer Tests in der Privatversicherung, VW 1998, 1190.
[394] J. Taupitz, in: C. Bartram et al. (Hrsg.) Humangenetische Diagnostik, 2000, 78.
[395] W. Vogel, Molekulargenetik und genetische Beratung: Zeit zu handeln, in: E. Beck-Gernsheim (Hrsg.), Welche Gesundheit wollen wir?, 1995, 90, 103.

lich zu bejahen und die gerechtfertigte Kritik im Rahmen der möglichen Grenzen und Einschränkungen dieses Rechts zu erörtern und zu berücksichtigen.

bb) Interessen des Einzelnen an genetischer Diagnostik – Zwecke genetischer Diagnostik:

Die Durchführung genetischer Tests kann legitimen und mehr oder weniger schützenswerten Zwecken der Lebensplanung und Gesundheitsvorsorge dienen.[396] Hinter diesen Zwecken stecken unterschiedlich gewichtige Interessen. Diese Unterschiede sind bei der Frage der Einschränkbarkeit des Rechts auf Wissen zu berücksichtigen:

aaa) Familienplanung

Im Gegensatz zur pränatalen Diagnostik wird der präventive ärztliche Rat im Rahmen der präkonzeptionellen genetischen Diagnostik vergleichsweise unproblematisch zugestanden. Durch sie werden erbliche Merkmale mit Krankheitswert identifiziert. Sie dient als Kriterium für eine Entscheidung der Ratsuchenden über die Verwirklichung eines Kinderwunsches. Diese Handlungsfreiheit der Eltern im Rahmen der Familienplanung ist Teil ihres allgemeinen Persönlichkeitsrechts.[397]
Jedoch kann hier eine Einschränkung dahingehend geboten sein, daß die präkonzeptionelle Diagnostik nur in den Fällen durchgeführt wird, in denen ein Anhaltspunkt für eine erblich bedingte Erkrankungsgefahr für die Nachkommen besteht. Begründet wird dies mit der Gefahr, daß andernfalls eugenische Wunschbilder erzeugt werden und sich deshalb nur eine indizierte Diagnostik verantworten läßt.[398]

bbb) Lebensplanung – allgemeine Gesundheitsvorsorge

Durch präsymptomatische Untersuchungen im Hinblick auf Krankheiten, Anfälligkeiten und Eigenschaften kann der Einzelne sein Schicksal erkunden und sein Leben planen. Einerseits kann der Einzelne damit den legitimen Zweck verfolgen, mögliche Krankheiten durch präventive Maßnahmen zeitlich hinauszuzögern, ganz zu verhindern oder durch gezielte Vorsorgeuntersuchungen noch rechtzeitig zu erkennen.[399] Für die Fälle behandelbarer Krankheiten kann man dem Einzelnen

---

[396] Ethik-Beirat beim BMG, Prädiktive Gentests. Eckpunkte für eine ethische und rechtliche Orientierung, 2000, 1.
[397] A. Laufs, Arztrecht, 1993, Rn 403.
[398] A. Laufs, Arztrecht, 1993, Rn 404.
[399] Vgl. E. Beck-Gernsheim, Health and Responsibility – From Social Change to Technological Chance and Vice Versa, in: H. Haker/R. Hearn/K. Steigleder (Hrsg.), Ethics of Human Genome Analysis, 1993, 199, 209; Der Umgang mit prädiktivem Wissen in der genetischen Diagnostik – Ethische Aspekte unter besonderer Berücksichtigung des Krankheitsbegriffs, Schriftliche Eingabe im Rahmen der öffentlichen Anhörung von Sachverständigen bei der Enquête-Kommission „Recht und Ethik der modernen Medizin", 2000, 2.

den Zugang zu entsprechenden genetischen Testverfahren kaum verwehren. Auch bei Tests auf unbehandelbare Krankheiten kann er das schützenswerte Interesse verfolgen, sich auf eventuelle Anfälligkeiten einzustellen und sein Leben, insbesondere durch entsprechende Berufswahl, einzurichten. Andererseits kann er aber auch in den Fällen günstiger Testergebnisse diese nützen, um sich Zugangsprivilegien auf dem Arbeitsmarkt oder im Versicherungsbereich zu verschaffen. Dies ist im Hinblick auf die Interessen anderer und der Gemeinschaft problematisch.[400]

ccc) Gezielte Förderung bestimmter Anlagen und Eigenschaften
Durch Tests, mit denen nicht-krankheitsbezogene genetische Eigenschaften nachgewiesen werden können, kann eine gezielte Förderung dieser nicht offen zu Tage tretenden Eigenschaften erfolgen und der Einzelne kann seine Talente optimal ausbilden.[401]

ddd) Gesundheitsvorsorge
In dem Fall des Verdachts einer Anlageträgerschaft für eine Krankheit auf Grund der Familienanamnese verfolgt der Einzelne mit der Abklärung durch genetische Diagnostik absolut schützenswerte gesundheitliche Interessen, wenn es um die Einleitung prophylaktischer und therapeutischer Maßnahmen geht. Auch sein Interesse, Gewißheit über den auf ihm lastenden Verdacht einer möglicherweise schweren und unbehandelbaren Krankheit zu erhalten ist schützenswert.

cc) Umfang des Rechts auf Wissen: Das Für und Wider eines uneingeschränkten Zugangs zu prädiktiver genetischer Diagnostik

aaa) Uneingeschränktes Recht auf Wissen – Free and Informed Consent als einzige Grenze ärztlichen Handelns
Ein weitgehend uneingeschränktes Recht des Einzelnen auf Wissen um seine genetische Konstitution wird von der Bund-Länder-Arbeitsgruppe „Genomanalyse" in ihrem Abschlußbericht vertreten. Nach Ansicht der Arbeitsgruppe steht es jedem frei, sich genanalytisch untersuchen zu lassen, unabhängig davon, ob eine medizinische Indikation vorliegt oder nicht. Allerdings sollen nur genetische Analysen, die medizinisch indiziert sind von der Krankenkasse bezahlt werden. Genetische Diagnostik könne nicht verboten werden. Wünschenswert sei es allerdings, daß medizinische Untersuchungen nur durchgeführt werden, wenn ein be-

---

[400] Dazu siehe unter: Zweiter Teil, Erster Abschnitt, III. 4..
[401] D. Lanzerath, Der Umgang mit prädiktivem Wissen in der genetischen Diagnostik – Ethische Aspekte unter besonderer Berücksichtigung des Krankheitsbegriffs, Schriftliche Eingabe im Rahmen der öffentlichen Anhörung von Sachverständigen bei der Enquête-Kommission „Recht und Ethik der modernen Medizin", 2000, 1, 2.

rechtigtes Interesse (z.B. bestehendes Risiko genetischer Krankheit) vorliegt. Die staatlichen Einrichtungen sind angehalten, Genomanalysen nur in indizierten Fällen durchzuführen.[402] Trotz der Gefahr der Entsolidarisierung innerhalb der Gesellschaft dadurch, daß bei unbegrenzter Verfügbarkeit genetischer Diagnostik die Menschen mit ungünstigerer genetischer Konstitution in Bereichen des Soziallebens benachteiligt werden könnten, wird von der Arbeitsgruppe ausdrücklich festgestellt, daß das Recht des Einzelnen, ohne jeden Anlaß seine genetische Konstitution überprüfen zu lassen, nur zum Schutz überwiegender Allgemeininteressen eingeschränkt werden kann und ein solcher Fall hier nicht vorliegt. Während es Arbeitgebern und Versicherungen gesetzlich verboten werden soll, Auskunft über Daten aus Gentests zu verlangen, soll es dem Einzelnen möglich sein, nach ärztlicher Beratung auf Wunsch einen Gentest machen zu lassen.[403]

Auch andere gestehen ein uneingeschränktes Recht auf Wissen nicht nur für die Fälle behandelbarer Krankheiten zu, bei denen eine frühzeitige präsymptomatische Untersuchung und die entsprechende Einleitung präventiver Maßnahmen entscheidend ist. Vielmehr soll es auch bei unbehandelbaren Krankheiten für die Familien- und Lebensplanung so entscheidend sein, daß jedermann genetische Tests grundsätzlich zur Verfügung stehen sollten.[404] Das sich aus der Autonomie des Ratsuchenden ergebende Erfordernis der Einwilligung nach Aufklärung wäre nach dieser Ansicht das einzige Regulativ ärztlichen Handelns.

Ebenfalls *Taupitz* geht davon aus, daß die Inanspruchnahme genetische Diagnostik als Ausprägung des allgemeinen Persönlichkeitsrechts in seinem aktiven und freiheitsbestätigenden Status für den Ratsuchenden selbst nicht generell verboten werden kann. Er schließt allerdings mögliche und gebotene Beschränkungen dieses Rechts zum Schutz des Ratsuchenden selbst oder auch anderer ausdrücklich nicht aus.[405] Er weist darauf hin, daß der Einzelne zwar ein Recht hat, sich genetisch untersuchen zu lassen, dies aber nicht zu einem Anspruch auf Durchführung gegen einen konkreten Arzt führt. Der Arzt ist im Rahmen seiner Vertragsfreiheit berechtigt, die Untersuchung bei mangelndem berechtigten Interesse abzulehnen.

---

[402] Abschlußbericht der Bund-Länder-Arbeitsgruppe „Genomanalyse" 1990, in: W. Eberbach/P. Lange/M. Ronellenfitsch, Recht der Gentechnik und Biomedizin, Band 4, 2002, Teil II. F, 16, 28, 29.
[403] Welt am Sonntag v. 4.3.2001 Interview mit Bundesgesundheitsministerin Ulla Schmidt.
[404] H.-P. Schreiber, EthikMed 1998, 68, 72.
[405] J. Taupitz, JZ 1992, 1089, 1094, s.a. dort Fn 73.

bbb) Argumente für eine Einschränkung des Rechts auf Wissen

Die Stimmen für eine Einschränkung des Zugangs zu genetischer Diagnostik überwiegen.[406] Bünde man die Erhebung prädiktiven Wissens an das ärztliche Handeln, das auf Heilung, Linderung oder Krankheitsprävention gerichtet, dann wäre nur ein Handeln zulässig, das ärztlich indiziert ist und die Verfolgung von Zielen außerhalb dieses Handlungsfeldes ausgeschlossen.[407] Hier entsteht, ähnlich wie bei der Bindung genetischer Tests an gesundheitliche Zwecke, das Spannungsfeld zwischen ärztlicher Indikation einerseits und informationeller Selbstbestimmung andererseits. Es ist zu klären, ob das Recht auf Wissen bezüglich der eigenen genetischen Veranlagung und damit die Zulässigkeit genetischer Tests von einer Indikation abhängig gemacht werden kann und wie eine solche Einschränkung der Autonomie gerechtfertigt werden kann. Zu bedenken ist, daß es sich bei der genetischen Diagnostik gerade nicht um den klassischen medizinischen Eingriff bei akutem Handlungsbedarf handelt, und daß sie derzeit nicht zwingend von einem Arzt durchzuführen ist, so daß eine Indikation[408] nicht von vornherein für die Zulässigkeit genetischer Diagnostik erforderlich ist.

Siep stellt hier zu Recht die Frage, warum jemand nicht das Recht haben soll, über all seine genetischen Anlagen informiert zu sein und dies unabhängig von ihrem Bezug zur eigenen Gesundheit. Zur Autonomie des Menschen gehört, sich selbst zu erkennen und auf seine eigene Natur Bezug nehmen zu können oder gar zu müssen.[409] Deshalb soll ihm keine Information vorenthalten werden dürfen. Dies gilt insbesondere für Kriterien, die die persönliche Lebensplanung beeinflussen. *Siep* anerkennt indessen zwei Gründe für die Einschränkung der Autonomie des Einzelnen, allerdings nicht ausdrücklich auf eine Einschränkung durch Indikation bezogen, sondern auf eine Bindung an gesundheitliche Zwecke: Grund für eine Einschränkung kann die mögliche Belastung Verwandter durch die Diagnose sein. Zweitens können so von vornherein jegliche Maßnahmen der genetischen Verbesserung verhindert werden.[410] Schützenswertes Gut ist die Zufälligkeit und Ungeplantheit des menschlichen Genoms.

---

[406] S. Cramer, Genom- und Genanalyse, Diss. Heidelberg 1991, 161, 162, 307; L. Siep zitiert bei D. Lanzerath, JbfWE 1998, 193, 197; E. Buchborn, MedR 1996, 441, 442 mwN; D. Lanzerath, Der Umgang mit prädiktivem Wissen in der genetischen Diagnostik – Ethische Aspekte unter besonderer Berücksichtigung des Krankheitsbegriffs, Schriftliche Eingabe im Rahmen der öffentlichen Anhörung von Sachverständigen bei der Enquête-Kommission „Recht und Ethik der modernen Medizin", 2000, 8.
[407] D. Lanzerath zu den Ergebnissen der Fachtagung „Prädiktive genetische Tests:'Health purposes' und Indikationsstellung als Kriterien der Anwendung", JbfWE 1998, 193, 196.
[408] Siehe dazu unter: Erster Teil, Erster Abschnitt, II. 1. c).
[409] L. Siep zitiert bei D. Lanzerath, JbfWE 1998, 193, 197.
[410] L. Siep zitiert bei D. Lanzerath, JbfWE 1998, 193, 197.

Nach *Cramer* darf der Zugang zu genanalytischer Beratung und Diagnostik nicht unbeschränkt, sondern nur dann ermöglicht werden, wenn Anhaltspunkte für ein spezifisches, überdurchschnittlich hohes Risiko für eine genetische Schädigung vorliegen.[411] Zwar geht auch er davon aus, daß das allgemeine Persönlichkeitsrecht dem Einzelnen das Recht gibt, seine genetische Konstitution als konstitutiven Faktor seiner individuellen Entfaltung zu kennen. Jedoch findet dieses Recht seine Einschränkung im Einzelfall durch die medizinische Indikation, als zentralem Legitimationselement. Diese rechtfertigt grundsätzlich die Einschränkung des Zugangs zur genetischen Diagnostik und damit die Einschränkung des Rechts auf Kenntnis der eigenen genetischen Identität.[412] *Cramer* geht bei Fehlen einer Indikation und vorliegendem Einverständnis von einer rechtswidrigen Körperverletzung durch den diagnostischen Eingriff aus. Ausgangspunkt ist dabei, daß jedes prädiktive Wissen schon als Eingriff zu qualifizieren ist.[413] In die gleiche Richtung geht die Erwägung, daß Tests, die außerhalb des ärztlichen Auftrags liegen verboten sein sollen. Informationen, die medizinisches Wissen und Können erfordern, gleichwohl aber nicht Gesundheit, Prävention oder Linderung zum Ziel haben, liegen außerhalb des ärztlichen Auftrags mit der Folge, daß der Arzt zur Information weder berechtigt noch verpflichtet ist. Begründbar ist diese Bindung an den ärztlichen Auftrag nur mit einem gesellschaftlichen Konsens hinsichtlich des Rollenverständnisses des Arztes.[414] Wenn es Grenzen des Rechts auf Wissen und damit der Pflicht des Arztes zur Information gäbe, dann nur aus allgemeinen, für jedermann geltenden moralischen Erwägungen.

Buchborn bezweifelt ebenso, daß für eine rechtmäßige Genomanalyse, im Gegensatz zu anderen ärztlichen Eingriffen, keine Indikation erforderlich ist. Es sei eben nicht so, daß eine Genomanalyse risikolos durchgeführt werden könne und jeder beliebig das Recht habe, eine solche durchführen zu lassen.[415] Begründet wird dies mit den schwerwiegenden Folgen, die Ergebnisse genetischer Tests für den Ratsuchenden und seine Angehörigen haben können. Als Beispiele sind die psychische Belastung und die Auswirkungen auf die Lebensplanung- und führung genannt.

---

[411] S. Cramer, Genom- und Genanalyse, Diss. Heidelberg 1991, 307.
[412] S. Cramer, Genom- und Genanalyse, Diss. Heidelberg 1991, 161-162.
[413] S. Cramer, Genom- und Genanalyse, Diss. Heidelberg 1991, 48 mwN.
[414] So Birnbacher zitiert von D. Lanzerath, JbfWE 1998, 193, 198-199.
[415] E. Buchborn, MedR 1996, 441, 442 mwN.

Auch *Laufs* hält nur eine indizierte Diagnostik für verantwortbar, denn eine allgemeine, nicht eigens begründete Untersuchung erschaffe eugenische Wunschbilder und am Ende einen gesellschaftlichen Zwang.[416]

Damm wendet sich gleichfalls gegen die Auffassung, die davon ausgeht, daß für Genanalysen keinerlei Indikation erforderlich sei, weil diese völlig risikolos durchgeführt werden könnten und jeder das Recht haben müsse, genetische Untersuchungen jederzeit durchführen zu lassen. Auf Grund der Mißbrauchsgefahren bei präkonzeptioneller, pränataler und postnataler Gendiagnostik und der Gefahr der Nivellierung der Unterschiede zwischen Krankheit und Normalität spricht er sich für die Indikation als Regulativ aus.[417] Jedoch räumt er ein, daß dann die Frage zu beantworten ist, wann genetische Diagnostik indiziert ist.

Honnefelder tritt für ein Festhalten an einem normativen Krankheits- und Gesundheitsbegriff und am Leitfaden des Heilungsziels ein. Nur so sei eine sinnvolle Einschränkung der Genomanalyse auf das durch ärztliche Indikation Gebotene möglich. Führt man die Genomanalyse ohne jeden Rückbezug auf ärztliches Handeln durch, droht die Gefahr, sie ethisch nicht mehr beherrschen zu können. Dies führt langfristig entweder zum totalen Verbot oder aber zur völligen Freigabe der Genomanalyse, was die unerwünschten Folgen einer kommerzialisierten Serviceleistung mit sich brächte.[418] Er sieht dann die Tendenz, daß der praktisch-normative Gesundheitsbegriff durch den deskriptiv-statischen Begriff der genetischen Normalität verdrängt würde. Nur die Rückbindung an einen von der menschlichen Natur getragenen Gesundheitsbegriff kann dieser Verschiebung entgegenwirken.

b) Grenzen des Rechts auf Wissen - Verfassungsrechtliche Vorgaben für eine Einschränkung des Rechts auf Wissen

Der Umfang des Rechts auf Wissen ist bisher weitgehend unklar. Die Meinungen gehen von einer freien Verfügbarkeit von Gentests bis hin zu geschlossenen Indikationskatalogen.[419] Die gesetzliche Einführung eines Arztvorbehalts oder die Bindung an medizinische oder gesundheitliche Zwecke stellen eine Beschränkung des Rechts auf Wissen dar, deren Rechtfertigung im Folgenden erörtert wird.[420]

---

[416] A. Laufs, Arztrecht, 1993, Rn 404 im Rahmen der präkonzeptionellen Diagnostik „Es steht also keineswegs nur die Kostenlast der nicht indizierten Gefälligkeitsdiagnostik entgegen, sondern zuerst die Sorge vor einem Übermaß an genetischer Planung".
[417] R. Damm, MedR 1999, 437, 441.
[418] L. Honnefelder, in: J. Beckmann (Hrsg.), Fragen und Probleme einer medizinischen Ethik, 1996, 332, 351, 352.
[419] R. Damm, MedR 1999, 437, 442.
[420] Zum Arztvorbehalt als Eingriff in das Recht auf Kenntnis der eigenen genetischen Konstitution J. Taupitz, in C. Bartram et al. (Hrsg.), Humangenetische Diagnostik, 2000, 121.

Die Grenzen des Rechts auf Wissen hängen davon ab, ob und inwieweit es auf Grund von höherrangigen Interessen anderer und Interessen der Allgemeinheit eingeschränkt werden kann. Das Recht auf Wissen ist Ausfluß des Selbstbestimmungsrechts der Person und damit Ausfluß des allgemeinen Persönlichkeitsrechts.[421] Für die Frage der Einschränkbarkeit sind die Schranken des Allgemeinen Persönlichkeitsrechts Ausgangspunkt.[422]

aa) Schranken des Allgemeinen Persönlichkeitsrechts

Schranken des allgemeinen Persönlichkeitsrechts sind neben dem Sittengesetz und der verfassungsmäßigen Ordnung vor allem die Rechte anderer.[423] Den einzelnen Bestandteilen des allgemeinen Persönlichkeitsrechts kommt auf Grund der Nähe zur Menschenwürdegarantie eine höhere verfassungsrechtliche Wertigkeit zu als der bloßen allgemeinen Handlungsfreiheit. Hieraus ergeben sich erhöhte Anforderungen an die Rechtfertigung von Beschränkungen im Rahmen der Verhältnismäßigkeitsprüfung.[424] Bei kollidierenden Grundrechten und so auch bei der Kollision des Allgemeinen Persönlichkeitsrechts mit dem eines anderen, ist für die Abgrenzung der verschiedenen Interessen das Prinzip der Güter und Interessenabwägung maßgeblich.[425] Die verschiedenen informationellen Interessen müssen im Wege praktischer Konkordanz zum Ausgleich gebracht werden. Weiter sind die Menschenwürde und die daraus resultierende Freiheit des Einzelnen zur Selbstbestimmung im Hinblick auf ihre gleichzeitige Gemeinschaftsgebundenheit nicht unbegrenzt gewährleistet.[426] Die Gemeinschaftsgebundenheit des Einzelnen bedingt die Berücksichtigung der Interessen der Allgemeinheit bei der Abwägung.[427] Der Einzelne muß infolgedessen Beschränkungen seiner (Handlungs-) Freiheit hinnehmen. Der Gesetzgeber ist verpflichtet, Schranken zur Erhaltung und Förderung des sozialen Zusammenlebens setzen. Dies muß unter Wahrung der Eigenständigkeit der Person geschehen. Grenze ist die Zumutbarkeit für den Einzelnen.[428] Dies gilt ebenso für das informationelle Selbstbestimmungsrecht, als Grundlage des Rechts auf Wissen und damit für die Freiheit, über die Erhebung und Verbreitung persönlicher Daten selbst zu entscheiden. Dieses Recht kann im überwiegenden Allgemeininteresse, unter Wahrung des Verhältnismäßigkeits-

---

[421] Erster Teil, Erster Abschnitt, IV. 6..
[422] Vgl. C. Bartram in: C. Bartram et al. (Hrsg.), Humangenetische Diagnostik, 2000, XXIV.
[423] BGHZ 24, 72 (80).
[424] M. Sachs, Verfassungsrecht II, 2000, Rn 64.
[425] BGHZ 24, 72 (80) für Kollisionen des Allgemeinen Persönlichkeitsrechts mit dem allgemeinen Persönlichkeitsrecht von Dritten.
[426] T. Kienle, Die prädiktive Medizin und gentechnische Methoden, Diss. Tübingen 1998, 35; BVerfGE 45, 187 (227, 228).
[427] BVerfGE 65, 1 (44).
[428] BVerfGE 4, 7, (15, 16); 30, 1 (20); 45, 187 (227, 228).

grundsatzes durch Gesetz oder auf Grund eines Gesetzes eingeschränkt werden.[429] Diese Einschränkung ist jedoch nur unter Wahrung eines unantastbaren Bereichs privater Lebensgestaltung möglich, der der Einwirkung öffentlicher Gewalt entzogen ist.[430]

bb) Schranken des Rechts auf Wissen

Das Recht Wissen findet seine Grenzen in den Rechten anderer, insbesondere wo Persönlichkeitsrechte Dritter berührt werden[431] und in überwiegenden Interessen der Allgemeinheit. Beim Recht auf Wissen besteht eher eine Nähe zur allgemeinen Handlungsfreiheit, der Entfaltung der Persönlichkeit und der Autonomie des Einzelnen als zum klassischen informationellen Selbstbestimmungsrecht mit Abwehrcharakter.[432] Deshalb sind nicht genauso strenge Anforderungen an die Rechtfertigung einer Einschränkung geboten wie dies beim Recht auf Nichtwissen, als Ausprägung des abwehrrechtlichen Teils des allgemeinen Persönlichkeitsrechts, der Fall ist.

Unter Berücksichtigung des Verhältnismäßigkeitsgrundsatzes ist das Recht auf Wissen auf Grund eines Gesetzes einschränkbar.[433] Im Rahmen der Abwägung sind die Intensität des Interesses des Einzelnen an der Erhebung prädiktiven Wissens[434] und die Eingriffsschwere für Dritte und die Allgemeinheit[435] zu berücksichtigen.[436]

c) Einschränkung des Rechts auf Wissen - Kollidierende Interessen und Rechtsgüter

aa) Schutz des Ratsuchenden

Äußerst problematisch ist, ob dem Menschen das Wissen um die Früherkennung möglicher Erkrankungen überhaupt zugemutet werden kann.[437] Das steigende Ungleichgewicht zwischen dem durch die Möglichkeiten moderner Gendiagnostik wachsenden Wissen einerseits und den begrenzten Therapiemöglichkeiten andererseits wirft die Frage nach dem Nutzen und den Risiken für den Ratsuchenden

---

[429] BverfGE 65, 1, (44); J. Ipsen, Staatsrecht II, 2001, Rn 302.
[430] M. Sachs, Verfassungsrecht II, 2000, Rn 64; W. Van den Daele, Mensch nach Maß? Ethische Probleme der Genmanipulation und Gentherapie, 1985, 81.
[431] Enquête-Kommission „Recht und Ethik der modernen Medizin", Schlußbericht, BT-Drucks. 14/9020, 2002, 132.
[432] Dazu siehe im ZWEITEN TEIL, Erster Abschnitt, I. 1..
[433] J. Taupitz, in: C. Bartram et al. (Hrsg.), Humangenetische Diagnostik, 2000, 77, 80.
[434] Siehe Erster Teil, Erster Abschnitt, IV. 6. bb).
[435] Siehe Erster Teil, Erster Abschnitt, IV. 6. c).
[436] Vgl. S. Cramer, Genom- und Genanalyse, Diss. Heidelberg 1991, 267, 268.
[437] M.-T. Tinnefeld, Quo vadis, Molekularbiologie? – Fragen zur sozialen und rechtlichen Auswirkung von Genomanalysen, DuD 1993, 261, 262.

auf. Da prädiktive Tests es möglich machen, sehr früh zu erkennen, wer Träger eines bestimmten einzelnen Gens ist, das schwerwiegende Erkrankungen verursacht wie Mukoviscidose oder Chorea Huntington, aber andererseits für viele dieser Krankheiten derzeit keine Therapiemöglichkeit besteht, stellt sich die Frage nach der Zweckmäßigkeit solcher Untersuchungen für den Einzelnen: „Pandora mit ihrer Büchse voll Übel wird eingeschaltet, bevor die Zeit tatsächlich gekommen ist".[438] Testergebnisse können zu schwerwiegenden Belastungen für die persönliche Lebenssituation- und planung des Betroffenen oder seiner Angehörigen führen, ohne daß ihm geholfen werden kann.

Während ein genetischer Test bei behandelbaren Krankheiten in der Regel im Sinne des Ratsuchenden ist, ist die Bewertung bei nicht behandelbaren Krankheiten ambivalent.[439]

Klare Vorteile ergeben sich beispielsweise, wenn eine Behandlung oder Diät bekannt ist, mit der den genetischen Abhängigkeiten begegnet werden kann. Der rechtzeitig getestete und aufgeklärte Betroffene kann dann oft länger und besser leben.[440]

Beim Wissen um Krankheitsdispositionen, für die es später keine Therapie gibt, stellt sich hingegen die Frage nach dem Zweck der Erhebung prädiktiven Wissens. In diesen Fällen muß vorher geklärt werden, welche Vorteile für den Einzelnen aus der Diagnostik dennoch erwachsen können. Möglicherweise will er Gewißheit haben und sein Leben entsprechend einrichten.

Zwar kann im Einzelfall auch das Wissen um eine solche Krankheitsdisposition für den Einzelnen nützlich sein, jedoch besteht primär die Gefahr, daß der Einzelne hierdurch psychisch wie physisch schwer betroffen wird.[441] Es muß sichergestellt sein, daß vor der Erhebung prädiktiven Wissens die Vor- und Nachteile genau gegeneinander abgewogen werden, damit vorher geklärt ist, ob diese Tests von Nutzen für den einzelnen Menschen sein können und es nicht zur Erhebung unzweckmäßigen Wissens kommt. Es ist zu klären, inwieweit er durch eine Eingrenzung der Zulässigkeit genetischer Tests geschützt werden sollte.

Eine freie Verfügbarkeit prädiktiver Tests würde die gesamte Last der Verantwortung auf den Einzelnen übertragen, dem es in diesem Bereich kaum möglich ist, alle Details und Konsequenzen des prädiktiven Eingriffs abzusehen. Der Eingriff in die Integrität von Leib und Psyche ist so groß, daß bei prädiktiven Testverfahren die anerkannten Zielsetzungen ärztlichen Handelns in Form einer Indi-

---

[438] M.-T. Tinnefeld, ZRP 2000, 10, 11.
[439] D. Birnbacher, in: H.-M. Sass (Hrsg.), Medizin und Ethik, 1989, 212, 224.
[440] M.-T. Tinnefeld, ZRP 2000, 10, 11.
[441] D. Lanzerath, JbfWE 1998, 193; Ehtik-Beirat beim BMG, Prädiktive Gentests, Eckpunkte für eine ethische und rechtliche Orientierung, 2000, Probleme und Rahmenbedingungen prädiktiver Gentests; C. Kaminsky, in: E.-M. Engels (Hrsg.), Biologie und Ethik, 1999, 194, 204.

kation nicht zur Disposition stehen sollten.[442] Das Wissen um Krankheitsveranlagungen bedeutet nicht stets eine Steigerung der Selbstbestimmung und nicht immer ist davon auszugehen, daß jeder selbst weiß, was er besser verkraften kann – das Wissen oder das Nichtwissen. Auch wenn er auf beides nach dem Prinzip der Autonomie ein Recht hat, so bedeutet Autonomie hier, über die Informationen, die man seiner Entscheidung zugrundelegen will, selbst zu bestimmen.[443] Das Recht auf Wissen basiert auf der Autonomie des Ratsuchenden, dem es zwar möglich sein muß, selbstbestimmt zu handeln, er aber gleichzeitig vor Überforderung geschützt werden muß. Ein umfassende und adäquate Aufklärung vor der Entscheidung für die prädiktive Diagnostik ist dafür unabdingbar. Der Ratsuchende muß vor möglichen Leiden dadurch geschützt werden, daß die Ziele genetischer Tests von vornherein genau bestimmt sind.[444]

bb) Unabsehbare soziale Auswirkungen für den Ratsuchenden

Selbst nach umfassender Aufklärung über die sozialen Folgen postnataler Gentests und mögliche die Aufdeckung genetischer Veränderungen, ist es schwierig für den Einzelnen, die Gefahr der Diskriminierung im privaten wie im öffentlichen Bereich, bei der Familiengründung, bei der Beschäftigung, beim Zugang zu Gesundheitsversorgungen und Versicherungen abzusehen und einzuschätzen. Bislang fehlt es an einer Sensibilisierung der Allgemeinheit für diese Risiken auf privater und sozialer Ebene.[445]

cc) Mißbrauchsgefahren – Kommerzialisierung genetischer Tests - Entsolidarisierung durch Recht auf Wissen

Eine weitere Gefahr humangenetischer Aussagen besteht darin, daß der Einzelne Opfer mißbräuchlicher Anwendung von Diagnoseverfahren wird, indem er im Fall einer Identifizierung einer Eigenschaft oder Anlageträgerschaft ausgesondert und gezielt benachteiligt werden kann.[446] Stigmatisation und Diskriminierung durch Nachteile wie beispielsweise höhere Risikozuschläge bei Versicherungen können die Folge sein. Der Einzelne kann gezwungen sein, dieses Wissen zu of-

---

[442] D. Lanzerath, Der Umgang mit prädiktivem Wissen in der genetischen Diagnostik – Ethische Aspekte unter besonderer Berücksichtigung des Krankheitsbegriffs, Schriftliche Eingabe im Rahmen der öffentlichen Anhörung von Sachverständigen bei der Enquête-Kommission „Recht und Ethik der modernen Medizin", 2000, 8.
[443] L. Siep, Ethische Probleme der Gentechnologie, in: J. Beckmann (Hrsg.), Fragen und Probleme einer medizinischen Ethik, 1996, 309, 327.
[444] R. Kollek zitiert bei D. Lanzerath, JbfWE 1998, 193, 200, 201.
[445] D. Sarrao, Europäisches Parlament, Anhörung des Nichtsständigen Ausschuß für Humangenetik v. 26.3.2001, Postnatale Gentests, 5.
[446] Positionspapier der Gesellschaft für Humangenetik e.V., Verhältnis zu sozialen Ungerechtigkeiten und Nachteilen, abgedruckt in: W. Eberbach/P. Lange/M. Ronellenfitsch, Recht der Gentechnik und Biomedizin, 2001; R. Damm, MedR 1999, 437, 438.

fenbaren und wäre möglicherweise im Nachhinein besser beraten gewesen, sich nicht testen zu lassen.

Nicht nur in den Fällen, in denen Dritte wie Versicherungen, Arbeitgeber oder Verwandte ein Interesse an der Kenntnis der genetischen Konstitution des Einzelnen haben kann es zu informationellen Interessenkollisionen kommen. Insgesamt muß für die Zukunft mit der Möglichkeit gerechnet werden, eine erhebliche Zahl von erblichen Eigenschaften wie Krankheitsanlagen und Anfälligkeiten diagnostizieren zu können. Eine genetische „Testbatterie" oder „Mulitplex-Tests", durch die einfach, schnell und kostengünstig ein umfassendes genetisches Profil einer Person erstellt werden kann, ist zwar derzeit noch nicht möglich, aber in Zukunft sehr wahrscheinlich.[447] Es besteht die Gefahr der Kommerzialisierung genetischer Diagnostik. Bereits heute gibt es in den USA kommerziell vertriebene Tests, mit denen unter Umgehung des Arztes spezifische genetische Risikofaktoren erkannt werden können.[448] Die zunehmende Vermarktung und damit verbreitete Verfügbarkeit derartiger Testkits ist zu erwarten. Mit der Erlaubnis genetischer Tests wird auch das Recht betroffen, über die Verwendung der Daten durch Dritte selbst zu entscheiden.[449] Erlaubt man dem Einzelnen auf Grund seines Rechts auf Wissen uneingeschränkt die Erhebung prädiktiven Wissens über seine Person, so besteht die Gefahr der Entsolidarisierung.[450] Der Einzelne wird versuchen, die Folgen seiner Genomanalyseergebnisse zu beeinflussen, wobei der erste Schritt die freiwillige Erhebung dieses Wissens ist. Um sich Zugang zu gesellschaftlichen Leistungen wie Arbeitsplätzen und günstigen Versicherungsverträgen zu verschaffen, wird er anschließend günstige Daten freiwillig weitergeben. Er wird möglicherweise bestimmte Daten gegenüber Arbeitgebern, Versicherungen oder anderen entscheidenden Stellen hervorheben oder abschwächen. Der genetisch Unbelastete könnte ein entsprechendes Testergebnis nützen, um sich günstige Versicherungsprämien zu verschaffen oder einen Arbeitsplatz zu bekommen. So würden indirekt auch andere zum Test genötigt und deren Autonomie und Recht auf Nichtwissen faktisch eingeschränkt. Diejenigen, die nicht bereit sind, sich solchen Tests zu unterziehen oder ungünstige Ergebnisse erhalten haben könnten so auf dem Arbeits- und Versicherungsmarkt ausgeschlossen werden. Eine neue Art

---

[447] W. Van den Daele, Mensch nach Maß? Ethische Probleme der Genmanipulation und Gentherapie, 1985, 97; O. Schöffski, Genomanalyse: Fluch oder Segen für die Versicherungswirtschaft?, ZVersWiss 1999, 265, 270 f.; H. Fenger/O. Schöffski, Gentests und Lebensversicherung: Juristische und ökonomische Aspekte, NVersZ 2000, 449, 450.
[448] H.-H. Ropers, DÄBL 1998, A 633, A 637.
[449] T. Kienle, Die prädiktive Medizin und gentechnische Methoden, Diss. Tübingen 1998, 69.
[450] S. Kurip, Folgen der genetischen Diagnostik: Entsolidarisierung durch Recht auf Wissen, Schriftliche Stellungnahme zur Anhörung der Enquête-Kommission Recht und Ethik in der Medizin, 2000, 1; U. Vultejus, der sich für eine vom Staat zu erzwingende Solidarität auf dem Arbeitsmarkt und im Versicherungswesen ausspricht: Informationelle Selbstbestimmung auch bei Genen, 70, 71.

von sozialer Ungleichheit wird Einzug halten – die genetische Ungleichheit.[451] In diesem Zusammenhang spricht man auch von einer zunehmenden Genetisierung[452] der Gesellschaft. Dies widerspräche dem Grundprinzip distributiver Gerechtigkeit und dem Ausgangspunkt, daß alle Menschen von Geburt an gleichwertig sind. Alle Mitglieder der Gesellschaft sind gleich zu behandeln und sollen den gleichen Anteil an gemeinschaftlichen Gütern und Lasten haben. Zu diesen grundlegenden Gütern der Gesellschaft gehören, wenn auch in einem gewissen umstrittenen Umfang die wirtschaftlichen Ressourcen wie berufliche Möglichkeiten und der Zugang zu Versorgungsleistungen.[453]

Zusammenfassend läßt sich sagen, daß aus dem wachsenden diagnostischen Angebot und der freien Nutzung durch eine zunehmende Zahl von Personen somit leicht eine soziale Pflicht zur genetischen Diagnostik werden kann, insbesondere in Form von gesellschaftlichem, gesundheitspolitischem Druck und institutionellem Zwang.[454] Dies kann eine Entwicklung weg von der Autonomie des Einzelnen hin zu einem sozialen Druck zu genetischen Tests bewirken.[455] Subjektive Rechte wie das Selbstbestimmungsrecht sind nur ein schwaches Mittel gegen soziale Zwänge, die aus neuen Techniken resultieren. Sowohl diejenigen, die diese Technik nicht nützen wollen als auch diejenigen, die legitime Ansprüche auf die positive Nutzung der neuen Technik anmelden stützen sich auf dasselbe subjektive Recht.[456]

---

[451] W. Steinmüller, Genetisches Selbstbestimmungsrecht, DuD 1993, 6, 7; A. Fisahn sieht zu Recht den grundgesetzlich verankerten Gleichheitsgrundsatz in Gefahr: „Die Humangenetik könnte in naher Zukunft die Fähigkeit entwickeln, diese grundsätzliche Anerkennung als gleich zu unterlaufen.", ZRP 2001, 49, 52.
[452] L. Honnefelder zitiert bei D. Lanzerath, JbfWE 1998, 193, 202; ders. Der Umgang mit prädiktivem Wissen in der genetischen Diagnostik – Ethische Aspekte unter besonderer Berücksichtigung des Krankheitsbegriffs, Schriftliche Eingabe im Rahmen der öffentlichen Anhörung von Sachverständigen bei der Enquête-Kommission „Recht und Ethik der modernen Medizin", 2000, 2.
[453] P. Koller, JbfRE 1999, 291, 298, 299.
[454] L. Siep, in: J. Beckmann (Hrsg.), Fragen und Probleme einer medizinischen Ethik, 1996, 309, 327; Vgl. auch Ethik-Beirat beim BMG, Prädiktive Gentests, Eckpunkte für eine ethische und rechtliche Orientierung, 2000, Probleme und Rahmenbedingungen prädiktiver Gentests; R. Damm, MedR 1999, 437, 447: er sieht die Freiheit des Einzelnen im Rahmen seiner Lebensgestaltung und damit seiner Selbstbestimmung, technische Innovationen zu nutzen, durch Anschlußzwänge sehr eingeschränkt.
[455] R. Kollek, zitiert bei D. Lanzerath, JbfWE 1998, 193, 201.
[456] W. Van den Daele, Freiheiten gegenüber Technikoptionen – Zur Abwehr und Begründung neuer Techniken durch subjektive Rechte, KritV 1991, 257, 262.

Insgesamt steht zu befürchten, daß durch die Individualisierung von vermeintlicher Verantwortung durch prädiktive Diagnostik ein Rückgang gesellschaftlicher Solidarität bewirkt wird.[457]

Die freie Verfügbarkeit genetischer Diagnostik stellt also eine Bedrohung für die Gesellschaft und für den Einzelnen dar. Eine rechtliche Vorbeugung gegen diese ethisch bedenkliche Folgen einer Kommerzialisierung prädiktiver Tests ist notwendig. Zu lösen ist das schwierige Problem, wie man Patienten davon abhalten kann, zu ihrem eigenen Nutzen Testergebnisse an Arbeitgeber oder Versicherungen zu geben und so dem sich daraus ergebenden faktischen Zwang für andere zum Test oder einer möglichen Diskriminierung und Stigmatisierung anderer entgegenzuwirken.

Zusätzlich entzieht die freie kommerzielle Verfügbarkeit die genetische Diagnostik dem Kompetenzbereich des Humangenetikers. Dadurch drohen gravierende Defizite bei der Beratung[458] wodurch die Autonomie des Einzelnen gefährdet wird.

dd) Gefahren für die Rechte Dritte

Darüber hinaus hat das Testergebnis meist auch für Verwandte Aussagekraft.[459] Möglicherweise wollen sie gar nichts über ihre genetische Konstitution wissen. Hier kollidieren das Recht auf Wissen des Ratsuchenden und das Recht auf Nichtwissen der Verwandten.[460] Als Lösungsansatz bietet sich an, im Rahmen der Interessenabwägung die Zulässigkeit genetischer Testverfahren von vornherein auf solche zu begrenzen, durch die nur behandelbare Krankheiten aufgedeckt werden. Dadurch würden auch Zufallsergebnisse vermieden. So würden Angehörige zumindest vor unzweckmäßigem und belastenden Wissen geschützt.

ee) Gefahr für die Allgemeinheit: Eugenische Zielsetzungen - Diskriminierung

Die Gefahr eugenischer Zielsetzungen besteht insbesondere im Bereich präkonzeptioneller Diagnostik, wo bereits die Frage gestellt wurde, ob Menschen mit dem bloßen Risiko der Zeugung eines kranken Kindes moralisch oder rechtlich verpflichtet sind, auf die Fortpflanzung zu verzichten[461] oder sich pränataler Dia-

---

[457] Vgl. Enquête-Kommission „Recht und Ethik der modernen Medizin", Schlußbericht, BT-Drucks. 14/9020, 2002, 132.
[458] W. Henn/T. Schroeder-Kurth, DÄBL 1999, A 1555, A 1556.
[459] J. Epplen/H. Przuntek, DÄBL 1998, A 32; Dazu unter: Zweiter Teil, Erster Abschnitt, IV..
[460] H.-H. Ropers, DÄBL 1998, A 633, A 637.
[461] Vgl. U. Eibach, Ethische Fragen zu Überlegungen zur Anwendung gentechnischer Methoden am Menschen, in: Ethische und rechtliche Probleme der Anwendung zellbiologischer und genetischer Methoden am Menschen, Bundesminister für Forschung und Technologie (Hrsg.), 1984, 20, 21.

gnostik zu unterziehen. Geäußert wurde die Sorge, mit wachsender Verbesserung der Analysemethoden könnte sich ein gesellschaftlicher Druck dahingehend entwickeln, die genetische Ausstattung der eigenen Nachkommen und der Bevölkerung insgesamt zu verbessern, indem die Weitergabe risikoträchtiger Erbanlagen vermieden und die Zeugung von Kindern mit vorteilhaften Genen gefördert wird. Stellt man das Genom des Einzelnen derart in den Dienst der Verbesserung des Gen-Pools und der genetischen Ausstattung der Menschheit, so spricht man von negativer Eugenik und ein Verstoß gegen die Menschenwürde liegt vor. Hierdurch droht langfristig die Vereinheitlichung des Gen-Pools und die Zerstörung der natürlichen genetischen Determination und damit der wesenhaft menschlichen personalen Identität.[462]

Weiter besteht die Befürchtung, daß sich die Akzeptanz von Kranken und Behinderten in der Gesellschaft verringert:[463]

„Je mehr freilich eine Gesellschaft auf die Vorstellung von einem leidensfreien Lebensglück fixiert ist, um so stärker stellen sich Bedingungen ein, die den behinderten Menschen die Erfüllung ihrer sozialen Rollen und die Verwirklichung ihrer Lebensziele und –entwürfe zusätzlich erschweren"[464].

Letztlich würde der Wert menschlichen Lebens an der genetischen Ausstattung des Einzelnen gemessen. Gesehen werden Eugenische Zielsetzungen beim genetischen Gesundheitsbegriff durch die schleichende Verschiebung des Paradigmas des ärztlichen Heilauftrags zugunsten der Volksgesundheit.[465] Insbesondere genetische Screeningprogramme für breite Bevölkerungsgruppen, die unter Kosten-Nutzen-Erwägungen darauf abzielen, in die reproduktive Entscheidungsfreiheit von Individuen einzugreifen, sind implizit als eugenisch motiviert anzusehen.[466]

---

[462] S. Cramer, Genom- und Genanalyse, Diss. Heidelberg 1991, 44 mwN.
[463] Abschlußbericht der Bund-Länder-Arbeitsgruppe „Genomanalyse", 1990, abgedruckt in Eberbach/Lange/Ronellenfitsch: Recht der Gentechnik und Biomedizin Stand 2001, 28; zur Gefahr der Eugenik vgl. auch D. Lanzerath, JbfWE 1998, 193, 194, 201; A. Eser/M. v. Lutterotti/P. Sporken, Lexikon Medizin Ethik Recht, 1989, Humangenetik, Zur rechtlichen Problematik einzelner Verfahren, 529, 358; L. Honnefelder, in: J. Beckmann (Hrsg.), Fragen und Probleme einer medizinischen Ethik, 1996, 332, 351.
[464] D. Lanzerath, Der Umgang mit prädiktivem Wissen in der genetischen Diagnostik – Ethische Aspekte unter besonderer Berücksichtigung des Krankheitsbegriffs, Schriftliche Eingabe im Rahmen der öffentlichen Anhörung von Sachverständigen bei der Enquête-Kommission „Recht und Ethik der modernen Medizin", 2000, 7.
[465] S. Cramer, Genom- und Genanalyse, Diss. Heidelberg 1991, 164, 165.
[466] J. Schmidtke in: Lexikon der Bioethik Band 2, 1998, 39; darüber hinaus besteht die Gefahr, daß die zeitaufwendige genetische Beratung auf der Strecke bleibt J. Schmidtke, in: S. Winter/H. Fenger/H.-L. Schreiber (Hrsg.), Genmedizin und Recht, 2001, Rn 1065.

Durch zunehmende die Verbreitung nicht indizierter genetischer Diagnostik wird eine neue Kategorie Kranker, nämlich die der zukünftig Kranken oder die der „neuen Behinderten" entstehen.[467] Andere sprechen hinsichtlich wahrscheinlicher zukünftiger Erkrankungen bei gesunden Menschen von der neuen Personengruppe der „gesunden Kranken".[468]

ff) Folgen für den Datenschutz
Im Gegensatz zu anderen persönlichen Daten wird auf eine neuartige Gefahr im Bereich der Genomanalyse hingewiesen. Das genetische Ausgangsmaterial ist mikroskopisch klein, ständig im Umlauf und durch die Tatsache, daß es der Inhaber ständig unbemerkt abgibt (z.B. Haare), in seiner Verbreitung unkontrollierbar. Durch die außerordentlich leichte Zugänglichkeit dieses besonders riskanten und umfangreichen Datenentstehungsprozesses wird das Gen zum Risikofaktor.[469]

d) Folgerung
Selbst wenn das Bestehen und der Umfang eines Rechts auf Wissen in Deutschland noch nicht eindeutig geklärt ist, bestehen in jedem Fall die Risiken für den Einzelnen und die Allgemeinheit. Diese Gefährdungen der uneingeschränkten Autonomie und des Freiwilligkeitsprinzips im gendiagnostischen Kontext bestimmen Wirksamkeitsgrenzen von Persönlichkeitsrechten. Deshalb ist die Begleitung dieser subjektiven Rechte durch objektives Recht in Form von Schutzvorschriften im Umgang mit Genomanalysen unabdingbar.[470]
Die Gefahr eugenischer Zielsetzungen, die genannten Tendenzen zu einer Entsolidiarisierung der Gesellschaft und zu einem sozialen Druck zum Test durch eine uneingeschränkte Zulässigkeit genetischer Tests stellen Gründe dar, die eine Einschränkung des Rechts auf Wissen zum Schutz der Interessen der Allgemeinheit rechtfertigen.
Dies muß eine einfachgesetzliche Regelung des Zugangs zu genetischer Diagnostik berücksichtigen ebenso wie den Schutz des Ratsuchenden selbst. Dieser muß vor der Erhebung nutzlosen prädiktiven Wissens geschützt werden, da dies für ihn nicht immer eine Steigerung der Selbstbestimmung bedeutet, so daß eine Einschränkung der Zulässigkeit genetischer Tests geboten sein kann.

Indessen muß der Zugang zu genetischer Diagnostik im Rahmen der präkonzeptionellen Diagnostik und der Gesundheitsvorsorge bei begründetem Verdacht erbli-

---

[467] A. Eser/M. v. Lutterotti/P. Sporken, Lexikon Medizin Ethik Recht, 1989, 358.
[468] Enquête-Kommission „Recht und Ethik der modernen Medizin", Schlußbericht, BT-Drucks. 14/9020, 2002, 132.
[469] W. Steinmüller, DuD 1993, 6, 8; zu Problemen im Zusammenhang mit dem Datenschutz unter: Zweiter Teil, Erster Abschnitt, V..
[470] R. Damm, MedR 1999, 437, 448.

cher Krankheitsanlagen gewährleistet werden. In diesen Fällen handelt es sich um absolut schützenswerte Interessen des Einzelnen.

V. Lösungsansätze für eine gesetzliche Regelung

Die neueren gesetzgeberischen Vorarbeiten der Enquête-Kommission „Recht und Ethik der modernen Medizin"[471], der Grünen-Bundestagsfraktion (Entwurf eines Gentestgesetzes)[472], des Ethik-Beirats beim Bundesgesundheitsministerium[473] und die Entschließung zu einer gesetzlichen Regelung von genetischen Untersuchungen der Datenschutzbeauftragten des Bundes und der Länder[474] sollen neben anderen Vorarbeiten[475] im Rahmen der folgenden Eckpunkte erörtert werden.

1. Arztvorbehalt

Es mehren sich die Stimmen, die sich für die gesetzliche Fixierung eines (Fach-) Arztvorbehaltes für die genetische Diagnostik einsetzen.[476] Damit bestünde neben einer möglichen Bindung an gesundheitliche oder medizinische Zwecke eine weitere Bindung prädiktiver genetischer Diagnostik an das Arzt-Patientenverhältnis. Die Einführung eines Arztvorbehalts für Gentests stellt neben der Einschränkung der Berufsfreiheit einen Eingriff in das Recht auf Wissen, das Recht auf Kenntnis der eigenen genetischen Konstitution derjenigen dar, die

---

[471] Einsetzungsantrag am 20.03.2000 BT-Drucks. 14/3011.
[472] Bundestagsfraktion „Die Grünen" Entwurf eines Gesetzes zur Regelung von Analysen des menschlichen Erbguts (Gentest-Gesetz), 2001.
[473] Ethik-Beirat beim BMG, Prädiktive Gentests. Eckpunkte für eine ethische und rechtliche Orientierung, 2000.
[474] Datenschutzbeauftragte des Bundes und der Länder, Entschließung und Anlage zur Entschließung zu einer gesetzlichen Regelung von genetischen Untersuchungen, 2001.
[475] Beispielsweise Bund-Länder Arbeitsgruppe „Genomanalyse" Abschlußbericht, 1990, abgedruckt in: W. Eberbach/P. Lange/M. Ronellenfitsch, Recht der Gentechnik und Biomedizin, 2001.
[476] Abschlußbericht der Bund-Länder-Arbeitsgruppe „Genomanalyse" 1990, in: W. Eberbach/P. Lange/M. Ronellenfitsch, Recht der Gentechnik und Biomedizin, 2001, 29; Berufsverband Medizinische Genetik, Deutsche Gesellschaft für Humangenetik, Leitlinien zur Erbringung humangenetischer Leistungen: 1. Leitlinien zur genetischen Beratung, 1996 medgen 8, Heft 3, Sonderbeilage 1-2; für einen Arztvorbehalt ebenso DFG, Humanforschung und prädiktive genetische Diagnostik, Stellungnahme v. 20.6. 1999, 51, 54; CDU/CSU-Bundestagsfraktion für eine bundesgesetzliche Regelung aus, Antrag der Abgeordneten K. Reiche et al., Anwendung von Gentests in Medizin und Versicherungen, BT-Drucks. 14/6640; Bundestagsfraktion „Die Grünen", Entwurf eines Gesetzes zur Regelung von Analysen des menschlichen Erbguts (Gentest-Gesetz), 2001.

durch einen Gentest ihr genetisches Profil ermitteln lassen möchten.[477] Sie können nicht frei über genetische Diagnostik verfügen, sondern müssen sich an einen geeignet erscheinenden Tester und Berater wenden. Eine solche Einschränkung muß erforderlich, geeignet und verhältnismäßig sein, um den Gefahren für den Einzelnen und die Gesellschaft durch die frei verfügbare Diagnostik entgegenzuwirken. Denkbar sind drei Lösungsvarianten:

a) Allgemeiner Arztvorbehalt

Ein allgemeiner Arztvorbehalt bewirkt, daß ausschließlich Ärzte im Rahmen der ärztlichen Zielsetzung zur Veranlassung und Durchführung von prädiktiven genetischen Tests befugt sind. Dafür spricht die Gewährleistung standesrechtlicher Prinzipien, die außerhalb des ärztlichen Handlungsfeldes nicht zwingend gelten. Zu nennen sind die Regelungen für die humangenetische Beratung, des Datenschutzes, die ärztliche Aufklärungspflicht, die ärztliche Schweigepflicht, die Richtlinien zur Risikointerpretation und zu den Diagnostikverfahren. Hierdurch ist ein Mindestmaß an Schutz für den Einzelnen erreichbar.[478] Durch einen Arztvorbehalt würde zudem das Entstehen eines „freien Testmarktes" verhindert, auf dem genetische Diagnoseleistungen nach ausschließlich wirtschaftlichen Erwägungen angeboten werden.[479]

b) Facharztvorbehalt

Eine Beratung setzt fachspezifische Kenntnisse der Ursachen und Wahrscheinlichkeiten der Krankheiten voraus und kann infolgedessen nur von einem entsprechend qualifiziertem Arzt vorgenommen werden. Nur eine umfassende Aufklärung durch einen entsprechenden Facharzt vermag den Ratsuchenden in die Lage zu versetzen, Bedeutung und Tragweite prädiktiver Tests zu erkennen. Nur dann ist dem Prinzip der freien und aufgeklärten Einwilligung Rechnung getragen. Damit dient der Arztvorbehalt gerade der Verwirklichung des Allgemeinen Persönlichkeitsrechts des Ratsuchenden.[480] Auch die Durchführung und Befunderstellung kann nur durch einen Facharzt für Humangenetik oder für medizinische Genetik sachgerecht wahrgenommen werden. Fehler bei der komplizierten Interpretation der Testergebnisse können eine ebenso schwerwiegende Wirkung haben

---

[477] J. Taupitz in: C. Bartram et al (Hrsg.), Humangenetische Diagnostik, 2000, 121; Enquête-Kommission „Recht und Ethik der modernen Medizin", Schlußbericht, BT-Drucks. 14/9020, 2002, 164.
[478] Enquête-Kommission „Recht und Ethik der modernen Medizin", Schlußbericht, BT-Drucks. 14/9020, 2002, 165.
[479] Ethik-Beirat beim Bundesgesundheitsministerium, Prädiktive Gentests. Eckpunkte für eine ethische und rechtliche Orientierung, 2000, 7 f.
[480] Eine Schutzpflicht des Staats und daraus resultierende Verpflichtung zur gesetzlichen Einführung eines Arztvorbehalts diskutiert J. Taupitz in C. Bartram et al (Hrsg.), Humangenetische Diagnostik, 2000, 121.

wie eine falsche Therapie.[481] Dies gilt um so mehr, als nahe Verwandte möglicherweise genauso betroffen werden. Die Erforderlichkeit fachspezifischer Kenntnisse läßt viele deshalb nicht nur einen einfachen Arztvorbehalt, sondern einen Facharztvorbehalt fordern.[482]

c) Beschränkter Arztvorbehalt

Die Vertreter eines beschränkten Arztvorbehaltes bemängeln an der Lösung durch einen (Fach-)Arztvorbehalt, daß der Arzt dann nach seinen Regeln Informationen zuteilt, die für die Lebensgestaltung und allgemeine Lebensführung, nicht aber für medizinische Fragen relevant sind.[483] Sie treten deshalb für einen beschränkten Arztvorbehalt ein. Die Enquête-Kommission „Recht und Ethik der modernen Medizin" will postnatale Gentests nur insoweit unter einen gesetzlichen Arztvorbehalt stellen, als sie medizinischen Zwecken dienen oder falls von ihrem Ergebnis eine mögliche Gefahr für die betroffenen Person ausgeht.[484] Gemeint sind Tests, die es ermöglichen, genetisch bedingte Krankheiten oder Prädispositionen und Anfälligkeiten vorherzusagen. Prädiktive Tests beinhalten in der Regel insofern nennenswerte Gesundheitsgefahren, als es um die Prävention, Diagnose und Therapie von genetisch bedingten Krankheiten oder Leiden geht und spezifisch ärztliche Kenntnisse erforderlich sind.[485] Genetische Tests, die nicht krankheitsbezogen sind sollen dagegen keinem Arztvorbehalt unterliegen. Für eine solche Regelung wird vorgetragen, daß genetische Analysen nicht per se gefährlich seien und nicht jede Aussage über die genetische Veranlagung einen komplizierten Test notwendig mache. Dies gelte insbesondere für sogenannte Life-Style-Tests, die nicht medizinischen Zwecken dienen und bei denen sich die Frage stellt, weshalb nur Ärzte berechtigt sein sollten, solche medizinisch irrelevanten Befunde zu erheben.[486] Bei den Tests, deren Ergebnisse für den Betroffenen keine nennenswerten Gesundheitsgefahren zur Folge haben, bestehe keine Rechtfertigung für eine Einschränkung in Form eines Arztvorbehalts oder Erlaubnisvorbehalts durch die Bin-

---

[481] So Enquête-Kommission „Recht und Ethik der modernen Medizin", Schlußbericht, BT-Drucks. 14/9020, 2002, 165.
[482] Bundestagsfraktion „Die Grünen", Entwurf eines Gesetzes zur Regelung von Analysen des menschlichen Erbguts (Gentest-Gesetz), 2001; CDU/CSU-Bundestagsfraktion für eine bundesgesetzliche Regelung aus, Antrag der Abgeordneten K. Reiche et al., Anwendung von Gentests in Medizin und Versicherungen, BT-Drucks. 14/6640; Ulla Schmidt in Berliner Zeitung v. 15.10.2001; Der Tagesspiegel v. 14.10.2001.
[483] J. Taupitz in: C. Bartram et al (Hrsg.), Humangenetische Diagnostik, 2000, 157.
[484] Enquête-Kommission „Recht und Ethik der modernen Medizin", Schlußbericht, BT-Drucks. 14/9020, 2002, 177.
[485] C. Bartram in: C. Bartram et al. (Hrsg.), Humangenetische Diagnostik, 2000, XXVIII; ebenda J. Taupitz, 124.
[486] Enquête-Kommission „Recht und Ethik der modernen Medizin", Schlußbericht, BT-Drucks. 14/9020, 2002, 164 f..

dung an gesundheitliche Zwecke.[487] Auch die Enquête-Kommission „Recht und Ethik der modernen Medizin" hält eine Einschränkung des Rechts auf Wissen bezüglich solcher nicht krankheitsbezogener Tests für nicht zu rechtfertigen. Das Recht auf Wissen und die freie Lebensgestaltung des Einzelnen verbiete es, dem Einzelnen den Zugang zu nicht-medizinischen Tests durch einen Arztvorbehalt oder eine Erlaubnis nur für medizinische oder gesundheitliche prädiktive Gentests zu beschränken.[488]

d) Stellungnahme:

Der Ausgangspunkt der Ansicht unter c), wonach die nicht-medizinischen genetischen Tests keine Gefahr für den Betroffenen darstellen, erscheint zweifelhaft. In der Praxis dürfte es nicht ohne weiteres möglich sein, solch differenzierte Testverfahren anzubieten. Selbst wenn es beispielsweise ein Screening auf bestimmte Charaktereigenschaften gäbe, wäre die sachgerechte Interpretation der Testergebnisse nicht gewährleistet und die sozialen Folgen solcher Tests bedenklich. Durch einen Arztvorbehalt würde den Gefahren des kommerziellen Vertriebs von Gentests, wie die Erhebung von für den Einzelnen sinnlosen und schädlichen Wissens und dessen unkontrollierbare Weitergabe, verhindert. Eine den Gefahren für den Einzelnen Rechnung tragende und sozialverträgliche Implementierung genetischer Diagnostik erfordert neben der Bindung an medizinische Zwecke eine Bindung an das Arzt-Patientenverhältnis.[489]

Die aufgezeigten Gefahren können nicht durch den Erlaubnisvorbehalt des Heilpraktikergesetzes verhindert werden, der eingreift, wenn das zu erhebende Wissen nennenswerte Gesundheitsgefahren birgt. Dieser vermag nicht zu gewährleisten, daß ausreichend qualifizierte Personen den Test anbieten und sachgerecht durchführen. Daraus folgt die Erforderlichkeit der Einführung eines Arztvorbehalts. Die Inanspruchnahme prädiktiver genetischer Diagnostik bleibt dem Einzelnen unbenommen; er muß sie nur im Rahmen des Arzt-Patientenverhältnisses wahrnehmen, so daß auch eine verhältnismäßige Regelung im Hinblick auf das Selbstbestimmungsrecht des Ratsuchenden vorliegt. Ebenso liegt eine zulässige Einschränkung der Berufsfreiheit derjenigen vor, die genetische Tests anbieten möchten. Ein Arztvorbehalt sollte für die Veranlassung prädiktiver Diagnostik

---

[487] C. Bartram in: C. Bartram et al. (Hrsg.), Humangenetische Diagnostik, 2000, XXVI.
[488] Enquête-Kommission „Recht und Ethik der modernen Medizin", Schlußbericht, BT-Drucks. 14/9020, 2002, 166, für solche Tests
soll danach lediglich eine Apothekenpflicht gelten. Diese Vorgaben sind mit der Regelung des 12 BMK, der prädiktive genetische Tests nur zu gesundheitlichen Zwecken zuläßt, nicht vereinbar wäre.
[489] DFG, Humangenomforschung und prädiktive genetische Diagnostik, Stellungnahme v. 20.6.1999, 51.

gelten. Für die genetische Beratung und Durchführung des genetischen Tests ist ein Facharztvorbehalt sinnvoll.

2. Einwilligung

Obgleich Konsens besteht, daß eine prädiktive genetische Untersuchung nur mit wirksamer und freier Einwilligung des Betroffenen durchgeführt werden darf, sollte dies gesetzlich festgeschrieben werden. Diese soll schriftlich erfolgen.[490] Dies verdeutlicht die Tragweite und Bedeutung der Entscheidung und ist deshalb in diesem Zusammenhang angemessen. Teilweise wird zur Absicherung der Rechte des Einzelnen, insbesondere der Freiwilligkeit der Inanspruchnahme genetischer Diagnostik gefordert, daß ein Gentest ohne Rechtsgrundlage oder Einwilligung des Betroffenen strafrechtlich zu sanktionieren ist.[491]

3. Aufklärung und Beratung

a) Umfang der Aufklärung und Beratung

Vor einem Test muß über Art, Inhalt und Ziel des Tests sowie mögliche gesundheitliche Konsequenzen eines positiven und negativen Testergebnisses aufgeklärt werden. Bei einem genetischen Test für eine bestimmte Krankheit gehören Informationen über deren Symptomatik, Prognose und wahrscheinliches Manifestationsalter zur Entscheidungsgrundlage für den Ratsuchenden. Schon vorher müssen vorhandene Behandlungsmöglichkeiten mitsamt ihren Risiken und Erfolgsaussichten oder auch fehlende medizinische Handlungsoptionen im Fall eines positiven Testergebnisses verdeutlicht werden.[492] Darüber hinaus muß vor und nach dem Test eine qualifizierte und interdisziplinäre genetische Beratung durch einen entsprechend ausgebildeten (Fach)Arzt angeboten werden, die sich neben den genetischen Aspekten der Untersuchung auch auf psychischen, sozialen und familiären Konsequenzen der Untersuchung bezieht.

---

[490] Datenschutzbeauftragte des Bundes und der Länder, Anlage zur Entschließung zu einer gesetzlichen Regelung von genetischen Untersuchungen, 2001; Bundestagsfraktion „Die Grünen", Entwurf eines Gesetzes zur Regelung von Analysen des menschlichen Erbguts (Gentest-Gesetz), 2001, § 6 IV.
[491] CDU/CSU Bundestagsfraktion, Antrag der Abgeordneten K. Reiche et al., Anwendung von Gentests in Medizin und Versicherungen, BT-Drucks. 14/6640.
[492] Ethik-Beirat beim Bundesgesundheitsministerium, Prädiktive Gentests. Eckpunkte für eine ethische und rechtliche Orientierung, 2000, 8; vgl. zur Inanspruchnahme interdisziplinärer Beratungsgespräche, R. Leinmüller, Beratung vor Gentest findet gute Resonanz, DÄBL 2001, A 3348; Bundestagsfraktion „Die Grünen", Entwurf eines Gesetzes zur Regelung von Analysen des menschlichen Erbguts (Gentest-Gesetz), 2001, § 21 (2); D. Regenbogen/W. Henn, MedR 2003, 152, 155.

Die Enquête-Kommission „Recht und Ethik der modernen Medizin" hält eine ausdrückliche und sachliche Trennung von genetischer und psychosozialer Beratung für erforderlich. Während die genetische Beratung die Information über Risikoberechnung, die Anamnese und die Stammbaumanalyse umfaßt, setzt die psychosoziale Beratung an konkreten psychischen Konflikten, der Lebenssituation und Lebensplanung des Betroffenen an und geht auf dessen familiäre, soziale und partnerschaftliche Situation ein. Dies erfordert eher psychologische Kompetenz als medizinische. Die psychologische Beratung soll indes lediglich angeboten und nicht aufgedrängt werden.[493]

Außerdem wird bei problematischen prädiktiven Tests eine Bedenkzeit von einigen Tagen zwischen Aufklärungsgespräch und Durchführung des Tests empfohlen. Dies ist zur Gewährleistung des Informed Consent bei der Inanspruchnahme prädiktiver Diagnostik, bei der der Einzelne die Tragweite seiner Entscheidung mit allen sozialen Implikationen nur schwer sofort übersehen kann, eine sinnvolle Regelung, die auch gesetzlich zu verankern ist.

b) Obligatorische oder fakultative genetische Beratung

Der Ethik-Beirat möchte im Hinblick auf die Autonomie des Ratsuchenden die genetische Beratung vor der Durchführung eines prädiktiven genetischen Tests nur angeboten wissen und die Annahme der Beratung nicht zur Vorraussetzung für einen prädiktiven Test machen (kein Beratungszwang).[494] Die Autonomie des Ratsuchenden stehe im Vordergrund, und es solle keine aufgedrängte aktive Beratung stattfinden. Die Freiwilligkeit der Inanspruchnahme der Beratung sei Voraussetzung für eine offene Beratung an sich.

Gegen die Möglichkeit der Inanspruchnahme prädiktiver Diagnostik ohne vorherige genetische Beratung spricht der Zusammenhang von genetischer Beratung und Inanspruchnahme der Testangebote. Es ist empirisch belegt, daß gut informierte Personen, insbesondere durch Erklärung der humangenetischen Zusammenhänge und tatsächlichen Möglichkeiten, sich eher gegen die Durchführung einschneidender Tests entscheiden als weniger gut informierte Personen.[495] Eine genetische Beratung zusätzlich zur Aufklärung vor Durchführung des Tests ist zur Herstellung der Voraussetzungen der freien und informierten Einwilligung unabdingbar und deswegen obligatorisch vorzuschreiben.

---

[493] Enquête-Kommission „Recht und Ethik der modernen Medizin", Schlußbericht, BT-Drucks. 14/9020, 2002, 167 ff..
[494] Ethik-Beirat beim Bundesgesundheitsministerium, Prädiktive Gentests. Eckpunkte für eine ethische und rechtliche Orientierung, 2000, 9.
[495] Vgl. dazu Enquête-Kommission „Recht und Ethik der modernen Medizin", Schlußbericht, BT-Drucks. 14/9020, 2002, 168.

c) Grundsatz der nicht-direktiven Beratung

Der Grundsatz der Nichtdirektivität der genetischen Beratung ist zu überdenken. Eine strikte Zurückhaltung des Beraters ohne jede Orientierungshilfe für den Ratsuchenden vermag nicht zu überzeugen. Im Extremfall würde der Ratsuchende alleingelassen und hinsichtlich psychologischer Betreuung vernachlässigt. Information, Kommunikation und Gesprächsbereitschaft des Beraters unter Wahrung des Selbstbestimmungsrechts des Ratsuchenden sollten leitende Prinzipien der Beratung sein.[496] Die durch genetische Beratung vermittelten Fakten sind keineswegs neutral. Anstelle wertneutraler Nichtdirektivität ist ein einfühlendes Verstehen und gemeinsames Nachdenken sinnvoller. Innerhalb der kurativen Medizin enthält jede Aufklärung auch direktive Momente soweit der Arzt innerhalb seines Heilauftrags nicht nur bestrebt, sondern auch verpflichtet ist, das bestmögliche Wohl des Patienten zu erreichen, indem er ihn zu einer Einwilligung in das medizinische Gebotene motiviert.[497] Auch aus den Leitlinien des Berufsverbandes „Medizinische Genetik" geht hervor, daß ein genetisches Beratungsgespräch Hilfe sein soll bei einer individuellen Entscheidungsfindung. Dabei müssen die persönlichen Verhältnisse, individuelle Werthaltungen und religiöse Vorstellungen berücksichtigt werden.[498]

Sinnvoll ist allerdings der Vorschlag der Enquête-Kommission „Recht und Ethik der modernen Medizin" wonach zur Gewährleistung der Non-Direktivität der Beratung die genetische Beratung institutionell von der Durchführung des Tests zu trennen ist.[499] Auch wenn man nicht dem Verbot der Nichtdirektivität der Beratung folgt erscheint diese Trennung zur Gewährleistung einer neutralen Haltung auf Seiten der Ärzte sinnvoll.

4. Reihenuntersuchungen

Eine gesetzliche Regelung über die Zulässigkeit von Reihenuntersuchungen ist erforderlich und müßte vorsehen, daß diese Untersuchungen, die in der Regel auf das Erkennen von in der Bevölkerung verbreiteten oder schweren Krankheiten gerichtet sind, nur erlaubt sind, wenn sie unverzüglich nach dem Untersuchungsergebnis behandelt werden können, oder der Ausbruch der Krankheit verhindert werden kann. Voraussetzung ist also ein großer und klar erkennbaren Beitrag zum

---

[496] Ehtik-Beirat beim BMG, Prädiktive Gentests, Eckpunkte für eine ethische und rechtliche Orientierung, 2000, Probleme und Rahmenbedingungen prädiktiver Gentests.
[497] E. Buchborn, MedR 1996, 441, 443.
[498] Berufsverband Medizinische Genetik, Deutsche Gesellschaft für Humangenetik, Leitlinien zur Erbringung humangenetischer Leistungen: 1. Leitlinien zur genetischen Beratung, 1996 medgen 8, Heft 3, Sonderbeilage 1-2, Ziffer 5.
[499] Schlußbericht, BT-Drucks. 14/9020, 2002, 168.

gesundheitlichen Wohlergehen der getesteten Person durch die Möglichkeit präventiver und/oder therapeutischer Schritte. Denn nur dann ist es gerechtfertigt, eine Bevölkerungsgruppe zu testen, für die jeweils keine individuelle Testindikation vorliegt und die nicht umfassend individuell aufgeklärt werden können.[500] Weiter ist erforderlich, daß die Untersuchungsmethode eindeutige Ergebnisse liefert, Freiwilligkeit und Datenschutz gewährleistet sind.[501] Die Durchführung von Gruppenuntersuchungen zur Ermittlung von heterozygoten Anlageträgern und Testangebote, bei denen gleichzeitig auf mehrere Merkmale getestet wird, soll gesetzlich verboten werden.[502]

5. Prädiktive Diagnostik bei Minderjährigen

Konsens besteht darüber, daß prädiktive Tests an Minderjährigen nur zulässig sein sollen, wenn sie bereits in diesem Alter erforderlich sind, um rechtzeitig Therapie- und Präventionsmaßnahmen einzuleiten.[503]

6. Qualitätssicherung

Die Einführung von Prüf- und Zulassungsverfahren für prädiktive Tests wird von mancher Seite gefordert.[504] Der Gesetzesentwurf für ein Gentestgesetz der Grünen-Bundestagsfraktion sieht in § 9 vor, daß eine CE-Kennzeichnung nach § 8 MPG für In-Vitro-Diagnostika (§ 3 Nr.4 MPG), die der genetischen Untersuchung beim Menschen zu dienen bestimmt sind, nur erteilt wird, wenn sie im Hinblick auf die gestellte Testfrage zuverlässige und klar interpretierbare Ergebnisse liefern und gesundheitlich unbedenklich sind.[505]

---

[500] Enquête-Kommission „Recht und Ethik der modernen Medizin", Schlußbericht, BT-Drucks. 14/9020, 2002, 155, 177; Datenschutzbeauftragte des Bundes und der Länder, Anlage zur Entschließung zu einer gesetzlichen Regelung von genetischen Untersuchungen, 2001.

[501] Datenschutzbeauftragte des Bundes und der Länder, Anlage zur Entschließung zu einer gesetzlichen Regelung von genetischen Untersuchungen, 2001.

[502] Enquête-Kommission „Recht und Ethik der modernen Medizin", Schlußbericht, BT-Drucks. 14/9020, 2002, 176.

[503] Jüngst Enquête-Kommission „Recht und Ethik der modernen Medizin", Schlußbericht, BT-Drucks. 14/9020, 2002, 167; Ethik-Beirat beim Bundesgesundheitsministerium, Prädiktive Gentests. Eckpunkte für eine ethische und rechtliche Orientierung, 2000, 10.

[504] D. Lanzerath, Der Umgang mit prädiktivem Wissen in der genetischen Diagnostik – Ethische Aspekte unter besonderer Berücksichtigung des Krankheitsbegriffs, Schriftliche Eingabe im Rahmen der öffentlichen Anhörung von Sachverständigen bei der Enquête-Kommission „Recht und Ethik der modernen Medizin", 2000, 10; Enquête-Kommission „Recht und Ethik der modernen Medizin", Schlußbericht, BT-Drucks. 14/9020, 2002, 177.

[505] Bundestagsfraktion „Die Grünen", Entwurf eines Gesetzes zur Regelung von Analysen des menschlichen Erbguts (Gentest-Gesetz), 2001.

7. Lösungsalternative: Qualitative oder quantitative Indikationskataloge

Zur Lösung der Frage, welche Tests zulässig sein sollen und welche nicht, werden auch sogenannte Indikationskataloge diskutiert. Qualitative Indikationskataloge liegen vor, wenn genetische Diagnostik überhaupt nur für bestimmte Krankheiten angeboten wird. Von quantitativen Indikationskatalogen spricht man, wenn bestimmte Risikoschwellen für den Einsatz genetischer Diagnostik entscheidend sind.[506] Dadurch kann Klarheit geschaffen werden und der Arzt erhält eindeutige Kriterien für die Entscheidung, wann genetische Diagnostik indiziert ist.[507] Kritisiert werden diese Kataloge allerdings insbesondere im Hinblick auf die pränatale Diagnostik. Eine Lösung durch Indikationskataloge kann bewirken, daß bestimmte Krankheitsanlagen und ihre Weitergabe eine negative Stigmatisation erfahren würden.[508] Eine verbindliche Festlegung durch Indikationskataloge hieße zu bestimmen, in welchen Fällen aus Gründen der allgemeinen Gesundheitspolitik die Weitergabe bestimmter Erbanlagen unerwünscht ist. Anders ausgedrückt, wäre dies ein Katalog der Krankheiten, die möglichst erkannt werden sollten und bei denen ein Schwangerschaftsabbruch indiziert oder gar angezeigt wäre.[509] Diese Argumentation ist nur begrenzt auf die postnatale Diagnostik übertragbar. Denn nur in den Fällen der präkonzeptionellen Diagnostik geht es um die Frage, ob jemand seine Erbanlagen weitergeben soll. Für die restlichen Fälle der postnatalen Diagnostik verbleibt die Kritik, daß solche Kataloge dem Arzt die Freiheit nehmen, die individuellen Gegebenheiten zu berücksichtigen und dies zu einer unzulässigen Einschränkung des Arztes führen könnte.[510] Andererseits ist festzuhalten, daß Indikationskataloge nicht dazu dienen sollen, Handlungen vorzuschreiben, sondern Handlungsbegrenzungen festzulegen. Die festgeschriebenen Krankheiten stellen ein diagnostisches Maximum dar, und es liegt im ärztlichen Ermessen, diese diagnostischen Maßnahmen auszuschöpfen oder nicht. Indikationskataloge dienen vorrangig dem Ziel, die Gefahr einer Ausforschungsdiagnostik einzudämmen. Zunehmende vorschnelle umfangreiche Diagnostik beliebiger Krankheiten würde durch Indikationskataloge begrenzt.

---

[506] B. Schöne-Seifert, Diskussion der Beiträge, Zur Rechtfertigung pränataler Diagnostik, in: R. Toellner (Hrsg.) Humangenetik – Ethische Probleme der Beratung, Diagnostik und Forschung, 1993, 48, 61.
[507] A. Laufs, Arztrecht, 1993, Rn 405.
[508] A. Laufs, Arztrecht, 1993, Rn 405; zustimmend R. Damm, MedR 1999, 437, 441.
[509] Bund-Länder-Arbeitsgruppe „Genomanalyse", Abschlußbericht, 1990, abgedruckt in: Eberbach/Lange/Ronellenfitsch: Recht der Gentechnik und Biomedizin, 2001, 28, 30.
[510] A. Laufs, Arztrecht, 1993, Rn 405.

8. Lösungsalternative: Unterscheidung nach Art der zu diagnostizierenden Krankheit

Man muß unterschieden zwischen Tests zu Zwecken der Früherkennung und Prävention und Tests auf schwere, erst spät ausbrechende Krankheiten. Letztere sind nur ausnahmsweise zulässig, da diese das Selbstbestimmungsrecht der Testperson und deren Persönlichkeitsrecht bedrohen (Repressive Untersuchung).[511] Es sollte infolgedessen von vornherein zwischen den Zielen prädiktiver Tests unterschieden werden. Dafür sind die verschiedenen Krankheiten, die durch bestimmte Testverfahren erfaßbar sind, entscheidend. Zum einen gibt es Tests zur Erfassung monogenetischer Krankheiten und Tests, die Anlagen für multifaktorielle Krankheiten aufdecken. Bei letzteren sind nicht nur defekte Gene, sondern auch Umwelteinflüsse und Lebensstil für den Ausbruch der Krankheit entscheidend. Außerdem gibt es Krankheiten, bei denen durch genetische Tests die Möglichkeit gegeben ist, eine vorbeugende Behandlung vorzunehmen oder Risiken durch Änderung der Ernährung etc. zu verringern. Von diesen Krankheiten sind vor allem diejenigen genetisch bedingten Krankheiten zu unterscheiden, bei denen keinerlei Therapiemöglichkeit besteht. Tests bezogen auf diese Krankheitsanlagen können nur ausnahmsweise zulässig sein.

9. Ethik-Beirat beim Bundesministerium für Gesundheit – Eckpunkte für eine gesetzliche Regelung

Der Ethik-Beirat beim Bundesgesundheitsministerium hat Eckpunkte für eine ethische und rechtliche Orientierung hinsichtlich einer Regelung der prädiktiven Diagnostik genannt.[512] Soweit sie nicht bereits erörtert wurden, werden die übrigen wichtigen Punkte im Folgenden dargestellt.

a) Zielsetzung

Ausgangspunkt ist das Ziel, die legitimen Interessen der Lebensplanung und der gesundheitlichen Vorsorge zu schützen und gleichzeitig den mit prädiktiven Tests verbundenen Gefahren des Mißbrauchs wie Diskriminierung auf Grund von genetischen Merkmalen und möglichen Mißbrauch durch Einsatz prädiktiver Tests entgegenzutreten, ohne oder gegen den Willen des Betroffenen. Prädiktive Gentests dürfen nicht zur Voraussetzung für den Zugang zu sozialen Sicherungssystemen, Ausbildungs- und Arbeitsplätzen gemacht werden. Weiter ist eine (freiwillige) Durchführung von Gentests mit dem Ziel, sich durch Weitergabe positi-

---

[511] T. Kienle, ZRP 1996, 253, 257.
[512] Ethik-Beirat beim Bundesgesundheitsministerium, Prädiktive Gentests. Eckpunkte für eine ethische und rechtliche Orientierung, 2000, siehe auch unter: www.bmgesundheit.de/themen/gen/human/ethik.pdf.

ver Testergebnisse, Zugangsprivilegien bei solchen sozialen Sicherungssystemen und im Rahmen der Vergabe von Ausbildungs- und Arbeitsplätzen zu verschaffen, auszuschließen.[513] Damit wurde die Notwendigkeit erkannt, der bislang wenig erörterten Gefahr der Entsolidarisierung entgegenzutreten.

Bei der Beratung des Ratsuchenden soll im Konfliktfall im Rahmen einer Abwägung die Achtung vor Autonomie, das Wohl des Betroffenen und dessen Recht, ein selbstbestimmtes Leben zu führen, den Vorrang erhalten. Dies hat dort seine Grenzen, wo Gesundheitsgüter anderer erheblich bedroht sind oder wo Gewissensentscheidungen des Beraters herausgefordert sind. Konflikte werden insbesondere im Bereich der Vertraulichkeit von Daten, die die Gesundheit Verwandter betreffen, gesehen.[514]

b) Bindung an medizinische Zwecke und Indikation

Entscheidender Eckpunkt ist die Bindung prädiktiver Diagnostik an eine medizinische Indikation und an medizinische Zwecke.[515] Prädiktive Tests sind ausschließlich zu medizinischen Zwecken und unter der Voraussetzung einer medizinischen Indikation zulässig. Dadurch wären genetische Tests nicht mehr frei zugänglich. Medizinische Zwecke werden nur dann bejaht, wenn es um die Erfassung von genetischen Veränderungen geht, die Krankheitsdispositionen zugrunde liegen oder mit ihnen zusammenhängen. Die Bindung an medizinische Zwecke wird zunehmend gefordert, weil die Eingriffsqualität prädiktiver Diagnostik weniger in die körperliche Integrität, als in die psychische Integrität neben der Zustimmung des Betroffenen eine solche Begrenzung erfordere. Darunter werden solche Test gefaßt, die der Diagnose, Therapie und Prävention von Krankheiten fallen.[516] Ausdrücklich nicht unter den Begriff der medizinischen Zwecke fallen solche Tests, die Veranlagungen erfassen sollen, die nicht krankheitsrelevant sind.

Festgestellt wird, daß Behinderung nicht gleichzusetzen ist mit Krankheit und auch für sich alleine das Vorliegen einer Indikation für genanalytische Diagnostik nicht begründet.[517]

---

[513] Ethik-Beirat beim Bundesgesundheitsministerium, Prädiktive Gentests. Eckpunkte einer ethischen und rechtlichen Orientierung, 2000, 7.
[514] Ethik-Beirat beim Bundesgesundheitsministerium, Prädiktive Gentests. Eckpunkte für eine ethische und rechtliche Orientierung, 2000, 1-2.
[515] Ethik-Beirat beim Bundesgesundheitsministerium, Prädiktive Gentests. Eckpunkte einer ethischen und rechtlichen Orientierung, 2000, 7.
[516] DFG, Humangenomforschung und prädiktive genetische Diagnostik, Stellungnahme v. 20.6.1999, 54.
[517] Ethik-Beirat beim Bundesgesundheitsministerium, Prädiktive Gentests. Eckpunkte einer ethischen und rechtlichen Orientierung, 2000, 7.

Entscheidet man sich daneben für die Bindung genetischer Diagnostik an eine medizinische Indikation, so bleibt die Frage nach deren Definition. Dies fällt schwer, was insbesondere mit der Schwierigkeit der Definition der Begriffe von Krankheit und Gesundheit zusammenhängt.[518] Die Nichttherapierbarkeit einer Krankheit dürfte ein entscheidendes Faktum für die Frage der Indikation sein.[519] Empfohlen wird die Bindung an ärztliches Handeln und einen praktischen Krankheitsbegriff, der durch Bindung an Therapie, Diagnose und Prävention dem Grundkonsens folgt, daß ein Eingriff in die körperliche und seelische Integrität nur dann gerechtfertigt ist, wenn er neben der Einwilligung des Betroffenen auch auf die Heilung, Vermeidung oder Linderung einer Krankheit gerichtet ist. So gelingt eine wirksame Ausgrenzung krankheitsfremder nicht-medizinischer Zwecke.[520] Im Ergebnis ist die Definition der Indikation prädiktiver genetischer Diagnostik inhaltlich weitgehend deckungsgleich mit dem Begriff der medizinischen Zwecke.

c) Arztvorbehalt

Wie bereits dargestellt sind nach Ansicht des Ethik-Beirats beim Bundesgesundheitsministerium prädiktive Gentests unbedingt an einem Arztvorbehalt zu unterstellen. Hauptargument ist auch hier, daß durch die Bindung an das Arzt-Patientenverhältnis die Nutzung kommerziell angebotener prädiktiver Diagnostik ausgeschlossen werden kann. Motiv war die Gefahr der freien Verfügbarkeit von Gentests auf dem Weltmarkt. Deshalb muß das Ziel sein, durch eine angemessene Regelung des Zugangs zu prädiktiver genetischer Diagnostik, die Nachfrage nach kommerziellen Testangeboten im Ausland einzudämmen.[521]

d) Fakultative genetische Beratung

Im Gegensatz zu anderen Vorschlägen tritt der Ethik-Beirat zur Wahrung der Autonomie des Ratsuchenden dafür ein, daß die genetische Beratung lediglich angeboten wird, ihre Inanspruchnahme aber nicht Voraussetzung für die Zulässigkeit der Durchführung prädiktiver Diagnostik ist.[522]

---

[518] Sehr deutlich bei S. Cramer, Genom- und Genanalyse, Diss. Heidelberg 1991, 165 ff. mit Nennung von Indikationen allerdings nur für den Bereich der pränatalen Diagnostik.
[519] R. Damm, MedR 1999, 437, 442.
[520] Vgl. D. Lanzerath, Der Umgang mit prädiktivem Wissen in der genetischen Diagnostik – Ethische Aspekte unter besonderer Berücksichtigung des Krankheitsbegriffs, Schriftliche Eingabe im Rahmen der öffentlichen Anhörung von Sachverständigen bei der Enquête-Kommission „Recht und Ethik der modernen Medizin", 2000, 9.
[521] Ethik-Beirat beim Bundesgesundheitsministerium, Prädiktive Gentests. Eckpunkte für eine ethische und rechtliche Orientierung, 2000, 8.
[522] Ethik-Beirat beim Bundesgesundheitsministerium, Prädiktive Gentests. Eckpunkte für eine ethische und rechtliche Orientierung, 2000; 9, siehe dazu unter Erster Teil, Erster Abschnitt, V. 3. b).

10. Entwurf eines Gesetzes zur Regelung von Analysen des menschlichen Erbgutes (Gentest-Gesetz) der Bundestagsfraktion der Grünen

Dieser Entwurf[523] entspricht weitgehend dem Vorschlag des Ethik-Beirats. Jedoch sollen Gentests nur zu gesetzlich vorgesehen Zwecken zulässig sein, (§ 8). Die §§ 17, 18 regeln diese Zwecke. Von „medizinischen" oder „gesundheitlichen" Zwecken wird nicht gesprochen. Präsymptomatische, d.h. prädiktive Untersuchungen sind „zur Diagnose einer somatischen Krankheit" möglich (§ 18 (1)). Damit liegt eine Zweckbindung an den Krankheitsbegriff vor und nicht-krankheitsrelevante Zwecke sind dadurch ausgeschlossen. Nach dem Wortlaut ist jedoch unklar, ob es sich tatsächlich um präsymptomatische und damit prädiktive Untersuchungen auf Krankheitsanlagen handelt. Vielmehr handelt es sich wohl um einen genetischen Test, der Aufschluß über eine bestehende somatische Krankheit gibt.

a) Voraussetzungen zulässiger prädiktiver Diagnostik

Prädiktive Untersuchungen sind nur zulässig, wenn konkrete Anhaltspunkte dafür vorliegen, daß der Betroffene Träger einer Krankheitsanlage bezüglich einer somatischen Krankheit oder einer erheblichen Erbkrankheit ist und die Untersuchung im Rahmen einer therapeutischen Behandlung erfolgt oder einer an Prävention ausgerichteten Lebensgestaltung dient (§ 18 (3)). Das Erfordernis einer erheblichen Erbkrankheit stellt sicher, daß das prädiktive Wissen, das bei Erbkrankheiten das Recht auf Nichtwissen der nahen Verwandten berührt, nicht unnötig belastet wird, dabei bleibt unklar, was für Erbkrankheiten erheblich sind. Das Merkmal der Erheblichkeit kann sich sowohl auf die Schwere der Krankheit als auch auf ihre Therapierbarkeit beziehen. Aus dem Zusammenhang mit § 18 (3), der den Begriff der „Schwere" der Erbkrankheit im Zusammenhang mit der Familienplanung enthält, ergibt sich, daß es für die Frage der Erheblichkeit nicht allein auf die Schwere der Erbkrankheit ankommen kann. Denn mit zwei unterschiedlichen Begriffen im Gesetzeswortlaut kann nicht inhaltlich dasselbe gemeint sein.

Zur Familienplanung dürfen prädiktive Tests nur erfolgen, wenn konkrete Anhaltspunkte für das Bestehen Anlage einer schweren Erbkrankheit gegeben sind (§ 18 (3)). Dadurch wird im Rahmen der präkonzeptionellen Diagnostik sichergestellt, daß nicht schon weniger schwerwiegende Erbkrankheiten zum Verzicht auf ein Kind führen.

---

[523] Bundestagsfraktion „Die Grünen", Entwurf eines Gesetzes zur Regelung von Analysen des menschlichen Erbguts (Gentest-Gesetz), 2001; zum Entwurf: J. Goerdeler/B. Laubach, ZRP 2002, 115 ff..

b) Doppelter Arztvorbehalt

Gesetzlich festgelegt werden soll ein doppelter Arztvorbehalt. Zum einen darf eine genetische Untersuchung nur auf Veranlassung eines Facharztes für Humangenetik oder einen Facharzt für das betreffenden Gebiet veranlaßt werden. Dieser veranlassende Arzt prüft auch das Vorliegen der gesetzlichen Voraussetzung für die Zulässigkeit (§ 9). Damit ist eine Veranlassung genetischer Untersuchungen von Arbeitgebern, Verwandten und Versicherungen ausgeschlossen. Zweitens darf die Untersuchung nur von einem zugelassenen Facharzt oder Einrichtungen im Rahmen der gesetzlichen Bestimmungen durchgeführt werden (§ 8 (2)). Veranlassender und durchführender Arzt dürfen nicht personenidentisch sein (§ 8 (3)).[524]

c) Vertriebsverbot für prädiktive genetische Tests

Angesichts der aufgezeigten Gefahren einer freien Verfügbarkeit prädiktiver genetischer Tests, ist das Verbot des Vertriebs genetischer Testverfahren für den allgemeinen Gebrauch (§ 10) eine angemessene Regelung.

d) Festlegung und Beschränkung des Untersuchungsgegenstandes

Sinnvoll ist auch das Gebot, die Ziele genetischer Tests vor der Durchführung des Tests genau festzulegen, indem Untersuchungen so anzulegen sind, daß sie im Hinblick auf den Untersuchungsauftrag ein möglichst eindeutiges Ergebnis liefern und keine Überschußinformationen produziert werden (§ 12). Letzterer Punkt wird in keinem der anderen Vorschläge berücksichtigt, obwohl er für den Schutz der Autonomie und des Prinzips des Free and Informed Consent entscheidend ist. Die Testperson muß vor Durchführung des Tests wissen, auf was für mögliche Ergebnisse sie sich einstellen muß und kann gegebenenfalls auf die Aufdeckung bestimmter Krankheitsanlagen oder auf die Mitteilung darüber verzichten. Nur so ist das Recht auf Nichtwissen gewährleistet.

e) Strafrechtliche Sanktionen

Die Zustimmung des Einzelnen zur Durchführung von genetischen Untersuchungen und seine Zustimmung zur Weitergabe solcher Testergebnisse werden sehr hoch bewertet. Der Gesetzesentwurf sieht bei einem Verstoß strafrechtliche Sanktionen in Form von Freiheitsstrafe und Geldstrafe vor (§§ 23, 24). Zur Durchsetzung der übrigen Regelungen sind keine strafrechtlichen Sanktionen vorgesehen, vielmehr werden Verstöße als Ordnungswidrigkeit sanktioniert (§ 25).

---

[524] So auch die Enquête-Kommission „Recht und Ethik der modernen Medizin", Schlußbericht, BT-Drucks. 14/9020, 2002, 176 ff..

11. Datenschutzbeauftragte des Bundes und der Länder: Entschließung zu einer gesetzlichen Regelung von genetischen Untersuchungen

Zum Schutz der Menschenwürde, der Persönlichkeit und der informationellen Selbstbestimmung der Betroffenen bei genetischen Untersuchungen haben die Datenschutzbeauftragten des Bundes und der Länder eine Entschließung zu einer gesetzlichen Regelung von genetischen Untersuchungen vorgelegt.[525] Auch dieser Entwurf unterscheidet sich nicht in den wesentlichen Anforderungen von den Eckpunkten des Ethik-Beirats beim Bundesgesundheitsministerium, so daß hier nur auf Besonderheiten eingegangen wird.

a) Umfassende Einwilligung

Die Einwilligung vor Durchführung der prädiktiven Diagnostik muß zwingend folgende Punkte erfassen: Die Einwilligung in die Durchführung der genetischen Untersuchung, die Entscheidung darüber, welches Ziel die Untersuchung hat, die Entscheidung darüber, ob auch unvermeidbare weitere Untersuchungsergebnisse zur Kenntnis genommen werden sollen und eine Entscheidung über die Frage der Weitergabe der Daten, ihrer Löschung und die Nutzung der Probe zu Forschungszwecken.

b) Bindung prädiktiver Diagnostik an medizinische Zwecke/Indikation

Auch dieser Vorschlag enthält eine Bindung prädiktiver Diagnostik an medizinische Zwecke und eine medizinische Indikation. Voraussetzung ist, daß sie der Vorsorge, der Behandlung oder der konkreten Familienplanung der Testperson dienen.

c) Strafrechtliche Sanktionen

Verstöße gegen den vorgesehenen Facharztvorbehalt, gegen die Beschränkung von prädiktiven Untersuchungen zu medizinischen Zwecken, gegen das Gebot der Aufklärung und Beratung oder das Erfordernis der Einwilligung in die Durchführung des Test sollen strafrechtlich sanktioniert werden.

d) Prädiktive Diagnostik bei Minderjährigen

Die Erlaubnis, genetische Test bei Minderjährigen durchzuführen ist im Hinblick auf deren Recht auf Nichtwissen eng gefaßt. Genetische Untersuchungen bei Minderjährigen sind nur zulässig, wenn ihre Durchführung vor Erreichen der Volljährigkeit erforderlich ist, um den Ausbruch einer Krankheit zu verzögern oder zu ganz zu verhindern oder gar zu Heilen oder zumindest zu lindern. Dies

---

[525] Datenschutzbeauftragte des Bundes und der Länder, Entschließung zu einer gesetzlichen Regelung von genetischen Untersuchungen, 2001.

entspricht weitgehend der standesrechtlichen Richtlinie der Bundesärztekammer.[526]

12. Empfehlungen der Enquête-Kommission „Recht und Ethik der modernen Medizin" zur gesetzlichen Regelung der genetischen Diagnostik

Die Enquête-Kommission empfiehlt die Rahmenbedingungen für der Gendiagnostik innerhalb eines Gendiagnostikgesetzes festzulegen.[527] Ohne vollständig auf die Empfehlungen der Enquête-Kommission einzugehen, seien hier einige wichtige Punkte genannt.

a) Aufklärung – genetische Beratung – psychosoziale Beratung

Hingewiesen wird auf erhebliche quantitative und qualitative Mängel sowohl bei der humangenetischen Beratung als auch bei der psychosozialen Beratung, die beseitigt werden müssen.[528]

b) Keine umfassende Zweckbindung prädiktiver Diagnostik

Die Enquête-Kommission „Recht und Ethik der modernen Medizin" tritt für einen freien Zugang zu prädikitver postnataler genetischer Diagnostik ein. Wesentliche Einschränkung ist, daß Tests, die medizinischen Zwecken dienen und solche Tests, von deren Ergebnissen eine Gefahr für den Betroffenen ausgehen kann, unter einen gesetzlichen Arztvorbehalt gestellt werden.[529]
Medizinische Zwecke werden definiert als solche, die „im engeren Sinne krankheitsbezogen sind", solche, die „mit dem Ziel durchgeführt werden, genetische Strukturen zu identifizieren, die Aussagen über das Risiko, die Wahrscheinlichkeit oder die Sicherheit einer künftigen Erkrankung oder Behinderung zulassen" und solche, die „der Identifizierung einer heterozygot vorliegenden genetischen Veranlagung zu einer Krankheit dienen". Weiter solche, die „der Identifizierung genetisch bedingter Empfindlichkeiten für bestimmte Arzneimittelwirkstoffe dienen"[530], wobei auf die Problematik der pharmakogenetischen Diagnostik im vorliegenden Zusammenhang nicht eingegangen wird. Nicht medizinischen Zwecken

---

[526] Bundesärztekammer, Richtlinien zur Diagnostik der genetischen Disposition für Krebserkrankungen, DÄBL 1998, A-1396-1403.
[527] Enquête-Kommission „Recht und Ethik der modernen Medizin", Schlußbericht, BT-Drucks. 14/9020, 2002, 176 ff..
[528] Enquête-Kommission „Recht und Ethik der modernen Medizin", Schlußbericht, BT-Drucks. 14/9020, 2002, 159.
[529] Enquête-Kommission „Recht und Ethik der modernen Medizin", Schlußbericht, BT-Drucks. 14/9020, 2002, 177, zur Definition des Begriffs „medizinische Zwecke" siehe unter Erster Teil, Erster Abschnitt, V. 9. b).
[530] Enquête-Kommission „Recht und Ethik der modernen Medizin", Schlußbericht, BT-Drucks. 14/9020, 2002, 163.

dienende Tests sind Vaterschaftstests und Abstammungstests als nicht-prädiktive Tests und die sogenannten „Life-Style-Tests" auf Merkmale ohne jeden Krankheitswert für die Betroffenen Person, ihre Nachkommen oder Verwandten. Im Gegensatz dazu zeichnen sich medizinische Tests durch ihren Bezug zur medizinischen Praxis aus.[531]

Im Gegensatz zur Regelung des Art. 12 BMK und dem Vorschlag des Ethik-Beirats beim Bundesgesundheitsministerium wird hier kein Verbot prädiktiver Tests mit Erlaubnisvorbehalt vorgeschlagen. Vielmehr sollen lediglich Tests zu medizinischen Zwecken einem Arztvorbehalt unterstellt werden und im übrigen ein freier Zugang zur genetischen Diagnostik bestehen. Jedoch werden die Kosten für Tests ohne präventiven oder therapeutischen Nutzen nicht von der gesetzlichen Krankenversicherung übernommen.[532]

c) Qualitätssicherung der genetischen Diagnostik
Besonderer Wert wird auf die Entwicklung und Etablierung eines Qualitätssicherungs- und Qualitätskontrollsystems gelegt. Während die Qualitätssicherung des Produkts Gentest durch die In-Vitro-Diagnostika-Richtlinie[533] und das Medizinproduktgesetz geregelt ist, ist der Gesetzgeber hinsichtlich der Qualitätssicherung des Prozesses, d.h. der Voraussetzungen und Regelungen der Anwendung in seiner Gestaltung noch frei. Angesichts der unübersichtlichen Lage[534] derzeit, in der genetische Tests in Laboratorien von Kliniken, Arztpraxen, privaten Laborgemeinschaften und privaten Firmen durchgeführt werden, ist eine gesetzliche Einführung einer Qualitätssicherung notwendig. Sie soll gewährleisten, daß neue Gentests, deren Sicherheit, Wirksamkeit und Nutzen noch nicht geprüft und nicht gewährleistet ist, nicht vorschnell auf dem Markt eingeführt werden. Außerdem soll dadurch die Qualität von Laborleistungen und die Interpretation der Testergebnisse dem wissenschaftlich-technischem Stand entsprechend sichergestellt werden.[535] Die Notwendigkeit einer solchen Qualitätssicherung wird deutlich gemacht durch den Verweis auf das Negativbeispiel für eine vorschnelle Einführung und ungeregelte Verbreitung eines Tests - den Triple-Test. Wenngleich dies kein Gentest ist, können aus den Erfahrungen mit diesem risikospezifizierenden pränatalen Test Konsequenzen für die prädiktive genetische Diagnostik gezogen

---

[531] Enquête-Kommission „Recht und Ethik der modernen Medizin", Schlußbericht, BT-Drucks. 14/9020, 2002, 115, 163.
[532] Enquête-Kommission „Recht und Ethik der modernen Medizin", Schlußbericht, BT-Drucks. 14/9020, 2002, 177.
[533] IVD-Richtlinie 98/79/EG des Europäischen Parlamentes und des Rates.
[534] DFG, Humangenomforschung und prädiktive genetische Diagnostik, Stellungnahme v. 20.6.1999, 50.
[535] Enquête-Kommission „Recht und Ethik der modernen Medizin", Schlußbericht, BT-Drucks. 14/9020, 2002, 159 f.

werden. Dieser risikospezifierende Test wurde als diagnostischer Test mißverstanden und hat häufig zu einer Verunsicherung der Schwangeren geführt, was wiederum einen Anstieg der Inanspruchnahme der invasiven Amniozentese bewirkte. Die Einführung und Verbreitung des Triple-Tests erfolgte so, daß in vielen Fällen die Schwangeren weder ausreichend über die Bedeutung des Tests aufgeklärt noch gefragt wurden, ob sie den Test überhaupt wollen. Deutlich wird dadurch, daß ein einmal auf den Markt gelangtes Testangebot schwierig einschränkbar ist.[536]

Die Enquête-Kommission „Recht und Ethik der modernen Medizin" will die Kontrolle von Einrichtungen, die genetische Untersuchungen durchführen und die Formulierung verbindlicher Standards für die Zulassung von Tests zentralen Gendiagnostik-Kommissionen übertragen.[537]

13. Stellungnahme

Eine gesetzliche Regelung der prädiktiven Diagnostik ist erforderlich. Die totale Freigabe genetischer prädiktiver Diagnostik und damit eine Anwendung, die nur den Gesetzen des Marktes unterliegt ist wegen der sozialen Folgen und Implikationen für den Einzelnen und die Gesellschaft nicht zuzulassen.[538] Gegen eine uneingeschränkte Zulassung genetischer Diagnostik sprechen vor allem die für den Einzelnen nicht absehbaren sozialen Auswirkungen in Form von Ausgrenzung auf Grund genetischer Merkmale, die Erzeugung eines gesellschaftlichen Zwangs zum Test und die mögliche Tendenz zu einer Entsolidarisierung innerhalb der Gesellschaft durch die unbeschränkte Erhebung prädiktiven Wissens, unabhängig von einer medizinischen Zweckgebundenheit. Auf der anderen Seite ist es wegen des Rechts auf Wissen als Ausfluß der Selbstbestimmung und den möglichen gesundheitlichen Vorteilen für den Einzelnen nicht zu rechtfertigen, den Zugang zur prädiktiven genetischen Diagnostik absolut zu verwehren. Eine vermittelnde Lösung, die im Rahmen von medizinischen oder gesundheitlichen Zwecken bezogen auf den Einzelnen den freien Zugang vorsieht, wird den widerstreitenden Interessen und Gefahren am ehesten gerecht. Die medizinische Zweckbindung gewährleistet, daß kein sinnloses prädiktives Wissen erhoben wird, so daß der Einzelne nicht mehr als notwendig mit prädiktivem genetischem Wissen belastet wird. Ebensowenig ist es dann möglich, genetisches Wissen allein deswegen zu erheben, um sich Vorteile auf dem Arbeitsmarkt, im Versicherungsbereich oder in einem

---

[536] Enquête-Kommission „Recht und Ethik der modernen Medizin", Schlußbericht, BT-Drucks. 14/9020, 2002, 160 f. mwN.
[537] Enquête-Kommission „Recht und Ethik der modernen Medizin", Schlußbericht, BT-Drucks. 14/9020, 2002, 174, mit Hinweisen auf die Regelungen in Österreich und im Schweizer Gesetzesentwurf für ein Humangenetikgesetz.
[538] DFG, Humangenomforschung und prädiktive genetische Diagnostik, Stellungnahme v. 20.6. 1999, 55.

anderen gesellschaftlich relevanten Bereich zu verschaffen. Die Gefahr der Entsolidarisierung und eines gesellschaftlichen Zwangs zum Test würde wesentlich eingedämmt. Dagegen sind Indikationskataloge als Entscheidungshilfe für die Frage, ob ein genetischer Test im Einzelfall medizinischen oder gesundheitlichen Zwecken dient, nicht angemessen. Denn dies würde bedeuten, von vornherein die prädiktive genetische Diagnostik auf bestimmte Krankheitsveranlagungen zu begrenzen, ohne daß der persönlichen Lebensplanung des Einzelnen und seinen speziellen Verhältnissen im Einzelfall genügend Rechnung getragen werden könnte. Die notwendige gesetzliche Regelung der prädiktiven Diagnostik muß deshalb in jedem Fall eine Einzelfallbetrachtung und eine Abwägung ermöglichen, da ansonsten die Autonomie des Ratsuchenden verletzt werden könnte.[539]

Um die Eingrenzung durch medizinische oder gesundheitliche Zwecke nicht ungenau werden zu lassen, sollten bei der Einzelfallabwägung folgenden Kriterien berücksichtigt werden:

- Die Frage der Ausgangsrisiken: Bestehen eines überdurchschnittlich erhöhten, meist familiär bedingten Risikos
- die Schwere der Erkrankung, auf die getestet werden soll
- die Möglichkeiten der Therapie
- die Einbuße an Lebensqualität durch prädiktives Wissen und die psychische Belastung und Belastbarkeit im Einzelfall
- die Eintrittswahrscheinlichkeit bei positivem Testergebnis
- der zeitliche Abstand zwischen voraussichtlichem Krankheitseintritt und dem Zeitpunkt der Untersuchung
- die Möglichkeit der Prävention
- die familiäre Situation, insbesondere ob Angehörige von dem prädiktiven Wissen betroffen sein werden.

Die genetische Beratung sollte zwingend sein vor jeder Durchführung prädiktiver Diagnostik. Nur bei Erläuterung der Besonderheiten genetischer Untersuchungen bereits im Vorfeld ist sichergestellt, daß die Testperson weiß, worin sie einwilligt. Aus den genannten Gründen ist eine Qualitätssicherung und Qualitätskontrolle unabdingbar.

---

[539] Vgl. C. Kaminsky, in: E.-M. Engels (Hrsg.), Biologie und Ethik, 1999, 194

Zur Vermeidung von Zufallsergebnissen, die von der Einwilligung vor Durchführung der Diagnostik nicht erfaßt sind und möglicherweise das Recht auf Nichtwissen der Testperson verletzten, ist der Untersuchungsgegenstand vorher festzulegen.

Ausreichend ist, wenn die Durchführung prädiktiver Diagnostik und die Prüfung ihrer Zulässigkeitsvoraussetzungen durch einen Facharzt erfolgt. Nicht notwendig ist es, auch die Veranlassung prädiktiver Diagnostik unter einen Arztvorbehalt zu stellen. Dies würde die Selbstbestimmung des Einzelnen zu sehr einschränken und ist zum Schutz vor Interessen von Versicherern und Arbeitgebern nicht nötig, da sie durch die Bindung an gesundheitliche Zwecke des Betroffenen ohnehin keine prädiktiven Tests veranlassen können.

Zur Durchsetzung dieser Eckpunkte einer gesetzlichen Regelung ist für die Fälle eines Verstoßes gegen diese Zwecksetzung eine strafrechtliche Sanktion sinnvoll. Ebenso sollten Bußgeldvorschriften für private Institute gelten, die Tests zum allgemeinen Gebrauch verkaufen oder Tests unabhängig von den gesetzlichen Voraussetzungen durchführen.

Zweiter Abschnitt: Die Regelungen der BMK

I. Voraussetzungen für die Zulässigkeit prädiktiver genetischer Tests

Zentrale Bestimmung der BMK für prädiktive genetische Tests ist Art. 12 BMK. Die Vorschrift enthält die Erlaubnis für genetische Tests zur Prognostizierung genetischer Krankheiten oder Anfälligkeiten zu gesundheitlichen Zwecken oder für die gesundheitsbezogenen wissenschaftliche Forschung. Kritisiert wird an Art. 12 BMK neben der Zulässigkeit prädiktiver Gentests vor allem die Unbestimmtheit der Begriffe „gesundheitliche Zwecke" und „gesundheitsbezogene wissenschaftliche Forschung".[540] Es sei nicht geklärt, was mit Gesundheitszwecken tatsächlich gemeint ist. Dasselbe gelte für die in Art. 12 BMK genannten Forschungszwecke zu Gesundheitszwecken. Tatsächlich ist hier zu erörtern, ob Art. 12 BMK im Hinblick auf die angesprochenen Probleme und die offene Rechtslage in Deutschland eine sachgerechte Lösung ist. Zu klären ist der Begriff „gesundheitliche Zwecke" - *"health purposes"*. Neben der weiteren Voraussetzung einer genetischen Beratung sind die Bestimmungen der Art. 4, 5 und 10 BMK maßgeblich.

1. Art. 12 – Bindung prädiktiver Gentests an gesundheitliche Zwecke

Aufgrund der Gefahren und Probleme im Zusammenhang mit prädiktiven genetischen Tests wurde die Möglichkeit der Anwendung, zusätzlich zum Erfordernis einer Indikation nach Art. 4 BMK, streng an gesundheitliche Zwecke, im verbindlichen englischen Text: *"health purposes"*, geknüpft. Dies gilt sowohl für den einzelnen Patienten, zu dessen unmittelbarem Nutzen der Test durchgeführt werden muß, als auch für die Forschung. Dementsprechend sind Tests im Rahmen der Forschung nur für die gesundheitsbezogene Forschung zulässig. Zunächst und vor allen Dingen ist eine positive Begriffsbestimmung von „health purposes" und damit von "Gesundheitszwecken" erforderlich. Geklärt werden muß unter anderem, ob darunter nur gesundheitliche Interessen des Individuums fallen oder auch solche der Allgemeinheit wie wichtige öffentliche Interessen im Gesundheitswesen.[541] Gefordert wird die Herausarbeitung einer positiven Begriffsbestimmung von Gesundheitszwecken.[542] Bisher wurde diese eher negativ vorgenommen:

---

[540] M.-T. Tinnefeld, ZRP 2000, 10, 13; D. Mieht, in: Protokoll der 113. Sitzung des Rechtsausschusses des BT, öffentliche Anhörung zum Thema: Übereinkommen über Menschenrechte und Biomedizin, 1998, 39.
[541] M.-T. Tinnefeld, DuD 1999, 317, 320; H.-L. Schreiber, in: S. Winter/H. Fenger/H.-L. Schreiber (Hrsg.), Genmedizin und Recht, 2001, Rn 811.
[542] D. Lanzerath, JbfWE 1998, 193, 200.

Nicht unter den Begriff sollten Tests für Zwecke von Versicherungen und zur Auslese auf dem Arbeitsmarkt fallen.

a) Gesundheitliche Zwecke – Wortlaut des Art. 12 BMK

Ausgehend vom Wortlaut der Norm als Ausgangspunkt jeder Auslegung und unter Berücksichtigung der Regeln der Grammatik, der juristischen Fachsprache und des allgemeinen Sprachgebrauchs[543] ergibt sich Folgendes:

aa) Zwingende Voraussetzung prädiktiver Tests

Art. 12 BMK bestimmt eindeutig, daß prädiktive Untersuchungen „nur" zu gesundheitlichen Zwecken oder für die gesundheitsbezogenen Forschung durchgeführt werden dürfen. Durch diese strenge Bindung an gesundheitliche Zwecke ist eine Teilnahme an solchen Untersuchungen allein auf Wunsch des Ratsuchenden und mit seiner aufgeklärten Einwilligung, dem Wortlaut nach nicht möglich. Es liegt ein Verbot mit Erlaubnisvorbehalt vor.

bb) Gesundheitsbegriff

Es besteht eine begrifflich und erkenntnistheoretische Schwierigkeit, den Gesundheitsbegriff eindeutig zu definieren.[544] Dies hängt mit dem Verständnis von Krankheit zusammen.

In der Medizin wird Gesundheit als das subjektives Wohlbefinden ohne Zeichen einer geistigen, seelischen oder körperlichen Störung definiert.[545] Gesundheit im engeren Sinne, ist „das subjektive Empfinden des Fehlens körperlicher, geistiger, seelischer Störungen oder Veränderungen bzw. ein Zustand, in dem Erkrankungen und pathologische Veränderungen nicht nachgewiesen werden können".[546] Andere sprechen von normalem Aussehen, Verhalten und Befinden, d.h. subjektives Fehlen körperlicher und seelischer Störungen oder die Nichtnachweisbarkeit entsprechender krankhafter Veränderungen.[547] Etwas weiter definiert die WHO Gesundheit, nämlich als Zustand vollständigen körperlichen, geistigen und sozialen Wohlbefindens und nicht nur des Freiseins von Krankheit und Gebrechen.[548]

---

[543] K. Larenz/C.-W. Canaris, Methodenlehre der Rechtswissenschaft, 1995, 141; H. Brox, Allgemeiner Teil des BGB, 2002, Rn 59.
[544] Vgl. D. Lanzerath, JbfWE 1998, 193, 197; Zur Schwierigkeit der Bestimmung des Begriffs Gesundheit D. Mieth, The problem of „justified interests" in Genome Analysis. A Socioethical Approach, in: H. Haker/R. Hearn/K. Steigleder, Ethics of Human Genome Analysis, European Perspectives, 1993, 272, 282.
[545] P. Reuter, Springer Wörterbuch Medizin, 2001, Gesundheit.
[546] Pschyrembel, Klinisches Wörterbuch, 2002, Gesundheit.
[547] Lexikon Medizin, hrsg. von Urban & Schwarzenberg, 1995, Gesundheit.
[548] Nachweis in: Pschyrembel, Klinisches Wörterbuch, 2002, Gesundheit.

cc) Krankheit

Ein wesentliches Kriterium, mit dem sich gesundheitliche Zwecke bestimmen lassen, ist der Begriff der Krankheit. Das Krankheitsverständnis ist für den Umgang mit neuen genetischen Diagnoseverfahren insofern von Bedeutung, als der Krankheitsbegriff ein konstitutives Element der Rechtfertigung und Grenzziehung ärztlichen Handelns darstellt.[549]

aaa) Der konventionelle Krankheitsbegriff der kurativen Medizin

Krankheit wird definiert als durch subjektive oder objektive Symptome gekennzeichnete körperliche, geistige oder seelische Veränderungen oder Störungen.[550] Der Krankheitsbegriff wird auch als Störung der Lebensvorgänge in Organen oder im gesamten Organismus mit der Folge von subjektiv empfundenen oder objektiv feststellbaren körperlichen, geistigen oder seelischen Veränderungen bestimmt.[551]

bbb) Versicherungsrecht: Objektiver Krankheitsbegriff

Im Arbeits- und Sozialversicherungsrecht erfordert Krankheit einen regelwidrigen Verlauf leiblicher, seelischer oder geistiger Lebensvorgänge, der Krankenpflege notwendig macht.[552] Ausgangspunkt im Versicherungsrecht ist die Heilbehandlung. Nicht jede ärztliche Tätigkeit ist Heilbehandlung, sondern nur eine solche, die auf die Behandlung einer Krankheit gerichtet ist.[553] Nachdem auch in diesem Bereich der Begriff der Krankheit nicht durch gesetzliche Regelungen definiert ist, werden unterschiedliche Definitionen verwendet. Überwiegend wird der Krankheitsbegriff objektiv verstanden, d.h. auf das Bestehen einer Krankheit im Sinne des allgemeinen Sprachgebrauchs abgestellt, wie er sich auf Grund allgemein bekannter medizinischer Kenntnisse entwickelt hat.[554] Danach ist von einer Krankheit dann auszugehen, wenn ein anomaler körperlicher oder geistiger Zustand, der eine nicht ganz unerhebliche, das Maß des nach den allgemeinen Lebensverhältnissen Zumutbaren überschreitende Beeinträchtigung des Betroffenen zur Folge hat. Dies muß durch eine Störung oder einen Ausfall körperlicher oder geistiger Funktionen verursacht oder mit bewirkt sein. „Krankheitswert kommt

---

[549] D. Lanzerath, Der Umgang mit prädiktivem Wissen in der genetischen Diagnostik – Ethische Aspekte unter besonderer Berücksichtigung des Krankheitsbegriffs, Schriftliche Eingabe im Rahmen der öffentlichen Anhörung von Sachverständigen bei der Enquête-Kommission „Recht und Ethik der modernen Medizin", 2000, 4, 8.
[550] P. Reuter, Springer Wörterbuch Medizin, 2001, Krankheit; Lexikon Medizin, hrsg. von Urban & Schwarzenberg, 1995, Krankheit.
[551] Pschyrembel, Klinisches Wörterbuch, 2002, Krankheit.
[552] Lexikon Medizin, hrsg. von Urban & Schwarzenberg, 1995, Krankheit.
[553] J. Prölss in: Prölss/Martin, VVG Kommentar, 1998, § 1 MBKK Rn 4.
[554] OLG Karlsruhe VersR 1991, 912, 913; OLG Stuttgart VersR 1987, 280 (Verneint im Fall der In-vitro-Fertilisation als Heilbehandlung); LG Freiburg VersR 1980, 524.

einer körperlichen Abweichung vom 'Normalzustand' erst dann zu, wenn sie über ein reines Mißempfinden hinaus zu Beschwerden oder Behinderungen im Sinne einer nicht ganz unerheblichen Funktionsstörung führt."[555] Entscheidend ist eine organische Veränderung; daß der Versicherungsnehmer sich krank fühlt ist ebenso unerheblich wie, daß der körperliche Zustand nicht seinen Wunschvorstellungen entspricht, mögen diese auch noch so verbreitet sein.[556] Gleichwohl kann die Entscheidung des Versicherungsträgers über die Ersatzfähigkeit einer Behandlung nicht allein für die Begriffsbestimmung von Krankheit maßgeblich sein.

ccc) Prädiktive Medizin: Praktischer Krankheitsbegriff

Der konventionelle Krankheitsbegriff kann nicht allein maßgeblich für die Bestimmung von gesundheitlichen Zwecken in der prädiktiven Medizin sein, vielmehr stellen die Möglichkeiten der prädiktiven Medizin den konventionellen Krankheitsbegriff in Frage. Wenn früher von einer Krankheit in der Regel erst beim Auftreten der ersten Symptome ausgegangen wurde, so ist im Bereich der prädiktiven Medizin unklar, ob man von Krankheit schon sprechen kann, wenn ein genetischer Fehler vorliegt, der Phänotyp noch, möglicherweise auf unbestimmte Zeit, nicht betroffen ist. Gerade bei der postnatalen Genomanalyse wird deutlich, daß der Begriff der Gesundheit sehr weit ist, insbesondere wenn man das Kriterium Lebensqualität einschließt. Die Voraussetzungen für Lebensqualität können nur individuell und subjektiv bestimmt werden und dadurch wiederum verliert der Gesundheitsbegriff an Kontur. Ebenso sind beim Krankheitsbegriff objektive Kriterien und subjektive Bewertung verknüpft und verschränkt.

Es besteht Klärungsbedarf hinsichtlich der Frage, inwieweit zwischen Krankheiten und ihren genetischen Dispositionen unterschieden werden muß, insbesondere bei sehr spät manifest werdenden Krankheiten müssen Kriterien gefunden werden, die auch eine zeitliche Grenzziehung hinsichtlich Krankheit und Gesundheit ermöglichen.

Vorgeschlagen wird ein praktischer Krankheitsbegriff, der an der Bewertung des subjektiven Zustandes von Seiten des Patienten ebenso wie an der Einschätzung des Arztes und seinen Handlungsmöglichkeiten orientiert ist.[557] Krankheit im Arzt -Patientenverhältnis ist „ein Zustand, den der betroffene Patient als Störung seines Wohlbefindens empfindet, und zwar als eine solche, die ihn veranlaßt, beim Arzt um Hilfe und Heilung oder zumindest Schmerzlinderung nachzusuchen."[558] Der Krankheitsbegriff setzt sich zusammen aus der Bewertung des subjektiven Zustandes durch den Patienten und den Arzt, der die Erwartungen des Patienten

---

[555] OLG Karlsruhe VersR 1991, 912, vgl. auch OLG Köln VersR 1994, 208.
[556] J. Prölss, in: Prölss/Martin, VVG Kommentar, § 1 MBKK Rn 4; vgl. P. Bach, in: P. Bach/H. Moser, Private Krankenversicherung, Kommentar, 1993, § 1 MBKK Rn 70, 71.
[557] L. Honnefelder, in: Lexikon der Bioethik Band 2, 1998, 257, 258.
[558] D. Lanzerath, Krankheit und ärztliches und ärztliches Handeln. Zur Funktion des Krankheitsbegriffs in der medizinischen Ethik, Diss. Bonn 1998, 256-263.

steuert, die ärztliche Tätigkeit lenkt und anpaßt. Der Krankheitsbegriff beschreibt die normative Vorstellung, die die Anerkennung der Hilfsbedürftigkeit des Patienten und die vom Patienten ausgehende Aufforderung zu ärztlichem Handeln bewirken.[559]

Die Abgrenzung zur Behinderung, d.h. einer dauerhaften, allenfalls symptomatisch therapierbaren Beeinträchtigung des psychischen oder physischen Zustandes[560], kann im Fall chronischer Krankheiten zwar fließend sein, sollte aber bei der Frage der Zulässigkeit prädiktiver Tests vom Begriff der Krankheit und damit im Rahmen von gesundheitlichen Zwecken unterschieden werden. Ein gesundheitlicher Zweck kann nur gegeben sein, wenn eine Heilbehandlung im weiteren Sinne noch möglich ist. Um die Akzeptanz von Behinderten in der Gesellschaft zu gewährleisten, muß deshalb entsprechend differenziert werden.

Gesundheitliche Zwecke sind nach dem soeben Gesagten nur solche, die mit einer Krankheit im oben genannten Sinne im Zusammenhang stehen, insofern als die Diagnostik einer Krankheitsanlage beabsichtigt ist. Ausgeschlossen sind damit krankheitsfremde Zwecke, wie die Erkennung charakterlicher Eigenschaften, Verhaltensweisen oder Intelligenzgrade.

dd) Der Begriff der medizinischen Zwecke

Zunehmend wird die Bindung prädiktiver genetischer Diagnostik an medizinische Zwecke gefordert.[561] So auch die Enquête-Kommission „Recht und Ethik der modernen Medizin", den Begriff „medizinische Zwecke" im Gegensatz zu dem von der BMK verwendeten Begriff der „gesundheitlichen Zwecke" bevorzugt. Der Begriff der gesundheitlichen Zwecke wird für ungeeignet gehalten, da er die Testpraxis beliebig ausweitete, was wiederum seine Ursache darin habe, daß der Gesundheitsbegriff grenzenlos ausdehnbar sei. Eine trennscharfe Unterscheidung zwischen krankheitsbezogenen und nicht krankheitsbezogenen Untersuchungen sei durch den Begriff der Gesundheitsbezogenheit nicht klar möglich sein. Vermischt würden außerdem die Begriffe Krankheit und Behinderung insofern, als Menschen mit Behinderungen als krank definiert würden. Außerdem könne dadurch nicht der Gefahr begegnet werden, daß Gentests mit der Absicht der Ver-

---

[559] D. Lanzerath, Der Umgang mit prädiktivem Wissen in der genetischen Diagnostik – Ethische Aspekte unter besonderer Berücksichtigung des Krankheitsbegriffs, Schriftliche Eingabe im Rahmen der öffentlichen Anhörung von Sachverständigen bei der Enquête-Kommission „Recht und Ethik der modernen Medizin", 2000, 5.
[560] D. Lanzerath, Der Umgang mit prädiktivem Wissen in der genetischen Diagnostik – Ethische Aspekte unter besonderer Berücksichtigung des Krankheitsbegriffs, Schriftliche Eingabe im Rahmen der öffentlichen Anhörung von Sachverständigen bei der Enquête-Kommission „Recht und Ethik der modernen Medizin", 2000, 6.
[561] DFG, Humangenomforschung und prädiktive genetische Diagnostik, Stellungnahme v. 20.6. 1999, 54; Ethik-Beirat beim Bundesgesundheitsministerium, Prädiktive Gentests. Eckpunkte einer ethischen und rechtlichen Orientierung, 2000, 7; Enquête-Kommission „Recht und Ethik der modernen Medizin", Schlußbericht, BT-Drucks. 14/9020, 2002, 163.

besserung des Menschen durchgeführt werden. Durch die zusätzliche Bindung an einen Arztvorbehalt liege es in der Hand der Ärzte, zu definieren, was gesundheitliche oder medizinische Zwecke sind.

die Darunter fallen Untersuchungen mit einem medizinisch begründeten Ziel zur Feststellung eines Krankheitsrisikos. Statt dessen wird die Bindung an medizinische Zwecke vorgeschlagen, die wie folgt definiert werden: Tests, die medizinischen Zwecken dienen, sind solche, die der Identifizierung genetisch bedingter Empfindlichkeiten für bestimmte Arzneimittelstoffe dienen und solche, die der Identifizierung einer heterozygot vorliegenden genetischen Veranlagung zu einer Krankheit dienen. Weiter handelt es sich um solche Tests, die im engeren Sinne krankheitsbezogen sind und solche, die mit dem Ziel durchgeführt werden, genetische Strukturen aufzufinden, die Aussagen über das Risiko, die Wahrscheinlichkeit oder die Sicherheit einer künftigen Erkrankung erlauben. Ausdrücklich nicht unter den Begriff der medizinischen Zwecke fallen danach solche Tests, die der Feststellung der Abstammung oder Identität einer Person dienen und Life-Style-Tests, d.h. Tests auf Merkmale ohne jeden Krankheitswert.[562] Für den Bereich der prädiktiven Tests heißt dies, daß lediglich die genannten Life-Style-Tests nicht unter den Begriff der medizinischen Zwecke fallen.

ee) Stellungnahme

Ein Unterschied zur Bindung an gesundheitliche Zwecke ist nicht zu erkennen. Nach Ansicht der Enquête-Kommission fallen auch unter den Begriff der medizinischen Zwecke Tests mit der Absicht der Feststellung des Heterozygotenstatus einer Person und damit Tests zum Zweck der Familienplanung. Damit sind aber gerade nicht Tests ausgeschlossen, die der „Verbesserung" des Menschen dienen sollen und damit ist der Tendenz zu eugenischen oder selektiven Verhalten eben gerade nicht Einhalt geboten. Außerdem wird zugegeben, daß der Begriff der medizinischen Zwecke ebenfalls in der ein oder anderen Weise an den Krankheitsbegriff gebunden ist. Damit liegt zwangsläufig auch eine Bindung an den Gesundheitsbegriff vor, so daß sich inhaltlich zwischen medizinischen Zwecken und gesundheitlichen Zwecken keine großen Unterschiede ergeben. Dies gilt insbesondere, wenn man den Begriff der medizinischen Zwecke mit dem Begriff der medizinisch indizierten Zwecke gleichsetzt. Nur medizinisch indizierte oder gesundheitliche Zwecke, die der Gesundheit einer Person dienen, berücksichtigen die Bindung an das Wohl des Einzelnen ausreichend. Der Begriff der medizinischen Zwecke ist somit keineswegs trennschärfer oder enger. Vielmehr dürfte sich, soweit man ihn eng begreift und auf den Einzelnen bezieht, kaum ein Unterschied zu dem Begriff der gesundheitlichen Zwecke ergeben. Im Hinblick auf

---

[562] Enquête-Kommission „Recht und Ethik der modernen Medizin", Schlußbericht, BT-Drucks. 14/9020, 2002, 163.

pränatale Diagnostik, die nicht Thema der vorliegenden Arbeit ist, ergeben sich durch eine Bindung an medizinische Zwecke eher weitere Handlungsmöglichkeiten.

b) Bedeutungszusammenhang

Entscheidend für das Verständnis des Begriffs „gesundheitliche Zwecke" ist der Bedeutungszusammenhang und damit zunächst das Verständnis einer Textstelle im Kontext mit anderen Bestimmungen[563], so daß auf die sachliche Übereinstimmung mit den anderen Bestimmungen der BMK zu achten ist. Der Begriff „gesundheitliche Zwecke" wird innerhalb der BMK in keiner anderen Bestimmung verwendet. Statt dessen sind ähnliche Begriffe wie „diagnostische, therapeutische und präventive Zwecke", „unmittelbarer Nutzen" und „therapeutischer Nutzen" eingesetzt worden. Hierbei ist zu berücksichtigen, daß unterschiedliche Formulierungen innerhalb eines Gesetzeswerks meist unterschiedlichen Rechtsfolgen bewirken.[564]

aa) Art. 2 BMK: Vorrang des menschlichen Lebewesens

Art. 2 BMK kann für die Frage herangezogen werden, ob sich der Begriff der „gesundheitlichen Zwecke" nur auf die einzelne Testperson bezieht oder ob auch gesundheitliche Zwecke im Hinblick auf die Allgemeinheit, Gesellschaft oder Wissenschaft verfolgt werden können. Art. 2 BMK räumt dem Individuum den Vorrang gegenüber dem „bloßen Interesse" der Gesellschaft und Wissenschaft ein. Der Vorrang des einzelnen Lebewesens ist dadurch nicht eindeutig und absolut ausgedrückt, denn was unter bloßem Interesse der Gesellschaft zu verstehen ist, ist schwierig zu definieren. Im ersten Entwurf stand an der Stelle des unscharfen Begriffs „bloß" das Wort „alleinig"[565], welcher auch nicht ganz eindeutig war. Vom Wortlaut her bleibt somit unklar, was unter bloßen oder alleinigen Gesellschaftsinteressen zu verstehen ist. Dies ist jedoch bedeutend für die Frage, ob gesundheitliche Zwecke auch solche der Allgemeinheit wie gesundheitspolitische Interessen sein können. Die Gesellschaft kann ein großes Interesse daran haben, etwa durch Screeningprogramme bestimmte Krankheitsanlagen zu erkennen und gegebenenfalls zu bekämpfen oder im Rahmen der gesetzlichen Krankenversicherungen mit höheren Prämien zu bewerten. Ob es sich dabei um „bloße" Interessen der Gesellschaft handelt ist dann zu bejahen, wenn es sich um rein finanzielle Erwägungen handelt. Jedenfalls kann man aus dieser Norm, die ausdrücklich die Interessen des Einzelnen über die Gesellschaftsinteressen stellt, schließen, daß

---
[563] Vgl. zur Auslegung von Gesetzesbegriffen K. Larenz/C.-W. Canaris, Methodenlehre der Rechtswissenschaft, 1995, 145 ff.; H. Brox, Allgemeiner Teil des BGB, 2002, Rn 61.
[564] H. Brox, Allgemeiner Teil des BGB, 2002, Rn 60.
[565] Entwurf einer "Bioethik-Konvention" des Europarates, abgedruckt in: JbfWE 1996, 277-289; L. Honnefelder weist darauf hin, daß es sich hier um eine wörtliche Übernahme der Bestimmung aus der Helsinki-Deklaration darstellt, JbfWE 1997, 305, 307.

grundsätzlich das Recht auf Nichtwissen und das genetische Selbstbestimmungsrecht des Einzelnen Vorrang hat. Allein finanzielle sozialstaatliche Erwägungen können nicht dazu führen, den Begriff „gesundheitliche Zwecke" losgelöst von der Testperson zu verstehen.

Art. 3 des Entwurfs eines Zusatzprotokolls über biomedizinische Forschung[566] enthält ebenso die Vorgabe des Vorrangs des an der Forschung teilnehmenden menschlichen Lebewesens gegenüber dem bloßen Interesse der Gesellschaft und Wissenschaft. Aus dem Entwurf eines Erläuternden Berichts, geht hervor, daß in jedem Fall das menschliche Lebewesen an erster Stelle steht. Als Grundsatz ist festgehalten, daß im Konfliktfall das menschliche Lebewesen und seine Interessen Vorrang haben vor dem bloßen Interesse der Wissenschaft und Gesellschaft.[567] Alle Artikel des Zusatzprotokolls sind in diesem Lichte auszulegen. Gerade im Hinblick auf die Wissenschaft muß gelten, daß der Zweck nicht alle Mittel heiligt und daß das wissenschaftliche Interesse nicht den Vorrang vor den frei zum Ausdruck gebrachten Interessen des Einzelnen haben darf.[568]

bb) Art. 13 BMK: Interventionen in das menschliche Genom

Gegen die Annahme, daß unter gesundheitlichen Zwecken allein solche zu verstehen sind, die auf Diagnose, Prävention oder Therapie gerichtet sind, spricht der Wortlaut des Art. 13 BMK. Eine Veränderung des menschlichen Genoms darf danach nur zu diagnostischen, therapeutischen oder präventiven Zwecken vorgenommen werden. Da unterschiedliche Formulierungen innerhalb eines Gesetzeswerks meist unterschiedliche rechtliche Bedeutungen haben, spricht viel dafür, daß mit diesen unterschiedlichen Formulierungen nicht absolut deckungsgleiche Zwecke gemeint sind. Art. 13 BMK regelt die Zulässigkeit von Eingriffen in das Genom und damit die Zulässigkeit von sehr weitgehenden medizinischen Eingriffen, so daß diagnostische, therapeutische und präventive Zwecke als Minus in gesundheitlichen Zwecken enthalten sein dürften und im Folgenden davon ausgegangen wird, daß gesundheitliche Zwecke die Zwecke des Art. 13 BMK mit umfassen.

---

[566] CDBI/INF (2001) 5 , Entwurf eines Zusatzprotokolls zum Übereinkommen über Menschenrechte und Biomedizin über biomedizinische Forschung.
[567] CDBI Entwurf eines Erläuternden Berichts zum Entwurf eines Zusatzprotokolls zum Übereinkommen über Menschenrechte und Biomedizin über biomedizinische Forschung, CDBI (2001) 7, Abschnitt 19.
[568] D. Sarrao, Europäisches Parlament, Anhörung des Nichtsständigen Ausschuß für Humangenetik v. 26.3.2001, Postnatale Gentests, 6.

aaa) Diagnostik

Unter Diagnostik versteht man die Gesamtheit aller Maßnahmen zur Erkennung von krankhaften Veränderungen.[569] Die Diagnose selbst stellt eine Verbindung zwischen individuellem Fall und den Einsichten der Medizin her. Damit zielt sie nicht auf einen theoretischen, sondern auf einen praktischen Erkenntnisgewinn ab und dient der Bestimmung des therapeutischen Vorgehens. Fehldiagnosen als praktische Aussagen lassen sich nicht einfach rückgängig machen. Dies gilt für den Bereich der prädiktiven Medizin in besonderem Maße. „Eine Diagnose, die aus reinem theoretischen Erkenntnisinteresse erfolgt und nicht auf eine Therapie, eine mögliche Therapie, eine zu entwickelnde Therapie oder eine präventive Maßnahme gerichtet ist, ist keine Diagnose im angeführten Sinne, sondern eine humanbiologische Untersuchung"[570]. Gleichwohl kann schon die Diagnose selbst dem Patienten dadurch helfen, daß er weiß, woran er erkrankt ist, und so einen ersten therapeutischen Schritt darstellen.

bbb) Therapie

Als Therapie bezeichnet man Maßnahmen zur Heilung und Behandlung einer Krankheit.[571]

ccc) Prävention

Unter Prävention versteht man Vorkehrungen zur Verhinderung von Erkrankungen oder Gesundheitsschäden.[572] Eingeschlossen sind ärztlichen Maßnahmen, die der Überwachung oder Erhaltung der Gesundheit dienen.[573] Man spricht dabei zum einen von der primären Prävention als Ausschaltung von als gesundheitsschädigend geltenden Faktoren. Zum anderen zählt dazu auch die sekundäre Prävention. Darunter ist die Sicherstellung frühestmöglicher Diagnose und Therapie von Erkrankungen durch Vorsorgeuntersuchungen zu verstehen.[574] Prävention kann, insbesondere im Zusammenhang von Reihenuntersuchungen, als Vermeidung finanziellen Aufwands definiert werden. Aus gesundheitspolitischer Sicht

---

[569] P. Reuter, Springer Wörterbuch Medizin, 2001, Diagnostik; Lexikon Medizin, hrsg. von Urban & Schwarzenberg, 1995, Diagnostik.
[570] D. Lanzerath, Der Umgang mit prädiktivem Wissen in der genetischen Diagnostik – Ethische Aspekte unter besonderer Berücksichtigung des Krankheitsbegriffs, Schriftliche Eingabe im Rahmen der öffentlichen Anhörung von Sachverständigen bei der Enquête-Kommission „Recht und Ethik der modernen Medizin", 2000, 5.
[571] P. Reuter, Springer Wörterbuch Medizin, 2001, Therapie; Pschyrembel, Klinisches Wörterbuch, 2002, Therapie; Lexikon Medizin, hrsg. von Urban & Schwarzenberg, 1995, Therapie.
[572] P. Reuter, Springer Wörterbuch Medizin, 2001, Prävention.
[573] Lexikon Medizin, hrsg. von Urban & Schwarzenberg, 1995, Prävention.
[574] Pschyrembel, Klinisches Wörterbuch, 2002, Prävention.

steigt das Interesse an Reihenuntersuchungen dann, wenn Krankheiten mit hohen finanziellen Mitteln therapierbar werden.[575]
Unter präventive Zwecke fallen solche nicht, die nicht mit einer Krankheit oder einem Leiden in Zusammenhang stehen.[576] Wendet man dies auch auf die Zulässigkeit genetischer Tests an, so sind Tests, die auf das Erkennen von Eigenschaften und Anfälligkeiten eines Menschen ohne Bezug zu einer Krankheit oder einem Leiden gerichtet sind, unzulässig.
Faßt man den Präventionsbegriff enger auf das Individuum bezogen und wendet ihn auf prädiktive genetische Tests an, so dienen diese der Krankheitsprävention, wenn Handlungsmöglichkeiten wie die Änderung der persönlichen Lebensgewohnheiten oder eine präventive medizinische Behandlung bestehen.[577]

cc) Art. 19 BMK: Therapeutischer Nutzen
Art. 19 BMK erlaubt die Entnahme von Organen und Gewebe von Lebenden nur zum therapeutischen Nutzen des Empfängers. Im Zusammenhang mit dem berufsrechtlichen Standard und dem Erfordernis einer medizinischen Indikation schreibt der Erläuternde Bericht zum soeben angenommenen Zusatzprotokoll über die Transplantation von Organen und Geweben menschlichen Ursprungs[578] vor, daß eine Organ- oder eine Gewebetransplantation nur durchgeführt werden darf, wenn in der Person des Empfängers eine medizinische Indikation vorliegt und nicht aus anderen Gründen wie gesellschaftlichem Nutzen.[579]

dd) Gesundheitsbezogene Forschung: Art. 15 BMK und der Entwurf des geplanten Zusatzprotokolls über biomedizinische Forschung
Die Freiheit der Forschung im Bereich der Biologie und Medizin wird durch Art. 15 BMK bekräftigt und ihre Rechtfertigung nicht zuletzt durch die erheblichen Fortschritte begründet, die ihre Ergebnisse für die Gesundheit und das Wohlbefinden der Patienten mit sich bringen können.[580] Im Zusammenhang mit der Forschung sind genetische Tests nach Art. 12 BMK nur für die gesundheitsbezogene Forschung zulässig. Wie im deutschen Recht ist auch innerhalb der BMK die Forschungsfreiheit keine absolute Freiheit, sondern begrenzt durch die Grundrechte

---

[575] C. Kaminsky, in: E.-M. Engels (Hrsg.) Biologie und Ethik, 1999, 194, 200.
[576] Erläuternder Bericht DIR/JUR (97) 5, Abschnitt 90.
[577] Enquête-Kommission „Recht und Ethik der modernen Medizin", Schlußbericht, BT-Drucks. 14/9020, 2002, 115.
[578] Council of Europe, Additional Protocol to the Convention on Human Rights and Biomedicine, on Transplantation of Organs and Tissues of Human Origin, Strasbourg, 24. January 2002, s.a. im Internet: http://conventions.coe.int/treaty/en/Html/186.htm .
[579] Council of Europe, Explanatory Report to the Additional Protocol to the Convention on Human Rights and biomedicine, concerning transplantation of organs and tissues of human origin, 8. November 2001, ETS No. 186, Section 45, s.a. im Internet: http://conventions.coe.int/treaty/en/Reports/Html/186.htm .
[580] Erläuternder Bericht DIR/JUR (97) 5, Anschnitt 95.

der Menschen, wie sie im geplanten Zusatzprotokoll über biomedizinische Forschung, der BMK und anderen Rechtsvorschriften ihren Ausdruck finden.[581] Allgemein wird im Entwurf eines Zusatzprotokolls über die biomedizinische Forschung[582] eine Rechtfertigung von Forschung nur bejaht, wenn zu erwarten ist, daß sie zu einem wissenschaftlichen Verständnis führt, das Grundlage für Verbesserungen der menschlichen Gesundheit sein kann (Art. 5 des Entwurfs, Rechtfertigung von Forschung). Ausgangspunkt ist, daß der Wissenserwerb durch Forschung mit systematischer Methodik im Bereich der Biomedizin für die menschliche Gesundheit von Nutzen ist und die biomedizinische Forschung ein leistungsstarkes Instrument zur Verbesserung der menschlichen Gesundheit darstellt.[583] Im Entwurf des Erläuternden Berichts zum Begriff „Verbesserungen der menschlichen Gesundheit" wird ausführlicher auf den Ausdruck „Verständnis" eingegangen. Dieser werde im weiten Sinn gebraucht. Hingewiesen wird darauf, daß nur wenige Studien einen zweifelsfreien Beweis der wissenschaftlichen Fakten erbringen und deshalb würden auch bestätigende Studien, die zum sicheren Beweis der wissenschaftlichen Fakten nötig sind und zu einem besseren Verständnis führen, die Voraussetzungen dieses Artikels erfüllen.[584]

Infolgedessen ergibt sich, daß prädiktive genetische Tests innerhalb von Forschungsvorhaben, die auf die Erkenntnisgewinnung von krankheitsfremden Anlagen, wie Intelligenz oder Verhaltensmerkmalen abzielen, nach Art. 12 BMK nicht mehr möglich sind.

ee) Art. 17 I BMK: Unmittelbarer Nutzen für die Gesundheit

Art. 17 I Nr. 2 BMK erlaubt die Forschung an einwilligungunfähigen Personen unter anderem nur, wenn die erwarteten Forschungsergebnisse potentiell für die Gesundheit der betroffenen Person von tatsächlichem und unmittelbarem Nutzen sind. Zum Begriff des unmittelbaren Nutzens für die Gesundheit einer Person ergibt sich aus dem Entwurf eines Erläuternden Berichts zum Entwurf eines Zusatzprotokolls über biomedizinische Forschung, daß unmittelbarer Nutzen für die Gesundheit nicht nur die Behandlung zur Heilung des Patienten, sondern auch eine Behandlung zu verstehen ist, die sein Leiden lindern und somit seine Lebensqua-

---

[581] CDBI, Entwurf eines Erläuternden Berichts zum Entwurf eines Zusatzprotokolls zum Übereinkommen über Menschenrechte und Biomedizin über biomedizinische Forschung, CDBI (2001) 7, Abschnitt 22.
[582] CDBI, Entwurf eines Zusatzprotokolls zum Übereinkommen über Menschenrechte und Biomedizin über biomedizinische Forschung, CDBI/INF (2001) 5, Arbeitsübersetzung des BMJ, Art. 5.
[583] CDBI, Entwurf eines Erläuternden Berichts zum Entwurf eines Zusatzprotokolls zum Übereinkommen über Menschenrechte und Biomedizin über biomedizinische Forschung, CDBI (2001) 7, Abschnitte 1 und 2.
[584] CDBI, Entwurf eines Erläuternden Berichts zum Entwurf eines Zusatzprotokolls zum Übereinkommen über Menschenrechte und Biomedizin über biomedizinische Forschung, CDBI (2001) 7, Abschnitt 23.

lität verbessern kann.[585] Auch aus Art. 17 BEK folgt, daß die Interessen des Einzelnen und sein Nutzen vor Interessen der Gesellschaft und Wissenschaft vorrangig sind. Weiter ergibt sich aus diesem Zusammenhang für die Zulässigkeit prädiktiver Tests nach Art. 12 BMK, daß unter Tests zu gesundheitlichen Zwecken auch solche zu fassen sind, die der Diagnostik einer Krankheitsanlage dienen, für die es zwar keine Therapie gibt, aber eine lindernde Behandlung zur Verfügung steht.

ff) Empfehlungen des Ministerkomitees des Europarats
Das Ministerkomitee als Entscheidungsorgan des Europarats hat für diesen Bereich zwei relevante Empfehlungen verabschiedet. Zum einen die Empfehlung R (92) 3[586] über genetische Tests und genetisches Screening zu gesundheitlichen Zwecken. Zum anderen wurde für den Bereich der Forschung die Empfehlung R (90) 3[587] verabschiedet, die sich auf die medizinische Forschung am Menschen bezieht.
Diese Empfehlungen liegen der Biomedizin-Konvention norminterpretierend zugrunde.[588] Grundsätzlich sind Empfehlungen des Europarats für die Mitgliedsstaaten rechtlich nicht verbindlich, können aber Auswirkungen bei der Umsetzung in nationales Recht haben. Sie können, ebenso wie andere Empfehlungen, eine indirekte Wirkung entfalten indem sie „den europäischen Einigungsprozeß fördern, in welchem die notwendige Transformation von 'moral rights' in 'legal rights' geleistet werden muß."[589]

aaa) Empfehlung R (92) 3 hinsichtlich prädiktiver Gentests zu Gesundheitszwecken („health care purposes")
Eindeutig bestimmt wird, was unter genetischen Tests zu gesundheitlichen Zwecken („heath care purposes") zu verstehen ist.[590] Darunter fallen Tests, mit dem Ziel, eine genetische Krankheit zu diagnostizieren und einzuordnen. Ausdrücklich kann Zweck auch die Diagnose solcher Krankheitsrisiken sein, die sowohl auf defekte Gene zurückzuführen sind, als auch durch einen bestimmten Lebenswandel ausgelöst werden. Ein gesundheitlicher Zweck kann auch die Familienplanung sein. Darunter fallen Tests mit dem Zweck, bisher nicht betroffene Träger von de-

---

[585] CDBI, Entwurf eines Erläuternden Berichts zum Entwurf eines Zusatzprotokolls zum Übereinkommen über Menschenrechte und Biomedizin über biomedizinische Forschung, CDBI (2001) 7, Abschnitte 25, 27.
[586] Recommendation No. R (92) 3 on genetic testing and screening for health care purposes, in: Texts of the Council of Europe on Bioethical Matters, Directorate of Legal Affairs, 1993, 59-62; vgl. dazu T. Kienle, ZRP 1996, 253, 258 f..
[587] Recommendation No. R (90) 3 concerning medical research on humam beings, in: Texts of the Council of Europe on Bioethical Matters, Directorate of Legal Affairs, 1993, 49-52.
[588] T. Kienle, ZRP 1996, 253, 258.
[589] M.-T. Tinnefeld, DuD 1999, 35, 37.
[590] R (92) 3, Principles and recommendations – purpose, scope and definitions a..

fekten Genen zu identifizieren und sie in Bezug auf das Risiko betroffener Nachkommen zu beraten. Tests, die Präventions- und Therapiezwecken dienen, indem schwere genetische Krankheiten vor dem Auftreten von Symptomen entdeckt werden und durch Einleitung präventiver Maßnahmen die Lebensqualität verbessert wird und/oder um das Austragen von betroffenen Nachkommen zu vermeiden, fallen ebenso darunter. Das Recht auf Wissen hinsichtlich der eigenen genetischen Konstitution wird durch das Prinzip, des gleichen Zugangs zu genetischen Tests, ohne daß daran Bedingungen geknüpft werden dürfen, gewährleistet (Prinzip 4). Im Zusammenhang mit Art. 12 BMK, der als Bedingung für die Zulässigkeit genetischer Tests von vornherein gesundheitliche Zwecke vorschreibt, ergibt sich, daß zumindest keine weiteren Bedingungen an den Zugang zur genetischen Diagnostik geknüpft werden dürfen. Jeder soll gleichen, von finanziellen Erwägungen unabhängigen Zugang zu solcher Diagnostik haben. Gegen die Möglichkeit, daß unter gesundheitliche Zwecke auch gesundheitspolitische Zwecke der Allgemeinheit fallen und der Einzelne verpflichtet ist, an solchen Tests teilzunehmen, spricht, daß systematisch angebotene Testverfahren (Bevölkerungsscreening) dem Grundsatz der freien und informierten Einwilligung des Einzelnen unterliegen (Prinzip 5).

bbb) Empfehlung R (90) 3 hinsichtlich medizinischer Forschung am Menschen
Medizinische Forschung liegt danach nur vor, wenn sie auf die Vergrößerung des medizinischen Wissens gerichtet ist.[591] Der Vorrang der Interessen des Einzelnen (Forschungsteilnehmer) wird eindeutiger vorgeschrieben, als dies durch Art. 2 BMK der Fall ist. Seine Interessen und sein Wohlergehen haben immer Vorrang vor den Interessen der Wissenschaft und der Gesellschaft (Principle 2 „must always prevail over the interests of science and society"). Daraus ergibt sich für die Zulässigkeit prädiktiver genetischer Tests zu gesundheitlichen Zwecken, daß Tests auf Grund gesundheitspolitischer Interessen der Allgemeinheit und damit der Gesellschaft ausgeschlossen sind, sobald dies auch negative Folgen für den Einzelnen haben kann. Andernfalls würde gegen das die Konvention durchziehende Prinzip des Vorrangs des Wohlergehens des Einzelnen verstoßen.

c) Entstehungsgeschichte der BMK – Erläuternder Bericht
Für die Auslegung des Begriffs der „gesundheitlichen Zwecke" sind Normvorstellungen, die Regelungsabsicht des Normgebers und die erkennbar getroffenen Wertentscheidungen als verbindliche Leitlinie heranzuziehen. Erkenntnisquellen der historischen Auslegung sind die verschiedenen Entwürfe und Beratungsprotokolle eines Gesetzeswerks[592], so daß bei der BMK dem Erläuternden Bericht entscheidende Bedeutung zukommt. Er stellt keine amtliche Auslegung des Überein-

---

[591] R (90) 3, Principes concerning medical research on human beings – scope and definitons.
[592] K. Larenz/C.-W. Canaris, Methodenlehre der Rechtswissenschaft, 1995, 149, 151.

kommens dar und ist nicht rechtsverbindlich. Gleichwohl enthält er die wichtigen Punkte der vorbereitenden Arbeiten und Informationen zum besseren Verständnis des Übereinkommens, seines Anwendungsbereichs und seiner Zielsetzung.[593] Aus ihm lassen sich Hinweise auf die Regelungsabsicht und die Wertentscheidungen des Normgebers der BMK entnehmen. Ausgearbeitet wurde er durch Mitglieder des Lenkungsausschusses und anschließend vom Ministerkomitee genehmigt.

aa) Tests nur zum gesundheitlichen Nutzen des Betroffenen
Die Durchführung genetischer Tests und die damit verbundenen Diagnosemöglichkeiten sind „streng auf den gesundheitlichen Nutzen für den Betroffenen zu beschränken".[594]
Ein Nutzen für die Gesundheit ist in jedem Fall dann gegeben, wenn die prädiktive Maßnahme eine rechtzeitige präventive Behandlung ermöglicht oder Gefahren durch eine Umstellung des Lebensstils, Verhaltens oder eine entsprechende Berücksichtigung der Umwelteinflüsse vermindert werden können.[595] In Konsequenz dessen sollen Tests auf eine schwere, im späteren Leben einsetzende Krankheit, für die derzeit keine Therapie besteht, die Ausnahme bleiben.[596] Klargestellt wird, daß durch Art. 12 BMK ein prädiktiver Test ausschließlich zu gesundheitlichen Zwecken erlaubt ist und allein die Zustimmung des Betroffenen eine prädiktive genetische Diagnostik nicht zu rechtfertigen vermag.[597]

bb) Forschung
Tests im Rahmen wissenschaftlicher Forschung sollen nur für die gesundheitsbezogenen Forschung, d.h. im Zusammenhang mit der Entwicklung einer medizinischen Therapie, stattfinden und damit der Verbesserung der Fähigkeit zur Vorbeugung gegen Krankheiten dienen.[598] Tests im Rahmen der Forschung bezüglich einer erst spät im Leben auftretenden Krankheit sollen auch im Rahmen der Forschung an Therapiemöglichkeiten nur ausnahmsweise stattfinden.[599] Zu sehr würde in die Autonomie des Einzelnen eingegriffen, ohne daß es ihm unmittelbar nützen könnte. Daraus ergibt sich, daß Gesundheitsbezogenheit dann nicht vorliegt, wenn eine Therapie von vornherein ausscheidet.

---

[593] Erläuternder Bericht DIR/JUR (97) 5, Vorwort; L. Honnefelder, JbfWE 1997, 305, 307; J. Taupitz, Genetische Diagnostik und Versicherungsrecht, 2000 42.
[594] Erläuternder Bericht DIR/JUR (97) 5, Abschnitt 82.
[595] Erläuternder Bericht DIR/JUR (97) 5, Abschnitt 80.
[596] Erläuternder Bericht DIR/JUR (97) 5, Abschnitt 81.
[597] Erläuternder Bericht DIR/JUR (97) 5, Abschnitt 85.
[598] Erläuternder Bericht DIR/JUR (97) 5, Abschnitt 82.
[599] Erläuternder Bericht DIR/JUR (97) 5, Abschnitt 81.

d) Sinn, Zweck und Zielsetzung des Art 12 BMK

Eine Vorschrift ist vor allem nach Sinn und Zweck, d.h. der ratio legis auszulegen (teleologische Auslegung).[600] Entscheidend sind die erkennbaren Zwecke und Grundgedanken der Regelung.[601] Durch die Begrenzung prädiktiver Tests hinsichtlich genetisch bedingter Krankheiten durch „gesundheitliche Zwecke" soll zum einen die Diskriminierung von Menschen mit genetischen Dispositionen für Krankheiten verhindert werden.[602] Weiter soll die Belastung durch ein für Vorbeugungs- oder Heilungszwecke unbrauchbares Wissen zumindest eingeschränkt werden. Außerdem soll der Versuchung, genetische Tests zur Optimierung oder zur Züchtung eines besseren Menschen (beispielweise durch Keimbahntherapie) zu nutzen, Widerstand geleistet werden.[603]

e) Verfassungskonforme Auslegung

Im Hinblick auf Anwendung und Umsetzung der BMK in Deutschland kommt den Prinzipien und Wertentscheidungen von Verfassungsrang große Bedeutung zu. Hierzu gehören vor allem die Grundrechte neben den im vorliegenden Zusammenhang weniger wichtigen Wertentscheidungen der Artikel 20 III und 19 IV GG.[604]

aa) Selbstbestimmungsrecht

Im Hinblick auf die Autonomie des Einzelnen und sein Recht, über seine Belange selbst zu entscheiden[605] stellt Art. 12 BMK eine Einschränkung dar. Prädiktive Tests sind an gesundheitliche Zwecke gebunden und können insbesondere nicht allein auf Wunsch und mit Zustimmung des Betroffenen durchgeführt werden. Damit liegt eine Beschränkung des Selbstbestimmungsrechts, insbesondere des Recht auf Wissen vor. Es stellt sich die Frage nach der Rechtfertigung[606] dieser Einschränkung. Die Abwägung der widerstreitenden Interessen ging in Art. 12 BMK zu Gunsten einer Erlaubnis prädiktiver genetischer Diagnostik unter dem Vorbehalt der gesundheitsorientierten Zwecksetzung aus. Von den schützenswerten Interessen und kollidierenden Rechtsgütern, die eine solche Einschränkung des Rechts auf Wissen als Bestandteil des Selbstbestimmungsrechts rechtfertigen, seien folgende erneut genannt: Die mögliche Belastung genetisch Verwandter

---

[600] H.Brox, Allgemeiner Teil des BGB, 2002, Rn 63.
[601] K. Larenz/C.-W. Canaris, Methodenlehre der Rechtswissenschaft, 1995, 153.
[602] Denkbar ist diese Diskriminierung durch Abtreibung, soziale Benachteiligung am Arbeitsplatz oder im Versicherungswesen, siehe dazu im Zweiter Teil dieser Arbeit.
[603] D. Lanzerath, JbfWE 1998, 193,197.
[604] Vgl. zum Gebot der verfassungskonformen Auslegung K. Larenz/C.-W. Canaris, Methodenlehre der Rechtswissenschaft, 1995, 159 ff..
[605] Siehe dazu unter: Erster Teil, Erster Abschnitt IV. 5., 6..
[606] Siehe zur Einschränkung des Rechts auf Wissen unter: Erster Teil, Erster Abschnitt IV. 6. c).

durch die Diagnose, die Verhinderung von Maßnahmen der genetischen Verbesserung und die Zufälligkeit und Ungeplantheit des Genoms als schützenswertes Gut, das eine Begrenzung der Autonomie im Zusammenhang mit genetischen Testverfahren rechtfertige.[607] Weiter kommt dem Schutz des Einzelnen vor sozialem oder gesundheitspolitischem Druck zum Test Bedeutung zu.

bb) Andere Ansicht
Eine andere Begründung der Rechtmäßigkeit der Bindung an gesundheitliche Zwecke stellt folgende Lösung dar: Die Spannung zwischen Recht auf Selbstbestimmung und der Bindung an „health purposes" wird in der BMK durch das Rangverhältnis zwischen beiden Momenten gelöst: Die Ausübung des Rechts auf informationelle Selbstbestimmung bilde einerseits eine Grundvoraussetzung, ohne die prädiktive genetische Tests stets ausnahmslos unzulässig seien; andererseits bilde die Bindung gesundheitliche Zwecke den Rahmen für die zulässige Ausübung des Rechts auf informationelle Selbstbestimmung. Das Recht auf informationelle Selbstbestimmung verneine bei fehlender Einwilligung die Rechtmäßigkeit. Umgekehrt aber ergebe sich aus der Einwilligung nicht die Zulässigkeit der Tests, denn Art. 12 BMK stellt eine weitere Voraussetzung auf. Deshalb kann das Spannungsfeld zwischen dem Recht auf informationelle Selbstbestimmung und prädiktiven Tests nur dort entstehen, wo es sich um rechtlich zulässige, prädiktive Tests im Sinne des Art. 12 BMK handele. Erfüllt der in Frage stehende Test schon nicht die Voraussetzungen des Art. 12 BMK, so könne selbst die Wahrung des informationellen Selbstbestimmungsrechts nicht zur Rechfertigung der Tests führen.[608]

cc) Forschung
Für den Bereich der biomedizinischen Forschung ist durch Art. 2 I BMK die Priorität des Schutzes des Individuums vor den Ansprüchen der Forschung eine Abwägung getroffen worden.[609] Dem entspricht die Bindung prädiktiver Tests an eine gesundheitsbezogene Forschung.

2. Medizinische Indikation für genetische Tests gemäß Art. 4 BMK
Neben der Bindung an gesundheitliche Zwecke durch Art. 12 BMK ergibt sich das Erfordernis einer Indikation bereits aus Art. 4 BMK: „Jede Intervention im Gesundheitsbereich ... muß nach den einschlägigen Rechtsvorschriften, Berufsregeln und Verhaltensregeln erfolgen." Im Rahmen der BMK gilt ein weiter Interventionsbegriff. Unter „Intervention" ist jede medizinische Maßnahme zu verste-

---

[607] L. Siep Münster zitiert bei D. Lanzerath, JbfWE 1998, 193, 198.
[608] So M. Heinze zitiert bei D. Lanzerath, JbfWE 1998, 193, 199.
[609] Vgl. zum 1. Entwurf der BMK L. Honnefelder, JbfWE 1996, 297, 300.

hen, insbesondere solche, die prophylaktischen, diagnostischen, prognostischen, oder therapeutischen Zwecken dienen oder im Rahmen der Rehabilitation oder eines Forschungsprojekts durchgeführt werden.[610] Prädiktive Tests dienen in der Regel diagnostischen, mindestens prognostischen Gründen, so daß eine Intervention im Sinne von Art. 4 BMK vorliegt. Damit sind die nationalen Rechtsvorschriften, Berufspflichten und Verhaltensregeln zu berücksichtigen, die auch ungeschriebene Regelungen mit einschließen.[611] Nach deutschem Recht ist für jede medizinische Intervention eine Indikation erforderlich.[612] Daraus ergibt sich, daß der Generalvorbehalt des informationellen Selbstbestimmungsrechts nur solche prädiktiven Tests zu legitimieren vermag, die ihrerseits im Sinne des Art. 4 BMK ärztlich-medizinisch indiziert sind.[613]

3. Einwilligung gemäß Art. 5 BMK und Beratung gemäß Art. 12 BMK

Die Bindung jeder Intervention im Gesundheitsbereich an das Erfordernis der freien Einwilligung nach Aufklärung stellt das Kernstück des Konventionstextes dar, wodurch das Prinzip des „Informed Consent" über das Berufsrecht hinaus (u.a. Nürnberger Kodex) zum ersten Mal international rechtsverbindlich wird.[614] Aus dem Zusammenhang von Art. 12 BMK mit Art. 5 BMK ergibt sich, daß ein prädiktiver genetischer Test als Intervention im Gesundheitsbereich grundsätzlich nur bei frei erteilter Einwilligung nach Aufklärung (Informed Consent) des Betroffenen stattfinden darf. Die Voraussetzungen für eine Ausnahme vom Erfordernis der Einwilligung ergeben sich aus Art. 26 I BMK.[615] Hinzu kommt das weitere Erfordernis einer angemessenen genetischen Beratung (Art. 12 BMK). Ohne auf die einzelnen Anforderungen der Aufklärung einzugehen[616], ist davon auszugehen, daß die Richtlinien zur genetischen Beratung der Gesellschaft für Humangenetik[617] inhaltlich eine angemessene genetische Beratung gewährleisten.

a) Verhältnis von Aufklärung (Art. 5 BMK) und genetischer Beratung (Art. 12 BMK)

Geht man davon aus, daß unterschiedliche Formulierungen innerhalb eines Gesetzes auch unterschiedliche rechtliche Bedeutungen haben[618], so ergibt sich aus dem

---

[610] Erläuternder Bericht DIR/JUR (97) 5, Abschnitt 29.
[611] Erläuternder Bericht DIR/JUR (97) 5, Abschnitt 30, 31.
[612] S.o. unter: Erster Teil, Erster Abschnitt, II. 1. c).
[613] Vgl. D. Lanzerath, JbfWE 1998, 193, 199.
[614] L. Honnefelder, JbfWE 1997, 305, 307 f..
[615] Siehe dazu unter Zweiter Teil, Zweiter Abschnitt, I. 1. a).
[616] Insoweit wird verwiesen auf den Erläuternden Bericht DIR/JUR (97) 5, Abschnitt 34-40 und im allgemeinen auf A. Laufs, Arztrecht, 1993, Rn 160 ff.; D. Giesen, Arzthaftungsrecht, 1995, Rn 200 ff.; E. Deutsch, Medizinrecht, 2003, Rn 187 ff..
[617] Siehe unter: Erster Teil, Erster Abschnitt, II. 2..
[618] H. Brox, Allgemeiner Teil des BGB, 2002, Rn 60.

Wortlaut der Artikel 5 und 12 BMK, daß die Aufklärung vor der Einwilligung in die Durchführung der prädiktiven Maßnahme und die angemessene genetische Beratung nicht inhaltlich genau deckungsgleich sein können.[619] Ebenso ist im erläuternden Bericht ausdrücklich von der weiteren Bedingung der angemessenen genetischen Beratung die Rede.[620] Auch die Entstehungsgeschichte der BMK bestätigt, daß die genetische Beratung umfänglich über die Aufklärung hinaus geht, da Art. 5 BMK schon im ersten Entwurf, wenn auch in etwas anderer Formulierung, enthalten war - das Erfordernis der genetischen Beratung[621] hingegen erst in der endgültigen Fassung des Art. 12 BMK hinzugefügt wurde.

b) Inhalt der genetischen Beratung

Eine Konkretisierung der angemessenen genetischen Beratung enthält die Empfehlung R (92) 3[622] bezüglich genetischer Tests und Screenings zu gesundheitlichen Zwecken. Vorgeschrieben ist die Einbettung prädiktiver Tests in eine angemessene Beratung vor und nach Durchführung der prädiktiven Maßnahme (Prinzip 3). Ebenso enthalten ist das Prinzip der nicht-direktiven Beratung. Der Begriff der nicht-direktiven Beratung wurde bereits in der Empfehlung R (90) 13 bezüglich pränatalem genetischem Screening und pränataler Diagnostik und der damit verbundenen Beratung[623] erläutert. Der Beratende soll danach keinesfalls versuchen, seine Überzeugungen dem Ratsuchenden aufzudrängen. Vielmehr ist er gehalten, über die medizinisch relevanten Tatsachen, die möglichen Konsequenzen und Möglichkeiten zu informieren und zu beraten. Zweck und Art der genetischen Tests sollen erläutert werden, ebenso wie mögliche Risiken. Die Beratung soll Rücksichtnehmen auf die Umstände, in denen der Einzelne oder Familien genetische Information erhalten. Weiter soll die weiterführende Unterstützung der Testpersonen gewährleistet werden.

Prinzip 2 b) der Empfehlung R 92 (3) enthält einen Arztvorbehalt für die Durchführung genetischer Tests. Es ist davon auszugehen, daß zur Durchführung auch Aufklärung und genetische Beratung zählen, so daß auch letztere von einem Arzt vorzunehmen ist. Ob dieser Arzt als Facharzt für Humangenetik qualifiziert sein muß, läßt sich der Empfehlung nicht entnehmen. Jedoch ergibt sich aus Prinzip 2 a) der Empfehlung, das der Qualitätssicherung dient, daß eine angemessene Aus-

---

[619] Anders L. Honnefelder, der davon ausgeht, daß die Aufklärung eine genetische Beratung beinhaltet, JbfWE 1996, 297, 305.
[620] Erläuternder Bericht DIR/JUR (97) 5, Abschnitt 88.
[621] Eine genetische Beratung wurde von Honnefelder schon im Zusammenhang mit dem ersten Entwurf gefordert, L. Honnefelder, JbfWE 1996, 297, 305.
[622] Recommendation No. R (92) 3 on genetic testing and screening for health care purposes, in: Texts of the Council of Europe on Bioethical Matters, Directorate of Legal Affairs, 1993, 59-62
[623] Recommendation No. R (90) 13 on prenatal genetic screening, prenatal genetic diagnosis and associated genetic counselling, in: Texts of the Council of Europe on Bioethical Matters, Directorate of Legal Affairs, 1993, 53, 54, principle 4.

bildung im Hinblick auf Humangenetik für das betroffene medizinische Personal erforderlich ist.

II. Rechtspositionen in Bezug auf das Analyseergebnis

1. Recht auf Auskunft und Recht auf Nichtwissen Art. 10 II BMK

Gemäß Art 10 II BMK hat jeder Mensch Anspruch darauf, sämtliche über seine Gesundheit bereits gesammelten Informationen zu erfahren. Dieses „Recht auf Auskunft" erstreckt sich auf alle gesammelten Informationen, unabhängig davon, ob sie durch Diagnose, Prognose oder auf andere Weise gewonnen wurden.[624] Umgekehrt gewährleistet Art. 10 II BMK auch das „Recht auf Nichtwissen". Dieses ist insbesondere auch im Rahmen der Beratung nach einem genetischen Test zu berücksichtigen. Möchte jemand über bestimmte Aspekte seines gesundheitlichen Zustandes nicht Bescheid wissen, d.h. über die Ergebnisse prädiktiver genetischer Tests nicht informiert und aufgeklärt werden, so ist dies zu respektieren. Dies macht eine vor der entsprechenden Maßnahme oder Intervention erteilte Einwilligung in dieselbe nicht ungültig. Der Ratsuchende kann wirksam in einen Eingriff einwilligen, hat aber das Recht, nichts über den Inhalt des Ergebnisses erfahren zu wollen. Als Beispiel wird der Fall der Entfernung einer Zyste genannt: Der Patient kann rechtsgültig in die Entfernung einer Zyste einwilligen, auch wenn er nichts über ihre Art erfahren möchte.[625] Art. 10 II BMK schützt somit das Recht auf Nichtwissen in Bezug auf bereits erhobenes prädiktives Wissen.

2. Einschränkung nach Art. 10 III BMK

Das Recht auf Auskunft und das Recht auf Nichtwissen können, soweit gesetzlich vorgesehen, im gesundheitlichen Interesse des Patienten eingeschränkt werden. In einzelnen Fällen ist es möglich, daß eine infauste Prognose, wenn sie unmittelbar an den Patienten weitergegeben wird, zu einer massiven Verschlechterung des Gesundheitszustandes führt. Hier kommt es zu einer Pflichtenkollision: Auf der einen Seite besteht die Pflicht des Arztes zur Information, welche sich auch aus Art. 4 BMK ergibt; auf der anderen Seite bestehen die Gesundheitsinteressen des Patienten. Im Erläuternden Bericht wird ausdrücklich darauf hingewiesen, daß dieser Konflikt durch das innerstaatliche Recht zu lösen ist und es nach der Rechtsordnung dem Arzt, unter Umständen unter gerichtlicher Aufsicht, in manchen Fällen gestattet sein kann, einen Teil der Information entweder zu ver-

---

[624] Erläuternder Bericht DIR/JUR (97) 5, Abschnitt 66.
[625] Erläuternder Bericht DIR/JUR (97) 5, Abschnitt 67.

schweigen oder nur behutsam offenzulegen.[626] Gerade bei der Aufklärung über genetische Befunde besteht die Sorge des Arztes, den Ratsuchenden durch belastende Tatsachen nicht übergebührlich gesundheitlich zu belasten. In Deutschland ist in diesem Zusammenhang das „therapeutische Privileg" weitgehend anerkannt soweit die Kenntnis gewisser Umstände eine schere Gesundheitsgefahr für den Patienten mit sich bringt.[627] In diesen Fällen darf der Arzt die entsprechenden Erkenntnisse dem Patienten vorenthalten. Es stellt sich die Frage, ob es zur Umsetzung der BMK einer gesetzlichen Verankerung bedarf und ob eine genaue gesetzliche Regelung eines Verfahrens etwa unter Beteiligung eines Gerichts überhaupt praktikabel ist. Nach anderer Ansicht bietet die Regelung des Art. 10 III BMK Anlaß zur Kritik. So wird kritisiert, daß das Recht auf Wissen des Ratsuchenden zwar in dessen Interesse aber ohne seine Zustimmung eingeschränkt werden könnte. Teilweise wird dies für nicht vereinbar mit dem medizin-ethischen Konzept des Free and Informed Consent gehalten.[628] Daran setzt auch die grundsätzliche Kritik am „therapeutischen Privileg" an, und man wird auch nach Umsetzung der BEK die Ausnahmeregelung des Art. 10 III BEK nur auf die von der Rechtssprechung erkannten Fälle der schweren Gesundheitsgefahr durch vollständige Aufklärung über die Ergebnisse prädiktiver Diagnostik anwenden können.

Eine weitere Kollision kann sich ergeben, wenn der Patient, d.h. die Testperson von seinem Recht auf Nichtwissen Gebrauch gemacht hat, aber andererseits das Wissen des Betroffenen von seiner Disposition für eine Krankheit notwendig ist, um vorbeugende Maßnahmen zu treffen oder Dritte vor einer Gefahr zu schützen.[629] Das Recht auf Nichtwissen kann hier einem Recht auf Auskunft eines Dritten entgegenstehen. Auch hier ist eine innerstaatliche Regelung der Kollision der beiden Rechte erforderlich, d.h. eine Regelung der Frage, ob der Arzt im Einzelfall ausnahmsweise gegen das Recht auf Nichtwissen handeln darf.[630]

---

[626] Erläuternder Bericht DIR/JUR (97) 5, Abschnitt 69.
[627] Siehe dazu statt aller A. Laufs, Arztrecht, 1993, Rn 166, 203; wobei die Rechtsprechung das Kontraindikationen der Aufklärungspflicht nur in begrenztem Maße bejaht, nämlich dann, wenn eine ernste und unbehebbare Gefahr für die Gesundheit des Patienten bei vollständiger Aufklärung zu erwarten ist, BGHZ 29, 176.
[628] D. Mieth, in: Protokoll der 113. Sitzung des Rechtsausschusses des BT, öffentliche Anhörung zum Thema: Übereinkommen über Menschenrechte und Biomedizin, 1998, 38.
[629] Erläuternder Bericht DIR/JUR (97) 5, Abschnitt 70.
[630] Siehe dazu unter: Zweiter Teil, Erster Abschnitt, IV..

III. Geplantes Zusatzprotokoll zur Humangenetik

1. Vorarbeiten - Geplanter Inhalt:

Als Zusatzprotokoll soll es Artikel 11 und 12 BMK konkretisieren. Im Hinblick auf postnatale genetische Tests sollen die freie Einwilligung nach Aufklärung vor der Durchführung prädiktiver Gentests und die Voraussetzungen, unter denen Minderjährige getestet werden können, näher geregelt werden. Soweit die Testergebnisse betroffen sind, soll die unbedingte Achtung der Privatsphäre, das Recht auf Nichtwissen und das Recht auf Zugang zu den Ergebnissen behandelt werden. Weiter sollen Voraussetzungen für Untersuchungen der Bevölkerung oder von Bevölkerungsteilen und für Neugeborenenscreeningverfahren, die dem Zweck der Früherkennung dienen, festgelegt werden. Solche Maßnahmen sind nur erlaubt, wenn sie sich auf Krankheiten beziehen, für die bereits eine Vorbeugungs- oder Behandlungsmethode besteht. Es darf nicht möglich sein, jemanden zur Teilnahme an solchen Verfahren zu zwingen. Weiter beschäftigt sich das Zusatzprotokoll mit der inhaltlichen Ausgestaltung der umfassenden Aufklärung über den Nutzen und die Ziele vor Durchführung der Tests. Es ist beabsichtigt, breit angelegte Screeningverfahren gänzlich zu verbieten.[631] Vor allem für die gesundheitsbezogene Forschung interessante Screeningverfahren bestimmter Bevölkerungsgruppen sollen nur erlaubt sein, wenn die Schwere der zu testenden Krankheit dies rechtfertigt und es legitim ist, gerade diese Bevölkerungsgruppe zu testen, etwa weil dort ein höheres Risiko hinsichtlich der Krankheit besteht. Grundsätzlich soll das Testergebnis an die Testpersonen weitergegeben werden, die hinsichtlich ihrer Gesundheit oder ihres Wohlbefindens davon profitieren könnten. In jedem Fall muß Zugang zu den Testergebnissen gewährleistet sein, wenn die Testperson dies verlangt.[632]

Es zeichnet sich ab, daß der Arztvorbehalt für genetische Diagnostik eingeführt wird und die genetische Beratung von einem Facharzt (für Humangenetik) durchgeführt werden muß. Gleichzeitig soll dem Vertrieb von Tests zum allgemeinen Gebrauch entgegengewirkt werden. Dies soll vor allem durch die Einführung einer Qualitätskontrolle geschehen.[633] Genetische Testverfahren müssen von Experten geprüft und von einem Expertengremium zugelassen werden. Prüfungskriterium ist unter anderem, ob der genetische Test die menschliche Würde und Ge-

---

[631] D. Sarrao, Europäisches Parlament, Anhörung des Nichtsständigen Ausschuß für Humangenetik v. 26.3.2001, Postnatale Gentests, 4; CDBI, Working Party on Human Genetics, DIR/JUR (97) 13.
[632] CDBI, Working Party on Human Genetics, DIR/JUR (97) 13, 16.
[633] CDBI, Working Party on Human Genetics, DIR/JUR (97) 13, 20, 33.

sundheit untergraben kann. Nur Institute, deren fachliche Qualifikation anerkannt ist, sollen genetische Testverfahren durchführen.[634]

Der Grundsatz der nicht-direktiven Beratung, der auch in den Empfehlung R (92) 3 und R (90) 13 des Ministerkommitees Ausdruck findet[635], wird im Rahmen der Vorarbeiten kritisch bewertet. Zugestanden wird, daß dadurch die Autonomie des Einzelnen respektiert wird. Tatsächlich sucht der Patient in seinem oft labilen psychischen Zustand jedoch ärztlichen Rat und wirkliche Hilfestellung für die weiteren Entscheidungen. Bei strikter Nichtdirektivität entstehe beim Ratsuchenden oft der Eindruck des mangelnden Interesses des Arztes. Absolute Zurückhaltung sei jedoch für die Fälle der moralischen Gewissensentscheidungen wie der Entscheidung über eine Abtreibung oder die Erfüllung des Kinderwunsches nach negativer Diagnose, geboten.[636]

2. Vorschläge zum Inhalt des Zusatzprotokolls

Gefordert wird zu Recht, Artikel 12 BMK dahingehend zu konkretisieren, daß prädiktive Diagnostik auf Krankheiten beschränkt wird, für die eine Therapie bereits zur Verfügung steht. Gentests an Einwilligungsunfähigen wie Kindern, Embryonen und Demenzpatienten sollen nur erlaubt sein, wenn sie zur Erhaltung oder Wiederherstellung ihrer Gesundheit erforderlich sind. Damit würde sich die Regelung des Art. 14 BMK obsolet.[637]

IV. EMRK und Genomanalyse

Das von Art. 8 I EMRK garantierte Recht auf Achtung des Privatlebens sichert dem Einzelnen einen Freiraum, in dem er seine Persönlichkeit verwirklichen und entwickeln kann. Neben dem Schutz der Privatsphäre ist dadurch das Selbstbestimmungsrecht geschützt.[638] Dieses Recht ist bei der Genomanalyse berührt. Eingriffe in diese Sphäre sind nur zu rechtfertigen, wenn die Grundsätze der

---

[634] CDBI, Working Party on Human Genetics, DIR/JUR (97)13, 23, 34.
[635] Recommendation No. R (92) 3 on genetic testing and screening for health care purposes, in: Texts of the Council of Europe on Bioethical Matters, Directorate of Legal Affairs, 1993, 59-62, principle 3 a; Recommendation No. R (90) 13 on prenatal genetic screening, prenatal genetic diagnosis and associated genetic counselling, in: Texts of the Council of Europe on Bioethical Matters, Directorate of Legal Affairs, 1993, 53, 54, principle 4.
[636] CDBI, Working Party on Human Genetics, DIR/JUR (97) 13, 24.
[637] Komitee zum Schutz der Menschenwürde, Schweiz , Temporary Committee on the Human Genetics and other new technologies of modern medicine, Statement for the Public EP Hearing on Human Genetics on 9 and 10 July 2001.
[638] M. Villiger, Handbuch der Europäischen Menschenrechtskonvention, 1999, Art. 8 Rn 555 mwN.

Freiwilligkeit und Vertraulichkeit gewährleistet sind. Die Verwendung von genetischen Informationen zu rein diagnostischen Zwecken wird jedoch im Gegensatz zur Verwendung genetischer Information im arbeits- und versicherungsrechtlichen Bereich, in den Schranken des Art. 8 II EMRK, etwa zum Schutz der Gesundheit, für vertretbar gehalten.[639]

---

[639] L. Wildhaber, in: H. Golsong et al. (Hrsg.), Internationaler Kommentar zur Europäischen Menschenrechtskonvention, 2000, Art. 8 Rn 265; ausführlicher zu Art. 8 II EMRK unter: Zweiter Teil, Zweiter Abschnitt, I. 1. b).

Dritter Abschnitt: Bewertung und Schlußfolgerung

I. Art. 12 BMK – Zusammenfassung der Ergebnisse

Unter gesundheitliche Zwecke im Sinne von Art. 12 BEK fällt ein prädiktiver genetischer Test, der eine gezielten Therapie[640] ermöglichen soll. Steht keine Therapie zur Verfügung, ist ein Gentest erlaubt, wenn er es ermöglicht, gegen den Ausbruch der Krankheit vorzubeugen. Aber auch ein Test, der den Zweck der Differenzialdiagnose ermöglicht, kann unter gesundheitliche Zwecke zu fassen sein. Handelt es sich um eine spät im Leben ausbrechende Krankheit, für die es keine Therapie gibt, ist nur ausnahmsweise ein gesundheitlicher Zweck zu bejahen. Denkbar wäre dies, wenn durch die Ungewißheit bei einer familiären Belastung eine starke psychische Belastung entsteht. Neben der Erforschung der Heilungsmöglichkeiten kann auch das Ziel der Linderung krankheitsbedingter Leiden unter die Zwecke des Art. 12 BMK fallen. Zwecke, die nicht mit einer Krankheit im Zusammenhang stehen, erfüllen demgegenüber nicht das Erfordernis der Gesundheitsbezogenheit.

Prädiktive genetische Diagnostik steht nicht zur freien Verfügung des Einzelnen. Diese Einschränkung des Selbstbestimmungsrechts des Einzelnen hält sich im Rahmen der Schranken des allgemeinen Persönlichkeitsrechts gemäß Artikel 1 I i.V.m. Art. 2 I GG (s.o.). Der Beitritt zur BMK wird auch gerade wegen der notwendigen Bindung genetischer Tests an gesundheitliche Zwecke befürwortet.[641]

Sowohl aus der Gefährdung der Grundrechte, als auch aus Art. 12 BMK ergibt sich, daß innerhalb der Aufklärung und genetischen Beratung vor einem Test, die Ziele eines solchen Tests genau festgelegt werden müssen.[642]

II. Zur Kritik an Art. 12 BMK – notwendige Ergänzungen

Im Rahmen der Erarbeitung des Konventionstextes wurde mehrfach eine konkretere Fassung des Art. 12 BMK gefordert. „Es ist klarzustellen, daß Untersuchun-

---

[640] R. Giesen, MedR 1995, 353, 357 f..
[641] Deutscher Ärztetag, Frankfurter Allgemeine Zeitung v. 13.5.2000, 5.
[642] T. Kienle, Die prädiktive Medizin und gentechnische Methoden, Diss. Tübingen 1998, 201.

gen von Personen auf genetisch bedingte Krankheiten nur im therapeutischen Interesse des Patienten oder für wissenschaftliche Forschung im Zusammenhang mit gesundheitlichen Zwecken unter Einhaltung eines hohen datenschutzrechtlichen Standards durchgeführt werden dürfen".[643] Eine solche Einengung auf therapeutische Zwecke ist nach Erörterung der Problematik mit dem Recht auf Wissen nicht vereinbar.[644]

Der deutsche Richterbund[645] verlangte die Gewährleistung, daß prädiktive Tests nur mit Zustimmung des Betroffenen sowie nur zum Zweck der Früherkennung von Krankheiten und zur individuellen Gesundheitsprophylaxe vorgenommen werden dürfen sollen. Diese Anforderungen dürften durch die Art. 4, 5 und 12 BMK erfüllt sein.

Der Ausschuß für Recht und Bürgerrechte des Europäischen Parlaments forderte eine ausdrückliche Einschränkung der Testarten durch den Gesetzeswortlaut des Art. 12 BMK. In seiner Stellungnahme vom 7. Juni 1996 zur Biomedizin-Konvention wies der Ausschuß auf die Notwendigkeit einer eindeutigen gesetzlichen Regelung hin. Tests, durch die sich Erbkrankheiten vorhersagen oder eine genetische Prädisposition für eine Krankheit oder feststellen lassen, sollten nur für lebensgefährliche Krankheiten genehmigt werden, sofern es zur Zeit schon wirksame Behandlungsmöglichkeiten gibt. Ein ausdrückliches Verbot wird für alle prädiktiven Tests gefordert, mit denen nichtkrankheitsrelevante Merkmale, wie Verhaltensmerkmale (Intelligenz, sexuelle Orientierung, Kriminalität etc.) vorhergesagt werden können.[646] Da Art. 12 BMK das Erfordernis der Gesundheitsbezogenheit nur für genetische Tests vorschreibt, bei denen von vornherein die Erkennung von Krankheiten intendiert ist, unterliegen Tests, durch die Aufschluß über nicht krankheitsrelevante Merkmale gewonnen werden soll, keiner Einschränkung. Dies ist angesichts der größeren Mißbrauchsgefahren nicht sachgerecht. Deshalb ist eine Ergänzung des Art. 12 BMK in diesem Sinne wünschenswert.

Nachgedacht werden sollte auch über Sanktionen beim Verstoß gegen das Gebot der Gesundheitsbezogenheit. Dies könnte im Zusatzprotokoll für Humangenetik etwa dadurch erfolgen, daß dem nationalen Gesetzgeber aufgegeben wird, Ver-

---

[643] Bereits zum ersten Entwurf: Beschlußempfehlung und Bericht des Rechtsausschusses v. 27.06.1995, BT-Drucks. 13/1816, 3, 4.
[644] Siehe unter: Erster Teil, Erster Abschnitt, IV. 6..
[645] DRiZ 1995, 149, 152.
[646] Europäisches Parlament, Stellungnahme/Entschließungsantrag des Ausschusses für Recht und Bürgerrechte v. 7. Juni 1996 A4-0190/96; 12.10; Europäisches Parlament, Entschließung zum Schutz der Menschenrechte und Menschenwürde hinsichtlich der Anwendung von Biologie und Medizin, B4-1029, 1082, 1084 und 1085/96 v. 20.9.1996.

stöße gegen Art. 12 BMK durch prädiktive Tests, die auf die Entdeckung krankheitsfremder genetischer Anlagen ausgerichtet sind, durch das Ordnungswidrigkeitsrecht zu sanktionieren.

Die gesetzliche Zweckbindung des Art. 12 BMK für prädiktive Tests wird teilweise auch deswegen als unzureichend angesehen, weil die Anknüpfung an die objektive Eignung (Tests zu gesundheitlichen Zwecken) das Vorspiegeln bestimmter Anwendungsmöglichkeiten nicht ausschließe.[647] Gegen solchen Mißbrauch wird es schwer sein, über den Arztvorbehalt hinaus Schutzvorkehrungen zu treffen. Die angesprochene Möglichkeit einer strafrechtlichen Sanktion bei Verstoß gegen die Zulässigkeitsvoraussetzungen prädiktiver Diagnostik ist hier geeignete Maßnahme. Gegen Art. 12 BMK und seine Umsetzung wenden sich die Kritiker, die bei Tests, deren Ergebnisse keine nennenswerte Gesundheitsgefahren zur Folge haben keinen Raum für eine gerechtfertigte Einschränkung durch Arztvorbehalt oder Bindung an gesundheitliche Zwecke sehen. Dies gelte insbesondere für genetische Tests, die es nicht ermöglichen, genetisch bedingte Krankheiten, Körperschäden oder Leiden vorherzusagen.[648] Diese Kritik ist nicht berechtigt. Die Regelung der BMK mit einem Erlaubnisvorbehalt für genetische Tests zu gesundheitlichen Zwecken gilt für solche Tests ohnehin nicht. Erfaßt vom Regelungsbereich des Art. 12 BMK sind solche, die es ermöglichen genetisch bedingte Krankheiten, Prädispositionen oder Anfälligkeiten zu erkennen. Nicht unter das Verbot mit Erlaubnisvorbehalt fallen Tests auf Charaktereigenschaften, Verhaltensweisen oder andere Veranlagungen, welche darüber hinaus nicht prädiktiv sind.

III. UNESCO Deklaration – postnatale Diagnostik

Die allgemeine Erklärung der UNESCO über das menschliche Genom und Menschenrechte[649] ist eine völkerrechtliche Absichtserklärung zum Schutz des menschlichen Genoms ohne rechtliche Bindungswirkung.[650] Die BMK trug hier zum Teil zur Erhöhung des Schutzniveaus bei und wichtige Elemente und For-

---

[647] C. Bartram in: C. Bartram et al. (Hrsg.), Humangenetische Diagnostik, 2000, XXVI.
[648] C. Bartram in: C. Bartram et al. (Hrsg.), Humangenetische Diagnostik, 2000, XXVI.
[649] Abgedruckt in: JbfWE 1998, 213-223; vgl zur Deklaration G. Fulda, in: S. Winter/H. Fenger/H.-L. Schreiber (Hrsg.), Genmedizin und Recht, 2001, Rn 500-522.
[650] S. Winter, in: S. Winter/H. Fenger/H.-L. Schreiber (Hrsg.), Genmedizin und Recht, 2001, Rn 127; weitere internationale Richtlinien wurden von der WHO veröffentlicht: Proposed international guidelines on ethical issues in medical genetics and genetic services, 1997.

mulierungen wurden übernommen.[651] Nahezu alle Artikel beziehen sich auf das Problem postnataler Tests. Zu nennen sind das Diskriminierungsverbot hinsichtlich genetischer Merkmale (Art. 2, 6), das Recht auf Nichtwissen (Art. 5b und c) und die vertrauliche Behandlung persönlicher genetischer Daten (Art. 7). Die Deklaration betont, daß die Würde des Menschen es verbietet, ihn auf seine genetischen Eigenschaften zu reduzieren und seine Einzigartigkeit und Vielfalt zu achten ist (Art. 2 b). Indes ergeben sich hieraus keine konkreteren Anhaltspunkte für die postnatale Diagnostik. Allerdings enthält Art. 5a ein Abwägungsgebot im Hinblick auf Risiko und Nutzen für den Betroffenen. Soweit Einwilligungsunfähige betroffen sind, müssen genetische Diagnosenverfahren von dem Bestreben geleitet sein, zum Besten der Person zu handeln. Eine derartige Regelung konkret bezogen auf Diagnoseverfahren kennt die BMK nicht, jedoch ist jeder medizinische Eingriff und somit auch ein genetischer Test nur zum Nutzen des Einwilligungsunfähigen erlaubt. Der in der UNESCO Deklaration verwendete Begriff „zum Besten" als Kriterium ist demgegenüber sehr ungeeignet und entspricht dem Charakter einer sehr allgemein gehaltenen Deklaration.

IV. Vergleich mit dem Schweizer Gesetzesentwurf

Der zweite Abschnitt des Schweizer Gesetzesentwurfs zu einem Humangenetikgesetz[652] regelt genetische Untersuchungen zu medizinischen Zwecken: Als Grundsatz gilt gemäß Art. 8, daß als medizinische Zwecke nur prophylaktische oder therapeutische Zwecke zulässig sind. Jedoch sind genetische Untersuchungen als Grundlage für die Lebensgestaltung oder Familienplanung im Rahmen der medizinischer Zwecke erlaubt. Dadurch sind Untersuchungen im Interesse Dritter nicht erlaubt. Jedoch ist der Bereich der Lebensgestaltung oder Familienplanung sehr weit und erlaubt Tests in breitem Maße allein unter dem Vorbehalt der Freiwilligkeit. Das Problem des sozialen Zwangs zum Test ist dadurch nicht gelöst. Ebenfalls offen ist die wichtige Frage, was für Untersuchungen in diesem Zusammenhang erlaubt sind, insbesondere ob auch Tests auf schwere, unheilbare erst im späteren Leben auftretende Krankheiten darunter fallen können. Insoweit stellt der Gesetzesentwurf im Vergleich mit der BMK keine bestimmtere Regelung zur Eingrenzung prädiktiver Diagnostik dar.

---

[651] S. Winter, in: S. Winter/H. Fenger/H.-L. Schreiber (Hrsg.), Genmedizin und Recht, 2001, Rn 859; L. Honnefelder in, L. Honnefelder/J. Taupitz/S. Winter, Das Übereinkommen über Menschenrechte und Biomedizin des Europarats, 1999, 9, 11.
[652] Schweizer Gesetzesentwurf abgedruckt in ZSR 1998, 473-486; eingehend dazu H. Hausheer, Ein schweizerischer Vorentwurf zu einem Humangenetikgesetz, in: H.-J. Ahrens/C. v. Bar/A. Spickhoff/J. Taupitz (Hrsg.), FS für E. Deutsch, 1999, 593-611.

Art. 7 des Entwurfs verbietet den kommerziellen Vertrieb genetischer Tests für den allgemeinen Gebrauch und Art. 11 stellt genetische Tests unter den Arztvorbehalt. Art. 6 und Art. 7 führen eine umfassende Qualitätssicherung genetischer Diagnostik ein. Zytogenetische und molekulargenetische Tests dürfen nur nach Bewilligung des zuständigen Bundesamtes eingeführt werden. Die Bewilligung wird nur erteilt, wenn nachgewiesen ist, daß der Test zuverlässige und klar interpretierbare Ergebnisse liefert. Tests dürfen nur von Ärzten und Laboratorien durchgeführt werden, welche dafür eine Bewilligung des zuständigen Bundesamts haben. Dieser Gesetzesentwurf, der Mitte 2002 ins Schweizer Parlament eingebracht werden soll, wird als der bislang akzeptabelste qualifiziert.[653] Dies ist im Hinblick auf die vorgesehenen Regelungen zur Qualitätssicherung, Verbot kommerzieller Tests und der Einführung des Arztvorbehalts richtig. Die Eingrenzung prädiktiver Diagnostik auf bestimmte Zweckesetzungen ist jedoch durch den ausdehnbaren Zweck der Lebensgestaltung sehr ungenau und ausgestaltet worden. Damit kann der genannten Gefahren prädiktiver Diagnostik nicht entgegengetreten werden.

V. Zur Umsetzung der BMK-Regelungen für den Bereich postnataler Diagnostik im Verhältnis Arzt und Patient in deutsches Recht

Eine gesetzliche Verpflichtung zu angemessener genetischer Beratung im Zusammenhang mit prädiktiver genetischer Diagnostik gibt es in Deutschland derzeit nicht. Daher geht das Übereinkommen in diesem Zusammenhang über den deutschen Schutzstandard hinaus.[654]
Bei einem Beitritt Deutschlands zur Konvention müßten innerhalb einer einfachgesetzlichen Regelung prädiktiver genetischer Diagnostik die Voraussetzungen des Art. 12 BMK erfüllt werden. Das bedeutet, im Fall einer Ratifizierung müßten für prädiktive genetische Tests eine genetische Beratung, die Freiwilligkeit der genetischen Untersuchung (Einwilligung) und die Bindung an gesundheitliche Zwecke oder gesundheitsbezogene Forschung gesetzlich verankert werden, um einen wirksamen Schutz zu gewährleisten.[655] Eine Regelung, die eine genetische Beratung nur anbietet und nicht zur zwingenden Voraussetzung macht, wie vom

---

[653] E. Richter, DÄBL 2002, A 759.
[654] Bundesjustizministerium zur Bioethik-Konvention 1998, 25; S. Winter, in: L.Honnefelder/J. Taupitz/S. Winter, Das Übereinkommen über Menschenrechte und Biomedizin des Europarats, 1999, 33, 37.
[655] Vgl. L. Honnefelder, JbfWE 1997, 305, 314; T. Kienle, Die prädiktive Medizin und gentechnische Methoden, Diss. Tübingen 1998, 201.

Ethikbeirat beim Bundesgesundheitsministerium vorgeschlagen[656], würde Art. 12 BMK, der prädiktive Tests nicht nur an Aufklärung, sondern auch an eine genetische Beratung knüpft, nicht genügen. Der Ansatz, wonach genetische Tests jedermann auf Wunsch und nach ärztlicher Beratung zugänglich sein müssen, wäre nicht mehr durchsetzbar.

Um den in Art. 2 BMK vorgeschriebenen Vorrang des Individuums vor gesellschaftlichen und wissenschaftlichen Interessen umzusetzen und so eugenischen Tendenzen entgegenzuwirken, ist es erforderlich, daß im Rahmen einer gesetzlichen Regelung der postnatalen Diagnostik die Entscheidungsgewalt nicht vom Gesetzgeber und von Medizinern ausgeübt wird, sondern vom Einzelnen, der eigenständig und in Freiheit entscheiden kann.[657] Die Achtung der Allgemeinheit vor der genetischen Verschiedenheit sollte in einer gesetzlichen Regelung Ausdruck finden.

Eine Regelung durch Standesrecht ist auf Grund der berührten Grundrechtspositionen nicht ausreichend.[658] Der Weg eines strafbeschwerten Verbots, wie er für das Verbot der Keimbahnintervention durch das EschG beschritten wurde, würde zu weit gehen. Es handelt sich hier um eine Abwägung verschiedener Werte und Grundrechte, so daß eine derart statische Regelung nicht angemessen ist. Eine einfachgesetzliche Regelung, die genetische Beratung und die Zulässigkeit prädiktiver Tests nur zu gesundheitlichen Zwecken festschreibt ist sachgerecht und angemessen und deshalb anzustreben.

VI. Stellungnahme

1. Durch die Regelung der Zulässigkeit prädiktiver Diagnostik wurde die eher gesellschaftspolitische Frage einer Verpflichtung zum Nichtwissen verbunden mit der Frage, ob es überhaupt wünschenswert ist, daß der Einzelne Kenntnisse über seine Lebenserwartung, eintretende Krankheiten und Charaktereigenschaften erhält[659], im Sinne einer möglichst eigenverantwortlichen Lösung entschieden. Zu begrüßen ist die in der BMK ausdrücklich vorgeschriebene „Konsentierung prädiktiver Tests", mit der dem Grundsatz der frei bestimmten Lebensplanung und

---

[656] Ethik-Beirat beim Bundesgesundheitsministerium, Prädiktive Gentests. Eckpunkte für eine ethische und rechtliche Orientierung, 2000, 9, vgl. unter: Erster Teil, Erster Abschnitt, V. 9. d).
[657] Vgl. D. Sarrao, Europäisches Parlament, Anhörung des Nichtsständigen Ausschuß für Humangenetik v. 26.3.2001, Postnatale Gentests, 6.
[658] Siehe dazu unter: Erster Teil, Erster Abschnitt, III..
[659] A. Eser/M. v. Lutterotti/P. Sporken, Lexikon Medizin Ethik Recht, 1989, Zur rechtlichen Problematik einzelner Verfahren, 527.

der Eigenverantwortlichkeit hinreichend Rechnung getragen wird.[660] Die Bindung aller genetischen Tests auf genetisch bedingte Krankheitsanlagen und Anfälligkeiten an gesundheitliche Zwecke stellt faktisch ein Verbot der Vornahme prädiktiver genetischer Tests zu anderen als ärztlichen Zwecken als wichtige Grenzziehung dar.[661] Ein absolutes Verbot prädiktiver Diagnostik würde dem Einzelnen neue medizinische Möglichkeiten abschneiden und der staatlichen Schutzpflicht aus Art. 2 II GG widersprechen, die auch den Erhalt entsprechender Informationen zur Erhöhung der Heilungschancen umfaßt.[662] Im Hinblick auf das Recht auf Wissen wurde mit der Bindung an gesundheitliche Zwecke eine in den Schranken des Selbstbestimmungsrechts liegende Regelung gefunden. Der dem Wachsen medizinischer Möglichkeiten und sich wandelnden Anschauungen innerhalb der Gesellschaft unterliegende Gesundheitsbegriff stellt ein geeignetes Kriterium für die Zulässigkeit prädiktiver Diagnostik dar. Da es sich um keinen statischen Begriff handelt, läßt er Raum für die Abwägung und ethische Bewertung der Risiken und Rechte bei einer sachgerechten Entscheidung im Einzelfall. Dies muß auch im Rahmen einer gesetzlichen Regelung möglich sein, um das Recht auf Wissen des Einzelnen zu gewährleisten und die Chancen prädiktiver genetischer Tests zu nützen. Dies könnten feste Indikationskataloge nicht leisten.

2. Verpaßt wurde es, innerhalb der Regelung des Art. 12 BMK eine umfassende Regelung der Zulässigkeit genetischer Tests zu treffen. Nachdem Art. 12 BMK nur genetische Tests auf genetisch bedingte Krankheitsveranlagungen und Anfälligkeiten regelt, sind Tests auf nicht krankheitsrelevante Merkmale nicht erfaßt. Soweit sich in Zukunft insofern Mißbrauchsgefahren[663] abzeichnen, sollte innerhalb des nationalen Rechts eine über Art. 12 BMK hinausgehende Regelung getroffen werden.

3. Zielsetzung der Anforderungen des Art. 12 BMK ist die Verwirklichung des Prinzips der Verantwortung. Nur eine angemessene Beratung ermöglicht eine durch den Betroffenen verantwortliche Entscheidung im Hinblick auf sich, auf betroffene Familienmitglieder und potentielle Nachkommen. Durch die Beratung lernt der Betroffene die Risiken und den Umfang seiner Verantwortung erst kennen. In einem zweiten Schritt kann er sich dann entscheiden, ob er prädiktive Un-

---

[660] T. Kienle für ein detailregelndes Bioethik-Bundesgesetz, Die prädiktive Medizin und gentechnische Methoden, Diss. Tübingen 1998, 185, 206, 208.
[661] L. Honnefelder, JbfWE 1997, 305, 313.
[662] Vgl. B. Gretter, ZRP 1994, 24, 26.
[663] Vgl. dazu unter: Erster Teil, Erster Abschnitt, III., Europäisches Parlament, Stellungnahme/Entschließungsantrag des Ausschusses für Recht und Bürgerrechte v. 7. Juni 1996 A4-0190/96, 12.10; Europäisches Parlament, Entschließung zum Schutz der Menschenrechte und Menschenwürde hinsichtlich der Anwendung von Biologie und Medizin, B4-1029, 1082, 1084 und 1085/96 v. 20.9.1996.

tersuchungen vornehmen lassen will, die Resultate kennen will und ob er der Verarbeitung der eigenen genetischen Daten zustimmt. Um zu gewährleisten, daß nicht eugenische Zielsetzungen handlungsleitendes Prinzip bei der Anwendung von Humangenetik sind, sondern Respekt vor der Würde des Einzelnen, seiner Familie und denjenigen, die von einer genetischen Erkrankung betroffen sind, ist die Förderung bestmöglicher Beratung, Therapie und Diagnostik geeignetes Handlungsziel.[664] Um dies zu gewährleisten, wurde eine entsprechende Qualitätskontrolle biomedizinischer Leistungen von der parlamentarischen Versammlung innerhalb ihrer Stellungnahme zum ersten Entwurf gefordert.[665] Dem ist zuzustimmen. Biomedizinische Leistungen und Techniken sollten ausdrücklich einer Qualitätskontrolle unterworfen werden.

4. Art. 12 BMK ist nur ein Anfang - allein durch diese Rahmenbedingungen können nicht alle Mißbrauchsgefahren ausgeschlossen werden. Durch die Empfehlung R (92) 3 hat sie schon eine wesentliche Konkretisierung erfahren, die im Rahmen des Zusatzprotokolls zur Humangenetik fortgesetzt werden kann. Unabdingbarer Inhalt sowohl des Zusatzprotokolls, als auch einer bundesgesetzlichen Regelung der postnatalen Diagnostik sollte der Arztvorbehalt, das Verbot kommerziellen Vertriebs genetischer Tests und eine Qualitätssicherung genetischer Diagnostik sein. Dies der entscheidende Ausgangspunkt, um den Gefahren einer Kommerzialisierung genetischer Diagnostik entgegenzuwirken. Das Problem der Zulässigkeit der frühkindlichen Genomanalyse wurde in der BMK nicht gesondert behandelt. Während Präventionsmöglichkeit und Therapierbarkeit für die Frage der Zulässigkeit genetischer Diagnostik zu gesundheitlichen Zwecken bei Erwachsenen zwar gewichtiges Kriterium sein wird, sollte dies bei Minderjährigen entscheidendes Kriterium und prädiktive genetische Tests andernfalls unzulässig sein.[666] Diese Vorgabe muß bei einer einfachgesetzlichen Regelung berücksichtigt werden.

Das Problem des möglicherweise entstehenden sozialen Drucks zum Gentest durch die freiwillige Inanspruchnahme genetischer Diagnostik Einzelner oder auf Grund von gesundheitspolitischen Erwägungen wird durch die Bindung an gesundheitliche Zwecke zumindest eingedämmt. Ergänzend sind Regelungen, die ein Verbot der Weitergabe solcher Testergebnisse und ein Verbot der Nachfrage nach solchen Tests und deren Ergebnissen beinhalten, notwendig.[667]

---

[664] H.-P. Schreiber, EthikMed 1998, 68, 72; L. Honnefelder, JbfWE 1996, 297, 305.
[665] Stellungnahme der Parlamentarischen Versammlung des Europarates zum Entwurf einer „Bioethik-Konvention", abgedruckt in: JbfWE 1996, 291, 293, dies sollte durch eine entsprechende Ergänzung des damaligen Artikel 4 (heute Art. 3 BMK) erfolgen.
[666] Vgl. M.-T. Tinnefeld, ZRP 2000, 10, 13; DFG, Humangenomforschung und prädiktive genetische Diagnostik, Stellungnahme v. 20.6. 1999, 39.
[667] Dazu im ZWEITEN TEIL, Erster Abschnitt, II. und III..

Zweiter Teil: Prädiktive postnatale Gentests im Verhältnis zu Dritten; fremdnützige Tests

Anders als bei der kurativen Medizin ist bei der prädiktiven Medizin nicht nur das duale Arzt-Patientenverhältnis betroffen. Vielmehr werden typischerweise auch die Interessen anderer Personen berührt.[668] Im Rahmen der genetischen Beratung und Diagnostik ist es oft erforderlich, daß sich Angehörige ebenfalls untersuchen lassen. Auf Grund der genetischen Bedingtheit hat das Ergebnis einer prädiktiven Diagnostik oft auch Aussagekraft für Verwandte, die nichts von der Durchführung des Tests wußten oder nicht über diese Informationen verfügen wollten. Daneben bestehen die kommerziellen Interessen von Arbeitgebern und Versicherungsträgern oder der Solidargemeinschaft. Das zunehmende Wissen über die molekulargenetische Konstitution des Menschen hat nicht nur Konsequenzen für andere Wissenschaftsbereiche oder den einzelnen Menschen, sondern für die Gesellschaft insgesamt. „Das grundsätzliche Problem der Genomanalyse besteht in der Gefahr, Menschen auf der Grundlage ihrer biologischen Konstitution moralisch und sozial zu bewerten".[669] „Besondere ethische Probleme wirft die Tatsache auf, daß die Ergebnisse der gesundheitsrelevanten Diagnostik in Bereichen Anwendung finden und Konsequenzen haben, die nicht mit den expliziten Absichten molekulargenetischer Tests verbunden sind".[670] Genannt wird die Tendenz einer „Genetifizierung", d.h. einer Verwendung molekulargenetischer Erkenntnisse zur Erklärung und Begründung menschlichen Verhaltens und gesellschaftlicher Verhältnisse.[671] Insbesondere im Bereich des Versicherungswesens und auf dem Arbeitsmarkt wird Gesundheit zum Konkurrenzgut, und es besteht die Gefahr der sozialen Stigmatisierung und der Entwicklung einer Klassengesellschaft auf genetischer Grundlage.[672] Im Bereich der Genomanalyse zu arbeits- und versicherungsrechtlichen Zwecken ist der Schutz vor genetischer Diskriminierung ein „Thema von unverminderter Aktualität"[673] und ein Tätigwerden des Gesetzgebers wird nachdrücklich gefordert.[674]

---

[668] E. Buchborn, MedR 1996, 441.
[669] C. Kaminsky, in: E.-M. Engels (Hrsg.), Biologie und Ethik, 1999, 194, 214.
[670] C. Kaminsky, in: E.-M. Engels (Hrsg.), Biologie und Ethik, 1999, 194, 206, 207.
[671] C. Kaminsky, in: E.-M. Engels (Hrsg.), Biologie und Ethik, 1999, 194.
[672] Vgl. O. Schöffski, ZVersWiss 1999, 265, 273; D. Birnbacher, in: H.-M. Sass (Hrsg.), Medizin und Ethik, 1989, 212, 228.
[673] W.-M. Catenhusen, in: A. Eser (Hrsg.), Biomedizin und Menschenrechte, 1999, 114, 115.
[674] S. Schnorr/V. Wissing, Vor Abschluß einer Versicherung zur Genomanalyse?, ZRP 2001, 47, 48.

Erster Abschnitt: Deutsche Rechtslage und Meinungsstand

Wenngleich gesetzgeberischer Handlungsbedarf gerade für das Rechtsverhältnis des Einzelnen zu Dritten seit langem immer wieder gesehen wird[675], fehlt es bis heute an ausdrücklichen gesetzlichen Regelungen. Der Schutz des Einzelnen vor genetischen Analysen ebenso wie andere Problemfelder innerhalb der zu behandelnden Verhältnisse richten sich gegenwärtig noch nach den für spezielle Rechtsverhältnisse geltenden allgemeinen Rechtsgrundsätzen und Vorschriften.[676] Gerade im Hinblick auf die Gefahren für das Allgemeine Persönlichkeitsrecht des Einzelnen und die Schutzpflicht des Staates, innerhalb derer er tätig werden muß, um den Einzelnen vor Eingriffen Dritter zu schützen, wird der gesetzgeberische Handlungsbedarf betont.[677]
Die Bundesgesundheitsministerin kündigte im Jahr 2001 an, daß es Versicherungen und Arbeitgebern gesetzlich verboten werden soll, Auskunft über Daten zu verlangen.[678]

Im Folgenden wird auf das Verhältnis von Privatpersonen wie Versicherungsnehmern und Versicherungsgebern, Verwandten, Arbeitnehmern und Arbeitgebern eingegangen. Es geht auf individualrechtlicher Ebene um den Konflikt zwischen konstitutions- und dispositionsbezogenen Informationsansprüchen in der Form eines Rechts auf Wissen und informationellen Abwehrrechten in der Form eines Rechts auf Nichtwissen.[679]

I. Normative informationelle Grundmodelle

1. Recht auf informationelle Selbstbestimmung – das Recht auf Nichtwissen (Datenherrschaft)

a) Allgemeines Persönlichkeitsrecht im Zivilrecht – **Persönlichkeitsrecht im Genbereich**
Im Privatrecht ist die Persönlichkeitssphäre des Einzelnen, ebenso wie im öffentlichen Recht, durch das allgemeine Persönlichkeitsrecht als Recht auf Achtung

---

[675] Entschließung des Bundesrats zur Anwendung gentechnischer Methoden am Menschen, BR-Drucks. 424/92, 10.
[676] G. Wiese, Genetische Analysen und Rechtsordnung, 1994, 16.
[677] P. Präve, Das Recht des Versicherungsnehmers auf gen-informationelle Selbstbestimmung, VersR 1992, 279, 281.
[678] Welt am Sonntag v. 4.3.2001 Interview mit Bundesgesundheitsministerin Ulla Schmidt.
[679] R. Damm, MedR 1999, 437, 440.

und Entfaltung der Persönlichkeit geschützt.[680] Dieses Persönlichkeitsrecht im Privatrecht ist abgeleitet aus Art. 1 I, 2 I GG und so werden grundrechtliche Wertgehalte in das Privatrecht transformiert.[681] Für die Bejahung einer tatbestandsmäßigen Persönlichkeitsverletzung muß eine Güter- und Interessenabwägung im Einzelfall erfolgen. Hier sind auf Seiten des Verletzten Art und Schwere der Rechtsgutsverletzung und sein Verhalten vor der Verletzung zu berücksichtigen. Auf der anderen Seite sind Mittel und Zweck des Eingriffs und Grundrechte des Verletzers in die Abwägung einzubeziehen.[682] Das allgemeine Persönlichkeitsrecht umfaßt bisher nach der Rechtssprechung bestimmte Fallgruppen, wie das Recht am eigenen Bild (§ 22 KunstUrhG) und das Namensrecht (§ 12 BGB). Darüber hinaus wird gefordert und ist zunehmend anerkannt, daß es ein besonderes Persönlichkeitsrecht auf die eigenen genetischen Daten oder ein „Persönlichkeitsrecht am Genbereich" geben wird.[683] In diesem Zusammenhang wird auch von einer „Erscheinungsform des Rechts auf informationelle Selbstbestimmung" gesprochen, das zwar als Abwehrrecht des Bürgers gegen den Staat entwickelt wurde, jedoch in gewissem Umfang im Privatrecht als schutzwürdige Ausprägung des allgemeinen Persönlichkeitsrechts anzuerkennen ist.[684] Inhaltlich dient das Persönlichkeitsrecht im Genbereich, auch geninformationelles Selbstbestimmungsrecht[685] genannt, dem Schutz vor unzulässiger Ausforschung oder Offenlegung der genetischen Veranlagung des Einzelnen durch Erhebung prädiktiven Wissens oder Weitergabe solchen Wissens.[686] Es beinhaltet das Recht des Einzelnen auf Wissen oder Nichtwissen im Hinblick auf seine genetische Konstitution und ermöglicht ihm, andere von dieser Kenntnis auszuschließen oder an diesem Wissen teilhaben zu lassen.

Wie bereits erörtert, greift die genetische Analyse, unabhängig davon, ob die stummen Sequenzen oder die codierenden Bereiche dechiffriert werden, in das

---

[680] H. Thomas/Palandt, BGB-Kommentar, 2003, § 823, Rn 176, 178 ff.; H. Ehmann/Erman, BGB-Kommentar 1. Band, 2000, Anhang zu § 12; A. Teichmann/Jauernig, BGB-Kommentar, 1999, § 823 Rn 65 ff.; BGHZ 13, 334 (338); 24, 72 (76); 27, 284 (286).
[681] G. Wiese, Genetische Analysen und Rechtsordnung, 1994, 20; J. Hager/Staudinger, BGB-Kommentar, 1999, § 823 Rn C 3 ff..
[682] A. Teichmann/Jauernig, BGB-Kommentar, 1999, § 823 Rn 67 mwN.
[683] E. Deutsch, VersR 1994, 1; G. Wiese, Genetische Analysen und Rechtsordnung, 1994, 21; ders. RdA, 1986, 120, 126; J. Taupitz JZ 1992, 1089, 1092.
[684] G. Wiese, Genetische Analysen und Rechtsordnung, 1994, 21, 22; ders. in: E. Jayme et al. (Hrsg.), FS für H. Niederländer, 1991, 475, 484 mwN.
[685] Vgl. S. Cramer, Genom- und Genanalyse, Diss. Heidelberg 1991, 186; jünst mit dem Hinweis darauf, daß dessen Verselbständigung zu einem besonderen Persönlichkeitsrecht noch aussteht: D. Regenbogen/W. Henn, MedR 2003, 152, 155.
[686] Vgl. G. Wiese, Genetische Analysen und Rechtsordnung, 1994, 21.

Allgemeine Persönlichkeitsrecht (Art. 2 I i.V.m. Art. 1 I GG) ein.[687] Der Kernbereich der Persönlichkeit ist betroffen. An der Geheimhaltung der Informationen über das eigene Genom hat der Einzelne im Verhältnis zu Dritten ein berechtigtes Interesse insofern, als sich daraus für ihn nachteilige Konsequenzen ergeben können.[688]

b) Recht auf Nichtwissen

aa) Rechtliche Grundlage und Umfang

Aus dem Selbstbestimmungsrecht, das aus dem Allgemeinen Persönlichkeitsrecht gemäß Art. 1 I i.V.m. Art. 2 I GG abgeleitet ist, ergibt sich das Recht auf „geninformationelle Selbstbestimmung".[689] Das beinhaltet für den Bereich der prädiktiven Diagnostik, daß entsprechende Testverfahren nur vorgenommen werden dürfen, wenn die betroffene Person aufgeklärt wurde und eingewilligt hat. Das Recht auf Nichtwissen[690] bezüglich der eigenen genetischen Disposition ist hier zu beachten. Im Ergebnis besteht Einigkeit, daß das Recht auf Nichtwissen dem Persönlichkeitsrecht und insbesondere dessen Ausprägung des informationellen Selbstbestimmungsrechts[691] zuzuordnen ist. Das Recht auf Nichtwissen sichert den Einzelnen vor Ausforschung ohne individuelle Zustimmung.[692] Es beinhaltet das Selbstbestimmungsrecht hinsichtlich der genetischen Veranlagung des Einzelnen, der grundsätzliche nicht gezwungen werden darf, sich über diese Kenntnis zu verschaffen, noch sich diese Kenntnis gegen seinen Willen aufdrängen lassen muß.[693] Es beinhaltet damit das Recht einer Person, daß ihre auch auf Abwehr gerichteten Willensäußerungen von anderen nicht ohne Grund mißachtet werden.[694]

---

[687] A. Schmidt, in: R. Toellner (Hrsg.), Humangenetik – Ethische Probleme der Beratung, Diagnostik und Forschung, 1993, 191, 193; H. Donner/J. Simon: die Menschenwürde/Art. 1 I GG ist betroffen, DÖV 1990, 907-918; siehe dazu unter: Erster Teil, Erster Abschnitt, IV. 5. b).
[688] Vgl. G. Wiese, Genetische Analysen und Rechtsordnung, 1994, 21.
[689] Recht auf geninformationelle Selbstbestimmung: D. Sternberg-Lieben, „Genetischer Fingerabdruck" und § 81a StPO, NJW 1987, 1242, 1246; J. Taupitz, Genetische Diagnostik und Versicherungsrecht, 2000, 23.
[690] Dazu G. Wiese in: E. Jayme et al. (Hrsg.), FS für H. Niederländer 1991, 475 ff.; J. Taupitz in: Hanau/Lorenz/Matthes (Hrsg.), FS für G. Wiese 1998, 583, 599 ff.; E. Buchborn, MedR 1996, 441, 444; R. Damm, MedR 1999, 437, 446.
[691] Vgl. dazu Volkszählungsurteil, BVerfGE 65, 1 (43 ff.); vgl. dazu P. Krause, JuS 1984, 268 ff.; zur Entwicklung vgl. P. Kunig, Jura 1993, 595 ff.; M.-T. Tinnefeld, Persönlichkeitsrecht und Modalitäten der Datenerhebung im Bundesdatenschutzgesetz, NJW 1993, 1117.
[692] Vereinzelt wird bezweifelt, ob das Recht auf Nichtwissen überhaupt wirksam wahrgenommen werden, kann, wenn der Gegenstand des Nichtwissens nicht bekannt ist - kennt man diesen und seine Bedeutung jedoch, so kann man nicht mehr von einem „Nichtwissen" sprechen, H.-B. Wuemerling, in: S. Winter/H. Fenger/H.-L. Schreiber (Hrsg.), Genmedizin und Recht, 2001, Rn 566.
[693] G. Wiese, Genetische Analyse und Rechtsordnung, 1994, 22.
[694] J. Taupitz, in: Hanau/Lorenz/Matthes (Hrsg.), FS für G. Wiese, 1998, 583, 592, 594.

Im Verhältnis zu Dritten hat das Recht auf Nichtwissen zwei Dimensionen. Zum einen beinhaltet es das Recht, den Zugriff Dritter auf bestimmte bereits gewonnene Informationen zu seiner Persönlichkeitssphäre abzuwehren. Davor besteht das Recht auf Nichtwissen darin, frei darüber zu entscheiden, welche Informationen über seine genetische Disposition überhaupt gewonnen werden und ihm zur Kenntnis gereichen sollen.[695]

Das Recht auf Unkenntnis der eigenen genetischen Veranlagung bezieht sich sowohl auf bereits erhobenes, als auch auf noch zu erhebendes Wissen und besteht wegen der Tiefe des Eingriffs in das Persönlichkeitsrecht durch eine Genomanalyse, ohne daß von einem festen Zuweisungsgehalt des Abwehrrechts ausgegangen werden kann.[696] Genannt seien hier erneut die Nachteile, die sich vor allem neben den gesundheitlichen Vorteilen für den Betroffenen ergeben können. Genetische Diagnostik vermittelt irreversible Information – insbesondere die Kenntnis schwerer, unbehandelbarer Krankheiten kann zu schwersten psychischen Belastungen für den Betroffenen führen, sein Selbstwertgefühl und Selbstverständnis sowie seine Lebensplanung entscheidend beeinflussen.[697] Zusätzlich belastend ist die verbleibende Ungewißheit bei gleichzeitiger Kenntnis der Disposition, denn der Ausbruch der Krankheit bleibt meist von vielen Unwägbarkeiten, wie z.B. Umweltfaktoren abhängig. Weder der Einzelne noch der Arzt vermögen vorauszusagen, ob die Testperson der Information über eine genetische Disposition langfristig gewachsen ist. Dies gilt um so mehr, wenn es sich um nicht therapierbare Krankheiten handelt. Aus diesen Überlegungen ergibt sich, daß der Einzelne grundsätzlich frei darüber entscheiden können muß, ob er im Unwissen über seine Disposition für mögliche Krankheiten leben möchte oder aber, ob er sich diese Kenntnis gerade deshalb verschaffen möchte, um sein Leben verantwortungsvoller, bewußter oder erfüllter gestalten zu können.[698]

bb) Einschränkung des Rechts auf Nichtwissen

Interessen und Rechte Dritter sind sowohl bei der Erhebung genetischer Daten, als auch beim Umgang mit bereits erhobenem Wissen berührt.[699] Im Verhältnis zu Verwandten, Versicherungen und Arbeitgebern spielt deshalb vor allem das Recht auf Nichtwissen als Abwehrrecht eine entscheidende Rolle.

---

[695] DFG, Humangenomforschung und prädiktive genetische Diagnostik, Stellungnahme v. 20.6. 1999, 56.
[696] Zu letzterem J. Taupitz, in: Hanau/Lorenz/Matthes (Hrsg.), FS für G. Wiese, 1998, 583, 587.
[697] G. Wiese in: E. Jayme et al. (Hrsg.), FS für H. Niederländer, 1991, 475, 481.
[698] G. Wiese in; E. Jayme et al. (Hrsg.), FS für H. Niederländer, 1991, 475, 482; vgl. dazu unter: Erster Teil, Erster Abschnitt, 6. a) bb) bbb).
[699] K. Berberich, VW 1998, 1190.

Ein Eingriff im Interesse Dritter in das Recht auf Nichtwissen kann nur durch besondere Rechtfertigungsgründe, wie beispielsweise die freie und selbstbestimmte Einwilligung des Betroffenen, zulässig sein.[700] Darüber hinaus ist für die Frage der Einschränkbarkeit das Recht auf informationelle Selbstbestimmung maßgeblich, das den Einzelnen gegen unbegrenzte Erhebung, Verwendung und Weitergabe seiner persönlichen Daten schützt.[701] Das Recht auf informationelle Selbstbestimmung und damit das Recht auf Nichtwissen sind nicht schrankenlos gewährleistet. Ausgangspunkt ist die Entscheidungsfreiheit des Einzelnen, von seinem Recht auf Wissen oder seinem Recht auf Nichtwissen Gebrauch zu machen. Jedoch hat der Einzelne nicht die absolute, uneinschränkbare Herrschaft über seine Daten, sondern muß sich als Teil der sozialen Gemeinschaft einzelne Einschränkungen seines Rechts auf informationelle Selbstbestimmung im überwiegenden Allgemeininteresse oder bei kollidierenden Grundrechten Dritter gefallen lassen.[702] Die Einschränkbarkeit des Rechts auf Nichtwissen ergibt sich aus der Gemeinschaftsbezogenheit der Grundrechte.[703] Es kann auf Grund seines komplexen sozialen Bezugs nicht ohne Einschränkung garantiert werden.[704] Die Zulässigkeit des Eingriffs in das Recht auf Nichtwissen hängt im Einzelfall vom Sozialbezug der Handlung ab. An eine Einschränkung des Rechts auf Nichtwissen bezüglich bereits erhobener Daten (Datenherrschaft) sind geringere Anforderungen zu stellen als an eine Einschränkung dieses Rechts im Hinblick auf noch zu erhebendes Wissen.

c) Drittwirkung

Zwar wird sowohl dem Arbeitnehmer als auch dem Versicherungsnehmer mittlerweile nach der überwiegenden Ansicht ein Recht auf Nichtwissen als Ausprägung des informationellen Selbstbestimmungsrechts zugestanden.[705] Gleichwohl wird im Zusammenhang mit dem Versicherungsrecht darauf hingewiesen, daß das Recht auf Nichtwissen aus Art. 2 I, Art. 1 I GG entwickelt wurde und deshalb als Abwehrrecht nur im Verhältnis zwischen Bürger und Staat gilt. Folglich habe es auf das Verhältnis Versicherungsnehmer und Versicherungsgeber keinen Einfluß.[706] Andere betonen die Grenzstellung des Versicherungsrechts zwischen privatem und öffentlichem Recht, die Geltung von Grundprinzipien des Verfas-

---

[700] DFG, Humangenomforschung und prädiktive genetische Diagnostik, Stellungnahme v. 20.6. 1999, 56.
[701] BVerfGE 65, 1 (41 ff.).
[702] BverfGE 65, 1, (43, 44); C. Kannengießer, in: B. Schmidt-Bleibtreu/F. Klein, Kommentar zum Grundgesetz, 1999, Art. 2 Rn 2c; zu den Schranken des informationellen Selbstbestimmungsrechts: J. Ipsen, Staatsrecht II, 2001, Rn 303 ff..
[703] Siehe dazu unter: Erster Teil, Erster Abschnitt, IV. 1..
[704] B. Gretter, ZRP 1994, 24, 27.
[705] M. Herdegen, JZ 2000, 633, 635 mwN.
[706] M. Spranger, VersR 2000, 815, 817.

sungsrechts in diesem Verhältnis⁷⁰⁷ und so die Erheblichkeit des Rechts auf Nichtwissen. Zwar sind die Grundsätze der Verfassung auf das Verhältnis von Arbeitgeber und Arbeitnehmer weitgehend übertragbar, dies gilt jedoch nicht in diesem Maße für das Verhältnis zwischen Verwandten oder das Versicherungswesen, da es dabei am Abhängigkeitsverhältnis fehlt. Hier besteht allein die mittelbare Geltung der Grundrechte. Gleichwohl unterliegt das Allgemeine Persönlichkeitsrecht unmittelbar dem deliktsrechtlichen Schutz im Privatrecht. Es ist sonstiges Recht i.S.v. § 823 I BGB, so daß das Recht auf Nichtwissen als Teil des Persönlichkeitsrechts privatrechtlich vor Verletzungen geschützt ist.⁷⁰⁸ Teilweise wird das Rechtsgut der Persönlichkeit in den Schutzbereich der Rechtsgüter Körper, Gesundheit und Freiheit einbezogen mit der Begründung, daß die Rechtswidrigkeit von Eingriffen in diese Rechtsgüter nur bei bestehender Einwilligung des Betroffenen entfällt und die Einwilligung selbst die Ausübung des Selbstbestimmungsrechts und damit des Persönlichkeitsrechts ist.⁷⁰⁹ Andere, die das Vorliegen einer Körperverletzung bei einer lege artis ausgeführten Heilbehandlung ohne Einwilligung verneinen, nehmen jedenfalls eine Verletzung des Allgemeinen Persönlichkeitsrechts an.⁷¹⁰ Andere fassen die Rechtsgüter des § 823 I BGB einheitlich unter dem Begriff der Persönlichkeitsgüter zusammen.⁷¹¹ Wird eine unzulässige Genomanalyse als Persönlichkeitsrechtsverletzung nicht vom Schutz der Rechtsgüter des § 823 I BGB erfaßt, so besteht jedenfalls zivilrechtlicher Schutz in Form des Allgemeinen Persönlichkeitsrechts als sonstiges Recht i.S.v. § 823 I BGB.⁷¹²

Nach Ansicht der Rechtsprechung ist bei der Verletzung des Allgemeinen Persönlichkeitsrechts die Rechtswidrigkeit durch eine Güter- und Interessenabwägung im Einzelfall zu bestimmen.⁷¹³ Gerade im vorliegenden Zusammenhang können dabei betroffene Informations- oder Abwehrrechte Dritter berücksichtigt werden.

d) Verhältnis zu Rechten und Interessen Dritter - Einschränkbarkeit

Die Rechtfertigung eines Eingriffs in das Persönlichkeitsrecht am Genbereich ist durch die Wahrnehmung berechtigter Interessen möglich.⁷¹⁴ Inwieweit eine genetische Analyse trotz Eingriffs in den grundrechtlich geschützten Bereich wegen

---

[707] P. Präve, VersR 1992, 279, 281.
[708] DFG, Humangenomforschung und prädiktive genetische Diagnostik, Stellungnahme v. 20.6. 1999, 56.
[709] E. Deutsch, AcP 1992, 161, 165 f..
[710] A. Laufs, Arztrecht, 1993, Rn 176 f..
[711] A. Teichmann/Jauernig, BGB-Kommentar, 1999, § 823 Rn 65.
[712] J. Taupitz, JZ 1992, 1089, 1091 mwN.
[713] BGHZ 31, 308; E. Deutsch, AcP 1992, 161, 163.
[714] G. Wiese, Genetische Analysen und Rechtsordnung, 1994, 22; siehe dazu im einzelnen die Abschnitte zum Versicherungswesen, zu Verwandtschaftsbeziehungen und zum Arbeitsrecht.

entgegenstehender rechtlich geschützter Interessen Dritter zulässig ist, richtet sich nach einer Güterabwägung im Einzelfall. Im Verhältnis zu Dritten stellt sich die Frage, ob und unter welchen Voraussetzungen eine Einwilligung entbehrlich sein kann. Zu klären ist, welche entgegenstehenden Interessen eine Einschränkung des Rechts auf Nichtwissen zu rechtfertigen vermögen. Die gilt sowohl für die Erhebung prädiktiven Wissens, als auch für die Weitergabe bekannter Testergebnisse an Dritte. Die Einschränkung des Rechts auf Nichtwissen bezüglich der Erhebung prädiktiven Wissens stellt den weitaus schwerwiegenderen Einriff dar, so daß an eine Rechtfertigung hohe Anforderungen zu stellen sind. Demgegenüber hat der Betroffene bei vorhandenem Wissen bereits Kenntnis über seine genetische Veranlagung, und es geht um die Frage, ob er andere von dieser Kenntnis ausschließen darf. Hier sind geringere Anforderungen an die Rechtfertigung einer Einschränkung des Rechts auf Nichtwissen zu stellen.

Zulässig ist jedoch niemals ein Eingriff in den unantastbaren Kernbereich. Im Rahmen von DNA-Analysen ist anerkannt, daß die Untersuchung der nicht kodierenden Sequenzen keinen Eingriff in den innersten Kernbereich eines Menschen dar.[715] Jedoch ist auch bei der Genomanalyse der codierenden Bereiche, selbst wenn es sich um die Erhellung der biologischen Grundlagen der Individualität des Menschen handelt, nicht grundsätzlich dieser unantastbare Kernbereich tangiert[716]; eine genetische Analyse ist also nicht per se unzulässig.

Zu beachten ist das Recht auf Nichtwissen einerseits und ein mögliches Recht auf Wissen von dritten Personen. Welche Eingriffe einer Verhältnismäßigkeitsabwägung zugänglich sind und welche nicht, muß daher im Einzelfall beurteilt werden.

2. Prinzip des informed consent (Behandlungs-und Eingriffshoheit)

Weitere privatrechtliche Gewährleistung des informationellen Selbstbestimmungsrechts und damit des Rechts auf Nichtwissen ist das Prinzip des *Informed Consent*. Die in Art. 2 I GG garantierte Entfaltung der Persönlichkeit und das grundrechtlich geprägte Selbstbestimmungsrecht zusammen mit der personalen Würde ist Grundlage für das Erfordernis der freien Einwilligung nach Aufklärung. Dies gilt sowohl für medizinische Eingriffe, die in Form von körperlichen Eingriffen zur Gewinnung der Analysesubstanz vor der genetischen Diagnostik stattfinden, als auch für das Analyseverfahren selbst, das in das Allgemeine Persönlichkeitsrecht der Testperson eingreift.[717] Gerade im Hinblick auf die Möglichkeit von Gentests an Körpersubstanzen, die der Einzelne völlig unbemerkt abgibt, wie beispielsweise Haare, ist von Bedeutung, daß aus zivilrechtlicher Sicht, das Recht

---

[715] W. Steinke, DNA-Analyse gerichtlich anerkannt, MDR 407.
[716] A. Schmidt, in: R. Toellner (Hrsg.), Humangenetik – Ethische Probleme der Beratung, Diagnostik und Forschung, 1993, 191, 193.
[717] J. Taupitz, JZ 1992, 1089, 1090 f..

des Menschen am eigenen Körper sowie der einzelnen Körperbestandteile als Persönlichkeitsrecht qualifiziert wird.[718] Unabhängig von der Frage des Eigentums an der Körpersubstanz ist entscheidend, ob die Nutzung dieser Körpersubstanz durch eine Genomanalyse das Persönlichkeitsrecht des früheren Trägers verletzt.[719] Für die Wirksamkeit der Einwilligung ist bedeutsam, ob sie freiwillig erteilt wurde. Das Prinzip der Einwilligung ist nicht nur im Rahmen der Erhebung prädiktiven Wissens von Bedeutung. Gefordert wird auch die Einwilligung in die Verwendung und Weitergabe des erlangten Wissens.[720]

3. Analyseergebnis: Einsichtsrecht, Vertraulichkeit der Ergebnisse der Genomanalyse - Datenschutz

Nach Durchführung einer Genomanalyse bestehen die zum Arztvertrag entwickelten Auskunfts- und Einsichtsrechte in die Dokumentation.[721] Nur der Untersuchte selbst hat als Patient ein Recht auf Einsicht in die Krankenunterlagen. Dies ergibt sich aus § 19, 34 BDSG, vertraglichen Nebenpflichten des Behandlungsvertrags und dem Selbstbestimmungsrecht des Patienten.[722]

Mittlerweile einhellige Meinung ist, daß der Einzelne ein Recht auf Geheimhaltung seiner personenbezogenen Daten hat, und eine Weitergabe an Dritte infolgedessen seiner Zustimmung bedarf oder lediglich in anonymisierter Form erfolgen kann.[723] Begründet wird dies mit dem Recht auf informationelle Selbstbestimmung und dem allgemeinen Persönlichkeitsrecht, das den Schutz der Eigen- Privat- und Intimsphäre gewährleistet.[724] Eine anonymisierte Weitergabe verletzt das Persönlichkeitsrecht nicht, wenn gewährleistet ist, daß die Individualisierung des Betroffenen nicht möglich ist. Die Zustimmung ist in diesen Fällen nicht erforderlich. Etwas anderes soll gelten, wenn der Betroffene jede Weitergabe ausdrücklich verboten hat. Ebenso wie eine gegen den Willen durchgeführte Genomanalyse eine Persönlichkeitsverletzung darstellt, ist dies bei einer Weitergabe der Ergebnisse der Fall. Keine Verletzung liegt auch bei Tests an anonymem Material vor, bei denen eine Individualisierung unmöglich ist.[725]

---

[718] J. Taupitz, JZ 1992, 1089, 1091 mwN.
[719] J. Taupitz, JZ 1992, 1089, 1093.
[720] M. Herdegen, JZ 2000, 633, 634.
[721] W. Krüger, in: Münchner Kommentar zum BGB, 2001, § 260 Rn 24, 25.
[722] A. Laufs, Arztrecht, 1993, Rn 457, 459; W. Uhlenbruck/G. Schlund, in: A. Laufs/W. Uhlenbruck, Handbuch des Arztrechts, 2002, § 60 Rn 1 ff.; E. Deutsch, Medizinrecht, 2003, Rn 1292; BGHZ 85, 327 (229, 332) = NJW 1983, 3228, 329; A. Laufs, NJW 1983, 1345, 1349.
[723] J. Taupitz, JZ 1992, 1089, 1098.
[724] J. Taupitz, JZ 1992, 1089, 1098.
[725] J. Taupitz, JZ 1992, 1089, 1099 mwN.

Wurde der genetische Test durch einen Arzt durchgeführt, so fällt das Ergebnis unter die ärztliche Schweigepflicht und die unerlaubte Weitergabe der entsprechenden Daten durch den Arzt ist gemäß § 203 StGB strafbar.[726]

Die sich abzeichnenden Möglichkeiten der genetischen Diagnostik im Hinblick auf die Schaffung eines „gläsernen Menschen"[727] machen die Bedeutung von Datenschutz und Diskriminierungsschutz deutlich.[728] Teilweise wird wegen der Mißbrauchsmöglichkeiten der Genomanalyse eine Verschärfung der Bestimmungen über die ärztliche Schweigepflicht gefordert.[729] Andere weisen darauf hin, daß es technisch unproblematisch möglich ist, die DNA-Analyse auf nicht codierende Bereiche mittels forensischer Sonden zu beschränken.[730]

II. Versicherungsrecht – private Personenversicherungen

1. Anwendungsmöglichkeiten der Genomanalyse im Versicherungsrecht

Darüber, daß die Gendiagnostik das Versicherungssystem grundlegend verändern könnte, besteht kein Zweifel.[731] Durch die Möglichkeiten prädiktiver Diagnostik wird die Ausgangslage im Versicherungswesen verändert. Von besonderer Bedeutung, vor allem im Bereich der Lebensversicherung, ist einerseits die Frage der Zulässigkeit prädiktiver genetischer Tests im Versicherungsverhältnis und andererseits die Beurteilung der Kenntnis der eigenen genetischen Konstitution.[732] Grundlage eines jeden Versicherungsvertrages ist, daß weder Versicherer, noch Versicherungsnehmer Eintritt und Umfang des Schadensfalls kennen oder prognostizieren können. Dieser Umstand entfällt bei einem Versicherungsnehmer, wenn er einen prädiktiven Test hat durchführen lassen und die Ergebnisse kennt.[733] Im Kern geht es hierbei um die keineswegs neue Frage, ob und inwie-

---

[726] R. Giesen, MedR 1995, 353.

[727] „Die Angst vor dem 'gläsernen Mensch', der vor anderen keinen Defekt mehr verbergen kann, B. Schöne-Seifert/L. Krüger, Humangenetik heute: umstrittene ethische Grundfragen, in: R. Toellner (Hrsg.), Humangenetik – Ethische Probleme der Beratung, Diagnostik und Forschung, 1993, 253, 283; ebenda vgl. W. Schmid, der die Gefahren des „gläsernen Menschen" eher entkräftet, Der potentielle Mißbrauch genetischer Untersuchungen. Wie realistisch sind die Gefahren?, 125, 128.

[728] A. Eser/M. v. Lutterotti/P. Sporken, Lexikon Medizin Ethik Recht, 1989, Berührte Rechtsgüter, 523.

[729] E. Deutsch, VersR 1994, 1, 2.

[730] W. Steinke, MDR 1989, 407.

[731] K. Bayertz zitiert bei N. Jachertz, Helle und dunkle Seite, DÄBL 2001, A 3355.

[732] K. Berberich, Zur Zulässigkeit genetischer Tests in der Lebens- und privaten Krankenversicherung, Diss. Mannheim 1998, 2; H. Fenger/O. Schöffski, NVersZ 2000, 449, 450.

[733] H.-B. Wuemerling, in: S. Winter/H. Fenger/H.-L. Schreiber (Hrsg.), Genmedizin und Recht, 2001, Rn 567; O. Schöffski, ZVersWiss 1999, 265, 274; P. Proppring, Postnatale Diagnostik:

weit die Gemeinschaft der Versicherten vorhersehbare Risiken einzelner potentieller Versicherungsnehmer mittragen muß.[734]

Derzeit ist eine umfassende Genomanalyse aller bekannten Gene auf Krankheitsanlagen nicht möglich. Trotzdem sollte diese Möglichkeit nicht aus dem Blick verloren werden. Bei der Beurteilung genetischer Tests im Versicherungsrecht geht es derzeit vornehmlich um Tests auf genetische Dispositionen für eine gefahrerhebliche Krankheit, für deren Vorliegen ein Verdacht besteht, oder um Tests auf Anlagen für verbreitete Volkskrankheiten.

2. Kollidierende Interessen und Rechte

a) Versicherungsnehmer

Gefahren werden auf beiden Seiten gesehen. Einerseits befürchten die Versicherungsnehmer, die Versicherungen könnten die Möglichkeiten prädiktiver Tests dazu nützen, Versicherungsschutz zu verweigern oder einen Test zu erzwingen und damit das Recht auf Nichtwissen des Einzelnen verletzen. Die Verwendung genetischer Informationen bedeutet für den Versicherungsnehmer neben dem Eindringen der Versicherer in den Kernbereich der Persönlichkeitssphäre die Gefahr, ungünstige Versicherungskonditionen hinnehmen zu müssen oder gar die Verweigerung von Versicherungsschutz.[735] Dabei besteht die Gefahr eines faktischen Zwanges: Die Versicherungsunternehmer könnten beweisbare genetische Risiken ausschließen oder mit Risikozuschlägen belasten und damit mittelbar ihre Kunden zum „genetische Striptease"[736] zwingen.

Andererseits kann auch der Versicherungsnehmer daran interessiert sein, Genomanalysen im Rahmen seiner Verhandlungen mit dem Versicherungsgeber einzusetzen, um sich vom Verdacht eines besonderen Risikos zu befreien, oder um sich eine besonders günstige Prämie zu verschaffen. Ein Verbot der Verwendung von Genomanalysen und ihren Ergebnissen würde auch in ihre Vertragsfreiheit eingreifen.

Möglichkeiten, Nutzen und Problem, in: R. Toellner (Hrsg.), Humangenetik – Ethische Probleme der Beratung, Diagnostik und Forschung, 1993, 135, 142.
[734] A. Spickhoff, Medizin und Recht zu Beginn des neuen Jahrhunderts, NJW 2001, 1757, 1767; S. Schnorr/V. Wissing ZRP 2001, 48; H. Fenger/O. Schöffski, NversZ 2000, 449, 450.
[735] K. Berberich, VW 1998, 1190; O. Schöffski, ZVersWiss 1999, 265, 271.
[736] A. Eser/M. v. Lutterotti/P. Sporken, Lexikon Medizin Ethik Recht, 1989, Humangenetik, 528.

b) Versicherungsgeber

aa) Risikoadäquate Prämienkalkulation – Natur des Versicherungsvertrags
Sowohl Kranken- als auch Lebensversicherungsgesellschaften haben ein Interesse an einer risikoadäquaten Prämienkalkulation[737], die sich durch genetische Diagnostik verbessern läßt. Die Testergebnisse geben Rückschluß auf Wahrscheinlichkeiten für das Auftreten bestimmter Krankheiten[738] und sind im Rahmen der Risikoprüfung in zweifacher Hinsicht von Bedeutung: Erstens stellt sich die Frage nach dem Einsatz genetischer Tests im Rahmen der Risikoprüfung und zweitens die Frage der Offenbarungspflicht für gefahrerhebliche Umstände gemäß § 16 VVG bei bekannten Testergebnissen. Da Lebensversicherungen, korrekte Informationen des Versicherungsnehmers vorausgesetzt, trotz einer möglichen Verschlechterung des Risikos von Seiten des Versicherers nicht kündbar sind, kommt Genomanalysen um so größere Bedeutung vor dem Abschluß eines Versicherungsvertrags zu.[739]
Versicherungsgeber haben ein natürliches Interesse daran, zusätzliche Risiken abzusichern.[740] Ebenso hat die Gemeinschaft der Versicherten ein legitimes Interesse daran, daß bei Abschluß eines Lebens- oder Krankenversicherungsvertrags Kenntnisse über den gegenwärtigen Gesundheitszustand und mögliche zukünftige gesundheitliche Entwicklungen des Antragstellers nicht zu ihren Lasten unberücksichtigt bleiben.[741] Dies gilt in besonderem Maß auch für Krankenversicherer, die auf das ordentliche Kündigungsrecht verzichtet haben. Wird ein Versicherungsnehmer zu einer Standardprämie versichert, produziert aber wesentlich höhere Kosten, so müssen für alle Versicherungsnehmer die Prämien erhöht werden und schlecht kalkulierende Unternehmen verlieren Marktanteile.[742]

Hinzu kommt die Befürchtung, Versicherungsnehmer könnten die Kenntnis ihrer genetischen Disposition dazu nützen, Versicherungsschutz vorher genau abzuschätzen und das Versicherungssystem gezielt in Anspruch zu nehmen und auszunützen.[743] Versicherungsgeber haben ein vitales Interesse daran, diese Gefahr der

---

[737] K. Berberich, VW 1998, 1190; S. Schnorr/V. Wissing, ZRP 2001, 47, 48.
[738] Für den Versicherer interessant ist die Huntington-Krankheit, die früh ausbrechende familiäre Alzheimerkrankheit, die familiäre adenöse Polypose, für weitere durch Gentest nachweisbare Erkrankungen, die für Versicherungszwecke relevant sind siehe Aufstellung bei: Enquête-Kommission „Recht und Ethik der modernen Medizin", Schlußbericht, BT-Drucks. 14/9020, 2002, 146.
[739] H. Fenger/O. Schöffski, NVersZ 2000, 449, 451.
[740] E. Deutsch, Medizinrecht, 2003, Rn 797; E. Lorenz, VersR 1999, 1309.
[741] E. Deutsch in: Lexikon der Bioethik Band 2, 1998, 42.
[742] O. Schöffski, ZVersWiss 1999, 265, 277.
[743] K. Berberich, Zur Zulässigkeit genetischer Tests in der Lebens- und privaten Krankenversicherung, Diss. Mannheim 1998, 2 mwN.

Antiselektion[744] so weit wie möglich einzudämmen, indem sie sich auf den gleichen Kenntnisstand wie die potentiellen Versicherungsnehmer bringen.[745]

Für Lebensversicherer sind vor allem genetische Dispositionen von Interesse, die Aufschluß über Anlagen für sich spät manifestierende Krankheiten geben, die zu einem frühzeitigen, vorzeitigen Tod führen. Dies ist bei den meisten schwereren Krankheiten der Fall.[746] In diesem Zusammenhang wird auch eine Pflicht zu wissen[747] diskutiert. Begründet wird dies mit der Solidarität den anderen Versicherungsnehmern gegenüber. Innerhalb der Versicherungsgemeinschaft soll jeder sein Risiko tragen und die Begrenzung möglicher Risiken innerhalb der Versichertengemeinschaft wird angestrebt.

Beim Abschluß einer Krankenversicherung sind sogenannte „alte Leiden"[748] in der Regel für die ersten fünf Jahre nicht mitversichert. Dies gilt nicht für Krankheitsdispositionen, bei denen es noch nicht zum Ausbruch der Krankheit gekommen ist.[749] Deshalb besteht auch hier ein großes Interesse an genetischer Diagnostik. Von Interesse sind jedoch hier vor allem Krankheiten, die zu einer kostenintensiven längeren Therapiebedürftigkeit führen.

bb) Vertragsfreiheit

Bei Versicherungsverträgen gilt grundsätzlich das Prinzip der Vertragsfreiheit. Es verkörpert das Postulat privater autonomer Gestaltung, soweit Rechtsverhältnisse durch Vertrag geregelt werden. Das Recht der Vertragsfreiheit beinhaltet die Freiheit einzelner Rechtssubjekte, ihre Beziehungen zueinander einverständlich zu regeln. Bestandteil ist die Freiheit des Vertragsabschlusses, der Wahl des Vertragspartners, der inhaltlichen Gestaltung und der Aufhebung des Vertrags. Die Vertragsfreiheit wird aus dem Recht auf freie Entfaltung der Persönlichkeit gemäß Art. 2 I GG abgeleitet und genießt damit den Schutz eines Grundrechtes.[750]

Das Recht, einen Vertragsabschluß von der Durchführung einer ärztlichen Untersuchung abhängig zu machen, entspringt der Vertragsfreiheit. Gleichwohl besteht die Vertragsfreiheit nur insoweit, als nicht Rechte anderer verletzt und nicht gegen die verfassungsmäßige Ordnung oder das Sittengesetz verstoßen wird.[751] Der Umfang der ärztlichen Untersuchungen ist durch das Recht des Versicherungsnehmers auf Achtung seines Persönlichkeitsrechts begrenzt. Die menschliche Würde

---

[744] Zur Antiselektionsgefahr siehe unter Zweiter Teil, Erster Abschnitt, 7. b) cc) aaa).
[745] H. Fenger/O. Schöffski, NVersZ 2000, 449, 450.
[746] K. Berberich, Zur Zulässigkeit genetischer Tests in der Lebens- und privaten Krankenversicherung, Diss. Mannheim 1998, 277.
[747] Vgl. R. Giesen, MedR 1995, 353, 357.
[748] D.h. der Versicherungsfall lag bereits vor Beginn des Versicherungsschutzes vor.
[749] E. Deutsch, VersR 1994, 1, 4.
[750] H. Heinrichs/Palandt, BGB-Kommentar, 2003, Einf v § 145 Rn 7; BVerfGE 8, 328.
[751] BVerfGE 12, 347.

und das Persönlichkeitsrecht des Versicherungsnehmers erlauben Untersuchungen nur, soweit die rechtlich geschützten Interessen des Versicherungsgebers oder Dritter entsprechend dem Verhältnisgrundsatz vorrangig sind. Die verfassungsgemäße Ordnung als Schranke der Vertragsfreiheit gebietet, sozialem und wirtschaftlichem Ungleichgewicht entgegenzuwirken, damit Selbstbestimmung für den anderen Teil nicht zur schrankenlosen Fremdbestimmung wird.[752] Das Sozialstaatsprinzip verpflichtet den Gesetzgeber ebenso wie die Rechtsprechung, Mißbräuchen der Vertragsfreiheit entgegenzuwirken. Eine sozialstaatliche Ordnung, in der der wirtschaftlich oder intellektuell Überlegene dem anderen Vertragspartner einseitig die vertraglichen Bedingungen diktiert und so die Vertragsfreiheit zum Instrument gesellschaftlicher Machtausübung nutzt, ist nicht hinnehmbar.[753] Vertragsgerechtigkeit muß deshalb auch bei ungleichen Partnern weitest möglich gewährleistet sein.

Umstritten ist, ob die Vertragsfreiheit danach durch jede gesetzliche Norm einschränkbar ist. Da sie ihrem Wesen nach ein Recht sub legem ist, das nur im Rahmen der Rechtsordnung existiert, kann sie bis auf einen letzten unantastbaren Kernbereich eingeschränkt werden. Denn ein zu starres Verständnis der Vertragsfreiheit bringt die Gefahr der Unterdrückung der Schwachen durch die Starken mit sich.[754] Inwieweit sich die Versicherungsgeber eine Einschränkung ihrer Vertragsfreiheit wegen kollidierender Rechte der Versicherungsnehmer im Hinblick auf die Genomanalyse im Versicherungsbereich gefallen lassen müssen, muß geklärt werden.

Aber auch die Versicherungsgeber haben im Rahmen der Risikoabschätzung und Prämiengestaltung vor Abschluß privater Kranken- und Lebensversicherungen schützenswerte wirtschaftliche Interessen, wie zum Beispiel der Schutz vor der Gefahr der Antiselektion. Diese können die Versicherer im Rahmen ihrer Vertragsfreiheit gemäß Art. 14, 2 I GG ausüben. Diese muß gegen das informationelle Selbstbestimmungsrecht, d.h. dessen im Privatrecht geltenden Wertgehalt, im Wege praktischer Konkordanz abgewogen werden.

3. Rechtslage

Es ergeben sich zwei Hauptprobleme: Erstens stellt sich die Frage, ob die Versicherer im Rahmen der Risikoprüfung die Durchführung einer Genomanalyse verlangen dürfen und zweitens, ob der Antragsteller bei Kenntnis seiner genetischen Prädisposition für eine Krankheit auf Grund einer früher durchgeführten Genom-

---

[752] BVerfG NJW 1990, 1469, 1470; BVerfG NJW 1994, 36, 38.
[753] Vgl. H. Heinrichs/Palandt, BGB-Kommentar, 2003, Einf v § 145 Rn 7.
[754] W. Hefermehl in: Erman BGB-Kommentar, 2000, Vor § 145 Rn 16.

analyse eine Offenbarungspflicht hat.[755] Bislang stehen trotz jahrelanger Diskussion und Forderungen spezielle gesetzliche Regelungen diesbezüglich aus.[756]

Unklar ist, ob es Versicherungsgebern erlaubt ist oder erlaubt sein soll, vor Vertragsabschluß im Rahmen der Risikoprüfung, genetische Tests verlangen zu dürfen. Nach überwiegender Ansicht darf die Durchführung einer Genomanalyse wegen der Beeinträchtigung der Lebensplanung des Betroffenen, nicht verlangt werden.[757] Ginge man dagegen davon aus, daß das Verlangen nach genetischen Tests möglich ist, so bleibt die Durchsetzbarkeit wegen § 160 VVG problematisch, da der Versicherer keinen Anspruch auf die Durchführung der Untersuchung hat. Ein rechtlicher Zwang zur Genomanalyse kann also nicht entstehen. Jedoch hindert § 160 VVG den Versicherer nicht daran, den Antrag wegen des Untersuchungsergebnisses abzulehnen.[758] Außerdem ist ein faktischer Zwang zur Genomanalyse insofern denkbar, als daß dem Einzelnen ohne „freiwillige" Durchführung bestimmter Gentests der Zugang zur privaten Personenversicherung verwehrt wird.

Ebenso nicht einheitlich beantwortet ist, ob das Wissen aus prädiktiver Diagnostik zu einer Offenbarungspflicht des potentiellen Versicherungsnehmers gemäß § 16 I VVG führt und wie weit das entsprechende Fragerecht des Versicherers geht. Im Gegensatz zur gesetzlichen Versicherung herrschen im Bereich der Privatversicherungen die Prinzipien der Vertragsfreiheit, insbesondere der Vertragsabschlußfreiheit und der risikogerechten Kalkulation.[759] Mangels gesetzlicher Regelungen wird teilweise davon ausgegangen, daß private Versicherungsunternehmen derzeit den Abschluß eines Versicherungsvertrags von der Durchführung einer Genomanalyse abhängig machen können und der Antragsteller bei ausdrücklicher Frage des Versicherers verpflichtet ist, das Ergebnis einer früher durchgeführten Genomanalyse zu offenbaren, soweit es für die Einschätzung des Versicherungsrisikos relevant ist.[760]
Das Recht auf Nichtwissen wird als Hauptargument gegen die Nutzung von Genomanalysen im Versicherungsrecht angeführt. Da dieses Recht unmittelbar nur im Verhältnis von Bürger und Staat gilt, kann es zwischen Versicherungsnehmern und privaten Versicherungsgebern nur im Wege der Auslegung von Generalklauseln Einfluß finden. In jedem Fall ist es bei der Frage der Schaffung einer gesetz-

---

[755] E. Lorenz, VersR 1999, 1309.
[756] Enquête-Kommission „Recht und Ethik der modernen Medizin", Schlußbericht, BT-Drucks. 14/9020, 2002, 144; vgl. M. Spranger, VersR 2000, 815, 816.
[757] W. Voit in: H. Honsell (Hrsg.), Berliner Kommentar zum VVG, 1999, § 16 Rn 11.
[758] H.-P. Schwintowski, in: H. Honsell (Hrsg.), Berliner Kommentar zum VVG, 1999, § 160 Rn 3.
[759] O. Schöffski, ZVersWiss 1999, 265, 277.
[760] P. Präve, VersR 1992, 279; Max-Planck-Institut, Stellungnahme, Genomanalyse und Privatversicherung, RabelsZ 2002, 116, 119.

lichen Regelung oder einer Lösung durch Auslegung bestehender Normen und Grundsätze zu berücksichtigen.

4. Praxis

In Deutschland besteht, wie in vielen anderen Ländern[761] auch, die Tendenz eines freiwilligen Verzichts auf die generelle Durchführung genetischer Tests im Rahmen der Gesundheitsprüfung.[762] Auch ärztliche Untersuchungen, die derzeit ab einer Versicherungssumme von mehr als DM 250.000 (ca. Euro 125.000) durchgeführt werden, beinhalten keinen Gentest.[763]

Im Jahr 2000 erklärte der Gesamtverband der Versicherungswirtschaft, daß die Versicherer keine Gentests von ihren Kunden verlangen werden und dies auch in absehbarer Zeit so bleiben wird.[764] Ende des Jahres 2000 erklärte man innerhalb der Versicherungsbranche, man sei nicht bereit, auf Informationen aus Gentests und ihre Offenlegung zu verzichten. Zwar war sich die Versicherungswirtschaft einig, keine Gentests vor Abschluß eines Versicherungsvertrages zu verlangen, gleichwohl wollte man auf bereits vorhandene Gentests zurückgreifen dürfen.[765]

Nach diesen Unstimmigkeiten legte der Gesamtverband der deutschen Versicherungswirtschaft eine freiwillige Selbstverpflichtungserklärung seiner Mitgliedsunternehmen zur Verwendung von Gentests[766] vor. Darin verpflichten sich die Mitgliedsunternehmen, die Durchführung von Gentests nicht zur Voraussetzung für einen Vertragsabschluß zu machen und auch von ihren Kunden nicht zu verlangen, freiwillig durchgeführte prädiktive Gentests dem Versicherer anzuzeigen und die Ergebnisse vorzulegen. Insoweit wird ausdrücklich auf eine etwaige vorvertragliche Anzeigepflicht nach dem Versicherungsvertragsgesetz verzichtet. Eine Ausnahme besteht für Lebensversicherungen mit einer hohen Versicherungssumme, die 250.000 EUR oder eine Jahresrente von 30.000 EUR übersteigt. Weiter verpflichteten sich die Mitgliedsunternehmen, freiwillig vorgelegte Befunde nicht zu verwerten und keine Prämienkürzungen auf Grund von Befunden sol-

---

[761] Vgl. für Frankreich und Finnland Max-Planck-Institut, Stellungnahme, Genomanalyse und Privatversicherung, RabelsZ 2002, 116, 121-123.
[762] K. Berberich, VW 1998, 1190, 1192.
[763] J. Taupitz, Genetische Diagnostik und Versicherungsrecht, 2000, 22.
[764] Gesamtverband der Deutschen Versicherungswirtschaft, Positionen Nr. 19, Dezember 2000, 3.
[765] Financial Times Deutschland v. 19.12. 2000: Versicherer bestehen auf Offenlegung von Gentests; vgl. U. Vultejus, ZRP 2002, 70, 71; vgl. jüngst: S Schnorr/V. Wissing, Gentests auf Krankenschein, ZRP 2002, 327, 328.
[766] Gesamtverband der Deutschen Versicherungswirtschaft e.V., Freiwillige Selbstverpflichtungserklärung der Mitgliedsunternehmen des GDV e.V. v. 7.11. 2001; Presseerklärung des GDV v. 7.11. 2001, Versicherungen in der Verantwortung für Gentests.

cher Gentests zu gewähren. Die Selbstverpflichtung ist befristet bis zum 31.12. 2006. Das Stillhalteabkommen wird wohl nicht in allernächster Zeit gebrochen werden, da bisher keine befriedigende Lösung des Problems „Genomanalysen im Versicherungsrecht" absehbar ist. In jedem Fall wird es die Versicherungswirtschaft wesentlich beeinflussen. *Schöffski* weist zutreffend darauf hin, daß Personen, die Versicherungsschutz benötigen, tendenziell keinen mehr bekommen würden, während Personen mit guten Risiken weniger Versicherungsschutz nachfragen und andere Kapitalanlagen wählen werden. Die Gefahr eines Zusammenbruchs des Versicherungsmarktes ist durchaus real.[767]

Eine lediglich innerdeutsche Regelung, etwa in Form eines Verbots, würde nur dazu führen, daß sich Menschen mit guten Risiken zu günstigen Prämien im Ausland versichern und im Inland die Prämien erheblich steigen würden, oder daß sogar der Versicherungsmarkt zusammenbricht. Läßt man Genomanalysen im Versicherungswesen zu, müßten die Steuervergünstigungen für Lebensversicherungen abgebaut werden, da nicht mehr alle Menschen gleichen Zugang zu ihr haben. Versicherungsschutz würde letztlich nur noch Personen angeboten, die ihn nicht wirklich brauchen und deswegen möglicherweise andere Kapitalanlagen bevorzugen, so daß es zu einer unkalkulierbaren Verschiebung auf dem Versicherungsmarkt kommt.[768] Sowohl Gesetzgeber als auch Versicherungswirtschaft scheinen die weitere Entwicklung zunächst abwarten zu wollen. Gleichwohl wird zur Recht darauf hingewiesen, daß, selbst wenn diese Selbstbeschränkung der deutschen Versicherungswirtschaft fortbestehen sollte, ausländische, auf dem deutschen Markt tätige Versicherungsunternehmen an diese nicht gebunden sind.[769]

5. Gesetzgebungsbedarf

Teilweise wird derzeit Gesetzgebungsbedarf verneint. Statt dessen sollen die schnellen Entwicklungen der Möglichkeiten der Molekulargenetik abgewartet werden und eine Regelungen eher durch Richtlinien der Versicherungsverbände erfolgen. Diese seien flexibler und von Zeit zu Zeit zu überprüfen. Jedoch wird parallel zum Anstieg der Antiselektionsgefahr auch gesetzlicher Handlungsbedarf gesehen. Die Antiselektionsgefahr steigt vor allem durch die Anzahl verfügbarer Tests, ihre Aussagekraft, die Einfachheit ihrer Handhabung und die Kosten sowie die steigende Inanspruchnahme durch die Bevölkerung.[770] Der Bundesrat sieht

---

[767] O. Schöffski, ZVersWiss 1999, 265, 288.
[768] Zu den möglichen negativen Entwicklungen H. Fenger/O. Schöffski, NVersZ 2000, 449, 453.
[769] M. Spranger, VersR 2000, 815, 816.
[770] K. Berberich, VW 1998, 1190, 1194; H. Fenger/O. Schöffski, NVersZ 2000, 449, 452.

schon derzeit akuten Handlungsbedarf.[771] Jüngst hat auch die Enquête-Kommission „Recht und Ethik der modernen Medizin" zu Recht betont, daß im Versicherungs- und Arbeitrecht an vorbeugende Maßnahmen gedacht werden muß, die geeignet sind, dem Entstehen eines indirekten oder faktischen Zwangs zur Inanspruchnahme von Gentests effizient entgegenzuwirken.[772]

6. Erhebung prädiktiven Wissens vor Abschluß eines Versicherungsvertrags – Problemkonstellationen und Lösungsansätze

Zu entscheiden ist die Frage, ob private Personenversicherer genetische Untersuchungen vor Abschluß eines Versicherungsvertrags verlangen dürfen und dementsprechend einen Antrag deswegen ablehnen dürfen, weil der Antragsteller die Durchführung einer Genomanalyse verweigert. Auf diesem Gebiet gab es auch in jüngerer Zeit gesetzgeberische Vorarbeiten durch den Ethik-Beirat beim Bundesgesundheitsministerium[773], die Konferenz der Datenschutzbeauftragten des Bundes und der Länder[774], die Bundestagsfraktion der Grünen[775] und die Enquête-Kommission „Recht und Ethik der modernen Medizin".[776]

a) Argumente für ein generelles Erhebungsverbot

Häufig wird vertreten, daß Genomanalysen im privaten Versicherungsrecht nicht zulässig sein sollen und ein entsprechendes gesetzliches Verbot erforderlich ist. Genetische Tests, die mit Sicherheit oder erhöhter Wahrscheinlichkeit auf das Auftreten einer Krankheit im späteren Leben hinweisen, darf der private Versicherer weder verlangen, annehmen noch sonstwie verwerten.[777] Begründet wird

---

[771] Entschließung des Bundesrates gegen die Verwertung von Genomanalysen in der Privatversicherung, BR-Drucks. 530/00.
[772] Enquête-Kommission „Recht und Ethik der modernen Medizin", Schlußbericht, BT-Drucks. 14/9020, 2002, 134; Regelungsbedarf wird ebenso von der CDU/CSU-Fraktion des BT gesehen, Antrag der Abgeordneten K. Reiche et al., Anwendung von Gentests in Medizin und Versicherungen, BT-Drucks. 14/6640; Für eine Erforderlichkeit von gesetzliche Regelungen zur Eindämmung der Mißbrauchsgefahren: S. Schnorr/V. Wissing, ZRP 2002, 327, 328.
[773] Ethik-Beirat beim BMG, Prädiktive Gentests. Eckpunkte für eine ethische und rechtliche Orientierung, 2000.
[774] Datenschutzbeauftragte des Bundes und der Länder, Anlage zur Entschließung zu einer gesetzlichen Regelung von genetischen Untersuchungen, 2001.
[775] Bundestagsfraktion „Die Grünen", Entwurf eines Gesetzes zur Regelung von Analysen des menschlichen Erbguts (Gentest-Gesetz), 2001.
[776] Enquête-Kommission „Recht und Ethik der modernen Medizin", Schlußbericht, BT-Drucks. 14/9020, 2002.
[777] Ethik-Beirat beim BMG, Prädiktive Gentests. Eckpunkte für eine ethische und rechtliche Orientierung, 2000, 14; Datenschutzbeauftragte des Bundes und der Länder, Anlage zur Entschließung zu einer gesetzliche Regelung von genetischen Untersuchungen, 2001; Enquête-Kommission „Recht und Ethik der modernen Medizin", Schlußbericht, BT-Drucks. 14/9020, 2002, 176; CDU/CSU-Fraktion des BT, Antrag der Abgeordneten K. Reiche et al., Anwendung von Gentests

dies mit dem Recht auf Nichtwissen[778], auch Recht auf Unkenntnis[779] genannt, mit dem Recht auf informationelle Selbstbestimmung[780] oder dem Recht auf geninformationelle Selbstbestimmung.[781] Genetische prädiktive Tests sind nur für konkrete Präventionszwecke oder zur Heilung einer Krankheit nach Einwilligung des betroffenen erlaubt.[782] Die Interessen der Versichertengemeinschaft und der Versicherungsträger müssen im Rahmen der Abwägung hinter das Persönlichkeitsrecht und den Persönlichkeitsschutz des Versicherungsnehmers zurücktreten.[783] Dementsprechend wird eine formularmäßige Entbindung von der Schweigepflicht innerhalb des Versicherungsvertrags hinsichtlich genetischer Daten als unwirksam betrachtet. Schon die Enquête- Kommission des Bundestages „Chancen und Risiken der Gentechnologie" sprach sich aus diesen Gründen gegen die Genomanalyse als Element der Risikoprüfung durch private Versicherungen aus.[784] Der Bundesrat forderte spezifische gesetzliche Regelungen, nach denen es Versicherern verboten ist, eine Genomanalyse zur Voraussetzung eines Versicherungsvertragsabschlusses zu machen.[785] Ebenso sieht der sehr differenziert ausgestaltete Schweizer Gesetzesentwurf zu einem Humangenetikgesetz ein ausnahmsloses Ausforschungsverbot für DNA-Analysen und ähnliche Untersuchungen vor.[786]

aa) Recht auf Nichtwissen

Zentrales Argument für ein generelles Erhebungsverbot ist die Gefahr der Aushöhlung des Rechts auf Nichtwissen. Ohne einschränkende gesetzliche Regelung besteht die Gefahr der Ausforschung und Offenlegung genetischer Dispositionen, von denen der Betroffene möglicherweise keine Kenntnis haben möchte und die sich nachdrücklich auf seine Lebensplanung auswirken.[787] Ähnlich wie bei der

---

in Medizin und Versicherungen, BT-Drucks. 14/6640; dieses Verbot soll durch eine Ergänzung des VVG gesetzlich festgeschrieben werden, Bundestagsfraktion „Die Grünen", Entwurf eines Gesetzes zur Regelung von Analysen des menschlichen Erbguts (Gentest-Gesetz), 2001.

[778] G. Wiese, in: E. Jayme et al. (Hrsg.), FS für H. Niederländer, 1991, 475, 484; vgl. H. Donner/J. Simon, DÖV 1990, 907, 913.

[779] W. Graf Vitzthum, in: H. Maurer (Hrsg), Das akzeptierte Grundgesetz, FS für G. Dürig, 1990, 185, 187 f..

[780] R. Diekgräf, Genomanalyse im Arbeitsrecht, BB 1991, 1854, 1858; C. Rademacher, Zulässigkeit der Gen-Analyse?, NJW 1991, 735, 736.

[781] D. Sternberg-Lieben, NJW 1987, 1242; dazu unter: Erster Teil, Erster Abschnitt, IV. 5.b), 6..

[782] M.-T. Tinnefeld, ZRP 2000, 10, 13.

[783] P. Proppring, in: R. Toellner (Hrsg.), Humangenetik – Ethische Probleme der Beratung, Diagnostik und Forschung, 1993, 135, 143.

[784] BT-Drucks. 10/6775, XV.

[785] Entschließung des Bundesrates gegen die Verwertung von Genomanalysen in der Privatversicherung, BR-Drucks. 530/00.

[786] Schweizer Gesetzesentwurf, abgedruckt in ZSR 1998, 473 ff., Ar. 22 VE.

[787] H. Bickel, Möglichkeiten und Risiken der Gentechnik, VerwArch 1996, 169, 179; W. Voit, in: H. Honsell (Hrsg.), Berliner Kommentar zum VVG, 1999, § 16 Rn 11.

Frage der Zulässigkeit von HIV-Tests als Voraussetzung für den Abschluß eines Versicherungsvertrags besteht die Gefahr, daß bei entsprechend positiven Testergebnissen eine tiefgreifende Veränderung der Persönlichkeitsstruktur eintritt.[788] Die durch die genetische Analyse ermittelte Information ist irreversibel, d.h. für ein ganzes Leben unabänderlich.[789] Der Eingriff in das allgemeine Persönlichkeitsrecht des Antragstellers bei Durchführung einer Genomanalyse ist damit schwerwiegend, weshalb es Versicherungen nicht erlaubt sein soll, solche Tests zu verlangen. Ihren Interessen sei schon dadurch genügend Rechnung getragen, daß bestehende Kenntnisse hinsichtlich des Eintritts bestimmter Krankheiten offenbart werden müssen.[790]

bb) Faktischer Zwang – Freiwilligkeit als ungeeignetes Kriterium
Überdies besteht eine ähnliche Situation wie im Arbeitsrecht: Der Einzelne ist auf den Abschluß von Kranken- und Lebensversicherungen angewiesen. Ähnlich wie bei Arbeitsverhältnissen, stehen sich keine gleichrangigen Partner gegenüber, und man kann in gewisser Weise von einem Abhängigkeitsverhältnis sprechen. Dies ergibt sich aus der sozialen Funktion der Lebens- und Krankenversicherung. Während die Lebensversicherung nach wie vor wichtiger Bestandteil der Altersversorgung ist, ist die private Krankenversicherung neben der Pflichtversicherung sozialpolitisch erwünscht.[791]
Das Recht auf Nichtwissen kann im Versicherungsrecht nicht allein maßgeblich sein, da dann eine Genomanalyse allein unter dem Vorbehalt der Freiwilligkeit in Form der Einwilligung möglich bliebe. Ein Einwilligungsvorbehalt ist indes nicht geeignet, das Recht auf Nichtwissen in diesem Verhältnis zu schützen. Eine Einwilligung muß die Gewähr tatsächlicher Freiwilligkeit bieten; jeglicher faktischer Zwang muß ausgeschlossen sein. Zwar kann der Antragsteller die Durchführung einer Genomanalyse verweigern und der Versicherer wegen § 160 VVG nicht darauf bestehen. Jedoch wird der Versicherer insbesondere, wenn es andere Antragsteller gibt, die dazu bereit sind, ganz vom Abschluß eines Versicherungsvertrags absehen, und so den Antragsteller faktisch zur Untersuchung zwingen.[792] Angesichts der Prämienspreizung, die bei Einführung genetischer Diagnostik in die Versicherungsbranche Einzug halten wird, ist das Kriterium der Freiwilligkeit kein hilfreiches Kriterium mehr.[793] Die Freiwilligkeit verkommt zur Fiktion.[794]

---

[788] P. Präve, VersR 1992, 279, 282.
[789] S. Schnorr/V. Wissing, ZRP 2001, 47, 48.; G. Wiese in: E. Jayme et al. (Hrsg.), FS für H. Niederländer, 1991, 475, 481.
[790] DFG, Humangenomforschung und prädiktive genetische Diagnostik, Stellungnahme v. 20.6.1999, 60.
[791] P. Präve, VersR 1992, 279, 281; S. Schnorr/V. Wissing, ZRP 2001, 47, 48.
[792] Vgl. P. Präve, VersR 1992, 279, 281.
[793] O. Schöffski, ZVersWiss 1999, 265, 282; A. Schmidt, Rechtliche Aspekte der Genomanalyse, Diss. Göttingen, 1991, 66.

Der Einzelne hat letztlich keine Wahlmöglichkeit und wird sich, um sich Zugang zu diesen Versicherungen zu verschaffen oder bezahlbare Prämien zu erreichen, einer Genomanalyse unterziehen. Die Wahrung des Selbstbestimmungsrechts ist somit nicht gewährleistet. Deshalb soll ein gesetzliches Verbot der Genomanalyse im VVG verankert werden.[795]
Das Entstehen eines faktischen Zwanges zur Untersuchung wird von anderer Seite angezweifelt. Dagegen spreche die Auffangmöglichkeit durch die gesetzliche Krankenversicherung und andere Kapitalanlagemöglichkeiten als Alternative zur Lebensversicherung. Außerdem habe derzeit der überwiegende Teil der Bevölkerung keinen privaten Versicherungsschutz, so daß man nicht von einer Daseinsvorsorge reden könne, sondern vielmehr von einer „Wohlseinsvorsorge".[796] Ein faktischer Zwang könne nur für diejenigen entstehen, denen der Zugang zur gesetzlichen Kranken- und Rentenversicherung aus bestimmten Gründen verwehrt ist, denn die Verfügbarkeit von substitutivem Krankenversicherungsschutz ist für diese Personen eine sozialstaatliche Notwendigkeit.[797] Hieraus lasse sich aber kein allgemeingültiges Verbot ableiten, sondern lediglich eines für diese besonderen Fälle oder die Erforderlichkeit der Regelung dieser Fälle. Dies sei Aufgabe des Sozialstaates und nicht der privaten Personenversicherungsträger. Aus diesem Grund soll auch eine Verletzung des Rechts auf Nichtwissen ausscheiden.
Dies widerspricht jedoch der tatsächlichen Bedeutung der privaten Lebensversicherung. Nach wie vor stellt die private Lebensversicherung neben der gesetzlichen Rentenversicherung und betrieblichen Altersvorsorge einen wesentlichen Teil der Altersvorsorge dar. Der Einzelne strebt den Abschluß einer privaten Lebensversicherung an, um die private Absicherung seiner Familie zu gewährleisten. Hinzu kommt, daß er beim Kauf von Wohnungseigentum nach derzeitiger Praxis eine Absicherung des Todesfallrisikos vorweisen muß. Der Zugang zur Lebensversicherung darf wegen dieser faktischen Notwendigkeiten nicht erschwert werden.[798] Die soziale Notwendigkeit der privaten Krankenversicherung wird im allgemeinen nicht bestritten und ihre Bedeutung wird in Zukunft weiter steigen.

cc) Fehlende Notwendigkeit einer genetischen Untersuchung im Versicherungswesen

Ob eine Genomanalyse zulässig ist, richtet sich danach, ob dies für einen vertraglichen Interessensausgleich von Versicherer und Versicherungsnehmer unabdingbar ist. Eine Genomanalyse sei zur Wahrung der berechtigten Interessen der Versicherer indessen nicht erforderlich. Derzeit nehmen Versicherer Risikobewertun-

---

[794] R. Damm, MedR 1999, 437, 447.
[795] P. Präve, VersR 1992, 279, 281.
[796] E. Lorenz, VersR 1999, 1309, 1312.
[797] Max-Planck-Institut, Stellungnahme, Genomanalyse und Privatversicherung, RabelsZ 2002, 116, 133.
[798] H. Fenger/O. Schöffski, NVersZ 2000, 449, 452.

gen ohne Genomanalysen vor und, es ist davon auszugehen, daß die Funktionsfähigkeit der privaten Versicherung nicht gestört wird, wenn zur Wahrung des informationellen Selbstbestimmungsrechts auf Genomanalysen weiterhin verzichtet werden muß.[799]

dd) Förderung genetischer Diskriminierung

Weiteres Argument ist die Gefahr einer genetischen Diskriminierung.[800] Entweder dem Antragsteller wird bei Weigerung, sich einer genetischen Untersuchung zu unterziehen, Versicherungsschutz verwehrt oder er muß sich im Fall der Feststellung einer Disposition einen Prämienzuschlag gefallen lassen. Konsequenz ist, daß Versicherungsschutz nur noch diejenigen bekommen, die keine (feststellbaren) genetischen Defekte haben.

Hinzu kommt die Gefahr der Speicherung und Weitergabe solcher Daten durch Versicherungsdatenbanken mit der Folge, daß den Betroffenen insgesamt den Zugang zur privaten Versicherungswirtschaft verwehrt ist. Menschen mit schlechten Risiken würden bei der gesetzlichen Versicherung, Personen mit guten Risiken bei Privatversicherungen versichert werden. Der Weg in die genetische Klassengesellschaft ist unausweichlich.[801]

ee) Natur des Versicherungsvertrags

Hingewiesen wird auch darauf, daß die Versicherungsprämie gerade der Preis für die Risikoübernahme ist, der auch das spätere Eintreten von genetisch vorhersehbaren Krankheiten erfaßt. Eine „Erhellung" der künftigen Gesundheit des Antragstellers durch genetische Testverfahren läuft demnach dem Vertragszweck zuwider. Beim genetisch untersuchten Versicherungsnehmer würde letztlich kein „Risiko" mehr abgedeckt. Risiken und Beitragsleistung reduzieren sich dann auf eine unmittelbare Austauschbeziehung.[802]

ff) Risikoauslese zu Lasten der gesetzlichen Versicherungen

Erlaubt man Genomanalysen als Element der Risikoprüfung vor Abschluß privater Personenversicherungsverträge, so wird eine noch stärkere Risikoauslese zu Lasten der gesetzlichen Krankenversicherung stattfinden. Damit entsteht eine wirtschaftliche Gefahr für die gesetzlichen Versicherungsträger. Während Personen ohne aufgefundene Gendefekte günstige Tarife bei privaten und leistungsfähigen Krankenversicherungen erhalten, verbleiben diejenigen mit schlechten Risiken in der gesetzlichen Krankenversicherung und diejenigen, die nicht zum Kreis

---

[799] P. Präve, VersR 1992, 279, 282.
[800] Ethik-Beirat beim BMG, Prädiktive Gentests. Eckpunkte für eine ethische und rechtliche Orientierung, 2000, 14.
[801] P. Präve, VersR 1992, 279, 282.
[802] A. Schmidt, Rechtliche Aspekte der Genomanalyse, Diss. Göttingen, 1991, 67; H. Bickel, VerwArch 1996, 169, 179.

der versicherungspflichtigen und versicherungsberechtigten Personen gehören, wie Beamte und Selbständige würden möglicherweise gar keinen Krankenversicherungsschutz erhalten können. Dieses „Rosinenpicken" ist sozialpolitisch inakzeptabel.[803] Das Argument, daß Versicherungsschutz nicht komplett verweigert werde, sondern gegebenenfalls höhere Prämien anfielen, geht fehl. Ungünstige Testergebnisse haben unverhältnismäßig große finanzielle Folgen. Richtig ist jedoch, daß die Risikoberücksichtigung bei Privatversicherern im Gegensatz zu den gesetzlichen Versicherern legitim und notwendig ist. Außerdem ist die Aufgabe der Sicherstellung einer Grundsicherung für alle Bevölkerungsgruppen systemgerecht von der Sozialversicherung und nicht von den privaten Versicherungsträgern zu gewährleisten.[804]

b) Einwilligungslösung – ohne Anspruch des Versicherers auf Durchführung eines Tests

Gegen ein absolutes Verbot der Genomanalyse spricht, daß dies auch einverständlich durchgeführte Tests, die der Gesundheitsvorsorge dienen können, verhindern würde.[805]
Außerdem muß es bei der Kranken- und bei der Lebensversicherung Antragstellern, die auf Grund ihrer Familienanamnese[806] als unversicherbar gelten, möglich sein, dies durch einen negativen Gentest zu widerlegen, um so doch Versicherungsschutz zu erhalten.[807] Sachgerecht ist aus diesem Blickwinkel daher die grundsätzliche Möglichkeit der freiwilligen Durchführung der Genomanalyse bei gleichzeitiger Ablehnung eines (vertraglich begründeten) Anspruchs des Versicherers auf Durchführung.[808]

c) Argumente für die Zulässigkeit von Genomanalysen beim Abschluß privater Personenversicherungen

Manche befürworten ein Recht des Versicherungsträgers auf Einholung einer Genomanalyse hinsichtlich bestimmter gefahrerheblicher Dispositionen vor Abschluß eines Versicherungsvertrages.[809]

---

[803] O. Schöffski, ZVersWiss 1999, 265, 278.
[804] J. Taupitz, Genetische Diagnostik und Versicherungsrecht, 2000, 36.
[805] Vgl. M. Spranger, VersR 2000, 815, 816.
[806] Z.B. Chorea-Huntingtonerkrankung eines Elternteils.
[807] O. Schöffski, ZVersWiss 1999, 265, 286; zumindest als überdenkenswerter Ansatz qualifiziert v. Ethik-Beirat beim BMG, Prädiktive Gentests. Eckpunkte für eine ethische und rechtliche Orientierung, 2000, 14.
[808] H. Fenger/O. Schöffski, NVersZ 2000, 449, 451 mwN.
[809] E. Lorenz, VersR 1999, 1309, 1313; J. Taupitz, Genetische Diagnostik und Versicherungsrecht, 2000, 52.

aa) Sinn und Zweck der Risikoprüfung

Befürworter der Genomanalyse beim Abschluß von Versicherungsverträgen berufen sich unter anderem auf den Sinn und Zweck der Risikoprüfung und die Vertragsfreiheit der Versicherungsunternehmen. Grundsätzlich dient die private Personenversicherung im Gegensatz zur gesetzlichen Sozialversicherung nicht dem sozialen Ausgleich, sondern ist risikobezogen und von einer Risikoprüfung abhängig. Es herrscht Vertragsabschlußfreiheit.[810] Elemente der Risikoprüfung sind die ärztliche Untersuchung zur Feststellung des Gesundheitszustands und die Anzeigepflicht des Antragstellers. Sinn und Zweck der Risikoprüfung ist die risikogerechte Kalkulation nach Einschätzung der gesundheitlichen Risiken bei der Krankenversicherung und des Todesfallsrisikos bei der Lebensversicherung. Die Risikoübernahmen dürfen insgesamt die Leistungsfähigkeit des Versicherungsträgers nicht übersteigen, so daß die Risikoprüfung auch dazu dient, daß die dauernde Erfüllbarkeit der Verpflichtungen gegenüber den einzelnen Versicherungsnehmern gewährleistet ist.[811] Die Risikoprüfung dient dem „In-Verhältnis-Setzen" von Leistung und Gegenleistung und entspricht damit dem der Privatversicherung zugrundeliegenden Äquivalenzprinzip.[812] Die Risikoprüfung als Instrument des Wettbewerbs bewirkt, daß je strenger sie durchgeführt wird, desto günstiger ist das Risikokollektiv und desto niedriger können die Prämien veranschlagt werden. Positiver fallen dann auch Überschuß und damit Überschußbeteiligung der einzelnen Versicherungsnehmer aus. Umgekehrt werden die pauschalen Sicherheitszuschläge höher sein, wenn der Versicherer weniger über das zu versichernde Risiko und die Gefahrenpotentiale weiß.[813]

Im Interesse der Versichertengemeinschaft müssen die Prämien in einer Weise gestaltet werden, daß alle Versicherungsnehmer im Hinblick auf das Risiko, das sie in den Versicherungspool mitbringen, fair behandelt werden. Hier spricht man vom Prinzip der „Aktuarischen Fairneß", das bedeutet, daß Antragsteller mit gleicher Risikostruktur bezüglich der Vertragsbedingungen gleich, Antragsteller mit anderer Risikostruktur ungleich behandelt werden.[814]

bb) Vergleich mit herkömmlichen Untersuchungsmethoden
Argumentiert wird, daß die Verwendung von Gentests legitim sei, da diese sich nicht von herkömmlichen gesundheitlichen Untersuchungen unterscheiden.[815]

---

[810] E. Lorenz, VersR 1999, 1309, 1310.
[811] E. Lorenz, VersR 1999, 1309, 1310.
[812] J. Taupitz, Genetische Diagnostik und Versicherungsrecht, 2000, 9.
[813] Max-Planck-Institut, Stellungnahme, Genomanalyse und Privatversicherung, RabelsZ 2002, 116, 117.
[814] J. Taupitz, Genetische Diagnostik und Versicherungsrecht, 2000, 12.
[815] J. Taupitz zitiert von E. Richter, DÄBL 2002, A 759; J. Taupitz, Genetische Diagnostik und Versicherungsrecht, 2000, 26 f..

Fast alle Erkrankungen haben eine genetische Komponente, und es mache daher keinen Sinn, Gentests von einer Risikoprüfung auszunehmen.[816] Richtig ist, daß auch zulässige Fragen zur Familienanamnese der Ausforschung der genetischen Veranlagung dienen. Genetische Untersuchungen würden diese Ergebnisse lediglich sicherer machen.[817] Auch durch andere zulässige ärztliche Untersuchungen lassen sich Krankheiten wie eine HIV-Infektion, Osteoporose oder Krebserkrankungen aufdecken. Die psychische Belastung durch solches Wissen ist mit dem aus prädiktiver Diagnostik vergleichbar oder sogar gravierender, da diese Krankheiten unwiderruflich feststehen, während genetisch bedingte Krankheiten meist erst durch zusätzliche Umwelteinflüsse ausgelöst werden.[818] Gleichgültig, ob die Krankheiten oder Krankheitsanlagen durch herkömmliche ärztliche Untersuchungen oder durch Genomanalyse aufgedeckt wurden, besteht die Chance der Therapiefähigkeit bei beiden Krankheitsgruppen gleichermaßen oder nicht. Eine unverhältnismäßiger Eingriff in das Recht auf Nichtwissen liege nicht vor.[819] Dies ist jedoch nur eingeschränkt richtig. Obgleich es auch andere, nicht therapierbare, lange vor ihren gesundheitlichen Auswirkungen diagnostizierbare Risikofaktoren gibt, verbleibt bei der prädiktiven Diagnostik ein größere Eingriff in das Persönlichkeitsrecht. Bei ihr kann eine größere Anzahl von Krankheitsanlagen, völlig unabhängig vom klinischen Status, der Therapierbarkeit und der zeitlichen Relevanz, aufgedeckt werden. Allein genetische Krankheitsdispositionen werden lange vor Krankheitsausbruch diagnostiziert und ein unverhältnismäßiger Eingriff in das Recht auf Nichtwissen ist dadurch eher zu bejahen. Etwas anderes kann nur gelten, wenn man die zu diagnostizierenden Krankheiten von vornherein nach Kriterien wie Lebensalter und Therapierbarkeit untergliedert. Unberücksichtigt bleibt bei der Gleichstellung mit herkömmlichen Diagnosemethoden das Problem prädiktiver Diagnostik, daß Genveränderungen erkannt werden können, die zwar nachweislich mit bestimmten Krankheiten verknüpft werden können, gleichwohl jedoch nicht mit Sicherheit vorhergesagt werden kann, ob die Krankheit im späteren Leben überhaupt und mit welchem Schweregrad auftreten wird. Außerdem ist aus wissenschaftstheoretischen Gründen eine linearklauselartige Verknüpfung zwischen einer genetischen Veränderung und der Ausprägung eines Krankheitsmerkmals sehr streitig.[820] Daß es sich per se nur um unbestimmte Prognosen handelt unterscheidet die prädiktive Diagnostik daher wesentlich von herkömmlichen Diagnosemöglichkeiten, obgleich auch diese teilweise nur Prognosen bieten. Eine Wahrscheinlichkeit, die in der Regel derart unsicher ist, ver-

---

[816] M. Dietel/P. Proppring, DÄBL 2001, A 1978, A 1980.
[817] E. Lorenz, VersR 1999, 1309, 1311; Max-Planck-Institut, Stellungnahme, Genomanalyse und Privatversicherung, RabelsZ 2002, 116, 130.
[818] E. Lorenz, VersR 1999, 1309, 1311.
[819] J. Taupitz, Genetische Diagnostik und Versicherungsrecht, 2000, 27 ff., 43.
[820] Enquête-Kommission „Recht und Ethik der modernen Medizin", Schlußbericht, BT-Drucks. 14/9020, 2002, 120 mwN.

mag nicht adäquates Mittel der Risikoeinschätzung zu sein. Allein das Interesse der Versicherer an solchem Wissen vermag daran nichts zu ändern. Zumindest sollte der Stand der Technik höhere Wahrscheinlichkeiten erreicht haben, um den Einsatz prädiktiver Diagnostik zu rechtfertigen.

cc) Unternehmerische und wirtschaftliche Gestaltungsfreiheit der Versicherer
Teilweise wird betont, daß sich aus dem Recht auf Nichtwissen keine Unzulässigkeit der Genomanalyse im Versicherungswesen ergeben könne, da es auf das Verhältnis von privatem Versicherungsträger und Versicherungsnehmer keine Auswirkung habe.[821] Auch wenn man dem nicht zustimmt, läßt sich Folgendes gegen einen Rückgriff auf das Recht auf Nichtwissen und ein umfassendes Verbot der Genomanalysen im Versicherungswesen vortragen: Dem verfassungsrechtlichen Recht der Versicherungsinteressenten auf Informationelle Selbstbestimmung und dem daraus abgeleiteten Recht auf Nichtwissen steht das aus den Art. 2, 12 und 14 GG abgeleitete Recht der Versicherer auf unternehmerische Gestaltungsfreiheit und Rechte der Versichertengemeinschaft gegenüber.[822] Diese Rechte sind gegeneinander abzuwägen.[823] Eine Verletzung des informationelles Selbstbestimmungsrechts könne man deswegen nicht bejahen, weil dies einen schwerwiegenden Eingriff in die unternehmerische Gestaltungsfreiheit der Privatversicherer darstelle und eine Angleichung der privaten Personenversicherung an die ganz anders strukturierte Sozialversicherung bedeute, da feststellbare Risikounterschiede nicht mehr berücksichtigt werden dürften.[824] Statt dessen solle die genetische Diagnostik vom Makel des zum „gläsernen Menschen" führenden Werkzeugs der Diskriminierung befreit werden. Auf Grund der Ausgangssituation, in der die Sozialversicherung allen Bürgern zugänglich sei, bestehe kein Grund dafür, genetische Tests als Voraussetzung für den Abschluß von privaten Versicherungsverträgen zu verbieten. „Der Gleichheitsgrundsatz gebiete sogar, die genetische Diagnostik und ihre Ergebnisse anders zu behandeln als sonstige medizinische Verfahren und Resultate. Erst dann sei das Grundrecht des privaten Versicherungsunternehmens auf Vertragsfreiheit gewahrt".[825] Auch HIV-Untersuchungen waren vor Jahren umstritten und gehören heute in den festen Katalog von Untersuchungen vor Abschluß eines Versicherungsvertrags.[826]

Nach Abwägung der widerstreitenden Interessen steht fest, daß in jedem Fall unspezifische Genomanalysen ebenso unzulässig sind wie solche Genomanalysen,

---

[821] M. Spranger, VersR 2000, 815, 817.
[822] M. Herdegen, JZ 2000, 633, 636.
[823] E. Lorenz, VersR 1999, 1309, 1313.
[824] E. Lorenz, VersR 1999, 1309, 1313.
[825] J. Taupitz zitiert in: Frankfurter Allgemeine Zeitung v. 3.5. 2001, Zusammensetzung des Nationalen Ethikrates; ders. Genetische Analysen und Versicherungsrecht, 2000, 50.
[826] S. Schnorr/V. Wissing, ZRP 2001, 47, 48.

deren Ergebnisse keine hinreichend genaue Aussage erlauben.[827] Nach teilweise vertretender Ansicht ist die Genomanalyse zumindest bei Lebensversicherungen zulässig, da dort das Persönlichkeitsrecht nicht in unzulässiger Weise beeinträchtigt ist.[828]
Im übrigen wird vorgetragen, daß der Versicherer unterschiedlichen Reaktionsmöglichkeiten habe und es auch bei ungünstigen Testergebnissen nicht zwingend zu einer Versagung des Versicherungsschutzes komme. Schon aus wirtschaftlichem Interesse werden Versicherer in diesen Fällen Versicherungsschutz nicht komplett verwehren, sondern statt dessen Risikozuschläge, Risikoausschlüsse oder sogar allgemein übliche Prämien vereinbaren.[829] Eine Ablehnung sei nicht regelmäßig zu erwarten. Dies ändert jedoch nichts an der Tatsache, daß sich ein ungünstiges Testergebnis negativ auf die Vertragsverhandlungen auswirken würde und der Antragsteller eine Ablehnung seines Antrags befürchten müßte. Dies hängt unter anderem auch von der Kenntnis und der Einschätzung des Versicherungsagenten über das spezifische Krankheitsrisiko und die Qualität des prädiktiven Wissens ab. Dies ist derzeit jedoch wirklichkeitsfern. Eine pauschale Bewertung genetischer Anlagen ist zu erwarten.
Darüber hinaus begründet eine derartig unterschiedliche Behandlung auf Grund der genetischen Veranlagung im Versicherungswesen die Gefahr einer genetischen Diskriminierung der Antragsteller. Mit dem Verlangen nach der Durchführung prädiktiver genetischer Diagnostik verfolgen die Versicherer das Ziel, die gewonnen Testergebnisse zur Begründung einer unterschiedlichen Behandlung ihrer Antragsteller zu nützen. Auch eine Versicherung zu hohen Prämien im Fall von ungünstigen Befunden stellt eine Ungleichbehandlung dar, für die es eines sachlichen Grundes bedarf.[830]
Darüber hinaus wird nicht angemessen berücksichtigt, daß eine genetische Diskriminierung auch in der unsachgemäßen Interpretation von Testergebnissen durch die Versicherungsunternehmen liegen kann.[831] Oft werden Testergebnisse falsch interpretiert, was an mangelnder Kenntnis wie an der Schwierigkeit der Testinterpretation liegen kann. Jedenfalls ist in diesen Fällen eine Ungleichbehandlung nicht gerechtfertigt.

---

[827] M. Herdegen, JZ 2000, 633, 636.
[828] E. Lorenz, VersR 1999, 1309, 1313; vgl. zur Differenzierung von Kranken- und Lebensversicherung unter: Zweiter Teil, Erster Abschnitt, II., 6. d) aa).
[829] J. Taupitz, Genetische Diagnostik und Versicherungsrecht, 2000, 14.
[830] Siehe zur Frage der Diskriminierung bei Verwertung genetischer Information unter: Zweiter Teil, Erster Abschnitt, II. 6. a) dd) und 7. b) cc) fff) und 8..
[831] K. Berberich, Zur Zulässigkeit genetischer Tests in der Lebens- und privaten Krankenversicherung, Diss. Mannheim 1998, 129 f..

dd) Veränderung der Geschäftsgrundlage durch die Möglichkeiten genetischer Diagnostik

Darüber hinaus steht fest, daß die Genomanalyse eine Vorhersagbarkeit der menschlichen Entwicklung sich bringt, die früher als Schicksal galt. Bisher wurde dieses Schicksal als Risiko verstanden, das vor allem durch Versicherungen oder Abwälzung auf den Arbeitgeber und Staat vermindert werden kann.[832] Zuzugeben ist, daß mit besserer Prognostizierbarkeit und Steuerbarkeit körperlicher oder geistiger Entwicklungen die Geschäftsgrundlage für die Schadensberechnungen im Gesundheitswesen ins Wanken gerät. Der Zulässigkeit der Genomanalyse ein Recht auf Nichtwissen entgegenzuhalten, bedeute nichts anderes als der beschränkte Versuch, den Status quo der Risikoverteilung zu verteidigen, indem man sich taub und blind stelle. Vielmehr müßten neue Regelungen entwickelt werden. Es gehe um eine Neuverteilung von Risiken, wie dies bereits bei anderen bahnbrechenden Entwicklungen in der Geschichte der Fall gewesen sei.[833]

d) Argumente für eine eingeschränkte Zulässigkeit

Weit verbreitet ist inzwischen die Ansicht, daß Genomanalysen im Versicherungsbereich nur eingeschränkt zulässig sind. Die wirtschaftliche Prämiengestaltung und der Ausschluß wirtschaftlicher Risiken vermag den Eingriff in den Intimbereich, wenn überhaupt nur eingeschränkt zu rechtfertigen.[834] Denkbare Differenzierungskriterien für die Frage der Einschränkung seien im Folgenden genannt.

aa) Differenzierung zwischen Kranken- und Lebensversicherung

Es besteht die Tendenz, die Genomanalyse bei der Krankenversicherung nicht zuzulassen während bei der Lebensversicherung eine Genomanalyse eher möglich sein soll. Begründet wird dies damit, daß die Absicherung von Krankheitsrisiken für den Betroffenen anders als die Absicherung von Lebensrisiken von existentieller Bedeutung ist und den Minimum an sozialer Sicherheit gewährleistet.[835] In Deutschland ist nahezu jeder Bürger gegen das Krankheitsrisiko versichert, so daß Krankenversicherungsschutz als Notwendigkeit und Recht für jeden Bürger betrachtet werden muß.[836] Infolgedessen kann man zu dem Schluß gelangen, daß die Durchführung einer Genomanalyse als Voraussetzung für den Abschluß einer Krankenversicherung grundsätzlich unzulässig sein soll. Eine Ausnahme besteht für die Fälle, in denen konkrete Hinweise auf eine Krankheit existieren und die

---

[832] G. Roellecke, Das Verhängnis, NJW 2000, 3473, 3474.
[833] G. Roellecke, NJW 2000, 3473, 3474.
[834] Vgl. O. Schöffski, ZVersWiss 1999, 265, 291, 292 mwN.
[835] Enquête-Kommission „Recht und Ethik der modernen Medizin", Schlußbericht, BT-Drucks. 14/9020, 2002, 149.
[836] O. Schöffski, ZVersWiss 1999, 265, 276.

Genomanalyse zur Abklärung einer unmittelbar bevorstehenden oder bereits ausgebrochenen Krankheit dient. Stets zulässig sollen Genomanalysen hingegen im Zusammenhang mit Lebensversicherungen sein, solange der Datenschutz gewährleistet ist.[837] Begründet wird dies mit der geringeren sozialen Notwendigkeit einer Lebensversicherung, die meist Kapitalanlagecharakter hat und durch andere Anlagen ersetzbar ist. Weiter sei hier das Risiko der Antiselektion höher einzuschätzen.[838] Aus diesen Gründen sind an die Einschränkung der Vertragsfreiheit höhere Anforderungen zu stellen als im Bereich der Krankenversicherung. Zugestanden wird, daß die Lebensversicherung nach wie vor sozialstaatliche Aufgaben wie Hinterbliebenenvorsorge und Altersvorsorge erfüllt. Jedoch stehen diese Bereiche im Wettbewerb mit anderen privaten Vorsorgeformen, die ebenfalls steuerlich begünstigt sind und auf die die Interessenten verwiesen werden können.[839] Die Abwägung ergibt hier, daß das Persönlichkeitsrecht und Recht auf Nichtwissen hinter die Interessen der Versicherer zurücktreten müssen.

Andere diskutieren für den Bereich der Lebensversicherung sogar eine Pflicht zu Wissen[840] im Hinblick auf die Solidarität den anderen Versicherungsnehmern gegenüber. Innerhalb der Versicherungsgemeinschaft soll jeder sein Risiko tragen, und so die Begrenzung möglicher Risiken innerhalb der Versichertengemeinschaft gewährleisten. Dagegen wird jedoch eingewandt, daß eine Genomanalyse dem Vertragszweck zuwider laufe: Die Prämie, die vom Versicherungsnehmer bezahlt wird, stellt ja gerade den Preis für Risikoüberwälzung auf den Versicherer dar. Deshalb wird ein Vertrag, der eine Genomanalyse zum Abschluß eines Versicherungsvertrages vorsieht, nach teilweise vertretener Ansicht als sittenwidrig i.S.v. § 138 BGB angesehen.[841]

Auch dem Argument der geringeren sozialen Bedeutung von Lebensversicherungen wird von anderer Seite widersprochen. Nach wie vor stelle die private Lebensversicherung neben der gesetzlichen Rentenversicherung und betrieblichen Altersvorsorge die dritte Säule der Altersvorsorge dar, die zudem steuerlich begünstigt sei. Diese Bedeutung ist angesichts der Rentenreform („Riester-Rente)

---

[837] E. Bülow, Rechtsfragen der Genomanalyse, in: H.-M. Sass (Hrsg.), Genomanalyse und Gentherapie, 1991, 137, 148; Abschlußbericht der Bund-Länder-Arbeitsgruppe „Genomanalyse", 1990, abgedruckt in W. Eberbach/P. Lange/M. Ronellenfitsch, Recht der Gentechnik und Biomedizin, 2001, 23; ebenso sieht P. Proppring die Zulässigkeit prädiktiver Diagnostik im Bereich der Lebensversicherungen als weniger heikel an, in: R. Toellner (Hrsg.), Humangenetik – Ethische Probleme der Beratung, Diagnostik und Forschung, 1993, 135, 143.
[838] O. Schöffski, ZVersWiss 1999, 265, 284; H. Fenger/O. Schöffski, NVersZ 2000, 449, 451.
[839] Max-Planck- Institut, Stellungnahme, Genomanalyse und Privatversicherung, RabelsZ 2002, 116, 133.
[840] R. Giesen, MedR 1995, 357; G. Wiese, BB 1994, 1209.
[841] A. Schmidt, in: R. Toellner (Hrsg.), Humangenetik – Ethische Probleme der Beratung, Diagnostik und Forschung, 1993, 191, 200; dieselb., Rechtliche Aspekte der Genomanalyse, Diss. Göttingen, 1991, 67.

weiter gestiegen, da der Einzelne gezwungen ist, mehr private Vorsorge zu treffen. Hinzu kommt die Bedeutung für die Kreditsicherung. Zum Beispiel ist der Kauf von Wohnungseigentum ohne Absicherung des Todesfallrisikos derzeit nur schwer möglich.[842] Somit hat auch die Lebensversicherung eine große soziale Komponente, die die Steuerbegünstigung von Lebensversicherungen rechtfertigt.[843] Würde man den Zugang zur privaten Lebensversicherung erschweren oder verwehren, so wären die betroffenen Personen wesentlich benachteiligt.

Umgekehrt betrachtet *Deutsch* die unterschiedliche Behandlung von Genomanalysen innerhalb der privaten Kranken- und Lebensversicherung. Nach seiner Ansicht sind Genomanalysen im Bereich der privaten Krankenversicherungen zulässig, da die Gesamtheit der Versicherten für die Leistungen aufkommen muß und deshalb ein berechtigtes Interesse an gerechter Prämienkalkulation besteht.[844] Da es sich bei der Krankenversicherung um eine reine Risikoversicherung handelt, muß eine Genomanalyse zumindest in den Fällen, in denen Anhaltspunkte für eine vorhandene oder unmittelbar bevorstehende Krankheit vorliegen, zulässig sein.[845] Er befürwortet eine gesetzliche Regelung mit deutlicher Unterscheidung zwischen Krankenversicherung als Schadensversicherung auf der einen Seite und der Lebensversicherung als Kapitalversicherung auf der anderen Seite. Die Lebensversicherung als Kapitalanlage sollte jedem ohne Genomanalyse offenstehen. Begründbar ist dies mit dem soeben zur sozialen Bedeutung der Lebensversicherung Gesagten. Sie ist tatsächlich und konventionell wichtiger Bestandteil der individuellen Daseinsvorsorge, Familien- und Hinterbliebenenversorgung sowie der Altersversorgung.[846] Umgekehrt soll es bei der Krankenversicherung sein, bei der der Interessenschwerpunkt auf der Gefahrenvorsorge liegt und nicht auf der Kapitalansammlung. Hier hat der Versicherer ein berechtigtes Interesse an der Abschätzung der Gefahr, auch mit Rücksicht auf die anderen Versicherungsnehmer. Deshalb soll nach Ansicht von *Deutsch* im Bereich der Krankenversicherungen eine Genomanalyse sowohl als Auswahlkriterium, als auch als Mittel zur Festsetzung der einzelnen Versicherungsprämie erlaubt sein.[847]

---

[842] H. Fenger/O. Schöffski, NVersZ 2000, 449, 452.
[843] O. Schöffski, ZVersR 1999, 265, 284.
[844] E. Deutsch in: Lexikon der Bioethik Band 2, 1998, 42, 43.
[845] Vgl. T. Kienle, der ebenfalls für eine solche Differenzierung zwischen Kranken- und Lebensversicherung argumentiert, Die prädiktive Medizin und gentechnische Methoden, Diss. Tübingen 1998, 83.
[846] K. Berberich, Zur Zulässigkeit genetischer Tests in der Lebens- und privaten Krankenversicherung, Diss. Mannheim 1998, 13 mwN.
[847] E. Deutsch, ZRP 1986, 1, 4.

bb) Differenzierung nach der Versicherungssumme

Als Kompromiß zwischen einem generellen Verbot der Nutzung der Genomanalyse und ihrer Ergebnisse im Versicherungsrecht und den Nachteilen einer Zulässigkeit von Genomanalysen wird zunehmend eine Differenzierung nach der Versicherungssumme vorgeschlagen. Erst ab einer bestimmten Versicherungssumme sollen genetische Tests im Rahmen der Gesundheitsprüfung erlaubt sein. So erhält jeder in einem gewissen Umfang Lebensversicherungsschutz und der sozialen Rolle dieser Sicherung ist Rechnung getragen.[848] Gleichzeitig wird dadurch die Antiselektionsgefahr berücksichtigt, die mit zunehmender Verbreitung von Testmöglichkeiten für häufig auftretende genetische Dispositionen steigt. Parallel dazu haben das Selbstbestimmungsrecht und das Recht auf Nichtwissen für die Antragsteller ein größeres Gewicht. Unter diesen Voraussetzungen erscheint es vertretbar, ein Screening bei hohen Versicherungssummen als Sicherungsmaßnahme der vorvertraglichen Anzeigepflicht zu erlauben.[849] Dies entspricht der Regelung über die ärztliche Untersuchung, die als Element der Risikoprüfung ab einer Versicherungssumme von derzeit 250.000 DM (ca. 125.000 Euro) durchgeführt wird.[850] Anstatt fester Grenzen ist auch denkbar, individuell Gentests ab einer Versicherungssumme zu erlauben, die der Lebenssituation des Versicherungsnehmers nicht mehr angemessen erscheint und nicht mehr den „normalen Bedürfnissen" des Antragstellers entspricht.[851]

Allerdings verbleibt auch bei dieser Lösung das Problem, daß sich oberhalb dieser Versicherungssumme ein Anreiz zum Versicherungsabschluß für Personen mit „guten Risiken" ergibt, und so ein faktischer Zwang zur Offenlegung der genetischen Disposition entsteht.[852] Nach Abwägung aller Umstände ist dieser Nachteil indes hinnehmbar. Nach verbreiteter Ansicht in der Literatur ist die Einschränkung der Zulässigkeit einer Genomanalyse und dementsprechend die Einschränkung der Offenbarungspflicht unterhalb einer bestimmten Versicherungssumme durch Gesetz der einzige legitime staatliche Eingriff in die Rechte der Versicherungsunternehmen.[853]

cc) Differenzierung nach Art der zu testenden Krankheit

Eine Einschränkung der Zulässigkeit prädiktiver Diagnostik ist auch in der Form denkbar, daß Gentests nur erlaubt sind, wenn von vornherein klar ist, daß keine Ergebnisse möglich sind, die vom Betroffenen schwierig zu verkraften sein

---

[848] H. Fenger/O. Schöffski, NVersZ 2000, 449, 453.
[849] K. Berberich, VW 1998, 1190, 1192.
[850] Nachweis bei E. Lorenz, VersR 1999, 1309, 1310.
[851] O. Schöffski, ZVersWiss 1999, 265, 281.
[852] H. Fenger/O. Schöffski, NVersZ 2000, 449, 453.
[853] C. Bartrm, in: C. Bartram et al. (Hrsg.), Humangenetische Diagnostik, 2000, XXX.

könnten.[854] Ein genetischer Test, der Dispositionen für schwere Krankheiten ohne Therapie und Präventionsmöglichkeit offenzulegen vermag, ist im Rahmen der Gesundheitsprüfung nicht erlaubt und darf nicht verlangt werden. In diesen Fälle kommt dem Recht auf Nichtwissen und dem Selbstbestimmungsrecht des Betroffenen der Vorrang zu. Der Aussagewert des Testergebnisses für die Versicherungen steht außer Verhältnis zu den Belastungen des Antragstellers und auch seiner Verwandten.[855] In diesen Fällen geht die Abwägung zu Gunsten des Persönlichkeitsschutzes aus und zu Lasten der Vertragsfreiheit, denn die Vermeidung von starken psychischen Belastungen, die mit der Kenntnis um solche genetischen Dispositionen verbunden sein können, ist gewichtiger als eine genauere Prämienkalkulation.[856] Dies soll unabhängig von der Versicherungssumme gelten.

dd) Differenzierung nach der Qualität prädiktiven Wissens

Es muß von vornherein unterschieden werden zwischen solchen Krankheitsanlagen, die mit Sicherheit in absehbarer Zeit einen Krankheitswert aufweisen werden und solchen genetischen Dispositionen, die lediglich Aufschluß über eine gewisse Wahrscheinlichkeit geben und damit lediglich eine Prognose sind.[857] Genetische Tests mit denen genetische Veränderungen diagnostiziert werden, die mit an Sicherheit grenzender Wahrscheinlichkeit im späteren Leben zu einer Erkrankung führen, sogenannte prädiktiv-deterministische Tests[858], sind zulässig, da sie für die Risikoprüfung geeignet sind. Nicht zulässig sind sogenannte prädiktiv-probalistische Tests[859], die genetische Veränderungen offenlegen, bei denen die Penetranz, d.h. die Wahrscheinlichkeit des Krankheitsausbruchs, gering ist. Gerade im Verhältnis zu Dritten stellt sich nämlich das Problem der genetischen Determiniertheit: Die Vorhersagbarkeit durch genetische Diagnostik ist grundsätzlich beschränkt und das Individuum ist eben nicht generell durch sein Genom bestimmt, vielmehr ist der Handlungsspielraum eines Menschen bei weitem nicht genetisch vollständig festgelegt. Gleichwohl kann dieser Handlungsspielraum je nach Vorliegen bestimmter Mutationen mehr oder weniger beschränkt sein.[860] Aus diesem Grund ist eine Differenzierung nach dem zu erwartenden Wahrscheinlichkeitsgrad des Testergebnisses notwendig. Bei Tests, die nur eine Aussa-

---

[854] O. Schöffski, ZVersWiss 1999, 265, 281.
[855] Zur entsprechenden Regelung in den Niederlanden K. Berberich, VW 1998, 1190, 1193.
[856] K. Berberich, VW 1998, 1190, 1191.
[857] H. Fenger/O. Schöffski, NVersZ 2000, 449, 451.
[858] Enquête-Kommission „Recht und Ethik der modernen Medizin", Schlußbericht, BT-Drucks. 14/9020, 2002, 121.
[859] Enquête-Kommission „Recht und Ethik der modernen Medizin", Schlußbericht, BT-Drucks. 14/9020, 2002, 121.
[860] C. Bartram in: C. Bartram et al. (Hrsg.), Humangenetische Diagnostik, 2000, XXIII; ein hoher Wahrscheinlichkeitsgrad liegt in der Regel bei monogenen Krankheiten vor, während bei multifaktoriell-polygenetischen Krankheiten in der Regel weniger sichere Wahrscheinlichkeitsangaben gemacht werden können.

ge über einer nicht sichere Wahrscheinlichkeit erlauben, ist das Interesse von Versicherungen an der Durchführung oder Offenbarung solcher Tests und ihrer Ergebnisse nicht gerechtfertigt. Insbesondere der prognostische Charakter genetischer Daten bewirkt einen Eingriff in das Persönlichkeitsrecht dadurch, daß der Betroffene mit übermäßig viel und interpretationsbedürftigen Wissen belastet wird. Daraus ergibt sich, daß je geringer der Wahrscheinlichkeitsgrad des Krankheitseintritts ist, desto eher ist eine Einschränkung des informationellen Selbstbestimmungsrechts zu verneinen. Dies gilt um so mehr, als die Kostenersparnis bei den Versicherungsunternehmen durch genetische Diagnostik eröffneten Präventionsmaßnahmen sich nicht direkt in einer Senkung der Versicherungsprämie für den Versicherungsnehmer niederschlagen wird. Sobald die prädiktive Diagnostik jedoch Aufschluß über eine höhere Wahrscheinlichkeit bieten könne, fällt eine solche Untersuchung in den Bereich der risikoadäquaten Beitragsberechung. Die Versicherer haben ein berechtigtes Interesse in diesen Fällen. Auch bei anderen Faktoren der Risikoeinstufung bestehe meist nur eine höhere Wahrscheinlichkeit des Schadenseintritts[861], so daß eine Gleichbehandlung dieser Fälle sachgerecht sei. Eine Versicherung zu üblichen Konditionen sei in den Fällen schwerer Krankheitsdispositionen wie bei anderen Risiken auch, nicht üblich und nicht interessengerecht.[862]

Im Ergebnis stellt die Wahrscheinlichkeit des Krankheitsausbruchs ein Kriterium dar für die Frage, ob Versicherer ein berechtigtes Interesse an einer Genomanalyse haben. Gleichwohl gilt, daß auch wenn die Aussagekraft hinsichtlich der Wahrscheinlichkeit des Krankheitsausbruchs bei monogenetischen Krankheiten wesentlich höher ist, so ist die Funktion genetischer Tests in diesen Fällen zu einem großen Teil durch Fragen zur Familienanamnese ersetzbar[863], so daß es an der Erforderlichkeit solcher Untersuchungen fehlt.

ee) Zulässigkeit bei Bestehen einer gewissen Wahrscheinlichkeit für eine bestimmte genetische Disposition

Bestehen Anhaltspunkte z.B. aus der Familienanamnese, die das Vorliegen einer bestimmten genetischen Krankheitsdisposition wahrscheinlich machen, so ist eine gezielte Genomanalyse zulässig. Nicht zulässig ist jedoch eine allgemeine, völlig unspezifische Genomanalyse.[864]

---

[861] M. Spranger, VersR 2000, 815, 817.
[862] Vgl. M. Spranger, VersR 2000, 815, 818.
[863] Vgl. K. Berberich, VW 1998, 1190, 1194.
[864] M. Herdegen, JZ 2000, 633, 637; Entschließung des Bundesrates zur Anwendung gentechnischer Methoden am Menschen BR-Drucks. 424/92, 5; Abschlußbericht der Bund-Länder-Arbeitsgruppe „Genomanalyse", 1990, abgedruckt in W. Eberbach/P. Lange/M. Ronellenfitsch, Recht der Gentechnik und Biomedizin, Band 4, 2002, Teil II. F, 22 für die Krankenversicherung.

e) Lösungsmodell: Einheitsversicherung

In eine ähnliche Richtung wie die Zulässigkeit einer Genomanalyse ab einer bestimmten Versicherungssumme geht die Einführung einer am Solidaritätsprinzip orientierten Einheitsversicherung. Jedem soll ein einheitlicher Versicherungsschutz, unabhängig von einer Risikoprüfung und damit auch unabhängig von genetischen Untersuchungen, gesichert sein. Dadurch ist auch eine Grundsicherung für diejenigen Personen gewährleistet, die von der gesetzlichen Versicherung ausgeschlossen sind (Beamte, Selbständige). Neben dieser Basisversorgung sind private Zusatzversicherungen denkbar, für deren Vertragsabschluß der Antragsteller ihm bekannte Ergebnisse aus einer Genomanalyse offenbaren muß und die Durchführung von Gentests erlaubt ist.[865]

7. Kenntnis der eigenen genetischen Disposition – Offenbarungspflicht - Problemkonstellationen und Lösungsansätze

a) Gesetzliche Grundlagen: §§ 16 ff VVG

Nach § 16 VVG ist der Antragsteller verpflichtet, alle gefahrerheblichen Umstände anzuzeigen, die geeignet sind, den Entschluß des Versicherers zu beeinflussen, den Vertrag überhaupt oder zu dem vereinbarten Inhalt abzuschließen. Hierbei gilt ein Umstand, nach dem der Versicherer ausdrücklich oder schriftlich gefragt hat, im Zweifel als erheblich. Zunächst bezieht sich die Anzeigepflicht auf die Pflicht zur Beantwortung der vom Versicherer gestellten Fragen, setzt aber keine Fragen voraus.[866] Vielmehr müssen gefahrerhöhende Umstände vom Versicherungsnehmer vor Abschluß der Versicherung mitgeteilt werden. Tut er dies nicht, so kann der Versicherer zurücktreten, wenn dem Versicherer der Umstand unbekannt war und der Antragsteller schuldhaft gehandelt hat (§§ 16 II, 17 I VVG) oder wegen arglistiger Täuschung anfechten (§ 22 VVG, § 123 BGB). Im Falle des unverschuldeten Verschweigens kann der Versicherungsgeber kündigen oder eine Prämienerhöhung verlangen. Bei nicht angezeigten Umständen, nach denen nicht ausdrücklich gefragt wurde, besteht ein Rücktrittsrecht nur, wenn der Antragsteller arglistig gehandelt hat (§ 18 VVG).

b) Genetische Krankheitsdisposition als gefahrerheblicher Umstand – Inhalt des Fragerechts

Ob eine genetische Disposition einen gefahrerheblichen Umstand im Sinne des § 16 VVG zu begründen vermag, wird nicht einheitlich beantwortet. Hier kommt es darauf an, ob man die genetische Veranlagung als gegenwärtigen oder zukünfti-

---

[865] Enquête-Kommission „Recht und Ethik der modernen Medizin", Schlußbericht, BT-Drucks. 14/9020, 2002, 150.
[866] H. Kollhosser, in: Prölss/Martin, VVG, 1998, §§ 16, 17 Rn 1.

gen Umstand wertet. Im ersteren Fall wäre der Antragsteller zur Offenbarung verpflichtet und der Versicherer könnte so das Ergebnis einer Genomanalyse seiner Entscheidung zu Grund legen.[867] Problematisch ist außerdem, ob der Versicherungsnehmer seine Kenntnis über die eigene genetische Veranlagung dann offenbaren muß, wenn der Versicherer ausdrücklich oder schriftlich danach gefragt hat. Versicherer könnten generell solche Klauseln in ihre Antragsformulare einbauen.

aa) Wortlaut

Nach dem Wortlaut des § 16 I VVG erscheint es so, daß der Antragsteller ihm bekannte Testergebnisse aus einer zuvor durchgeführten Genomanalyse anzeigen muß.[868] Dem Wortlaut des § 16 I 3 VVG sind grundsätzlich keine Schranken des Fragerechts zu entnehmen.[869]

bb) Ratio legis des § 16 VVG

Die in § 16 VVG verankerte Anzeigepflicht ist Ausfluß der durch Art. 2 I GG i.V.m. Art. 19 III GG garantierten Vertragsfreiheit.[870] Das Fragerecht besteht ebenso wie die Vertragsfreiheit in den Grenzen der verfassungsmäßigen Ordnung.[871] Die Anzeigepflicht sichert die Geschäftsgrundlage des Versicherungsvertrags, denn nur wenn der Versicherer die Art des Risikos kennt, kann er eine vertragliche Bindung eingehen und sie hinsichtlich der anderen Versicherungsnehmer verantworten.[872]
Diese Vertragsfreiheit ist zusammen mit der unternehmerischen Gestaltungs- und Betätigungsfreiheit sowie den schutzwürdigen Interessen der Versichertengemeinschaft gegen das informationelle Selbstbestimmungsrecht des potentiellen Versicherungsnehmers abzuwägen.[873]
Das Fragerecht korrespondiert mit der Erheblichkeit des fraglichen Umstands.[874] Es soll nach der Vorstellung des historischen Gesetzgebers dem Umstand Rechnung tragen, daß der erfahrene Versicherer in der Regel besser beurteilen kann, welche Umstände für ihn relevant sind. Der Antragsteller soll durch klare Fragestellung zu vollständiger und richtiger Auskunft über die wichtigen Punkte veranlaßt werden.[875] Die grundgesetzlich gewährleistete Vertragsfreiheit erlaubt es

---

[867] P. Präve, VersR 1992, 279, 283.
[868] H. Fenger/O. Schöffski, NVersZ 2000, 449, 451.
[869] G. Wiese, Genetische Analysen und Rechtsordnung, 1994, 84.
[870] K. Berberich, Zur Zulässigkeit genetischer Tests in der Lebens- und privaten Krankenversicherung, Diss. Mannheim 1998, 202.
[871] BVerfGE 8, 274 (328).
[872] P. Präve, VersR 1992, 279, 283.
[873] M. Herdegen, JZ 2000, 633, 635.
[874] J. Taupitz, Genetische Diagnostik und Versicherungsrecht, 2000, 44.
[875] P. Präve, VersR 1992, 279, 283 mwN.

dem Versicherer bei der Gesundheitsprüfung, Fragen über die genetische Disposition zu stellen, die einen gefahrerheblichen Umstand nach § 16 VVG darstellen können.[876] Dies bezieht sich jedenfalls auf manifeste Erkrankungen. Ob auch eine Frage nach Krankheitsdispositionen oder erhöhten Wahrscheinlichkeiten zulässig ist, welche sich aus prädiktiver Diagnostik ergeben, ist unklar.[877]
Die Anzeigepflicht und das Fragerecht des Versicherers sollen eine Prämiengestaltung ermöglichen, die risikogerecht ist. Innerhalb der privaten Versicherung werden gleiche Risiken zusammengefaßt und das Risiko von einer Gemeinschaft Gleichgefährdeter getragen. Der Versicherer muß dazu sowohl die auch im öffentlichen Interesse liegende dauerhafte Leistungsfähigkeit als auch die risikogerechte Prämiengestaltung im Blick haben. Dafür ist es erforderlich, daß er die Besonderheiten des einzelnen Versicherungsrisikos kennt, um die Zuordnung zu einer Gefahrengemeinschaft vornehmen zu können und entsprechende Prämienerhöhungen oder Leistungsausschlüsse zu vereinbaren.[878] Um dem Versicherer die relevanten Informationen zu verschaffen und einen gleichen Informationsstand auf beiden Seiten zu schaffen, besteht die Anzeigepflicht. Sinn und Zweck dieser Anzeigepflicht ist die Verhinderung der Antiselektionsgefahr und dadurch die Vermeidung versicherungstechnischer Einbußen.[879]

aaa) Erheblichkeit

Die Erheblichkeit der Information für die zu versichernde Gefahr ist entscheidend. Auch eine ausdrückliche Frage vermag an dieser Voraussetzung nichts zu ändern. Erheblich ist ein Umstand nur dann, wenn die Kenntnis seitens des Versicherers für die Risikobeurteilung geeignet, erforderlich und verhältnismäßig ist.[880] Somit kann eine ausdrückliche Frage nach bekannten genetischen Krankheitsdispositionen nicht zu einer umfassenden Ausforschung führen. Sinn und Zweck des Fragerechts ist eine möglichst risikogerechte Prämienkalkulation. Die Frage nach genetischen Dispositionen, welche möglicherweise eine erhöhte Sterblichkeit aufweisen, stellt ein geeignetes Mittel dar, um zu einer risikogerechten Prämienkalkulation zu gelangen. Genetische Testergebnisse sind auch, soweit sie einen gefahrerheblichen Umstand im Sinne des § 16 VVG darstellen, geeignete Tarifierungsmerkmale. Auch wenn solche Kenntnisse zur Risikokalkulation für die Versicherer erforderlich sind, so stellt sich gleichwohl die Frage nach der Verhältnismäßigkeit im Hinblick auf Rechte der Antragssteller, insbesondere deren Recht auf

---

[876] O. Schöffski, ZVersWiss 1999, 265, 275.
[877] O. Schöffski in S. Winter/H. Fenger/H.-L. Schreiber (Hrsg.), Genmedizin und Recht, 2001, Rn 1354, ders. ZVersWiss 1999, 265, 277.
[878] W. Voit, in H. Honsell (Hrsg.), Berliner Kommentar zum VVG, 1999, § 16 Rn 1.
[879] K. Berberich, VW 1998, 1190, 1192; siehe zur Antiselektionsgefahr unter II. 7. cc) aaa) in diesem Abschnitt.
[880] J. Taupitz, Genetische Diagnostik und Versicherungsrecht, 2000, 9.

(gen-)informationelle Selbstbestimmung.[881] Im Rahmen der Interessenabwägung der Antragsteller und der Versicherung ist die unterschiedliche Ausgangslage zu berücksichtigen: Das Recht auf Nichtwissen des Antragstellers ist bei vorhandenen Testergebnissen nicht berührt. Eine entsprechende psychische Belastung durch prädiktives Wissen wird nicht erst ausgelöst. Gleichwohl ist sein informationelles Selbstbestimmungsrecht berührt, da er über persönliche Daten Auskunft geben soll.[882] Das informationelle Selbstbestimmungsrecht wird durch § 16 VVG eingeschränkt. Nach der Rechtsprechung des BVerfG sind Einschränkungen des informationellen Selbstbestimmungsrechts nur im überwiegenden Allgemeininteresse oder im Fall höherer kollidierender Grundrechte anderer zulässig. Einschränkungen sind nur erlaubt, soweit sie auf einen bestimmten Anwendungsfall bezogen und für den Betroffenen nachvollziehbar sind.[883] Im Einklang mit der üblichen Verfahrensweise kann der Versicherer zunächst nur nach früheren und gegenwärtigen Krankheiten fragen, nicht jedoch nach in der Zukunft liegenden möglichen Gesundheitszuständen.[884] Zumindest muß zwischen bestimmten Krankheiten und ihren Eintrittswahrscheinlichkeiten differenziert werden.

bbb) Vergleich mit anderen gefahrerheblichen Umständen

Gegen die Annahme, daß auch zukünftige wahrscheinliche Krankheiten anzugeben sind spricht, daß auch ein Krankenhausaufenthalt zu Diagnosezwecken nicht als Krankenhausbehandlung zu qualifizieren ist.[885] Ebensowenig anzeigepflichtig ist Alkoholabhängigkeit, solange noch keine ärztliche Behandlung stattgefunden hat.[886] Andererseits wurde eine HIV-Infektion (d.h. vor Ausbruch der Krankheit), sowohl im Rahmen von Lebensversicherungen als auch bei der Krankenversicherung für anzeigepflichtig erachtet.[887] Ebenso sind erhebliche Beschwerden, die keiner Krankheit zugeordnet werden können, als gefahrerheblich eingestuft worden.[888] Jedoch handelt es sich bei diesen anzeigepflichtigen Fällen um meßbare physische Veränderungen, d.h. um Symptome und Infektionen. Davon unterscheiden sich genetische Dispositionen insofern, als klinisch nichts meßbar ist.

---

[881] K. Berberich, VW 1998, 1190, 1191; dies. Zur Zulässigkeit genetischer Tests in der Lebens- und privaten Krankenversicherung, Diss. Mannheim 1998, 183.
[882] K. Berberich, VW 1998, 1190, 1192; vgl. P. Präve, VersR 1992, 279, 283.
[883] BVerfGE 65, 1 (43, 44).
[884] P. Präve, VersR 1992, 279, 283.
[885] BGH VersR 1990, 1382.
[886] J. Prölss, in: Prölss/Martin, VVG, 1998, §§ 16, 17, Rn 8.
[887] LG Frankfurt NJW RR 1991, 607; zur HIV-Infektion als Gesundheitsstörung OLG Düsseldorf VersR 1991, 948; LG Hamburg ZfS 1989, 127; M. Werber, Versicherungsrechtliche Fragen um AIDS, ZVersWiss 1991, 187, 194.
[888] J. Prölss, in: Prölss/Martin, VVG, 1998, §§ 16, 17 Rn 8, 9.

cc) Meinungsstand und Lösungsansätze

aaa) Anzeigepflicht – Fragerecht des Versicherers nach Ergebnissen genetischer Tests

Teilweise wird vertreten, daß der Antragsteller, der auf Grund einer früher durchgeführten Genomanalyse Kenntnis über ein erhöhtes Risiko hat, dies nach den allgemeinen Regeln anzeigen muß, weil es sich um einen gefahrerheblichen Umstand handelt. Eine Sonderregelung für die Gefahrenumstände, die durch eine Genomanalyse aufgedeckt wurden, sei nicht zu rechtfertigen.[889] Grundsätzlich seien indizierende Umstände, d.h. solche, die lediglich einen Rückschluß auf das Risiko erlauben, Umstände im Sinne des § 16 VVG.[890] Das Fragerecht umfasse auch die genetische Analyse und diene dem Schutz des Versicherten und der Versichertengemeinschaft.[891] Andere sprechen von der Zulässigkeit des Anzeigeverlangens und einer Offenbarungspflicht auch dann, wenn nicht ausdrücklich nach gefahrerheblichen genetischen Dispositionen gefragt wurde.[892]

Für ein unverändertes Bestehen der Anzeigepflicht bei genetischen Testergebnissen spricht das Argument der Antiselektionsgefahr:[893] Gegen ein generelles Nutzungsverbot für Ergebnisse aus freiwillig durchgeführten Gentests wurde von den Versicherungen eingewandt, daß dies das Individualversicherungsprinzip gefährde. Private Versicherungen könnten Versicherungsschutz nur gegen ungewisse Risiken gewähren. Deshalb müsse der potentielle Versicherungsnehmer ihm bekannte Gesundheitsrisiken im Rahmen seiner Offenbarungspflicht nennen. Dann könne der Versicherer prüfen, ob und zu welchen Bedingungen er Versicherungsschutz anbieten kann. Ein generelles Nutzungsverbot für vorhandene Kenntnisse aus genetischer Diagnostik wäre eine gesetzliche Einschränkung der Risikoprüfung und würde das Prinzip des gleichen Wissensstandes hinsichtlich Gesundheitsrisiken von Versicherern und Versicherungsnehmern aufheben. Es besteht die Gefahr, daß potentielle Versicherungsnehmer ihre durch genetische Diagnostik gewonnenen Kenntnisse gezielt einsetzen und sich diese Risiken bei Lebensversicherern absichern lassen. Folge könnte sein, daß für große Teile der Bevölkerung ein Versicherungsschutz für die wichtigsten Lebensrisiken kostspielig oder gar unbezahlbar wird.[894] Gleichzeitig könnten Antragsteller sich zu normalen Konditionen versichern, obwohl sie ein höheres oder gar unversicherbares Risiko dar-

---

[889] W. Voit, in: H. Honsell (Hrsg.), Berliner Kommentar zum VVG, 1999, § 16 Rn 11; M. Herdegen, JZ 2000, 633, 637.
[890] W. Voit, in: H. Honsell (Hrsg.), Berliner Kommentar zum VVG, 1999, § 16 Rn 10.
[891] J. Taupitz, Genetische Diagnostik und Versicherungsrecht, 2000, 45.
[892] E. Lorenz, VersR 1999, 1309, 1314, 1315.
[893] K. Berberich, VW 1998, 1190, 1192.
[894] Gesamtverband der Deutschen Versicherungswirtschaft, Positionen Nr. 19, Dezember 2000, 3, 4.

stellen.[895] In diesen Fällen würden die Prämien zu gering kalkuliert und im Versicherungsfall muß die Versicherung nur dann nicht leisten, wenn sie nachweisen kann, daß der Versicherungsnehmer verschuldetermaßen und arglistig sein Wissen verschwiegen hat. Dies führt zu schwer hinnehmbaren versicherungstechnischen Verlusten.[896] Bleibt das Schweigen bezüglich eines gefahrerheblichen Umstandes bei genetischen Testergebnissen sanktionslos, so könnte der Versicherungsnehmer beispielsweise im Fall einer Lebensversicherung seine Erben bereichern und die Versicherung gezielt schädigen.[897] Es kann ein Verstoß gegen Treu und Glauben vorliegen, wenn der Versicherungsnehmer einen Wissensvorsprung hat und noch schnell eine Versicherung abschließt. Durch diese Gefahr der Antiselektion kann es zu einem Zusammenbruch des Versicherungswesens kommen. Die Verhinderung dieser Gefahr darf den privaten Personenversicherern nicht genommen werden. Das ergibt sich auch aus der unternehmerischen Betätigungsfreiheit.[898] Die Herstellung von Vertrags- und Informationsparität ist unabdingbar.[899]

Die Antiselektionsgefahr stellt das gewichtigste Argument für das Bestehen einer Anzeigepflicht dar, wenn bei Vertragsschluß bereits Testergebnisse vorliegen, die gefahrerhebliche Umstände beweisen. Dies gilt um so mehr, als eine Einschränkung des informationellen Selbstbestimmungsrechts zu Gunsten einer unfreiwilligen Erhebung genetischer Daten in dieser Fallkonstellation nicht hinzutritt.[900] Aus der Abwägung mit dem informationellen Selbstbestimmungsrecht ergibt sich danach, daß die Offenbarungspflicht gemäß § 16 VVG auch hinsichtlich genetischer Testergebnisse besteht, die einen gefahrerheblichen Umstand aufdecken. Das Bestehen der Offenbarungspflicht sei für die Funktionsfähigkeit der Privatversicherungswirtschaft unabdingbar.[901] Dies soll auch für die Fälle gelten, in denen der Antragssteller Kenntnis von genetischen Dispositionen im Rahmen allgemeiner, unabhängig durchgeführter Gesundheitsvorsorgeuntersuchungen erhalten hat. Versicherungsschutz wird ihm in der Regel nicht verwehrt werden, da er durch seine Kenntnisse Präventionsmöglichkeiten realisieren und so für die Versiche-

---

[895] O. Schöffski, ZVersWiss 1999, 265, 274.
[896] K. Berberich, VW 1998, 1190.
[897] H. Müller, Reformbedarf im Versicherungsrecht, BB 1999, 1178, 1180; H. Hausheer spricht in diesem Zusammenhang von „Last-Minute-Versicherungsverträgen", in: H.-J. Ahrens/C. v. Bar/A. Spickhoff/J. Taupitz (Hrsg.), FS für E. Deutsch, 1999, 593, 608.
[898] E. Lorenz, VersR 1999, 1309, 1314.
[899] J. Taupitz, Genetische Diagnostik und Versicherungsrecht, 2000, 43.
[900] K. Berberich, Zur Zulässigkeit genetischer Tests in der Lebens- und privaten Krankenversicherung, Diss. Mannheim 1998, 185.
[901] K. Berberich, Zur Zulässigkeit genetischer Tests in der Lebens- und privaten Krankenversicherung, Diss. Mannheim 1998, 202.

rung Kosten senken könne. Versicherungsschutz wird in diesen Fällen mit Risikozuschlag gewährt werden.[902]

Gegen die Antiselektionsgefahr wird eingewandt, daß derzeit genetische Diagnostik noch nicht so verbreitet ist, als daß man von einer solchen Gefahr sprechen könnte. Ein Mißbrauch durch Antiselektion bestehe schon deshalb nicht, da es sich immer nur um Wahrscheinlichkeitsaussagen handele und eine einseitige Belastung der Versicherer somit unwahrscheinlich ist. Erkrankungen hätten meist auch nicht-genetische Ursachen, so daß sich auch weiterhin genetisch unbelastetere Personen versichern werden.[903]

Für eine Anzeigepflicht bei genetischen Testergebnissen spricht weiter, daß sich genetische Informationen nicht klar von den nicht-genetischen Informationen unterscheiden lassen, die die Versicherungsnehmer offenbaren müssen, oder nach denen sie gefragt werden dürfen. Prädiktiven Charakter haben auch Aufschlüsse durch Anamnese oder Fragen zur Krankengeschichte der Verwandten.
Im übrigen wird zu Recht auf die Notwendigkeit der Risikoprüfung mit Hilfe der Anzeigepflicht und der ärztlichen Untersuchungen für den wirtschaftlichen Erfolg hingewiesen. Auf diesen sind die privaten Personenversicherer im Gegensatz zu den staatlich subventionierten gesetzlichen Sozialversicherern angewiesen.[904]

Hinzu kommt die weitere Gefahr der Entwicklung eines Sekundärmarktes für Versicherungspolicen. Dies war schon im Bereich der HIV-Infektionen zu beobachten: Während die eigene genetische Veranlagung oder HIV-Infektion zulässigerweise gegenüber der Versicherung geheim gehalten wird, wird dies Dritten gegenüber offengelegt. Diese kaufen dann die Lebensversicherungsverträge, die auf Grund der sicheren eingeschränkten Lebenserwartung an diesen Verträgen interessiert sind.[905] Durch ständigen Neuabschluß von Versicherungsverträgen sind risikofreie Gewinne erzielbar, der Antragsteller profitiert so immer wieder von der Informationsasymmetrie und, es fehlt an einer natürlichen Grenze.[906]

Hingewiesen wird ferner auf widersprüchliche Auswirkungen auf die Offenbarungspflicht. Bei einem generellen Nutzungsverbot für Ergebnisse prädiktiver Diagnostik hinge die Offenbarungspflicht allein von der Informationsquelle anstatt vom Inhalt der Information ab. Dadurch träfe denjenigen, der durch einen Gentest von seiner Veranlagung für eine Erkrankung und damit von einem Ge-

---

[902] K. Berberich, Zur Zulässigkeit genetischer Tests in der Lebens- und privaten Krankenversicherung, Diss. Mannheim 1998, 204.
[903] G. Wiese, Genetische Analysen und Rechtsordnung, 1994, 86.
[904] E. Lorenz, VersR 1999, 1309, 1315.
[905] O. Schöffski, ZVersWiss 1999, 265, 286.
[906] H. Fenger/O. Schöffski, NVersZ 2000, 449, 452.

sundheitsrisiko weiß, keine Offenbarungspflicht. Hingegen muß ein Antragsteller mit gleicher Veranlagung, der durch einen Bluttest von seinem Gesundheitsrisiko erfahren hat, dies im Rahmen seiner Offenbarungspflicht offen legen.[907]

bbb) Einschränkung der vorvertraglichen Anzeigepflicht: Anzeigepflicht nur bei hoher Wahrscheinlichkeit eines zeitnahen Krankheitsausbruchs
Nach anderer Ansicht besteht eine Offenbarungspflicht gemäß § 16 VVG nur im Hinblick auf Krankheitsanlagen, bei denen der Krankheitsausbruch mit an Sicherheit grenzender Wahrscheinlichkeit in absehbarer Zeit erfolgt.[908] Der Antragsteller ist grundsätzlich verpflichtet, dem Versicherer bereits vorhandene oder mit überwiegender Wahrscheinlichkeit eintretende Erkrankungen auf dessen Frage hin anzuzeigen. Dies gilt auch hinsichtlich genetisch bedingter Krankheiten. Begründet wird dies damit, daß in einer solchen Situation eine Verneinung der Offenbarungspflicht zu Lasten der Versicherungsgemeinschaft geht und der Manipulationen Vorschub geleistet würde. In den Fällen, in denen ausnahmsweise eine Offenbarungspflicht bestehe, sei dann eine Diskriminierung hinsichtlich der genetischen Veranlagung nicht gegeben.[909] Ob ein Umstand geeignet ist, auf den Entschluß des Versicherers Einfluß zu nehmen, hängt davon ab, inwiefern er sich auf die Wahrscheinlichkeit des Eintritts des Versicherungsfalls auswirkt.[910] Infolgedessen sind sowohl bei der Kranken- als auch bei der Lebensversicherung nicht alle genetischen Dispositionen eines Menschen gefahrerhebliche Umstände.[911] Hierbei ist zu beachten, daß die Vertragsgefahr bei Kranken- und Lebensversicherungen unterschiedlich ist. Jedenfalls besteht keine Offenbarungspflicht für unsichere oder die ferne Zukunft betreffende Prognosen.[912]
Bei diesen genetischen Befunden mit geringem Prognosewert hat das Geheimhaltungsinteresse des Versicherungsnehmers Vorrang.[913]

---

[907] Gesamtverband der Deutschen Versicherungswirtschaft, Positionen Nr. 19, Dezember 2000, 4.
[908] DFG, Humangenomforschung und prädiktive genetische Diagnostik, Stellungnahme v. 20.6. 1999, 59; Bioethik-Kommission des Landes Rheinland-Pfalz, Genomanalyse im Versicherungswesen, These II, abgedruckt in: Humangenetik – Thesen zur Genomanalyse und Gentherapie, hrsg. von P. Caesar, 9; A. Schmidt, Rechtliche Aspekte der Genomanalyse, Diss. Göttingen, 1991, 68; Enquête-Kommission „Chancen und Risiken der Gentechnologie, BT-Drucks. 10/6775, 1987, XV; für den Bereich der Krankenversicherung, Abschlußbericht der Bund-Länder-Arbeitsgruppe „Genomanalyse", 1990, abgedruckt in W. Eberbach/P. Lange/M. Ronellenfitsch, Recht der Gentechnik und Biomedizin, Band 4, 2002, Teil II. F, 22; H. Bickel, VerwArch 1996, 169, 179; Offenbarungspflicht nur in wenigen zumutbaren Ausnahmefällen, M.-T. Tinnefeld, ZRP 2000, 10, 13.
[909] H. Bickel, VerwArch 1996, 169, 179; vgl. auch M. Spranger, VersR 2000, 815, 820.
[910] W. Voit, in H. Honsell (Hrsg.), Berliner Kommentar zum VVG, 1999, § 16 Rn 12.
[911] K. Berberich, Zur Zulässigkeit genetischer Tests in der Lebens- und privaten Krankenversicherung, Diss. Mannheim 1998, 287.
[912] Enquête-Kommission des BT „Chancen und Risiken der Gentechnologie" BT-Drucks. 10/6775, 1987, XV.
[913] T. Kienle, Die prädiktive Medizin und gentechnische Methoden, Diss. Tübingen 1998, 83 mwN.

Eine andere Möglichkeit wäre, bei Kenntnis solcher Umstände keine Offenbarungspflicht zu bejahen, weil dies zu einem totalen Entzug des Versicherungsschutzes in den meisten Fällen führt oder mit erheblichen Kosten verbunden ist. Statt dessen kann ein Risikoausschluß zugunsten des Versicherers vereinbart werden, der diesen für bestimmte Zeit von Leistungspflicht befreit, wenn Versicherungsfall gerade aufgrund eines verschwiegenen Umstandes eintritt. Damit besteht ein Schutz vor Rechtsmißbrauch.

Diese Ansicht geht davon aus, daß individuelle Rechte im Interesse der Versicherungsgemeinschaft und im Interesse der Vorbeugung gegen Manipulation eingeschränkt werden müssen.[914] Gleichwohl sind bei dieser Lösung diejenigen benachteiligt, die aus anderen Gründen früher eine genetische Untersuchung durchführen ließen und um eine entsprechende Krankheitsdisposition wissen. Dies ist jedoch bei Ergebnissen aus herkömmlich durchgeführten Untersuchungen ebenfalls so.

ccc) Anzeigepflicht nur bei lebensbedrohlichen und kostspieligen Risiken

Für den Bereich der Krankenversicherung ist die Einschränkung der Anzeigepflicht auf Kenntnisse bezüglich einer Krankheitsdisposition, aus der sich besonders kostenintensive Behandlungen ergeben, denkbar.[915] Im Bereich der Lebensversicherungen bezöge sich eine solche Einschränkung auf eine genetisch bedingte erhöhte Mortalität. Dies ist deshalb sachgerecht, weil in diesen Fällen die Antiselektionsgefahr entsprechend höher ist und die Interessen des Versicherungsträgers somit gewichtiger.

ddd) Offenbarungspflicht bei der Krankenversicherung

Teilweise wird eine Offenbarungspflicht nur bei der Krankenversicherung bejaht, wenn der Versicherungsnehmer, der bereits eine Genomanalyse durchführen ließ, dadurch Kenntnis von gefahrerheblichen Umständen hat. Dazu zählen genetische Dispositionen für sich spätmanifestierende Krankheiten, die lange andauern und eine aufwendige Behandlung erfordern.[916] Da die Krankenversicherung eine reine Risikoversicherung darstellt, wird es für angemessen gehalten, daß der Versicherer die Prämien nach dem Risiko festsetzen kann.[917] Auch im Interesse aller Versicherten sollte er dazu berechtigt sein.

---

[914] Vgl. M. Spranger, VersR 2000, 815, 820.
[915] Vgl. O. Schöffski, ZVersWiss 1999, 265, 281.
[916] K. Berberich, Zur Zulässigkeit genetischer Tests in der Lebens- und privaten Krankenversicherung, Diss. Mannheim 1998, 277.
[917] E. Deutsch, VersR 1994, 1, 4.

eee) Offenbarungspflicht ab einer bestimmten Versicherungssumme
Vielfach wird dahingehend argumentiert, daß der Versicherungsnehmer in den Fällen, in denen er aus eigener Initiative einen prädiktiven Gentest hat durchführen lassen, verpflichtet ist, auf Nachfrage das Testergebnis mitzuteilen, wenn er beabsichtigt eine (Lebens-) Versicherung abzuschließen, deren Versicherungssumme eine gesetzlich festzulegende Versicherungssumme übersteigt.[918] Damit ist einerseits gewährleistet, daß Versicherungsnehmer, die aus anderen etwa gesundheitlichen Gründen bereits prädiktive Diagnostik in Anspruch genommen haben, trotz Wissen um eine bestimmte Veranlagung nach wie vor Zugang zu Versicherungsschutz im üblichen Rahmen haben. Dies stellt noch keine unfaire Ausnutzung des Versicherungssystems dar. Anders ist dies indessen beim Abschluß von Versicherungsverträgen mit übermäßig hohen Versicherungssummen. Eine gesetzliche Festlegung einer konkreten Grenze der Versicherungssumme trüge der Vorschrift des § 16 VVG Rechnung, indem sie ein unfaires Ausnützen des Versicherungssystems weitgehend verhindern würde.

fff) Keine Offenbarungspflicht hinsichtlich prädiktiven Wissens
Teilweise wird auch ein vollständiger Ausschluß der Offenbarungspflicht vertreten, sofern es sich um Ergebnisse genetischer Tests handelt.[919] Eine entsprechende Einschränkung der Offenbarungspflicht des § 16 VVG hinsichtlich genetischer Testergebnisse sei geboten. Ergebnisse genetischer Tests müssen nicht angezeigt werden, auch wenn sie einen gefahrerheblichen Umstand darstellen.[920] Zwar müsse der Versicherungsnehmer sich bei vorhandenen Testergebnissen nicht erst entgegen seinem Selbstbestimmungsrecht Kenntnis über seine genetische Veranlagung verschaffen. Gleichwohl müßte er, erkennt man eine Offenbarungspflicht hier an, Auskunft über den Kernbereich seiner Persönlichkeit geben.[921] Die Wertentscheidungen des Grundgesetzes, die im Rahmen des Rechts auf informationelle Selbstbestimmung zu berücksichtigen sind, bewirken, daß dieses bei der Interessenabwägung höher zu bewerten ist als das materielle Interesse der Versicherungsgesellschaften an einer Begrenzung ihrer Risiken und Kosten.

---

[918] Ethik-Beirat beim BMG, Prädiktive Gentests. Eckpunkte für eine ethische und rechtliche Orientierung, 2000, 14; eine solche Ausnahme v. Verwertungsverbot ist denkbar: Enquête-Kommission „Recht und Ethik der modernen Medizin", Schlußbericht, BT-Drucks. 14/9020, 2002, 176; CDU/CSU-Fraktion des BT, Antrag der Abgeordneten K. Reiche et al., Anwendung von Gentests in Medizin und Versicherungen, BT-Drucks. 14/6640; zumindest soll der Versicherer ab einer Versicherungssumme von 250.000 DM nach Ergebnissen einer Genomanalyse fragen und bei arglistigem Verschweigen des Versicherungsnehmers den Versicherungsvertrag kündigen, Datenschutzbeauftragte des Bundes und der Länder, Anlage zur Entschließung zu einer gesetzlichen Regelung von genetischen Untersuchungen, 2001.
[919] P. Präve, VersR 1992, 279, 284; G. Wiese, Genetische Analysen und Rechtsordnung, 1994, 85.
[920] G. Wiese, Genetische Analysen und Rechtsordnung, 1994, 84, 85.
[921] S. Schnorr/V. Wissing, ZRP 2001, 47, 48.

Auch der Bundesrat trat neben einem gesetzlichen Verbot von Genomanalysen vor Abschluß eines Versicherungsvertrags für eine entsprechende Beschränkung des Fragerechts ein. Eine Pflicht zur Offenbarung der genetischen Disposition soll nur in engen Ausnahmefällen zur Vermeidung mißbräuchlicher Ausnutzung des Versicherungssystems bestehen (Antiselektionsgefahr).[922] Begründet wurde dies mit dem Schutz des Einzelnen vor Ausforschung und Offenlegung.

Zum Teil wird dieses Ergebnis auch damit begründet, daß Versicherungsunternehmen grundsätzlich nur Fragen nach früheren oder gegenwärtigen Krankheiten stellen dürfen, so daß auch eine Offenbarungspflicht nur für solche Krankheiten besteht.[923] Fragen nach Krankheitsdispositionen und damit Fragen nach Krankheiten in der Zukunft, die durch Genomanalysen erkannt wurden, sind demnach unzulässig. Entsprechend findet nur eine ärztliche Untersuchung über den gegenwärtigen Zustand des Antragstellers statt. Gegenwärtig sind Faktoren nur, wenn bereits erkennbare aktuell vorliegende Anzeichen für drohende Leiden und Risiken vorhanden sind. Da die Aussagekraft genetischer Diagnostik im Zeitpunkt ihrer Durchführung meist noch sehr ungewiß ist und es sich meist nur um Prognosen handelt, dürfte auch nach der geltenden Rechtslage davon auszugehen sein, daß der Antragsteller nicht verpflichtet ist, vorhandene Ergebnisse genetischer Tests zu offenbaren.[924]

Überdies droht die Gefahr, daß der Einzelne durch eine solche Offenbarungspflicht nicht mehr frei darüber entscheiden könnte, ob er sich im Rahmen seiner Gesundheitsvorsorge prädiktiven genetischen Tests unterziehen soll. Er wird möglicherweise davon absehen, um den Konsequenzen einer Offenbarungspflicht zu entgehen, und so auf wirksame Gesundheitsvorsorge verzichten.[925]

Ein gewichtiges Argument gegen die Verwendung genetischer Testergebnisse im Rahmen der Offenbarungspflicht ist die Gefahr der Diskriminierung.[926] Diejenigen, bei denen gefahrerhebliche Krankheitsdispositionen festgestellt wurden, könnten vom privaten Personenversicherungsschutz ausgeschlossen werden. Gegen das Argument der Diskriminierung wird eingewandt, daß eine genetische Disposition nicht zwangsläufig privaten Versicherungsschutz verhindere, vielmehr sei eine konkrete Gestaltung durch Prämienzuschläge oder Risikoausschlüsse möglich. Darüber hinaus liege keine Diskriminierung vor, denn der Tatbestand

---

[922] Entschließung des Bundesrates gegen die Verwertung von Genomanalysen in der Privatversicherung, BR-Drucks. 530/00; Entschließung des Bundesrats zur Anwendung gentechnischer Methoden am Menschen, BR-Drucks. 424/92, 6.
[923] P. Präve, VersR 1992, 279, 284.
[924] H. Fenger/O. Schöffski, NVersZ 2000, 449, 451.
[925] O. Schöffski, ZVersWiss 1999, 265, 279.
[926] P. Präve, VersR 1992, 279, 283; vgl. dazu unter II. 6. a) dd) in diesem Abschnitt.

der Diskriminierung erfordere, daß jemand ohne sachlichen Grund anders behandelt werde. An einer solchen Ungleichbehandlung ohne sachlichen Grund fehle es in den Fällen genetisch bedingter Krankheitsdispositionen. Ebenso wie ausgebrochene oder vergangene Krankheiten und der Faktor des Lebensalters stelle auch die genetische Veranlagung einen sachlichen Differenzierungsgrund bei der Prämienkalkulation dar, der unverschuldet vom Antragsteller bestehe.[927] In den Fällen der ungünstigen genetischen Veranlagung sei die Ungleichbehandlung unter dem Gesichtspunkt der Risikoäquivalenz gerechtfertigt und eine Ungleichbehandlung ohne sachlichen Grund liege gerade nicht vor.

Dem ist so nicht zuzustimmen. Auch eine erhöhte Prämie oder ein Risikoausschluß stellen eine unterschiedliche Behandlung dar, deren Rechtfertigung zweifelhaft ist. Alter, Geschlecht und ausgebrochenen Krankheiten sind tatsächlich bestehende Faktoren, eine genetische Prädisposition jedoch lediglich eine Aussage über eine Wahrscheinlichkeit und für die Verwirklichung der genetischer Dispositionen müssen oftmals noch äußere Faktoren hinzukommen. Die Eigenart prädiktiven genetischen Wissens im Gegensatz zu Wissen aus konventionellen Diagnosemöglichkeiten liegt darin, daß es in der Regel unabhängig vom klinischen Status ist. Die Testergebnisse eines Gentests sind dieselben, unabhängig davon, ob sich die Krankheit bereits geäußert hat oder ob sie erst in 50 Jahren oder gar nicht ausbrechen wird, sowie unabhängig davon, ob es sich um einen schweren oder milderen Krankheitsverlauf handelt.[928] Eine Vergleichbarkeit mit anderen gefahrerheblichen Umständen im Sinne von § 16 VVG, die durch konventionelle Untersuchungen aufgedeckt wurden ist demnach nicht vorhanden. Eine Berücksichtigung dieser Faktoren von vornherein ist deshalb nicht gerechtfertigt und erscheint deshalb etwas willkürlich. Dies gilt insbesondere für die Fälle, in denen der Getestete völlig symptomfrei ist und lediglich genotypisch eine Veränderung in sich trägt, die nie zum Ausbruch kommt. Es fehlt an einem sachlichen Grund für die Ungleichbehandlung. Etwas anderes kann nur für die Fälle gelten, in denen der Eintritt einer Krankheit in überschaubarer Zeit sehr wahrscheinlich ist.

Bejaht man eine Offenbarungspflicht hinsichtlich prädiktiven Wissens, so entsteht infolgedessen die Gefahr des Datenmißbrauchs. In Deutschland ist die Übermittlung von Daten an Versicherungsvertreter, Rückversicherer, andere Versicherer und Fachverbände sowie Datenbänke durchaus üblich. Durch diese unkontrollierbare Datenstreuung können für die Betroffenen nicht zu unterschätzende Nachteile entstehen.[929] Zu Recht wird jedoch dagegen eingewandt, daß dieses

---

[927] E. Lorenz, VersR 1999, 1309, 1313; J. Taupitz, Genetische Diagnostik und Versicherungsrecht, 2000, 31.
[928] H. Fenger/O. Schöffski, NVersZ 2000, 449, 450.
[929] P. Präve, VersR 1992, 279, 282, 283; S. Schnorr/V. Wissing, ZRP 2001, 47, 48.

Problem nicht durch ein generelles Verbot der Verwendung prädiktiven genetischen Wissens im Versicherungsrecht zu lösen ist, sondern durch datenschutzrechtliche Regelungen.[930] Zu denken ist hier an ein strafrechtlich beschwertes Verbot der Weitergabe solcher Daten.

ggg) Verwertungsverbot

Ein Verwertungsverbot bejahen diejenigen, die sich generell gegen die Erhebung und Verwendung prädiktiven Wissen im Rahmen der Anbahnung von Versicherungsverhältnissen einsetzen.[931] Dies schließt auch eine freiwillige Weitergabe nach Zustimmung des Betroffenen aus, ebenso wie die Verwendung von Daten, die die Versicherung nicht vom Betroffenen selbst, sondern auf anderem Wege erhalten hat. Denkbar ist letzteres durch die Speicherung genetischer Daten in Datenbanken, sobald die Daten einmal herausgegeben wurden. Die Datenschutzbeauftragten des Bundes und der Länder sowie die Enquête-Kommission „Recht und Ethik der modernen Medizin" fordern deshalb ein gesetzliches Verbot der Verwendung genetischer Daten im Versicherungswesen dahingehend, daß die Versicherer weder Ergebnisse genetischer Tests verlangen dürfen, noch freiwillig vom Betroffnen selbst weitergegebene Ergebnisse entgegennehmen und nutzen dürfen.[932]

Für ein Mitteilungsverbot für genetische Daten, das auch die freiwillige Mitteilung umfaßt, läßt sich der Schutz der Privatsphäre der Antragsteller und ihrer Verwandten ins Feld führen.[933] Für eine Mitteilungs- und Verwertungsverbot spricht auch die bereits genannte Tendenz zu einem faktischen Zwang zum gene-

---

[930] E. Lorenz, VersR 1999, 1309, 1313.
[931] Ethik-Beirat beim BMG, Prädiktive Gentests. Eckpunkte für eine ethische und rechtliche Orientierung, 2000, 14; Datenschutzbeauftragte des Bundes und der Länder, Anlage zur Entschließung zu einer gesetzlichen Regelung von genetischen Untersuchungen, 2001; Enquête-Kommission „Recht und Ethik der modernen Medizin", Schlußbericht, BT-Drucks. 14/9020, 2002, 176; CDU/CSU-Fraktion des BT, Antrag der Abgeordneten K. Reiche et al., Anwendung von Gentests in Medizin und Versicherungen, BT-Drucks. 14/6640; dieses Verbot soll durch eine Ergänzung des VVG gesetzlich festgeschrieben werden, Bundestagsfraktion „Die Grünen", Entwurf eines Gesetzes zur Regelung von Analysen des menschlichen Erbguts (Gentest-Gesetz), 2001; auch das geplante Gentestgesetz des Bundesgesundheitsministeriums soll ein Verbot der Weitergabe von Testergebnisse an Versicherungen enthalten, zum geplanten Inhalt N. Jachertz, DÄBL 2001, A 3355.
[932] Datenschutzbeauftragte des Bundes und der Länder, Anlage zur Entschließung zu einer gesetzlichen Regelung von genetischen Untersuchungen, 2001; Enquête-Kommission „Recht und Ethik der modernen Medizin", Schlußbericht, BT-Drucks. 14/9020, 2002, 176; ebenso die CDU/CSU-Fraktion des BT, Antrag der Abgeordneten K. Reiche et al., Anwendung von Gentests in Medizin und Versicherungen, BT-Drucks. 14/6640.
[933] Vgl. zu solchen Verbotsregelungen in Belgien und Österreich, Max-Planck-Institut, Stellungnahme, Genomanalyse und Privatversicherung, RabelsZ 2002, 116, 120 ff..

tischen Test.⁹³⁴ Derzeit gibt es keine Beschränkungen dahingehend, daß der Einzelne freiwillig seine genetische Veranlagung zur Verhandlung mit Versicherungen nutzt. Daraus ergibt sich die Möglichkeit, daß ein Verzicht anderer Antragsteller auf eine solche freiwillige Offenbarung der genetischen Veranlagung zu ihren Lasten gewertet wird.⁹³⁵ Daneben kann sich durch die freiwillige Offenlegung genetischer Testergebnisse Einzelner eine derart wesentliche Prämienspaltung ergeben, daß andere faktisch gezwungen sind, solche Ergebnisse offenzulegen oder sich testen zu lassen.⁹³⁶ Eine genetisch bedingte Risikoauslese wäre die Folge. Daran ändert auch die Selbstverpflichtung der Versicherungswirtschaft zu einem Verzicht auf genetische Tests nichts. Nur durch ein gesetzliches Verwertungsverbot kann dieser Gefahr wirksam begegnet werden. Entsprechend sollte es den Versicherern auch verboten werden, nach Ergebnissen genetischer Tests zu fragen. Das kommerzielle Angebot genetischer Diagnostik im Ausland könnte durch ein Verwertungsverbot dann nicht zu einem Unterlaufen des nationalen Schutzes der Person führen.

Ein weiteres Argument gegen die Verwertung von Gentests ist, daß im Rahmen der Antragsprüfung keinerlei Ausgleich geschaffen wird, wenn eine genetische Belastung zwar vorliegt, der Antragsteller aber gerade wegen dieses Wissens durch sein individuelles Verhalten das Krankheitsrisiko positiv beeinflußt.⁹³⁷

Der Vorschlag eines rigoros zu sanktionierenden Verbots des Genomverkehrs, bei der die Zustimmung des Einzelnen unbeachtlich ist, gründet darauf, daß andernfalls ein unverzichtbarer Bereich der Menschenwürde zur Disposition stünde.⁹³⁸ Die Verwendung von Analyseergebnissen müsse in einer gesetzlichen Positivliste festgelegt werden, die die Verwendung im Versicherungsbereich eindeutig ausschließt.

Ferner besteht das mit der Verwertung der genetischen Daten verbundene Mißbrauchsrisiko. Daß es dem Einzelnen völlig frei stehe, private Personenversicherungen abzuschließen, kann mit dem Hinweis auf die nach wie vor bestehende Funktion dieser Versicherungen zur Risikovorsorge, insbesondere als Altersvor-

---

[934] Vgl. dazu auch Ethik-Beirat beim BMG, Prädiktive Gentests. Eckpunkte für eine ethische und rechtliche Orientierung, 2000, 14.
[935] M. Spranger, VersR 2000, 815, 818.
[936] O. Schöffski, in: S. Winter/H. Fenger/H.-L. Schreiber (Hrsg.), Genmedizin und Recht, 2001, Rn 1365; G. Wiese, Genetische Analysen und Rechtsordnung, 1994, 86; P. Präve, VersR 1992, 279, 283.
[937] H. Fenger/O. Schöffski, NVersR 2000, 449, 453.
[938] W. Steinmüller, DuD 1993, 6, 9, es besteht ein im Licht der Würde des Menschen vom informationellen Selbstbestimmungsrecht abgeleitetes genetisches Selbstbestimmungsrecht.

sorge, entkräftet werden.[939] Der verfassungsrechtliche Schutz des Persönlichkeitsrechts gebiete es, den Einzelnen vor einem unbeschränkten Zugriff durch eine gesetzliche Regelung zu schützen.

Dieser Ansicht liegt der Gedanke zu Grunde, daß die Versichertengemeinschaft das Risiko tragen soll, das sich aus der nicht angezeigten genetischen Veranlagung ergibt. Teilweies wird eine Einschränkung des Verwertungsverbots für spät im Leben ausbrechende Krankheiten, die gleichwohl mit Sicherheit auftreten für denkbar gehalten.[940] Sachgerechter wäre es, das Verwertungsverbot einzuschränken für Wissen um Krankheitsveranlagungen, bei denen der Ausbruch der Krankheit mit überwiegender Wahrscheinlichkeit zeitnah eintreten wird. Die Wahrscheinlichkeit, daß in diesen Fällen andere Ereignisse wie neue medizinische Methoden, andere Erkrankungen oder Unfälle dem Krankheitsausbruch zuvorkommen, ist gering. Eine Verwertung des prädiktiven Wissens im Sinne einer notwendigen Vorbeugung gegen Antiselektion gerechtfertigt.

Hauptargumente gegen ein solches striktes Verwertungsverbot sind die Vertragsfreiheit der Versicherer und die Gefahr der Antiselektion.[941]
Darüber hinaus betrachten manche das informationelle Selbstbestimmungsrecht als ungeeigneten Maßstab für die Gesetzgebung in diesem Bereich. Zwar würde ein Verbot von Genomanalysen im Versicherungsrecht das Persönlichkeitsrecht einiger schützen; gleichzeitig griffe ein solches Verbot in das Recht derjenigen ein, die ihre informationelle Selbstbestimmung im Interesse besserer Versicherungsprämien gerade durch Offenlegung ihres Genoms nutzen möchten.[942] Es ist fraglich, ob es dem Einzelnen verwehrt werden darf, einen Verdacht hinsichtlich seiner Veranlagung, der durch andere medizinische Untersuchungen entstanden ist, durch Vorlage einer Genomanalyse als Beweis seiner „Robustheit" zu entkräften. Als unversicherbar eingestufte Personen könnten bei einem negativen Gentest doch noch Versicherungsschutz erlangen. Der beabsichtigte Schutz des Einzelnen durch ein Verwertungsverbot für genetischen Testergebnisse im Versicherungsbereich würde für andere ins Gegenteil verkehrt würde.[943] Dem legitimen Interesse der Versicherungsnehmer, die zu Unrecht in eine Gruppe mit erhöhtem Risiko eingestuft wurden, Rechnung tragend, sieht der Entwurf der Grünen-Bundestagsfraktion zu einem Gentestgesetz eine Ausnahme vom Verwertungs-

---

[939] S. Schnorr/V. Wissing, ZRP 2001, 47, 48, mit Hinweis auf bereits bestehende Verbote genetischer Tests im privaten Versicherungswesen im Ausland (Österreich, Frankreich, Belgien).
[940] G. Wiese, Genetische Analysen und Rechtsordnung, 1994, 86.
[941] C. Bartram in: C. Bartram et al. (Hrsg.), Humangenetische Diagnostik, 2000, XXIX; siehe dazu unter: Zweiter Teil, Erster Abschnitt, II. 2. b).
[942] Max-Planck-Institut, Stellungnahme, Genomanalyse und Privatversicherung, RabelsZ 2002, 116, 131.
[943] H. Müller, BB 1999, 1178, 1180.

verbot vor.[944] Die Versicherer dürfen danach ausnahmsweise dann Ergebnisse von Gentests ihrer Kalkulation zu Grunde legen, wenn der Versicherungsnehmer zu Unrecht in eine Gruppe mit erhöhtem Risiko eingestuft wurde. Eine solche Regelung sieht auch der Schweizer Gesetzesentwurf zu einem Humangenetikgesetz[945] vor. Hinsichtlich bereits bekannter Testergebnisse besteht ein Offenlegungsverbot, jedoch ist dies nicht ausnahmslos. Begründet wird dies damit, daß es hier kein zu schützendes Recht auf Nichtwissen gibt, und daß eine Mißbrauchsmöglichkeit bei nur einseitig vorhandener Kenntnis besteht. Ausnahmsweise soll sich der Antragsteller vom Verdacht der gesundheitlichen Labilität nur dann durch Vorlage eines genetischen Tests entlasten können, wenn er von seiner genetischen Veranlagung auf Grund früher durchgeführter Tests Kenntnis hat.[946]

hhh) Wartezeiten zwischen Versicherungsabschluß und Versicherungsbeginn
Andere schlagen die Einführung von Wartezeiten bis zum Beginn der Leistungspflicht vor.[947] Damit würde die Antiselektionsgefahr zumindest teilweise eingedämmt. Eine andere Möglichkeit ist, eine Anzeigepflicht zu bejahen, die Beschränkung der Konsequenzen eine Verschweigens bekannter genetischer Dispositionen aber auf einen bestimmten Zeitraum ab Vertragsabschluß zu begrenzen.[948] Dagegen spricht jedoch, daß die Antiselektionsgefahr ebenso bei später im Leben auftretenden Krankheiten besteht und ein Zeitraum, unabhängig von Lebensalter und Eintrittsalter bestimmter Krankheiten, nicht sachgerecht ist.

8. Schlußfolgerung

Die Tendenz geht weg von Solidarität und Nichtdiskriminierung mit und von Kranken hin zu einer Verantwortungsethik mit Verantwortungslasten für genetisch Belastete innerhalb der Solidargemeinschaft.[949] Zum Schutz der subjektiven Rechte des Einzelnen sind Regelungen, wie Einwilligungsvorbehalte, vertragliche Schutzpositionen, Diskriminierungsverbote, Offenbarungsregeln bis hin zu speziellen strafrechtlich sanktionierten Verboten bestimmter Formen der Genomanalyse, unabdingbar.

---

[944] Bundestagsfraktion „Die Grünen", Entwurf eines Gesetzes zur Regelung von Analysen des menschlichen Erbguts (Gentest-Gesetz), 2001, Änderungen des VVG, Art. 3, § 16b.
[945] Schweizer Gesetzesentwurf, abgedruckt in ZSR 1998, 473 ff..
[946] Art. 22, 23 des Entwurfs, dazu H. Hausheer, in: H.-J. Ahrens/C. v. Bar/A. Spickhoff/J. Taupitz (Hrsg.), FS für E. Deutsch, 1999, 593, 606-608.
[947] G. Wiese, Genetische Analysen und Rechtsordnung, 1994, 88.
[948] Für den Bereich der privaten Krankenversicherung O. Schöffski, ZVersWiss 1999, 265, 281; ebenso für Risikoausschluß über einen bestimmten Zeitraum, A. Schmidt, Rechtliche Aspekte der Genomanalyse, Diss. Göttingen, 1991, 70.
[949] R. Damm, MedR 1999, 437, 448.

Gegen ein absolutes Verbot spricht, daß gesellschaftspolitisch unerwünschte Fehlentwicklungen sich nicht allein aus den Möglichkeiten der Gentechnik ergeben und infolgedessen auch nicht durch ein Technikverbot wirksam gelenkt werden können. Statt dessen sind die Stärkung und der Schutz demokratischer Grundrechte, wie individuelle Freiheitsrechte, gegen Tendenzen sozialen und präventiven Zwangs zu fördern. Statt eines Verbots einzelner präventiv einsetzbarer Techniken ist die Formulierung von Prinzipien des Ausgleichs zwischen den Freiheitsinteressen des Einzelnen und den Interessen der Allgemeinheit, wie die notwendigen Rationalisierungen der öffentlichen Gesundheit, die angemessenere Lösung.[950] Für eine Entscheidung über ein umfassendes absolutes Verbot der Genomanalyse ist erst Raum, wenn die Versicherungsunternehmen in dieser Frage in Wettbewerb zueinander getreten sind und sich die Befürchtungen hinsichtlich der Funktionsfähigkeit des Versicherungswesens bestätigt haben.[951]
Bei der Abwägung zwischen den Interessen und Rechten der privaten Personenversicherungsgesellschaften und denen des einzelnen Versicherungsnehmers sowie den Interessen der Allgemeinheit, muß eine Entscheidung getroffen werden, wo die Grenzlinie zwischen erlaubter, noch akzeptabler und nicht mehr vertretbarer Risikoprüfung zu ziehen ist.[952] Gewichtig ist die soziale Verantwortung, die auch die privaten Personenversicherungen haben. Deren finanzielle Interessen rechtfertigen keinesfalls die sozialpolitischen Folgen einer unbeschränkten Zulässigkeit. Eine Einschränkung der Nutzung prädiktiven Wissens ist geboten.

(1) Grundsätzliches Ausforschungsverbot mit Erlaubnisvorbehalt
Wegen des informationellen Selbstbestimmungsrechts und des Rechts auf Nichtwissen kann niemand gezwungen werden, seine genetischen Daten zu erheben.[953] Dies sollte weder direkt noch indirekt möglich werden.[954] Deshalb muß sowohl für den Bereich der Lebensversicherung als auch für den Bereich der Krankenversicherung ein Verbot erlassen werden, die Durchführung genetischer Tests zu verlangen.
Für den Bereich der Lebensversicherung ist eine Ausnahme von diesem Verbot ab einer Vereinbarung über eine Versicherungssumme von 250.000 Euro zu machen, wenn gleichzeitig auf Grund der Familienanamnese oder anderer Tatsachen der Verdacht für eine genetische Krankheitsveranlagung besteht. Beim Übersteigen dieser Versicherungssumme sind genetische Tests zu erlauben, um dem steigen-

---

[950] H.-P. Schreiber, EthikMed 1998, 68, 74.
[951] Max-Planck- Institut, Stellungnahme, Genomanalyse und Privatversicherung, RabelsZ 2002, 116, 132, 135.
[952] O. Schöffski, ZVersWiss 1999, 265, 279.
[953] O. Schöffski, in: S. Winter/H. Fenger/H.-L. Schreiber (Hrsg.), Genmedizin und Recht, 2001, Rn 1363.
[954] Ethik-Beirat beim BMG, Prädiktive Gentests. Eckpunkte für eine ethische und rechtliche Orientierung, 2000, 14.

den Interesse der Versicherer an der Verhinderung der Antiselektion gerecht zu werden.[955] Es sind hierbei sämtliche Summen abgeschlossener Versicherungsverträge hierfür zu addieren, damit diese Regelung nicht unterlaufen werden kann. Ebenso ist bei einem solchen Verdachtsmoment ab einer bestimmten Summe der Zuzahlung im Krankheitsfall eine Ausnahme vom Ausforschungsverbot möglich und das Verlangen von Genomanalysen kann in diesen Sonderfällen erlaubt sein. Daß dann nur Personen mit guten Risiken von günstigen Prämien ab einer gewissen Versicherungssumme profitieren und ein Zwang zur Offenlegung eintreten wird, ist zum einen eine sachliche Ungleichbehandlung und zum anderen durch die Interessen der Versicherungsträger gerechtfertigt.

(2) Keine Offenbarungspflicht - Ausnahme
Eine Offenbarungspflicht für Kenntnis aus früher durchgeführten Genomanalyse besteht im Versicherungswesen zunächst nicht. Dies muß durch eine Klarstellung im Wortlaut des § 16 VVG gesetzlich verankert werden.
Eine uneingeschränkte Nutzung prädiktiven Wissens ist aus den genannten Gründen bei der Krankenversicherung sozialpolitisch nicht vertretbar. In diesem Bereich ist die Gefahr der Antiselektion geringer einzuschätzen als bei der Lebensversicherung. Zudem bieten auch herkömmliche Möglichkeiten der Risikoeinschätzung ausreichend Wissen zur adäquaten und wirtschaftlichen Prämienkalkulation.[956]
Eine Ausnahme muß für den Fall des Wissens um eine Krankheitsanlage, bei der der Krankheitsausbruch in überschaubarer Zeit mit großer Wahrscheinlichkeit zu erwarten ist, gemacht werden. Andernfalls läge ein nicht zu rechtfertigender Eingriff in die unternehmerische Betätigungsfreiheit der Versicherer vor, wenn ihnen nicht erlaubt wäre, sich gegen die Gefahr der Antiselektion bei sogenannten „Last-Minute-Versicherungen" zu wehren. Gleichzeitig müssen die Versicherer sich verpflichten bei der Risikobewertung einer genetischen Veranlagung die Vorteile für Prävention und Therapie, die sich aus dem prädiktiven Wissen ergeben, zu berücksichtigen.
Für den Bereich der Lebensversicherungen führt die Abwägung aller Interessen dazu, daß bis zu einer Versicherungssumme von 250.000 Euro keine Offenbarungspflicht hinsichtlich prädiktiven genetischen Wissens besteht[957], um jedem den Zugang zu einer Grundsicherung zu geben und so der sozialen Bedeutung gerecht zu werden. Beim Übersteigen dieser Versicherungssumme muß eine Offenbarungspflicht bestehen, wenn der Versicherungsnehmer bereits Kenntnis von ei-

---

[955] O. Schöffski, ZVersWiss 1999, 265, 289.
[956] O. Schöffski, ZVersWiss 1999, 265, 283.
[957] Vgl. dazu die derzeitige entsprechende Praxis: W. Römer, Die Entwicklung der BGH-Rechtsprechung zum Versicherungsvertragsrecht seit der Deregulierung und künftige Tendenzen, NVersZ 2002, 532, 536.

ner genetischen Krankheitsveranlagung hat, um dem steigenden Interesse der Versicherer an der Verhinderung der Antiselektion gerecht zu werden.

(3) Verwertungsverbot mit Erlaubnisvorbehalt
Grundsätzlich ist ein Verwertungsverbot für Ergebnisse prädiktiver Tests gesetzlich festzuschreiben. Im Rahmen der Abwägung der Interessen der Gesellschaft, des Einzelnen und den Versicherungsunternehmen wiegt die Gefahr der Entwicklung hin zu einem sozialen faktischen Zwang zum Test für potentielle Versicherungsnehmer schwer. Diejenigen mit „guten Risiken" werden sich bessere Versicherungsprämien verschaffen und andere werden höhere Prämien zahlen müssen, falls sie nicht ebenfalls gute Risiken nachweisen können. Diese Tendenz zu einem genetischen Determinismus und zum Mißbrauch genetischer Testergebnisse rechtfertigt ein gesetzliches Verbot der freiwilligen Vorlage genetischer Testergebnisse und ihrer Verwertung.[958] Dem Versicherer ist es zu verbieten, einen Antragsteller auf Grund seiner genetischen Informationen abzulehnen oder ihm höher Prämien aufzuerlegen. Eine Nutzung der Ergebnisse einer Genomanalyse muß jedoch zu therapeutischen Zwecken möglich bleiben.[959]
Von diesem Verbot müssen Ausnahmen gemacht werden: Um dem Recht der Versicherer, sich gegen die Gefahr der Antiselektion zu schützen, Rechnung zu tragen, dürfen sie Ergebnisse genetischer Tests dann verwerten, wenn ausnahmsweise eine Offenbarungspflicht besteht. Dies ist der Fall bei Kenntnis einer Veranlagung, die den Ausbruch einer Krankheit in überschaubarer Zeit sehr wahrscheinlich macht und bei Vereinbarung einer Versicherungssumme über 250.000 Euro. Dasselbe gilt für die Fälle, in denen ausnahmsweise das Verlangen einer Genomanalyse zulässig ist, nämlich, wenn bei einem Verdacht für eine genetische Krankheitsveranlagung eine Vertrag über eine Versicherungssumme von über 250.000 Euro geschlossen werden soll.
Eine weitere Ausnahme vom Verwertungsverbot muß im Interesse des Versicherungsnehmers gemacht werden: Wenn ein Versicherungsnehmer auf Grund anderer Verdachtsmomente in eine Risikogruppe eingestuft wurde und zur Entkräftung eines Verdachts Ergebnisse prädiktiver genetischer Tests vorlegen kann, so darf der Versicherer diese auch verwerten. Entsprechend der Zulässigkeit der Erhebung prädiktiven genetischen Wissens ab einer Versicherungssumme von 250.000 Euro gilt in diesen Fällen das Verwertungsverbot nicht.
Zur Durchsetzung des Verwertungsverbots müssen strafbeschwerte Regelungen getroffen werden.
Für die Frage der Ausnahmen vom Ausforschungsverbot, der ausnahmsweisen Offenbarungspflichten und der Ausnahmen vom Verwertungsverbot ist die Qua-

---

[958] G. Wiese, Genetische Analysen und Rechtsordnung, 1994, 88.
[959] Vgl. dazu Regelungen in den USA -Institut, Stellungnahme, Genomanalyse und Privatversicherung, RabelsZ 2002, 116, 125-126.

lität prädiktiven Wissens im Hinblick auf die Wahrscheinlichkeit, die Schwere und Therapierbarkeit der Krankheit zu berücksichtigen. Alternativ kann für den Bereich der Krankenversicherung überlegt werden, allen Personen eine Versicherungspflicht im Rahmen der gesetzlichen Krankenversicherung aufzuerlegen und so die Konkurrenz um die guten Risiken zu entschärfen. Ein Standardleistungspaket wäre so für jeden gewährleistet, und es besteht die Möglichkeit zusätzliche finanzielle Absicherung für den Krankheitsfall zu treffen. Private Krankenkassen würden überflüssig. Gegen eine solche Lösung spricht jedoch, daß dies eine einschneidende Freiheitsbeschränkung ist und eine solche nicht durch die Gefahren der Genomanalyse im Versicherungsbereich zu rechtfertigen wäre.[960] Ob dieses Ergebnis auch nach weiterer Entwicklung und Verbreitung der prädiktiven genetischen Diagnostik im Versicherungswesen seine Gültigkeit behält, muß jedoch nach Ablauf einiger Zeit überprüft werden.

Da es für vorhersagbare individuelle Ungleichheiten keinen Ausgleich im sozialen System gibt[961], ist für die Zukunft zu überlegen, einen Ausgleich in der Gesellschaft zu schaffen, wie dies bereits für Behinderte durch besonderen Kündigungsschutz und weitere arbeitsrechtliche Regelungen erfolgt ist.
Da es aber auf Grund der Internationalisierung immer wieder Anbieter geben wird, die eine Prämiendifferenzierung entsprechend der genetischen Risiken vornehmen würden, ist die Lösung des Problems der Gentests in diesem Bereich letztlich nur durch eine staatenübergreifende, europaweite, möglichst internationale Regelung befriedigend zu lösen.

III. Arbeitsrecht

1. Anwendungsmöglichkeiten der Genomanalyse im Arbeitsrecht

Denkbar ist der Einsatz von Genomanalysen im Rahmen von Eignungs- und Einstellungsuntersuchungen vor Abschluß eines Arbeitsvertrags und während eines bestehenden Arbeitsverhältnisses innerhalb von arbeitsmedizinischen Vorsorgeuntersuchungen.[962] Während Einstellungsuntersuchungen solche sind, die der Arbeitgeber verlangt und von deren Ergebnis er den Abschluß des Arbeitsvertrags abhängig macht, erfolgen Eignungsuntersuchungen im Hinblick auf eine be-

---

[960] O. Schöffski, ZVersWiss 1999, 265, 280.
[961] H.-B. Wuemerling, in: S. Winter/H. Fenger/H.-L. Schreiber (Hrsg.), Genmedizin und Recht, 2001, Rn 568.
[962] H. Bickel, VerwArch 1996, 169, 180.

stimmte Tätigkeit.[963] Ein Interesse hat der zukünftige Arbeitgeber an der Aufdeckung von genetischen Merkmalen oder Prädispositionen, die zu einer erhöhten Zahl krankheitsbedingter Fehlzeiten führen können oder Fehlleistungen am Arbeitsplatz zur Folge haben könnten. Ebenso interessant sind Anfälligkeiten für toxische oder andere gesundheitsgefährdende Stoffe am Arbeitsplatz.[964] An der Aufdeckung solcher Merkmale, insbesondere im Hinblick auf Neigungen zu Allergien, hat auch der Arbeitnehmer ein Interesse, weil er sich seinen Arbeitsplatz gut aussuchen will. Verwehrt man dem Einzelnen diese Möglichkeit, so beschränkt man seine persönlichen Lebensplanung. Als Beispiel wird in diesem Zusammenhang die Kenntnis des Acetyliererstatus eines Bewerbers genannt, welche die Vermeidung von Harnblasenkrebs bewirken könnte.[965]
Weiter kann die Anwendung von Genomanalysen der Verbesserung der arbeitsmedizinischen Vorsorge dienen. Angeborene individuelle Krankheitsanlagen, welche ein erhöhtes Risiko beinhalten, auf Grund arbeitsplatzbedingter Einflüsse zu erkranken, können erkannt werden. Erkennbar sollen auch Veränderungen des Erbmaterials sein, die durch Einflüsse eines bestimmten Arbeitsplatzes verursacht wurden.[966] Letzteres ist jedoch weniger bedeutend, da neben anderen mitwirkenden Faktoren wie Lebensstil, Rauchen etc., die Wechselwirkung von Chemikalien auf die Gesundheit weitgehend ungeklärt ist. Gegenstand folgender Ausführungen ist die Zulässigkeit genetischer Testverfahren zur Aufdeckung von Krankheitsdispositionen oder Empfindlichkeiten eines Arbeitnehmers gegenüber bestimmten Arbeitsstoffen und darauf gerichtete Fragen nach bekannten Testergebnissen durch den Arbeitgeber. Grundsätzlich zu unterscheiden sind Einstellungs- und Eignungsuntersuchungen ohne präventive Zwecke von arbeitsmedizinischen Untersuchungen nach dem Arbeitsschutzgesetz, die dazu dienen, eine arbeitsbedingte Erkrankung frühzeitig zu erkennen und entsprechende Schutzmaßnahmen einzuleiten.[967]

---

[963] Abschlußbericht der Bund-Länder-Arbeitsgruppe „Genomanalyse", 1990, abgedruckt in W. Eberbach/P. Lange/M. Ronellenfitsch, Recht der Gentechnik und Biomedizin, Band 4, 2002, Teil II. F, 45.
[964] Enquête-Kommission „Recht und Ethik der modernen Medizin", Schlußbericht, BT-Drucks. 14/9020, 2002, 139.
[965] H. Donner/J. Simon, DÖV 1990, 907, 911; Enquête-Kommission „Recht und Ethik der modernen Medizin", Schlußbericht, BT-Drucks. 14/9020, 2002, 139.
[966] Enquête-Kommission „Chancen und Risiken der Gentechnologie", BT-Drucks. 10/6775, 1987, 169; Enquête-Kommission „Recht und Ethik der modernen Medizin", Schlußbericht, BT-Drucks. 14/9020, 2002, 139.
[967] Enquête-Kommission „Recht und Ethik der modernen Medizin", Schlußbericht, BT-Drucks. 14/9020, 2002, 137.

2. Problemstellung und kollidierende Interessen und Rechte

Prädiktive Diagnostik im Bereich des Arbeitswesens kann dazu dienen, bei der Einstellung, Versetzung oder Entlassung von Arbeitnehmern, deren Gesundheitsaussichten zum Auswahlkriterium zu machen.[968] Zu klären ist, ob die Privatautonomie, die verfassungsrechtlich durch Art. 2 I GG geschützt ist, genetische Analysen unbegrenzt zuläßt oder ob eine solche Einstellungspraxis als sittenwidrig oder gegen Treu und Glauben verstoßend zu betrachten ist.

Gerade im Bereich des Arbeitsrechts gilt, daß der Staat, gegenüber dem die Grundrechte als Abwehrrechte aktivierbar sind, in seiner Schutzpflicht für diese Grundrechte dafür verantwortlich ist, durch die Gesetzgebung die in ihnen verkörperten objektiven Prinzipien in der gesamten Rechtsordnung zu verwirklichen.[969]

a) Interessen und Rechte des Arbeitnehmers

Aus der existentiellen Bedeutung der Arbeit für den Menschen und dessen Würde ergibt sich die enge Verknüpfung des Arbeitsverhältnisses mit dem Persönlichkeitsrecht des Arbeitnehmers und die herausragende gewichtige Stellung des Arbeitsverhältnisses innerhalb der Rechtsordnung.[970] Der Eintritt in ein Arbeitsverhältnis ist trotz anderer sozialer Absicherungen wie Arbeitslosengeld und Sozialhilfe für die Entfaltung der Persönlichkeit in einem wesentlichen Lebensbereich entscheidend.[971] Genomanalysen, die genetische Risiken offenlegen, vermögen die Chancen des einzelnen Arbeitnehmers auf dem Arbeitsmarkt entscheidend zu verändern und greifen dadurch tief in das Persönlichkeitsrecht des Arbeitnehmers ein.[972] Es besteht die Gefahr, daß der Einzelne von bestimmten Beschäftigungsmöglichkeiten ausgeschlossen wird. Eine solche Einschränkung des Zugangs zum Arbeitsmarkt auf Grund der genetischen Veranlagung des einzelnen Arbeitssuchenden ist einschneidend, und es ist fraglich, inwieweit das Interesse des Arbeitgebers an einem möglichst optimalen Einsatz des Arbeitnehmers oder an einer Kostenbegrenzung dies rechtfertigt. Die kollidierenden Interessen und Rechte von Arbeitgeber und Arbeitnehmer müssen gegeneinander abgewogen werden.

Ähnlich wie im Versicherungsrecht kommt es zu einer Abwägung der Vertragsfreiheit zusammen mit der unternehmerischen Gestaltungs- und Betätigungsfreiheit des Arbeitgebers gegen das informationelle Selbstbestimmungsrecht des potentiellen Arbeitnehmers, der ein berechtigte Interesse daran hat, eine Anstellung

---

[968] Enquête-Kommission „Chancen und Risiken der Gentechnologie", BT-Drucks. 10/6775, 1987, 166.
[969] H. Donner/J. Simon, DÖV 1990, 907, 909.
[970] H. Bickel, VerwArch 1996, 169, 179 f..
[971] Vgl. G. Wiese, Genetische Analysen und Rechtsordnung, 1994, 40.
[972] H. Bickel, VerwArch 1996, 169, 180; Enquête-Kommission „Recht und Ethik der modernen Medizin", Schlußbericht, BT-Drucks. 14/9020, 2002, 141.

zu erhalten, ohne seine Persönlichkeitssphäre durch unbegrenzte Nachforschungen praktisch aufgeben zu müssen. Er hat ein berechtigtes Interesse an der Geheimhaltung seiner genetischen Daten in Form seines Rechts auf Nichtwissen. Dies gilt ebenso für die Frage der Erhebung prädiktiven Wissens. Ohne ausführlich auf die Problematik der Definition der Menschenwürde einzugehen, sei im Hinblick auf die arbeitsrechtliche Problematik gesagt, daß es der Menschenwürde widerspricht, wenn der Mensch zum bloßen Objekt staatlichen Handelns gemacht wird. Dementsprechend darf der Mensch auch nicht zum Objekt gesellschaftlicher Verfahren gemacht werden.[973] Diese Gefahr besteht insbesondere dann, wenn die genetische Veranlagung zum Auswahlkriterium auf dem Arbeitsmarkt wird und so ein ungerechtfertigter genetischer Determinismus entsteht. Fest steht, daß Genomanalysen, die dem Zweck einer vorbeugenden Therapie dienen oder verhindern sollen, daß der besonders anfällige Arbeitnehmer auf speziell für ihn gefährlichen Arbeitsplätzen eingesetzt wird, diesen nicht in seiner Persönlichkeit verachten und zum Objekt machen.[974] Richtigerweise ist die Genomanalyse mit dem Grundsatz der Menschenwürde dann vereinbar, wenn sie dazu benützt wird, dem Einzelnen die Planung seiner persönlichen Lebensführung, wozu die Wahl des Arbeitsplatzes gehört, zu ermöglichen. Die Entscheidung darüber, ob der Einzelne Einblick in seiner gesundheitlich Zukunft erhalten will, gehört jedoch zum absolut geschützten Kernbereich der Persönlichkeit.[975]

b) Interessen und Rechte des Arbeitgebers

Auf der anderen Seite stehen die Interessen des Arbeitgebers als Unternehmer, der das wirtschaftliche Risiko trägt. Sein Recht auf Vertragsfreiheit und sein Recht zu unternehmersicher Gestaltung (Art. 2 I GG) müssen berücksichtigt werden. Er muß in der Lage sein, wirtschaftlich zu handeln und ist deshalb an einer Risikominimierung interessiert. Er hat ein legitimes Interesse, Arbeitnehmer einzustellen, die auch gesundheitlich in der Lage sind, die ihnen übertragenen Aufgaben zu erfüllen und dies möglichst ohne krankheitsbedingten Ausfall oder Haftung für Arbeitsunfälle. Der Arbeitgeber hat dementsprechend ein Interesse daran, möglichst viele für die beabsichtigte Tätigkeit bedeutende Informationen zu erhalten.[976] Um sich hinsichtlich des Gesundheitszustandes des Bewerbers abzusichern, kann der Arbeitgeber im Rahmen seiner Vertragsfreiheit die Durchführung einer ärztlichen Untersuchung vor der Einstellung zur Einstellungsvoraussetzung machen.[977] Der Umfang der ärztlichen Untersuchungen ist durch das Recht des Ar-

---

[973] H. Donner/J. Simon, DÖV 1990, 907, 910 mwN.
[974] H. Donner/J. Simon, DÖV 1990, 907, 910.
[975] Zur Würde gehört grundsätzlich ein Stück Autonomie: H. Donner/J. Simon, DÖV 1990, 907, 913.
[976] R. Diekgräf, BB 1991, 1854, 1855.
[977] Enquête-Kommission „Chancen und Risiken der Gentechnologie", BT-Drucks. 10/6775, 1987, 167.

beitnehmers auf Achtung seines Persönlichkeitsrechts entscheidend begrenzt. Die menschliche Würde und das Persönlichkeitsrecht des Arbeitnehmers erlauben solche Untersuchungen nur, soweit die rechtlich geschützten Interessen des Arbeitgebers oder Dritter entsprechend dem Verhältnisgrundsatz vorrangig sind.[978]

c) Problemkonstellationen
Ähnlich wie im Bereich des Versicherungsrechts stellt sich neben der Frage der Zulässigkeit von Genomanalysen vor Abschluß eines Arbeitsvertrags das Problem der Zulässigkeit von Fragen des Arbeitgebers nach Ergebnissen bereits erfolgter Genomanalysen. Die Zulässigkeit dieser Untersuchungen und die Zulässigkeit der Fragen des Arbeitgebers sind inhaltlich deckungsgleich, insofern, als unzulässige Fragen nach bestimmten Krankheitsanlagen meist auch ein sicheres Indiz für die Unzulässigkeit der Durchführung solcher Tests im Rahmen von Eingangsprüfungen darstellt. Umgekehrt ist bei der Frage nach bereits durchgeführten Genomanalysen das Recht auf Nichtwissen hinsichtlich der eigenen genetischen Veranlagung nicht berührt, da der Betroffene schon Kenntnis hat. Hier ist das informationelle Selbstbestimmungsrecht berührt, das dem Einzelnen das Recht gibt, darüber zu bestimmen, ob Kenntnisse über seine genetische Veranlagung und damit über den Kern seiner Persönlichkeit an Dritte weitergegeben werden oder nicht.[979] Fragen nach bereits durchgeführten Genomanalysen werden eher zulässig sein, als Genomanalysen im Rahmen von Einstellungsuntersuchungen.

Weiter besteht die Frage der Zulässigkeit von genetischen Untersuchungen im Rahmen bestehender Arbeitsverhältnisse.[980]

Denkbar ist außerdem, daß einzelne Arbeitsuchende durch freiwillige Vorlage genetischer Testergebnisse versuchen werden, sich einen Vorteil zu verschaffen. So könnten andere, die nicht zur freiwilligen Durchführung eines Tests und der Vorlage ihrer Ergebnisse bereits sind, auf dem Arbeitsmarkt benachteiligt werden oder indirekt ebenfalls zum Test gezwungen werden. Man spricht hier auch vom Umschlagen der Freiwilligkeit der einen in einen Zwang für andere.[981]
Angesichts des Rechts auf Nichtwissen, das grundsätzlich zur Rechtfertigung einer Genomanalyse zunächst und vor allen Dingen die freiwillig Einwilligung voraussetzt, wird deutlich, daß auch hier das Kriterium der Freiwilligkeit wenig hilfreich ist.

---

[978] W. Blomeyer in: R. Richardi/O. Wlotzke (Hrsg.), Münchner Handbuch Arbeitsrecht Band 1, 2000, § 97 Rn 18.
[979] Manche fassen auch das Recht, andere am Wissen über das eigne Genom teilhaben zu lassen oder davon auszuschließen unter das «Recht auf Nichtwissen», vgl. G. Wiese, Genetische Analysen und Rechtsordnung, 1994, 21; siehe Zweiter Teil, Erster Abschnitt, I. 1. a).
[980] Sogenannte «Vorsorgeuntersuchungen», die aber nicht Schwerpunkt dieser Arbeit sind.
[981] H. Donner/J. Simon, DÖV 1990, 907, 909.

3. Rechtslage - Genomanalysen im Verhältnis Arbeitnehmer und Arbeitgeber; Regelungsbedarf

In der Praxis wird die Durchführung einer Genomanalyse oder die Vorlage bereits erhaltener Ergebnisse derzeit nicht zur Voraussetzung des Abschlusses eines Arbeitsvertrags gemacht. Dennoch ist die Gefahr genetischer Diskriminierung durch Ausschluß positiv genetisch getesteter Personen von bestimmten beruflichen Tätigkeiten kein fernliegendes Szenario, sondern eine reale Gefahr.[982]

Der Entwurf eines Arbeitschutzrahmengesetzes[983] sah eine Regelung von Genomanalysen hinsichtlich arbeitsmedizinischer Vorsorgeuntersuchungen vor. Intendiert war ausschließlich die Regelung der arbeitsmedizinischen Vorsorgeuntersuchungen zum Schutz des Beschäftigten[984] und damit lediglich die Regelung eines Teils der Probleme im Zusammenhang von Genomanalysen im Arbeitsrecht. Nachdem dieser Entwurf wegen streitiger Punkte nicht Gesetz wurde, enthielt das Arbeitsschutzgesetz von 1996 nichts mehr zu diesem Themengebiet.

a) Genomanalysen vor Abschluß eines Arbeitsvertrags

Die Frage der Zulässigkeit von Genomanalysen im Rahmen von Einstellungsuntersuchungen und die Verwendung von Ergebnissen aus genetischen Analysen im Arbeitsrecht ist bislang nicht geregelt.[985] Mangels spezialgesetzlicher Regelungen sind Maßstab die Verfassung und die zivilrechtlichen Generalklauseln (§§ 138, 242, 611 BGB), bei deren Auslegung die Grundrechte zu berücksichtigen sind.

Nach der Rechtssprechung ist die Aufdeckung von Krankheitsanlagen ohne Bezug zur Eignung für den konkreten Arbeitsplatz nicht erlaubt. Unzulässig ist eine umfassende Bestandsaufnahme über den Gesundheitszustand oder die Persönlichkeit des Bewerbers anläßlich einer Einstellungsuntersuchung.[986] Dies gilt auch für Genomanalysen. Jedoch gibt es, anders als bei unzulässigen Fragen, bei denen der Arbeitnehmer „lügen darf" im Hinblick auf die Überschreitung eines zulässigen Untersuchungsauftrages kein gleich wirksames Schutzinstrument.

---

[982] Enquête-Kommission „Recht und Ethik der modernen Medizin", Schlußbericht, BT-Drucks. 14/9020, 2002, 135, 137, 138 mit konkreten Beispielen.
[983] BT-Drucks 12/6752, 1994; dazu G. Wiese, BB 1994, 1209-1211.
[984] Amtliche Begründung, BT-Drucks. 12/6752, 42.
[985] G. Schaub, Arbeitsrechts- Handbuch, 2000, § 24 Rn 17; Enquête-Kommission „Recht und Ethik der modernen Medizin", Schlußbericht, BT-Drucks. 14/9020, 2002, 138, mit Hinweis auf die Ausnahmen für Berufsgenossenschaftliche spezielle Vorsorgeuntersuchungen und das Biomonitoring im Rahmen der Gefahrstoffverordnung; DFG, Humangenomforschung und prädiktive genetische Diagnostik, Stellungnahme v. 20.6. 1999, 57.
[986] Nachweise bei: Enquête-Kommission „Chancen und Risiken der Gentechnologie", BT-Drucks. 10/6775, 1987, 167.

Anerkannt ist, daß sich aus dem Arbeitsvertrag oder der c.i.c. keine Verpflichtung zur Einwilligung in genetische Tests ergibt.[987] Anders als bei herkömmlichen ärztlichen Untersuchungen[988] ist der Arbeitnehmer nicht verpflichtet, genetische Analysen zu dulden. Begründet wird dies mit dem Unterschied zu konventionellen ärztlichen Untersuchungen. Genetische Untersuchungen ermöglichen einen tiefen Einblick in die Persönlichkeitssphäre, der mit der Aufdeckung von Krankheiten nicht vergleichbar ist.[989] Auch ist der Eingriff in das Persönlichkeitsrecht des Arbeitnehmers bei Genomanalysen, die die Feststellung von Erbanlagen bezwecken, weitaus einschneidender als dies bei anderen Fallgruppen der Verletzung des Allgemeinen Persönlichkeitsrechts wie einer Beeinträchtigung des Rechts am eigenen Bild oder der eigenen Stimme der Fall ist.[990] Die Eingriffsintensität ergibt sich aus der Möglichkeit der gravierenden Auswirkungen auf das Selbstwertgefühl des Betroffenen, der mit einem „genetischen Defekt" leben und der muß der Mißbrauchsgefahr der Klassifizierung auf Grund dieser Tatsache ausgesetzt ist.[991]

Deshalb geht die überwiegende Meinung in der Literatur davon aus, daß nach der bestehenden Rechtslage das Verlangen nach der Durchführung einer Genomanalyse im Rahmen von Einstellungsuntersuchungen nicht zulässig ist.[992] Nach anderer Ansicht ist ein solches Verlangen mangels einer Verbotsregelung zulässig. Voraussetzung ist lediglich, daß der potentielle Arbeitnehmer dies freiwillig nach Einwilligung und Aufklärung tut.[993] Angesichts der Tatsache, daß bei Weigerung des Arbeitnehmers die Nichteinstellung droht, wird das Fehlen einer gesetzlichen Regelung deutlich.[994]

---

[987] DFG, Humangenomforschung und prädiktive genetische Diagnostik, Stellungnahme v. 20.6.1999, 57.
[988] Der Arbeitgeber ist grundsätzlich berechtigt, eine ärztliche Gesundheitsuntersuchung zu verlangen. Zum Schutz des Persönlichkeitsrechts des Bewerbers ist dessen Pflicht, bestimmten Untersuchungen zuzustimmen, begrenzt auf Gegenstände, an denen der Arbeitgeber ein berechtigtes Interesse hat, P. Diller, Drogenscreenings und Arbeitsrecht, NZA 2001, 1227, 1228.
[989] W. Blomeyer in: R. Richardi/O. Wlotzke (Hrsg.), Münchner Handbuch Arbeitsrecht Band 1, 2000, § 53 Rn 45.
[990] W. Blomeyer in: R. Richardi/O. Wlotzke (Hrsg.), Münchner Handbuch Arbeitsrecht Band 1, 2000, § 97 Rn 20; G. Wiese, Genetische Analysen an Arbeitnehmern, DuD 1993, 274, 277.
[991] W. Blomeyer in: R. Richardi/O. Wlotzke (Hrsg.), Münchner Handbuch Arbeitsrecht Band 1, 2000, § 97 Rn 20.
[992] R. Diekgräf, BB 1991, 1854, 1858.
[993] J. Simon, Genomanalyse – Anwendungsmöglichkeiten und rechtlicher Regelungsbedarf, MDR 1991, 5, 12; E. Deutsch, der deswegen konkrete Verbotsregelung und gesetzliche Ausnahmen fordert, NZA 1989, 657, 660.
[994] Erforderlichkeit einer gesetzlichen Regelung wird u.a. gesehen von CDU/CSU-Fraktion des BT für eine bundesgesetzliche Regelung aus, Antrag der Abgeordneten K. Reiche et al., Anwendung von Gentests in Medizin und Versicherungen, BT-Drucks. 14/6640; J. Simon, MDR 1991, 5, 12.

Zu klären ist, ob genetische Tests im Rahmen von Vorsorgeuntersuchungen verlangt werden dürfen. Vorsorgeuntersuchungen werden bei Arbeitnehmern durchgeführt, deren Tätigkeit mit außergewöhnlichen Gesundheitsrisiken und Unfallgefahren für sie selbst oder für Dritte verbunden ist.[995] Dies ist bei Piloten oder Lokomotivführern der Fall. Sinn der medizinischen Vorsorgeuntersuchung ist die Sicherstellung, daß der Fortsetzung der Tätigkeit keine gesundheitlichen Bedenken entgegenstehen und dadurch keine Gefahren für Dritte oder den Arbeitnehmer selbst entstehen können. Liegt kein Zeugnis der ärztlichen Unbedenklichkeit dahingehend vor, darf der Betreffende nicht auf diesem Arbeitsplatz beschäftigt werden. Als Beispiel für gesetzlich vorgeschriebene Vorsorgeuntersuchungen seien § 18 Bundesseuchengesetz und § 28 der Gefahrstoffverordnung genannt. Teilweise wird wegen der neuartigen Eingriffsqualität der Genomanalyse in das Persönlichkeitsrecht bezweifelt, daß die bestehenden Gesetze hinsichtlich Untersuchungen im Rahmen bestehender Arbeitsverhältnisse für die Genomanalyse gelten. Vielmehr sei wegen ihrer Grundrechtsrelevanz hinsichtlich Menschenwürde, Persönlichkeitsrecht und informationellem Selbstbestimmungsrecht eine ausdrückliche Entscheidung des Gesetzgebers über die Abwägung der kollidierenden Interessen erforderlich. Eine entsprechende Anwendung bereits bestehender Vorschriften scheidet damit von vornherein aus.[996]

Zusammenfassend kann man sagen, daß derzeit bis zur gesetzlichen Regelung der Problematik genetische Untersuchungen vor Einstellung und während des Arbeitsverhältnisses nicht von vornherein unzulässig sind. Unter der Voraussetzung, daß sich die Genomanalyse auf arbeitsvertraglich relevante Untersuchungen beschränkt, der potentielle Arbeitnehmer vollständig über den Umfang und die Grenzen einer solchen Analyse aufgeklärt wird und zustimmt und unter der Voraussetzung, daß die Vertraulichkeit der Ergebnisse gewährleistet ist, ist eine genetische Analyse im Arbeitsrecht derzeit zulässig.[997] Macht ein Arbeitgeber die Einstellung von der Durchführung einer Genomanalyse abhängig und lehnt der Arbeitnehmer eine solche Untersuchung ab, so hat dieser zwar keinen Einstellungsanspruch, jedoch kann ein Schmerzensgeldanspruch gemäß § 847 BGB dann entstehen, wenn ein ungerechtfertigter Eingriff in das allgemeine Persönlichkeitsrecht vorliegt. Dies sei denkbar, wenn die Ablehnung der Einstellung aus unsachlichen Gründen erfolgt, etwa weil das Verlangen nach einer Genomanalyse nicht gerechtfertigt war.[998]

---

[995] Abschlußbericht der Bund-Länder-Arbeitsgruppe „Genomanalyse", 1990, abgedruckt in W. Eberbach/P. Lange/M. Ronellenfitsch, Recht der Gentechnik und Biomedizin, Band 4, 2002, Teil II. F, 46.
[996] R. Diekgräf, BB 1991, 1854, 1858; J. Simon, MDR 1991, 5, 13 f..
[997] G. Schaub, Arbeitsrechts- Handbuch, 2000, § 24 Rn 19.
[998] G. Schaub, Arbeitsrechts- Handbuch, 2000, § 24 Rn 20.

Erforderlich ist der Schutz des Bewerbers vor einem unberechtigten Verlangen des Arbeitgebers nach der Durchführung einer Genomanalyse im Rahmen von Einstellungs- und Vorsorgeuntersuchungen. Nach der derzeitigen Rechtslage muß der Arbeitnehmer, sollte er sich der Untersuchung verweigern, damit rechnen, daß er möglicherweise auch unter dem Vorwand anderer Umstände, nicht eingestellt wird. Deshalb muß der Gesetzgeber hier dafür sorgen, daß eine solche Zwangslage nicht entsteht.[999] Geregelt werden muß, unter welchen Voraussetzungen eine Genomanalyse gegebenenfalls ausnahmsweise zulässig ist, d.h. wann das Persönlichkeitsrecht des Arbeitnehmers zurücktreten muß. Auf Grund der Grundrechtsrelevanz der Problematik muß dies durch eine gesetzliche Regelung erfolgen.[1000]

b) Fragerecht des Arbeitgebers nach genetischen Testergebnissen

Grundsätzlich ist die Weitergabe der Ergebnisse aus arbeitsmedizinischen Untersuchungen an den Arbeitgeber zulässig (§ 16 BDSG). Nicht zulässig ist hingegen die Weitergabe einzelner Untersuchungsbefunde, da insoweit die Schweigepflicht des Betriebsarztes gemäß § 1 Abs. 4 BDSG Vorrang hat.[1001]

aa) Inhalt und Umfang des Fragerechts des Arbeitgebers

Das Fragerecht des Arbeitgebers besteht nicht uneingeschränkt, vielmehr hat das Bundesarbeitsgericht ebenso wie das Bundesverfassungsgericht dieses im Hinblick auf den aus Art. 2 GG abgeleiteten Persönlichkeitsrechtschutz des Arbeitnehmers eingeschränkt. Es bestehen absolute und relative Frageverbote. Zu den absoluten Frageverboten gehört die Frage nach der Religionszugehörigkeit und der Gewerkschaftsmitgliedschaft. Relative Frageverboten sind dadurch gekennzeichnet, daß sie dann nicht gelten, wenn die Frage einen direkten Bezug zur angestrebten Tätigkeit hat.[1002] So ist bei einem Arbeitnehmer, der als Kraftfahrer angestellt werden will, die Frage nach Verkehrsdelikten ausnahmsweise erlaubt.[1003] Der Umfang des Fragerechts ergibt sich aus der Abwägung der beiderseitigen Interessen. Zu klären ist, ob die genetische Veranlagung wegen des Persönlichkeitsschutzes des Arbeitnehmers ein relatives oder absolutes Frageverbot erfordert.

bb) Grundsätze über das Fragerecht des Arbeitnehmers nach der Rechtsprechung

Bezüglich des Fragerechts hat das BAG dieses nur insoweit bejaht, als der Arbeitgeber ein berechtigtes, billigenswertes Interesse an der Beantwortung der Frage

---

[999] G. Wiese, Genetische Analysen und Rechtsordnung, 1994, 50.
[1000] Vgl. Entschließung des Bundesrates zur Anwendung gentechnischer Methoden am Menschen (Beschluß), BR-Drucks. 424/92, 10.
[1001] G. Schlund, in: A. Laufs/W. Uhlenbruck, Handbuch des Arztrechts, 2002, § 76 Rn 28.
[1002] G. Thüsing/T. Lambrich, Das Fragerecht des Arbeitgebers – aktuelle Probleme zu einem klassischen Thema, BB 2002, 1146 mwN.
[1003] G. Thüsing/T. Lambrich, BB 2002, 1146.

im Hinblick auf das Arbeitsverhältnis hat. Fragen ohne einen solchen Zusammenhang sind unzulässig. Dieses Interesse muß so stark sein, daß das allgemeine Persönlichkeitsrecht des Arbeitnehmers und sein Interesse, seine persönlichen Lebensumstände geheimzuhalten, zurücktreten muß.[1004] Es ergeben sich zwei Kriterien als Voraussetzung für die Zulässigkeit einer Frage. Zum einen muß die Antwort auf die Frage für die Beurteilung der Fähigkeit, die Arbeit zu verrichten, erheblich sein. Zweitens darf trotzdem nicht nach arbeitsplatzrelevanten Dingen gefragt werden, wenn dies einen unverhältnismäßigen Eingriff in die Privatsphäre des potentiellen Arbeitnehmers darstellt.[1005] Genetische Testergebnisse, die bereits vorliegen, ergeben immer nur eine gewisse Wahrscheinlichkeit im Hinblick auf eine mögliche Erkrankung, so daß die Auskunft darüber im Interesse des Arbeitgebers schon nicht geeignet ist, arbeitsplatzrelevante Tatsachen offenzulegen. Die Auskunft über Ergebnisse aus genetischen Tests ist somit auch nicht erforderlich und im Hinblick auf das Persönlichkeitsrecht unverhältnismäßig. Es bestehen keine überwiegenden Arbeitgeberinteressen, die das Recht auf Geheimhaltung der genetischen Veranlagung (informationelles Selbstbestimmungsrecht) des Arbeitnehmers überwiegen. Die Übertragung der Rechtsprechungsgrundsätze ergibt, daß wenngleich Fragen über die künftige Gesundheit zulässig sind, dies nicht für Ergebnisse von Genomanalysen gilt.

Ein Informationsrecht des Arbeitgebers wird anerkannt, wenn es sich um Krankheiten handelt, die im Zusammenhang mit dem beabsichtigten Arbeitsverhältnis stehen. Das Fragerecht darf sich auf Krankheiten beziehen, die es dem potentiellen Arbeitnehmer auf Dauer oder immer wieder unmöglich machen, die vorgesehene Tätigkeit auszuüben oder eine Ansteckungsgefahr für Dritte darstellen.[1006] Bejaht wurde dies für eine bevorstehende Operation, eine bereits bewilligte Kur oder gegenwärtige akute Erkrankungen. Erlaubt ist nur die Überprüfung der derzeitigen Eignung und nicht fernliegender, möglicher Risiken, wie dies bei genetischen Veranlagungen in der Regel der Fall ist.
Es können Rückschlüsse aus der Zulässigkeit des Fragerechts nach einer HIV-Infektion gezogen werden. Hierbei wird das Fragerecht und ein entsprechendes Untersuchungsverlangen zunächst nur im Hinblick auf das Erkrankungsstadium bejaht. Befindet sich der Arbeitnehmer erst im Infizierungsstadium, wird hingegen ein Fragerecht nur bejaht, wenn eine bei dem konkreten Arbeitsverhältnis erhöhte Ansteckungsgefahr besteht. Eine allgemeine Frage nach einer HIV-

---

[1004] BAG, 7.6. 1984 AP Nr. 26 zu § 123 BGB = BB 1985, 1398; BAG, 11.11. 1993 in Der Betrieb 1994, 939 ff.; BAG, 5.10 1995, AP Nr. 40 zu § 123 BGB = BB 1996, 696.
[1005] G. Thüsing, BB 2002, 1146.
[1006] Enquête-Kommission „Chancen und Risiken der Gentechnologie", BT-Drucks 10/6775, 1987, 167.

Infektion ist unzulässig.[1007] Bei der Genomanalyse handelt es sich von vornherein nicht um einen Untersuchung hinsichtlich bestehender Krankheiten oder auch nur hinsichtlich Infektionen. Vielmehr handelt es sich um bloße Wahrscheinlichkeiten und eine Ansteckungsgefahr besteht bei genetisch bedingten Erkrankungen nicht.[1008] Infolgedessen besteht kein Fragerecht nach diesen Grundsätzen.

Soweit es sich um unzulässige Fragen nach der genetischen Veranlagung handelt, kann der potentielle Arbeitnehmer die Frage wissentlich wahrheitswidrig beantworten, ohne daß dies den Arbeitgeber zur Anfechtung nach § 123 I BGB berechtigt ist. Begründet wird dies mit dem Recht auf Nichtwissen des Arbeitnehmers, der somit bereits nach der bestehenden Rechtslage gegen Ausforschung geschützt ist.[1009]

Auf Grund der Unklarheiten und der fehlenden umfassenden Übertragbarkeit der bestehenden Regelungen und Grundsätze sind gesetzgeberische Schritte im Hinblick auf die Anwendung von Genomanalysen und damit auch die Problematik des Fragerechts im Arbeitsrecht erforderlich.

4. Die Frage der Zulässigkeit von Genomanalysen im Rahmen von Einstellungsuntersuchungen – Lösungsvorschläge und gesetzgeberische Vorarbeiten

a) Unzulässigkeit von Genomanalysen im Rahmen von Einstellungs- und Eignungsuntersuchungen vor Abschluß eines Arbeitsvertrags; Verwertungsverbot

Vielfach vertreten wird ein völliges Verbot von Genomanalysen im Rahmen von medizinischen Einstellungsuntersuchungen. Hier dürften prädiktive Gentests weder verlangt, noch ihre Ergebnisse angenommen oder in irgendeiner Form verwertet werden.[1010] So sieht auch der Entwurf eines Gentestgesetzes der Bundestagsfraktion „Die Grünen" eine Ergänzung des Bürgerlichen Gesetzbuches um einen § 611 c vor, der ein Verbot genetischer Diskriminierung enthalten soll. Da-

---

[1007] R. Diekgräf, BB 1991, 1854, 1858; R. Richardi, Arbeitsrechtliche Probleme bei Einstellung und Entlassung Aids-infizierter Arbeitnehmer, NZA 1988, 72, 74.
[1008] R. Diekgräf, BB 1991, 1854, 1858.
[1009] G. Wiese, Genetische Analysen und Rechtsordnung, 1994, 49.
[1010] Ethik-Beirat beim BMG, Prädiktive Gentests. Eckpunkte für eine ethische und rechtliche Orientierung, 2000, 13; Datenschutzbeauftragte des Bundes und der Länder, Anlage zur Entschließung zu einer gesetzlichen Regelung von genetischen Untersuchungen, 2001; Enquête-Kommission „Recht und Ethik der modernen Medizin", Schlußbericht, BT-Drucks. 14/9020, 2002, 176; CDU/CSU-Fraktion des BT für eine bundesgesetzliche Regelung aus, Antrag der Abgeordneten K. Reiche et al., Anwendung von Gentests in Medizin und Versicherungen, BT-Drucks. 14/6640; Entwurf eines Gesetzes zur Regelung von Analysen des menschlichen Erbguts (Gentest-Gesetz) der Bundestagsfraktion „Die Grünen", 2001.

durch soll dem Arbeitgeber verboten werden, die Durchführung genetischer Untersuchungen zu verlangen.[1011]
Zur Durchsetzung des Diskriminierungsverbots sollte die Genomanalyse vor Einstellungen oder zumindest die Weitergabe der Testergebnisse gesetzlich verboten werden.[1012] Andere schlagen zur Eindämmung der Mißbrauchsgefahren und der Gefahr für das Persönlichkeitsrecht bei Verstoß gegen das Verbot des Verlangens einer Genomanalyse oder der Frage nach bekannten Testergebnissen strafrechtliche Sanktionen vor.[1013]
Andere schlagen bei Verstoß gegen das Verbot des Verlangens einer Genomanalyse vor Einstellung.[1014]

aa) Genetische Diskriminierung

Gewichtiges Argument ist die mögliche Diskriminierung auf Grund genetischer Ungleichheit gerade auf dem Arbeitsmarkt, welche als eine der größten Ungerechtigkeiten darstellt.[1015] Da Ergebnisse prädiktiver Diagnostik unveränderlichen Aufschluß über die Existenz und die Zukunft des Menschen geben, eignen sie sich besonderes auf dem Arbeitsmarkt dazu, einen Menschen zu klassifizieren.[1016] Manche sehen die Mißbrauchsgefahr darin, daß Industrieunternehmen sich gezielt ihre Arbeitnehmer nach ihrer genomanalytisch bestimmten Unempfindlichkeit für bestimmte (möglicherweise krebserregenden) Substanzen aussuchen könnten, um sich kostenträchtige Schutzvorkehrungen zu ersparen. Zudem bestünde dadurch die Tendenz zu einer „genetische Klassengesellschaft".[1017] Verhindert werden muß die Tendenz, der Selektion besonders anfälliger Arbeitnehmer statt Verminderung der Belastungen am Arbeitsplatz. Es besteht die Gefahr der Aushöhlung des Arbeitsschutzes.[1018]

[1011] Bundestagsfraktion „Die Grünen", Entwurf eines Gesetzes zur Regelung von Analysen des menschlichen Erbguts (Gentest-Gesetz), 2001.
[1012] E. Deutsch, ZRP 1986, 1, 4; R. Diekgräf, BB 1991, 1854, 1859; für ein Verbot der „freiwilligen" Weitergabe genetischer Testergebnisse ebenso: Fisahn, ZRP 2001, 49, 51.
[1013] R. Diekgräf, BB 1991, 1854, 1859; Datenschutzbeauftragte des Bundes und der Länder, Anlage zur Entschließung zu einer gesetzlichen Regelung von genetischen Untersuchungen, 2001.
[1014] Datenschutzbeauftragte des Bundes und der Länder, Anlage zur Entschließung zu einer gesetzlichen Regelung von genetischen Untersuchungen, 2001.
[1015] A. Eser/M. v. Lutterotti/P. Sporken, Lexikon Medizin Ethik Recht, 1989, Gentechnik, 387; Enquête-Kommission „Chancen und Risiken der Gentechnologie", BT-Drucks. 10/6775, 1987, 169; Ethik-Beirat beim BMG, Prädiktive Gentests. Eckpunkte für eine ethische und rechtliche Orientierung, 2000, 13.
[1016] Vgl. Enquête-Kommission „Chancen und Risiken der Gentechnologie", BT-Drucks. 10/6775, 1987, 168.
[1017] A. Eser/M. v. Lutterotti/P. Sporken, Lexikon Medizin Ethik Recht, 1989, Humangenetik, Zur rechtlichen Problematik einzelner Verfahren, 528.
[1018] Enquête-Kommission „Chancen und Risiken der Gentechnologie", BT-Drucks 10/6775, 1987, 166, 169; Enquête-Kommission „Recht und Ethik der modernen Medizin", Schlußbericht, BT-Drucks. 14/9020, 2002, 139.

bb) Recht auf Nichtwissen des Arbeitnehmers

Im Hinblick auf spät im Leben eintretende Erkrankungen, deren genauer Eintrittszeitpunkt und die Wahrscheinlichkeit des Eintritts auch durch die Genomanalyse nicht erkannt werden kann, bestehen große Bedenken, ob solche Untersuchungen im Rahmen von Einstellungsuntersuchungen überhaupt zulässig sein können. Zwar hat der Arbeitgeber ein berechtigtes Interesse daran, daß er einen Arbeitnehmer beschäftigt, der den Anforderungen der beabsichtigten Tätigkeit langfristig gewachsen ist. Trotzdem steht diesem Interesse das Persönlichkeitsrecht des Arbeitnehmers und dessen Schutz vor Ausforschung entgegen.[1019] Untersuchungen auf schwere, möglicherweise spät eintretende Krankheiten können nie durch dieses berechtigte Arbeitgeberinteresse gerechtfertigt werden. Der Betroffene würde sonst gezwungen, einen unveräußerlichen Teil seiner privaten Lebensgestaltung auf Grund wirtschaftlicher Erwägungen des Arbeitgebers preiszugeben; seine Entschließungsfreiheit wäre entscheidend beeinträchtigt.[1020] Hauptargument gegen die Zulässigkeit der Genomanalyse im Arbeitsrecht ist die Tiefe des Eingriffs in das Persönlichkeitsrecht des Arbeitnehmers.[1021] Das Recht auf Nichtwissen des Arbeitnehmers würde durch die Interessen des Arbeitgebers bei Durchführung einer Genomanalyse vor Einstellung verletzt.[1022] Sowohl das Recht auf Nichtwissen als auch das Recht auf Wissen stehen allein zur Disposition des Arbeitnehmers, so daß aus diesen Gründen eine Genomanalyse ausscheidet.[1023]

cc) Zwangslage des Arbeitssuchenden

Eine Einwilligung des Arbeitnehmers vermag an der grundsätzlichen Unzulässigkeit der Untersuchungen nichts zu ändern.[1024] Die Einwilligung in die Durchführung der Genomanalyse kann nicht maßgeblich sein, da sie auf der Freiwilligkeit beruht, und gerade die ist im Verhältnis von Arbeitgeber und Arbeitnehmer fraglich. Die Weigerung, sich untersuchen zu lassen, könnte dazu führen, daß der Arbeitnehmer generell aus der Auswahl ausscheidet. Der potentielle Arbeitnehmer kann nicht wirklich frei entscheiden, so daß es am wesentlichen Moment der Einwilligung fehlt. Diese Zwangssituation, in der sich der Arbeitnehmer befindet,

---

[1019] R. Diekgräf, BB 1991, 1854, 1857.
[1020] H. Donner/J. Simon, DÖV 1990, 907, 911; siehe zur Eingriffstiefe der Genomanalyse unter: Erster Teil, Erster Abschnitt, IV. 5. b).
[1021] W. Blomeyer in: R. Richardi/O. Wlotzke (Hrsg.), Münchner Handbuch Arbeitsrecht Band 1, 2000, § 53 Rn 45; § 97 Rn 20.
[1022] Zu den Ergebnissen des Abschlußberichts ZRP 1990, 328; Abschlußbericht der Bund-Länder-Arbeitsgruppe „Genomanalyse", 1990, abgedruckt in W. Eberbach/P. Lange/M. Ronellenfitsch, Recht der Gentechnik und Biomedizin, Band 4, 2002, Teil II. F, 47.
[1023] H. Bickel, VerwArch 1996, 169, 180.
[1024] Abschlußbericht der Bund-Länder-Arbeitsgruppe „Genomanalyse", 1990, abgedruckt in W. Eberbach/P. Lange/M. Ronellenfitsch, Recht der Gentechnik und Biomedizin, Band 4, 2002, Teil II. F, 49.

macht die Einwilligung gegenstandslos. Der Mißbrauch durch den Arbeitgeber ist nicht auszuschließen.[1025]

dd) Einschränkung der Berufswahl; kein biologischer Determinismus
Dadurch, daß bei ungünstigem Testergebnis die Gefahr droht, daß der Arbeitnehmer nicht eingestellt wird, ist dieser möglicherweise auch faktisch in seiner Berufswahl eingeschränkt.
Zudem geschieht dies dann auf Grund eines Risikos, das sich nicht unbedingt im Krankheitsausbruch verwirklicht. Eine Ungleichbehandlung auf Grund eines Merkmals, das allenfalls Aufschluß über eine gewisse Wahrscheinlichkeit gibt, wäre für den Arbeitsuchenden fatal. Genetische Untersuchungsergebnisse weisen keine ausreichend große Sicherheit auf und vermitteln möglicherweise ein falsches Bild von den persönlichen Eigenschaften des Arbeitnehmers. Es besteht eben kein biologischer Determinismus, da der Ausbruch der Krankheit meist von vielen zusätzlichen Faktoren abhängig ist.[1026] Dies gilt um so mehr, als die Aussagekraft genetischer Informationen häufig weit überschätzt wird.[1027] Diese nur potentielle Gefährdung der Arbeitgeberinteressen reicht nicht aus, um das Persönlichkeitsrecht des Arbeitnehmers einzuschränken.[1028] Außerdem werden durch die Genomanalyse auch Anlagen aufgedeckt, die für die Entscheidung über die Einstellung unerheblich sind.

Unabhängig davon verneinen manche die Erforderlichkeit von prädiktiven genetischen Untersuchungen zur Feststellung arbeitsplatzrelevanter Erkrankungen. Dafür genügten die bisherigen Methoden.[1029]

ee) Negative Auswirkungen auf den Arbeitsschutz
Darüber hinaus könnte sich die Verwendung prädiktiver genetischer Analysen als subjektives Auswahlkriterium negativ auf das System des Arbeitsschutzes insgesamt auswirken; bei angespannter Arbeitsmarktsituation könnte der Einzelne ge-

---

[1025] R. Giesen, MedR 1995, 353, 357; Genomanalyse sind selbst bei Einwilligung des Arbeitnehmers unzulässig: Fitting/Kaiser/Heither/Engels, BetrVG-Kommentar, 2000, § 94 Rn 25; R. Diekgräf BB 1991, 1854, 1859; U. Preis/Erfurter Kommentar zum Arbeitsrecht, 2001, 230, § 611 Rn 411.
[1026] W. Blomeyer in: R. Richardi/O. Wlotzke (Hrsg.), Münchner Handbuch Arbeitsrecht Band 1, 2000, § 53 Rn 45; § 97 Rn 20.
[1027] Enquête-Kommission „Recht und Ethik der modernen Medizin", Schlußbericht, BT-Drucks. 14/9020, 2002, 132.
[1028] R. Diekgräf, BB 1991, 1854, 1859.
[1029] Abschlußbericht der Bund-Länder-Arbeitsgruppe „Genomanalyse", 1990, abgedruckt in W. Eberbach/P. Lange/M. Ronellenfitsch, Recht der Gentechnik und Biomedizin, Band 4, 2002, Teil II. F, 48; für Angehörige des öffentlichen Dienstes siehe ebenda.

zwungen sein, sein Interesse an seiner Gesundheitserhaltung zu vernachlässigen.[1030]

ff) Risikoverteilung im Arbeitsrecht

Im übrigen ist nach der bisherigen Wertung des Gesetzgebers das Risiko späterer Erkrankungen vom Arbeitgeber zu tragen und betriebswirtschaftlich zu berücksichtigen. Dies zeigt sich an seiner Fürsorgepflicht und der Pflicht zur Lohnfortzahlung im Krankheitsfall. Ganz im Gegensatz dazu würde durch die Zulässigkeit von Genomanalysen im Rahmen der Einstellungsuntersuchungen dieses Risiko auf den Arbeitnehmer verlagert.[1031] Zwar existieren diese Pflichten nur bei einem bestehendem Arbeitsverhältnis. Das Prinzip, daß der Arbeitgeber grundsätzlich das Risiko krankheitsbedingten Ausfalls trägt muß der Wertung nach jedoch auch vor Vertragsschluß im Rahmen des Interessensausgleichs gelten: Der Arbeitsplatz ist so zu gestalten, daß auch kraft genetischer Veranlagung besonders gefährdete Arbeitnehmer nicht erkranken. Ist dies nicht möglich, so steht es dem Arbeitnehmer frei, nach Hinweis durch Arbeitgeber selbst bei einem Arzt eine Genomanalyse durchführen zu lassen.

Zu den schutzwürdigen Interessen des Arbeitgebers gehört das Wissen um Informationen hinsichtlich der gegenwärtigen Eignung des Arbeitnehmers. Eine Genomanalyse bezüglich zukünftig möglicherweise eintretender Krankheiten und sich verwirklichender Risiken bezieht sich jedoch gerade nicht auf die gegenwärtige Eignung des Arbeitnehmers, so daß es an einem legitimen Interesse des Arbeitgebers an einer Genomanalyse fehle.[1032]

gg) Sozialer Zwang

Die Weigerung des Bewerbers im Rahmen der Einstellungsuntersuchungen auch eine Genomanalyse durchführen zu lassen wird de facto zu einer Nichteinstellung führen, wenn der Arbeitgeber auf eine genetische Untersuchung besteht.[1033] Genannt wird folgendes Beispiel: In Bayern wurde ein junger Polizist deswegen nicht in den Polizeidienst übernommen, weil er nicht bereit war, sich genetisch auf Chorea Huntington untersuchen zu lassen, obwohl sein Vater an Chorea Hun-

---

[1030] Abschlußbericht der Bund-Länder-Arbeitsgruppe „Genomanalyse", 1990, abgedruckt in W. Eberbach/P. Lange/M. Ronellenfitsch, Recht der Gentechnik und Biomedizin, Band 4, 2002, Teil II. F, 48.
[1031] Abschlußbericht der Bund-Länder-Arbeitsgruppe „Genomanalyse", 1990, abgedruckt in W. Eberbach/P. Lange/M. Ronellenfitsch, Recht der Gentechnik und Biomedizin, Band 4, 2002, Teil II. F, 48; Enquête-Kommission Chancen und Risiken der Gentechnologie, BT-Drucks 10/6775, 1987, 167.
[1032] H. Bickel, VerwArch 1996, 169, 180; R. Diegräf, BB 1991, 1854, 1859; Ethik-Beirat beim BMG, Prädiktive Gentests. Eckpunkte für eine ethische und rechtliche Orientierung, 2000, 13.
[1033] R. Diekgräf, BB 1991, 1854, 1859.

tington erkrankt war und er infolgedessen selbst ein 50%iges Risiko hatte, zu erkranken. Offizielle Begründung für die Ablehnung war der nicht erfolgte Ausschluß einer hereditären Disposition für Chorea Huntington.[1034] Eine Übernahme wäre also nur erfolgt, wenn er sich einem Test unterzogen hätte und dieser negativ ausgefallen wäre. Dies verdeutlicht die Gefahr des sozialen faktischen Drucks, einen Test durchzuführen und die Ausgrenzung im Fall eines positiven Testergebnisses. Die Erforderlichkeit eines ausdrücklich normierten Verbots ist eindeutig.[1035]

Sowohl Arbeitnehmer als auch Arbeitgeber haben ein steigendes Interesse an genetischen Tests. Ein entsprechender Markt für genetische Tests besteht. Ohne einschränkende gesetzliche und politische Entscheidungen werden genetische Tests vermehrt angeboten und propagiert werden.[1036] Während der Arbeitgeber ein Interesse daran hat, einen Arbeitnehmer einzustellen, der langfristig gesund ist oder bestimmte Persönlichkeitsmerkmale hat, kann der Nachweis eines günstigen „Gesundheitsrisikos" oder eines bestimmten Persönlichkeitsprofils für den einzelnen Arbeitnehmer ein geeignetes Mittel sein, sich gegenüber anderen Bewerbern, die ebenso qualifiziert sind, durchzusetzen. Gesundheit wird zum Konkurrenzgut.[1037]

Selbst wenn es in absehbarer Zeit nicht möglich sein sollte, Charaktereigenschaften oder eine große Zahl von Krankheitsdispositionen nachzuweisen, besteht doch die Gefahr, daß privatwirtschaftliche Institute die vermeintliche Aussagekraft solcher Tests anpreisen werden.[1038] „Aus ethischer Hinsicht ergibt sich hier die Frage, ob es überhaupt legitim ist, biologische Daten im Hinblick auf außerbiologische Fragestellungen zu interpretieren".[1039] Es besteht auch hier die Gefahr einer Genetisierung oder Genetifizierung, d.h. der „Verwendung von Erkenntnissen der Genetik zur Erklärung kausaler Zusammenhänge"[1040] und damit auch die Lokalisierung von Verhaltensmerkmalen ohne jeden erkennbaren Krankheitswert.

b) Zulässigkeit der Genomanalyse im Rahmen von Einstellungsuntersuchungen

Gegen ein völliges Verbot der Genomanalyse im Arbeitsrecht spricht jedoch die arbeitgeberseitig geschützte Vertragsfreiheit gemäß Art. 2 I GG. Diskutiert wird eine Pflicht zu Wissen des Arbeitnehmers als Vorstufe von Mitteilungs- und Offenbarungspflichten gegenüber dem Arbeitgeber.[1041] Jedenfalls muß der Arbeitge-

---

[1034] W. Engel in: S. Winter/H. Fenger/H.-L. Schreiber (Hrsg.), Genmedizin und Recht, 2001, Rn 755.
[1035] R. Diekgräf, BB 1991, 1854, 1859.
[1036] C. Kaminsky, in: E.-M. Engels (Hrsg.), Biologie und Ethik, 1999, 194, 207.
[1037] C. Kaminsky, in: E.-M. Engels (Hrsg.), Biologie und Ethik, 1999, 194, 207.
[1038] Vgl. C. Kaminsky, in: E.-M. Engels (Hrsg.), Biologie und Ethik, 1999, 194, 208.
[1039] C. Kaminsky, in: E.-M. Engels (Hrsg.), Biologie und Ethik, 1999, 194, 209.
[1040] T. Schroeder-Kurt zitiert bei C. Kaminsky, in: E.-M. Engels (Hrsg.), Biologie und Ethik, 1999, 194, 211 ff..
[1041] J. Taupitz in: Hanau/Lorenz/Matthes (Hrsg.), FS für G. Wiese, 1998, 583, 600 mwN; G. Wiese, Genetische Analyse bei Areitnehmern, RdA 1986, 120, 126; ders., BB 1994, 1209 ff..

ber, um seiner Fürsorgepflicht nachzukommen, gewährleisten, daß der Arbeitnehmer am Arbeitsplatz keinen gesundheitlichen Gefahren ausgesetzt ist. Es ist auch im Sinne der Arbeitnehmer erstrebenswert, daß Personen mit einer Neigung zu Karzinomen nicht in Berufen tätig sind, die, wie beispielsweise der Umgang mit Teer im Gaswerk, die Entstehung von Karzinomen begünstigen. Eine spezifische Genomanalyse zu Verhinderung der Zuweisung gefährdeter Arbeitnehmer an einen gefährdenden Arbeitsplatz soll zulässig sein.[1042] Jedoch gehört die genetische Disposition in den Kernbereich der Persönlichkeit, und so kann die erzwungene Untersuchung, Offenlegung und Verwertung der genetischen Veranlagung aus verfassungsrechtlicher Sicht nur zulässig sein, wenn überwiegende Gründe des Allgemeinwohles unter Wahrung des Verhältnismäßigkeitsgrundsatzes dies rechtfertigen. An solchen überwiegenden Allgemeinwohlinteressen fehlt es[1043], so daß auch in den genannten Fällen eine Untersuchungspflicht wegen des Selbstbestimmungsrechts des Arbeitnehmers nie bejaht werden kann. Eine Untersuchung rein arbeitsrelevanter Merkmale ist nur bei Einwilligung des Arbeitnehmers zulässig.[1044]

c) Zulässigkeit der Genomanalyse bei Einwilligung des Arbeitnehmers

Nach teilweise vertretener Ansicht soll die Genomanalyse wegen ihrer positiven Auswirkungen auf die Erkennung von Berufskrankheiten und Anfälligkeiten[1045] und der daraus resultierenden Erkenntnisse über die Einsatzfähigkeit des Arbeitnehmers in bestimmten Positionen zulässig sein, wenn sie mit Sicherheit zielgerichtet und beschränkt vorgenommen wird und das Einverständnis des Arbeitnehmers vorliegt.[1046] Es ist jedoch fraglich, ob ein Eingriff in das über § 823 I BGB geschützte Persönlichkeitsrecht durch freiwillige, selbstbestimmte Einwilligung des Betroffenen gerechtfertigt sein kann. Nach Ansicht von *Wiese* stellt die freiwillige Offenbarung oder Einwilligung in eine genetische Analyse keine sittenwidrige Handlung wegen Verstoßes gegen die Menschenwürde im Sinne des § 138 BGB dar, und es liegt auch keine Verfügung über unverzichtbare Persönlichkeitsrechte vor.[1047] Angeführt wird, daß sowohl das Recht auf Nichtwissen als auch das Recht auf informationelle Selbstbestimmung der Einwilligung des Be-

---

[1042] E. Deutsch, ZRP 1986, 1, 3.
[1043] Siehe dazu die Argumentation unter: ZWEIER TEIL, Erster Abschnitt, III. 4. a).
[1044] G. Schaub, Arbeitsrechts- Handbuch, 2000, § 24 Rn 19; Entwurf eines Arbeitsschutzrahmengesetzes, BT-Drucks. 12/6752; C. Schnittler, Genomanalyse: Stand der politischen Diskussion und rechtliche Regelungen in Deutschland, DuD 1993, 290; G. Wiese, DuD 1993, 274; G. Wiese, BB 1994, 1209 ff..
[1045] Siehe zu den Vorteilen für den Arbeitnehmer unter: Zweiter Teil, Erster Abschnitt III. 4. b).
[1046] G. Wiese BB 1994, 1209 ff.; I. Böhm, Molekulargenetische Analyseverfahren, DuD 1993, 264; E. Deutsch, NZA 1989, 657, 660.
[1047] G. Wiese, Genetische Analysen und Rechtsordnung, 1994, 48; E. Deutsch, NZA 1989, 657, 660.

troffenen und damit dessen Disposition unterliegen.[1048] Dies ist jedoch problematisch, da die Voraussetzungen der Freiwilligkeit im Verhältnis zwischen Arbeitnehmer und Arbeitgeber schwerlich gewährleistet sind.[1049] Es kann ein faktischer Druck zum Test entstehen und diejenigen, die sich weigern, werden auf dem Arbeitsmarkt ausgegrenzt.

Nach anderer Ansicht handelt es sich hier um einen Grundrechtsverzicht, der nur bei Grundrechtskollision und zum Schutz der Gesundheit des Arbeitnehmers möglich ist.[1050] Auch zivilrechtlich ist eine Einwilligung in eine Genomanalyse nur wirksam, wenn umfassend aufgeklärt wurde und die Genomanalyse im gesundheitlichen Interesse des Arbeitnehmers liegt.[1051] Entscheidend ist somit auch nach diesem Ansatz der Vorteil für die gesundheitlichen Interessen des Arbeitnehmers. Stimmt er einer solchen Genomanalyse zu, so ist diese ausnahmsweise zulässig. In diesen Fällen wird unterstellt, daß eine freie Einwilligung vorliegt, da der Arbeitnehmer ein eigenes Interesse an der Genomanalyse hat. Dies ist jedoch fraglich, da die Gefahr, daß der Arbeitgeber „unempfindliche" Arbeitnehmer auswählen und auf Arbeitsschutzmaßnahmen verzichten wird, nach wie vor besteht. Allein auf Grund des Vorteils solcher Genomanalysen für den Arbeitnehmer kann noch nicht auf die Freiwilligkeit der Einwilligung geschlossen werden. Diese bleibt auch in diesen Fällen im Verhältnis zwischen Arbeitnehmer und Arbeitgeber fraglich.

d) Verbot mit Erlaubnisvorbehalt

Ausgangspunkt ist der Grundsatz, daß das Schutzbedürfnis des Arbeitnehmers Vorrang vor den betrieblichen Interessen des Arbeitgebers hat und deswegen ein grundsätzliche Verbot der Genomanalyse im Rahmen von Einstellungsuntersuchungen bestehen muß.[1052] Von diesem Grundsatz können nur wenige Ausnahmen gemacht werden.

aa) Ausnahme vom Verbot der Genomanalyse im Interesse des Arbeitnehmers

Teilweise wird eine Ausnahme vom Verbot der Genomanalyse vor Abschluß eines Arbeitsvertrags vorbehaltlich vorrangiger Arbeitsschutzmaßnahmen befür-

---

[1048] Max-Planck-Institut, Stellungnahme, Genomanalyse und Privatversicherung, RabelsZ 2002, 116, 130.
[1049] R. Diekgräf, BB 1991, 1854, 1859; siehe dazu unter: Zweiter Teil, Erster Abschnitt, III. 4. a) cc).
[1050] Vgl. E. Deutsch, Medizinrecht, 1997 (3. Auflage) Rn 661.
[1051] Vgl. E. Deutsch, NZA 1989, 657 ff..
[1052] Zur Unzulässigkeit der Genomanalyse vgl. U. Preis/Erfurter Kommentar zum Arbeitsrecht, 2001, 230, § 611 Rn 413; auch das Arbeitsschutzrahmengesetz sah nur eine eingeschränkte Zulässigkeit der Genomanalyse zum Schutz des Beschäftigten vor, Entwurf eines Arbeitsschutzrahmengesetzes, § 22, BT-Drucks. 12/6752, 42.

wortet, wenn arbeitsplatzspezifische Erkrankungsrisiken bestehen und eine Anfälligkeit dafür durch genetische Diagnostik erkannt werden kann.[1053] Aufgrund der Tiefe des Eingriffs in Persönlichkeitsrecht und Berufsfreiheit könnten Tests mit dem Ziel der Prävention zulässig sein, wenn der vorgesehene Arbeitsplatz eine erhebliche zusätzliche Gefährdung der Gesundheit des Arbeitnehmers mit sich bringt und sich diese Risiken nicht durch Arbeitsschutzmaßnahmen ausschließen lassen.[1054] Eine Ausnahme soll für solche Einstellungs- und Vorsorgeuntersuchungen gelten, die zum Schutz des Arbeitnehmers durchgeführt werden und der Erkennung von bestehenden oder unmittelbar bevorstehenden Krankheiten und Krankheitsanlagen dienen, die durch die Beschäftigung an einem bestimmten Arbeitsplatz mit hoher Wahrscheinlichkeit zum Ausbruch führen.[1055] Im Rahmen der Abwägung ist in diesen Fällen das gesundheitliche Risiko des Arbeitnehmers entscheidend, das durch einen bestimmten Arbeitsplatz im Zusammenspiel mit einer bestimmten genetischen Veranlagung erhöht würde. Als Beispiel wird das Zusammenwirken von genetisch bedingtem Glucose-Phosphat-Dehydrogenasemangel mit Nitratverbindungen am Arbeitsplatz genannt. Dies würde aber nur gezielte, arbeitsplatzspezifische Untersuchungen erlauben und müßte, um möglichem Mißbrauch vorzubeugen, gesetzlich konkretisiert werden.

Ebenso sah der Entwurf eines Arbeitschutzrahmengesetzes[1056] ein Verbot mit Erlaubnisvorbehalt vor. Ausnahmsweise zulässig sollten nach § 22 Abs. 3 des Entwurfs nur solche Untersuchungen sein, durch die gezielt bestimmte Veranlagungen für Erkrankungen ermittelt werden, die durch Tätigkeit an einem konkreten Arbeitsplatz entstehen können.[1057] Diese ausnahmsweise Zulassung sollte gesetzlich bestimmt werden müssen, so daß vor dem Erlaß eines solchen Gesetzes ein Verbot der Genomanalyse auch für diese Untersuchungen bestehen sollte. Vorgesehen war damit ein Verbot von Genomanalysen mit Erlaubnisvorbehalt für solche Untersuchungen, die geeignet und erforderlich sind, den Arbeitnehmer zu schützen. Entscheidend sollte die Schwere der potentiellen Beeinträchtigung sein.

[1053] Datenschutzbeauftragte des Bundes und der Länder, Anlage zur Entschließung zu einer gesetzlichen Regelung von genetischen Untersuchungen, 2001; H.-L. Schreiber, in: S. Winter/H. Fenger/H.-L. Schreiber, (Hrsg.), Genmedizin und Recht, 2001, Rn 813; andere sprechen von einer Untersuchungspflicht auf Grund der Treuepflicht es Arbeitnehmers, H. Bickel, VerwArch 1996, 169, 180.
[1054] Ethik-Beirat beim BMG, Prädiktive Gentests. Eckpunkte für eine ethische und rechtliche Orientierung, 2000, 13; ebenso Bundestagsfraktion „Die Grünen", Entwurf eines Gesetzes zur Regelung von Analysen des menschlichen Erbguts (Gentest-Gesetz), 2001, Art. 2.
[1055] Abschlußbericht der Bund-Länder-Arbeitsgruppe „Genomanalyse", 1990, abgedruckt in W. Eberbach/P. Lange/M. Ronellenfitsch, Recht der Gentechnik und Biomedizin, Band 4, 2002, Teil II. F, 53.
[1056] BT-Drucks 12/6752 v. 1994; dazu G. Wiese, BB 1994, 1209-1211.
[1057] BT-Drucks 12/6752 v. 1994; dazu G. Wiese, BB 1994, 1209-1211.

Medizinische Prävention und Selbstbestimmungsrecht des Beschäftigten könnten dadurch in ein ausgewogenes Verhältnis gebracht werden.[1058]

Als Voraussetzungen zulässige Untersuchungen (und zulässige Fragen) zum Schutz des Arbeitnehmers müßten im Rahmen einer gesetzlichen Regelung folgende Punkte festgeschrieben werden: Eine Genomanalyse ist ausnahmsweise zulässig, wenn alle nach dem Stand der Technik möglichen und zumutbaren Maßnahmen des Arbeitsschutzes nicht ausreichen und die einzelne Tätigkeit oder der Arbeitsplatz auf Grund der von ihnen ausgehenden Gefahren zweifelsfrei bezeichnet werden. Weiter ist entscheidend, daß die Untersuchung oder die Frage von vornherein auf die Veranlagung beschränkt werden, von der die Gefahr für den konkreten Arbeitsplatz ausgeht.[1059] Jedoch soll auch in diesen Fällen kein Test zwingend durchgeführt werden. Das „genetische Persönlichkeitsrecht" muß respektiert werden.[1060] Der Arbeitnehmer soll lediglich auf die Gefahr und die Möglichkeit eines genetischen Tests außerhalb des Arbeitsverhältnisses hingewiesen werden.[1061]

Darüber hinaus ist durch gesetzliche Regelungen sicherzustellen, daß der drohenden Diskriminierung einzelner anfälliger Arbeitnehmer und der Aufweichung des objektiven Arbeitsschutzes entgegengewirkt wird.[1062]

bb) Ausnahme vom Verbot der Genomanalyse zum Schutz Dritter

Diskutiert wird außerdem eine Einschränkung des generellen Verbots der Genomanalyse im Arbeitsrecht im Interesse der Aufdeckung von Gefahren für Leib und Leben von Dritten.[1063]
Um Unfälle zu verhindern wurde die Überprüfung der Tauglichkeit von Arbeitnehmern vorgeschlagen, deren Beruf von vornherein eine Verantwortlichkeit und Gefährdung für Dritte beinhaltet, wie beispielsweise Lokomotivführer und Flugzeugpiloten. Dahin geht auch der Vorschlag des Bundesrates, der solche genomanalytischen Untersuchungen ausnahmsweise erlauben will, die der Feststellung manifester Beeinträchtigungen hinsichtlich berufsspezifischer Leistungsanforde-

---

[1058] G. Wiese, BB 1994, 1209, 1211, kritisiert allerdings das Abstellen auf die Schwere der Beeinträchtigung und hält statt dessen allein jede gesundheitliche Gefahr für den Beschäftigten für ausschlaggebend.
[1059] G. Wiese, Genetische Analysen und Rechtsordnung, 1994, 67.
[1060] H. Bickel, VerwArch 1996, 169, 180.
[1061] Ethik-Beirat beim BMG, Prädiktive Gentests. Eckpunkte für eine ethische und rechtliche Orientierung, 2000, 13; Datenschutzbeauftragte des Bundes und der Länder, Anlage zur Entschließung zu einer gesetzlichen Regelung von genetischen Untersuchungen, 2001.
[1062] R. Dickgräf, BB 1991, 1854, 1859.
[1063] Bundestagsfraktion „Die Grünen", Entwurf eines Gesetzes zur Regelung von Analysen des menschlichen Erbguts (Gentest-Gesetz), 2001, Art. 2.

rungen dienen.[1064] Es müssen im Einzelfall Risikolagen bestehen, die über das bloße Risiko der Nicht- oder Schlechtleistung hinausgehen.[1065] Interessant sind hier bestimmte genetische Merkmale, die bei der konkreten Tätigkeit eine Gefahr für Dritte begründen könnten. Beispielsweise macht das britische Verteidigungsministerium eine Aufnahme in den Dienst der Luftwaffe von einem negativen Testergebnis bezüglich Sichelzellenanämie abhängig.[1066] Eine weitere Ausnahme von einem gesetzlichen Verbot der Genomanalyse ist für die Erhebung solcher genetischer Information vorgeschlagen worden, die Aufschluß über Gefahren für andere Arbeitnehmer geben könnten.[1067] Bei bestehenden Arbeitsverhältnissen leiten manche aus der Treuepflicht des Arbeitnehmers ausnahmsweise eine Pflicht zur Untersuchung ab, wenn nur durch genetische Informationen eine Gefahr für andere Arbeitnehmer ausgeschlossen werden kann.[1068] Jedoch ist eine Untersuchungspflicht vor Abschluß eines Arbeitsvertrags abzulehnen. Die überwiegenden gesundheitlichen Interessen der anderen Arbeitnehmer bewirken lediglich, daß eine Genomanalyse ausnahmsweise zulässig ist. Diese ist jedoch zusätzlich von der Zustimmung des Betroffenen abhängig zu machen.

Über diese Tests hinaus ist eine generelle Genomanalyse bei Arbeitnehmern zur Erstellung eines allgemeinen Profils hinsichtlich genetisch bedingter Eigenschaften nicht zuzulassen.[1069] Bereits der Entwurf eines Arbeitsschutzrahmengesetzes enthielt ein Verbot von Untersuchungen zur bloßen Aufdeckung von Erbanlagen ohne Bezug zu einer konkreten Tätigkeit und darauf bezogenes Risiko.[1070]

Durchsetzbar wäre dies durch ein grundsätzliches Verbot der Genomanalyse im arbeitsrechtlichen Bereich mit Erlaubnisvorbehalt.[1071] Als Eckpunkte einer gesetzlichen Regelung der Zulässigkeit genetischer Untersuchungen und entsprechender Fragen nach der genetischen Veranlagung werden Tests unter folgenden Voraussetzungen vorgeschlagen: Der Gesetzgeber muß die Tätigkeit als besonders gefährlich eingestuft und eindeutig bezeichnet haben (z.B. Lokführer, Pilot). Weiter muß es sich um eine Veranlagung handeln, deren sicherer Ausschluß un-

---

[1064] Entschließung des Bundesrats zur Anwendung gentechnischer Methoden am Menschen, BR-Drucks. 424/92, 5; vgl. R. Diekgräf, BB 1991, 1854, 1859; J. Simon, MDR 1991, 5, 14.
[1065] Vgl. zur ähnlichen Problematik der Untersuchungen auf Alkohol- oder Drogenabhängigkeit: P. Diller, NZA 2001, 1227, 1228.
[1066] Nachweis bei Enquête-Kommission „Recht und Ethik der modernen Medizin", Schlußbericht, BT-Drucks. 14/9020, 2002, 137.
[1067] J. Simon, MDR 1991, 5, 14.
[1068] E. Deutsch, NZA 1989, 657, 660.
[1069] H.-L. Schreiber, in: S. Winter/H. Fenger/H.-L. Schreiber (Hrsg.), Genmedizin und Recht, 2001, Rn 813, für die Zulässigkeit von Tests zum Schutz des Arbeitnehmers.
[1070] § 22 II, Arbeitsschutzrahmengesetz (Entwurf), BT-Drucks. 12/6752, 46; G. Wiese, BB 1994, 1209.
[1071] Ebenso Arbeitsschutzrahmengesetz BR Drucks 792/93.

bedingt geboten und nicht lediglich arbeitsplatzrelevant ist. Drittens ist die Untersuchung darauf zu beschränken und viertens und letztens dürfen keine anderen diagnostischen Maßnahmen zur Verfügung stehen.[1072]

Nach anderer Ansicht ist dies abzulehnen, da es schon an der Eignung von Genomanalysen zur Förderung des Ziels des Schutzes Einzelner fehle. Derzeit gibt es keine Gentests, die geeignet sind, Dritte vor erheblichem Schaden zu bewahren. Der genaue Zeitpunkt solcher meist spontanen Ereignisse wie Herzinfarkte, durch die Dritte gefährdet werden könnten, läßt sich durch Genomanalysen nicht feststellen. Dies liegt zum einen daran, daß bislang genetische Untersuchungen im Vergleich mit herkömmlichen Untersuchungsmethoden keine Vorteile bieten. Praktikable Gentests, mit denen routinemäßige Untersuchungen auch im Hinblick auf die Genauigkeit des Eintrittszeitraums durchgeführt werden können, stehen derzeit noch nicht zur Verfügung.[1073] Es fehle somit an der Erforderlichkeit solcher Untersuchungen. Der Eingriff in das Persönlichkeitsrecht der Testperson sei unverhältnismäßig.[1074] Dies kann sich jedoch in absehbarer Zeit ändern, und sobald feststeht, daß bestimmte Anfälligkeiten, die sich mit dem konkreten Berufsziel nicht vereinbaren lassen, weil sie eine Gefahr für Dritte mit sich bringen, genetische nachgewiesen werden können, sind solche Untersuchungen im überwiegenden Interesse Dritter zuzulassen.

Für die Fälle der ausnahmsweise bestehenden Zulässigkeit der Genomanalyse wird noch eine andere Lösungsmöglichkeit vorgeschlagen: Der Gesetzgeber soll die Möglichkeit, die Entscheidung über den Vertragsschluß vom Ergebnis ärztlicher Einstellungsuntersuchungen abhängig zu machen, dahingehend verengen, daß für den Fall der Vornahme einer Genomanalyse lediglich ein aufschiebend bedingter Vertrag geschlossen werden darf, der nur dann nicht zur Wirksamkeit erstarkt, wenn eine zulässige Genomanalyse die gesundheitliche Nichteignung des Arbeitnehmers für den Arbeitsplatz ausweist. So seien die beiderseitigen Interessen gewahrt.[1075]

[1072] G. Wiese, Genetische Analysen und Rechtsordnung, 1994, 66.
[1073] Enquête-Kommission „Recht und Ethik der modernen Medizin", Schlußbericht, BT-Drucks. 14/9020, 2002, 138, 140; Ethik-Beirat beim BMG, Prädiktive Gentests. Eckpunkte für eine ethische und rechtliche Orientierung, 2000, 13.
[1074] Vgl. Abschlußbericht der Bund-Länder-Arbeitsgruppe „Genomanalyse", 1990, abgedruckt in W. Eberbach/P. Lange/M. Ronellenfitsch, Recht der Gentechnik und Biomedizin, Band 4, 2002, Teil II. F, 54.
[1075] A. Schmidt, in: R. Toellner (Hrsg.), Humangenetik – Ethische Probleme der Beratung, Diagnostik und Forschung, 1993, 191, 197 mwN.

5. Das Fragerecht des Arbeitgebers hinsichtlich bereits durchgeführter Genomanalysen – Offenbarungspflicht des Arbeitnehmers; Lösungsvorschläge – gesetzgeberische Vorarbeiten

Derzeit ist das Problem des Fragerechts des Arbeitgebers oder der entsprechenden Offenbarungspflicht des Arbeitnehmers hinsichtlich freiwillig, aus anderen Gründen durchgeführten Genomanalysen noch nicht sehr praxisrelevant. Dies wird sich jedoch mit den zunehmenden Möglichkeiten der genetischen Diagnostik ändern.

a) Lösungsvorschlag: Grundsätzliches Frageverbot mit Erlaubnisvorbehalt - Eingeschränkte Offenbarungspflicht

Denkbar ist, daß sich eine Offenbarungspflicht hinsichtlich bekannter genetischer Veranlagungen des Arbeitsuchenden aus der vorvertraglichen Vertrauensbeziehung ergibt. Gleichwohl wird von niemandem eine uneingeschränkte Offenbarungspflicht bei genetischen Testergebnissen vertreten. Es besteht vielmehr zunehmend Einigkeit darüber, daß eine Offenbarungspflicht nur für solche Umstände gilt, an deren Offenlegung der Arbeitgeber für das konkrete Arbeitsverhältnis ein überwiegendes schützenswertes Interesse hat.[1076]
Nach *Wiese* soll dies gesetzestechnisch durch ein Verbot der Frageverbot mit Erlaubnisvorbehalt geregelt werden. Ausnahmen sind nur durch oder auf Grund eines Gesetzes möglich, wenn dies zum Schutz des Arbeitnehmers oder Dritter unbedingt notwendig ist.

Denkbar ist auch die Bildung von Fallgruppen, in denen ausnahmsweise die Frage nach der genetischen Veranlagung zulässig sein soll. Fragen nach bestimmten genetischen Veranlagungen sind insoweit zulässig, als sie im Zusammenspiel mit dem konkreten Arbeitsplatz zu Gesundheitsschäden des Arbeitnehmers führen können.[1077] Eine zweite Fallgruppe, in der das Fragen nach einer bestimmten genetischen Veranlagung erlaubt ist, ergibt sich aus der Fürsorgepflicht des Arbeitgebers. Er muß bei Einstellungen darauf zu achten, daß ungeeignete und unqualifizierte Arbeitnehmer nicht zu einer Gefahr für Dritte werden.[1078] Voraussetzung für einen solchen Erlaubnisvorbehalt ist, daß es sich um eine Tätigkeit handelt, deren fehlerhafte Ausführung regelmäßig zu Schäden oder Körperverletzungen bei Dritten führt. Weiter muß die genetische Veranlagung sachlich eine Gefahr für die korrekte Ausübung der Tätigkeit darstellen. Außerdem muß eine zeitliche Nähe dahingehend bestehen, daß der erwartete Krankheitsausbruch nicht in ferner Zukunft liegt, sondern im für die Arbeit vorgesehenen Zeitraum. In diesen bisher

---

[1076] G. Wiese, Genetische Analysen und Rechtsordnung,1994, 43, 64.
[1077] Dies entspricht den Fällen der ausnahmsweisen Zulässigkeit der Genomanalyse unter Zweiter Teil, Erster Abschnitt, III. 4. d) aa).
[1078] Vgl. dazu G. Thüsing/T. Lambrich, BB 2002, 1146, 1152; dies entspricht den Fällen der ausnahmsweisen Zulässigkeit der Genomanalyse unter: Zweiter Teil, Erster Abschnitt, III. 4. d) bb).

noch sehr theoretischen Konstellationen hat der Arbeitgeber ausnahmsweise das Recht, gezielt nach berufsspezifischen Veranlagungen zu fragen und den Arbeitnehmer trifft eine entsprechende Offenbarungspflicht.

Eine weitere Einschränkung des Verbots ist im Fall eines Rechtsmißbrauchs denkbar. Ähnlich wie in den Fällen der grundsätzlichen Unzulässigkeit der Frage nach einer besehenden Schwangerschaft ist beim Wissen um eine genetische Krankheitsanlage unter Umständen eine Ausnahme vom Frageverbot des Arbeitgebers zu machen, wenn sich der Bewerber rechtsmißbräuchlich verhält. Als Beispiel kann der Fall dienen, in dem eine potentielle Arbeitnehmerin, die als Schwangerschaftsvertretung eingestellt wurde, selbst schwanger war. Hier sollte ausnahmsweise eine Offenbarungspflicht und ein Fragerecht bestehen, wenn es sich um einen begrenzten Zeitraum handelt, zeitnah mit der Entbindung zu rechnen ist und die Schwangere von vornherein weiß, daß sie die Tätigkeit während der Hauptarbeitszeit nie oder nur unzureichend wird verrichten können. In diesen Fällen wird die Arbeitsbereitschaft lediglich vorgespiegelt.[1079] Übertragen auf die Frage der Offenbarungspflicht und des Fragerechts bei vorhandener Kenntnis über die genetische Veranlagung bedeutet dies, daß der Bewerber sich rechtsmißbräuchlich verhält, wenn er um eine in naher Zukunft eintretende Krankheit weiß, die ihm die Ausübung der konkreten Tätigkeit erschweren oder gar unmöglich machen wird. In diesen Fällen ist eine Ausnahme vom Frageverbot bezüglich der genetischen Veranlagung ebenso gerechtfertigt wie eine Offenbarungspflicht. Dasselbe gilt für solche wahrscheinlich auftretende Erkrankungen, bei denen andere Personen erheblich gefährdet werden. In diesen Fällen haben die Informationsinteressen des Arbeitgebers Vorrang vor dem informationellen Selbstbestimmungsrecht des potentiellen Arbeitnehmers. Ein Berufen auf sein Recht auf Nichtwissen wäre in diesen Fällen insofern rechtsmißbräuchlich als er, unter Berufung auf seinen Persönlichkeitsschutz, sich wissentlich um eine Anstellung bemüht, die er im konkreten Fall nicht oder nicht auf absehbare Zeit wird ausfüllen können oder bei der er wissentlich Dritte gefährden könnte.

b) Lösungsvorschlag: Verwertungsverbot – Keine Offenbarungspflicht bei vorhandenen Kenntnissen aus genetischer Diagnostik

Vielfach wird vertreten, daß es dem Arbeitgeber und dem untersuchenden Arzt nicht erlaubt sein soll, im Rahmen von Einstellungsuntersuchungen und Gesprächen nach früher durchgeführten Genomanalysen zu fragen, Testergebnisse entgegenzunehmen oder zu nutzen.[1080] Begründet wird dies mit der Begrenzung des

---

[1079] G. Thüsing/T. Lambrich, BB 2002, 1146, 1147.
[1080] Datenschutzbeauftragte des Bundes und der Länder, Anlage zur Entschließung zu einer gesetzlichen Regelung von genetischen Untersuchungen, 2001; Enquete-Kommission „Recht und Ethik der modernen Medizin", Schlußbericht, BT-Drucks. 14/9020, 2002, 176; Bundestagsfraktion

Fragerechts durch die schutzwürdigen Interessen des Arbeitgebers hinsichtlich des beabsichtigten Arbeitsverhältnisses.[1081] Entscheidend dabei ist die gegenwärtige Eignung des Arbeitnehmers, so daß Fragen nach Ergebnissen von Genomanalysen, die Aufschluß über zukünftig mehr oder weniger wahrscheinlich eintretenden Erkrankungen ohnehin ausschieden. Das informationelle Selbstbestimmungsrecht überwiege insoweit die Informationsinteressen des Arbeitgebers.[1082] Dies soll durch eine Ergänzung des Bürgerlichen Gesetzbuches (§ 611 c BGB) gesetzlich verboten werden.[1083] Dies bedeutet ein Verwertungsverbot auch für Ergebnisse genetischer Tests, die dem Arbeitgeber vom potentiellen Arbeitsnehmer freiwillig übergeben wurden.[1084] Dies entspricht weitgehend der Regelung in Österreich.[1085]
Eine entsprechende Offenbarungspflicht des Arbeitnehmers besteht in diesen Fällen nicht. Manche lassen eine Ausnahme zu für Fragen nach bestehenden oder unmittelbar bevorstehenden arbeitsplatzrelevanten Erkrankungen, die durch eine Genomanalyse aufgedeckt wurden.[1086]
Eine gesetzliche Regelung muß demnach vorsehen, daß es den Arbeitgebern gesetzlich verboten wird, im Rahmen von Einstellungsuntersuchungen oder von Untersuchungen während des Beschäftigungsverhältnisses die Durchführung genetischer Tests zu verlangen oder nach den Ergebnissen von durchgeführten Gentests zu fragen oder solche zu verwerten. Zusätzlich soll es ebenso potentiellen Arbeitnehmern gesetzlich verboten werden, freiwillig dem Arbeitgeber Ergebnisse aus früher durchgeführter Gentests mitzuteilen.[1087]

Für ein Verwertungsverbot mit der Folge, daß auch freiwillig vom Arbeitnehmer offenbarte Testergebnisse nicht berücksichtigt werden dürfen, spricht die Zwangslage, in der sich der Arbeitnehmer befindet und in der er nicht wirklich frei entscheiden und freiwillig handeln kann. Ziel eines solchen umfassenden Verwertungsverbots ist, den Arbeitnehmer davor zu schützen, daß er sich, mit o-

---

„Die Grünen", Entwurf eines Gesetzes zur Regelung von Analysen des menschlichen Erbguts (Gentest-Gesetz), 2001, Art. 2.
[1081] H. Bickel, VerwArch 1996, 169, 180.
[1082] R. Diegräf, BB 1991, 1854, 1859.
[1083] Bundestagsfraktion „Die Grünen", Entwurf eines Gesetzes zur Regelung von Analysen des menschlichen Erbguts (Gentest-Gesetz), 2001.
[1084] Datenschutzbeauftragte des Bundes und der Länder, Anlage zur Entschließung zu einer gesetzlichen Regelung von genetischen Untersuchungen, 2001.
[1085] § 67 Gentechnik-Gesetz, vgl. dazu Enquête-Kommission „Recht und Ethik der modernen Medizin", Schlußbericht, BT-Drucks. 14/9020, 2002, 138.
[1086] Abschlußbericht der Bund-Länder-Arbeitsgruppe „Genomanalyse", 1990, abgedruckt in W. Eberbach/P. Lange/M. Ronellenfitsch, Recht der Gentechnik und Biomedizin, Band 4, 2002, Teil II. F, 49, 50.
[1087] Enquête-Kommission „Recht und Ethik der modernen Medizin", Schlußbericht, BT-Drucks. 14/9020, 2002, 176.

der ohne Anregung des Arbeitgebers, zur Verbesserung seiner Aussichten auf den Arbeitsplatz solchen Untersuchungen freiwillig unterzieht oder deren Ergebnisse freiwillig mitteilt.[1088] Selbst wenn er absolut freiwillig handelt, so ergibt sich doch auch hier das Problem des faktischen Zwangs für andere, die dann mittelbar gezwungen werden, Ergebnisse zu offenbaren, um nicht benachteiligt zu werden.[1089] Die Befürworter einer gesetzlichen Verankerung eines absoluten Durchführungs- und Verwertungsverbot von Genomanalysen im Arbeitsrecht[1090] betonen, daß es Ziel einer gesetzlichen Regelung sein muß, das Entstehen eines genetischen Determinismus in der Arbeitsmedizin zu verhindern. Es darf nicht von genetischen Informationen eines Menschen auf dessen Leistungsbereitschaft und Leistungsfähigkeit oder Gefährdung für andere Menschen geschlossen werden.[1091]
Bei einer solchen Regelung bleibt es dem Arbeitnehmer unbenommen, sich zum eigenen Schutz vor arbeitsbedingten Risiken freiwillig genetisch testen zu lassen. Die aufgezeigten Gefahren, insbesondere die eines sozialen Zwangs zur Genomanalyse sind durch eine solche Regelung adäquat eingedämmt.

c) Lösungsvorschlag: Möglichkeit der freiwilligen Weitergabe von Testergebnissen

Nach anderer Ansicht soll die Weitergabe der Testergebnisse an Arbeitgeber möglich sein, wenn die Zustimmung des Betroffenen vorliegt und nachdem er von den Ergebnissen Kenntnis genommen hat.[1092] Manche fordern in jedem Fall der Weitergabe eine schriftlichen Entbindung von der Schweigepflicht und eine vorherige, umfassende Aufklärung des Betroffenen über die möglichen Folgen.[1093]
Nach anderer Ansicht der Enquête-Kommission „Recht und Ethik der modernen Medizin" soll eine freiwillige Weitergabe von Testergebnissen durch potentielle Arbeitnehmer nicht möglich sein und gesetzlich verboten werden.[1094] Dafür spricht vor allem die Zwangssituation, in der der Arbeitnehmer steckt und die Folgen für andere Arbeitnehmer, die so möglicherweise aus dem Arbeitsmarkt

---

[1088] Datenschutzbeauftragte des Bundes und der Länder, Entschließung zu einer gesetzlichen Regelung von genetischen Untersuchungen, 2001.
[1089] Abschlußbericht der Bund-Länder-Arbeitsgruppe „Genomanalyse", 1990, abgedruckt in W. Eberbach/P. Lange/M. Ronellenfitsch, Recht der Gentechnik und Biomedizin, Band 4, 2002, Teil II. F, 50.
[1090] Enquête-Kommission „Recht und Ethik der modernen Medizin", Schlußbericht, BT-Drucks. 14/9020, 2002, 176; Datenschutzbeauftragte des Bundes und der Länder, Entschließung zu einer gesetzlichen Regelung von genetischen Untersuchungen, 2001; Ethik-Beirat beim BMG, Prädiktive Gentests. Eckpunkte für eine ethische und rechtliche Orientierung, 2000, 13.
[1091] Enquête-Kommission „Recht und Ethik der modernen Medizin", Schlußbericht, BT-Drucks. 14/9020, 2002, 140.
[1092] E. Deutsch, ZRP 1986, 1, 3, 4.
[1093] Vgl. zu Weitergabe allgemein: S. Winter, in: S. Winter/H. Fenger/H.-L. Schreiber (Hrsg.), Genmedizin und Recht, 2001, Rn 849; M.-T. Tinnefeld, ZRP 2000, 10, 12-13.
[1094] Enquête-Kommission „Recht und Ethik der modernen Medizin", Schlußbericht, BT-Drucks. 14/9020, 2002, 176.

ausgegrenzt werden. Dem Arbeitnehmer bleibt es unbenommen, sich zum eigenen Schutz vor arbeitsbedingten Risiken freiwillig genetisch testen zu lassen.

6. Schlußfolgerung

Ziel einer gesetzlichen Regelung der Genomanalyse im Arbeitsrecht muß sein, eine Ausforschung des Arbeitnehmers im Rahmen von Einstellungsuntersuchungen zu verhindern. Es muß ausgeschlossen werden, daß Informationen über das künftige Krankheitsschicksal des Arbeitnehmers als Informationen über den Kernbereich der Persönlichkeit, erhoben und weitergegeben werden.

Ziel muß es auch sein, Mißbrauchsgefahren durch die Verwendung genetischer Verfahren und Daten zur Auslese von Arbeitnehmern zu verhindern.[1095] Das Recht auf Nichtwissen muß garantiert werden und dem Arbeitnehmer dürfen keine Nachteile daraus erwachsen, wenn er eine genetische Untersuchung oder die Offenbarung solcher Ergebnisse ablehnt. Die Gefahr des faktischen Zwangs durch freiwillige Durchführung genetischer Tests oder Vorlage der Ergebnisse durch einzelne Arbeitnehmer darf nicht entstehen. Eine solche Entwicklung hätte negative Auswirkungen auf das gesellschaftliche Zusammenleben und würde zu Entsolidarisierung und Diskriminierung auf dem Arbeitsmarkt führen.

Um dies alles zu gewährleisten ist ein Ausforschungs- und Verwertungsverbot hinsichtlich der Genomanalyse und ihrer Ergebnisse im Arbeitsrecht gesetzlich zu verankern. Sehr eng begrenzte Ausnahmen von diesen Verboten sind nur zulässig, wenn es tatsächlich Untersuchungen gibt, die es ermöglichen, arbeitsplatzspezifisch wichtige Anfälligkeiten auch im Hinblick auf ihren Eintrittszeitraum zu erkennen. Solche Ausnahmen können nur für Krankheitsanlagen oder Anfälligkeiten gemacht werden, die eine Gefahr für Dritte gerade beim angestrebten Beruf mit sich bringen (Pilot, Lokomotivführer). Eine solche Regelung entspricht weitgehend dem Schweizer Gesetzesentwurf zu einem Humangenetikgesetz, das ebenfalls ein Ausforschungsverbot hinsichtlich genetischer Untersuchungen des Arbeitnehmers sowie ein Verwertungsverbot für genetische Daten vorsieht.[1096] Darüber hinaus sieht der Schweizer Entwurf vor, daß Arbeitgeber, die gegen die Verbote verstoßen sich schadensersatzpflichtig und strafbar machen.[1097] Dies ist zur Durchsetzung der Bestimmungen sinnvoll und notwendig.

[1095] Enquête-Kommission „Recht und Ethik der modernen Medizin", Schlußbericht, BT-Drucks. 14/9020, 2002, 142.
[1096] Schweizer Gesetzesentwurf, abgedruckt in ZSR 1998, 473 ff., Art. 18 VE.
[1097] Schweizer Gesetzesentwurf, abgedruckt in ZSR 1998, 473 ff., Art. 37, 19 VE.

Die Ausnahmen und Voraussetzungen vom Ausforschungs- und Verwertungsverbot müssen nach Berücksichtigung folgender Kriterien detailliert gesetzlich geregelt werden:
Im Rahmen der Güter- und Interessenabwägung wird je nach Wahrscheinlichkeit der Diagnose der nur potentielle und abstrakte Schutz des Arbeitgebers oder Dritter entsprechend geringer bewertet werden müssen.[1098] Die Informationsinteressen des Arbeitgebers und der zu schützenden Dritten wiegen um so weniger, als das Ergebnis einer möglichen Diagnose nicht nur Folgen für die beruflichen Aussichten des Betroffenen hat, sondern auch für die Lebensplanung und Persönlichkeit insgesamt. Dies gilt besonders bei Tests, durch die eine schwerwiegende Krankheit aufgedeckt werden soll, für die in absehbarer Zeit keine Therapie zu Verfügung stehen wird.[1099]

IV. Verwandte

Prädiktive Diagnostik hat große Bedeutung für prophylaktische operative Eingriffe im Rahmen familiärer Erkrankungen wie beispielsweise familiärer Tumorsyndrome. Beispiele sind das hereditäre medulläre Schilddrüsenkarzinom und das hereditäre kolorektale Karzinom. Es ist wahrscheinlich, daß die Wechselbeziehung von klinischen und molekulargenetischen Daten die grundlegenden Zusammenhänge von Phänotyp und Genotyp zunehmend erhellen wird. Die dadurch erzielte Präzisierung der Prädiktion ist insbesondere für präventive operative Eingriffe von Bedeutung, denn es gilt der Grundsatz, daß je präziser die Prädiktion ist, desto eher ein präventiver Eingriff gerechtfertigt ist.[1100] Das gehäufte Auftreten familiärer Tumorerkrankungen stellt eine Indikation für die Suche nach einer Keimbahnmuation bei einem bereits erkrankten Familienmitglied dar.[1101] Nachdem eine solche krebsdisponierende Keimbahnmutation festgestellt worden ist, haben alle anderen Familienangehörigen die Möglichkeit, sich einer dahingehenden molekularen prädiktiven Diagnostik zu unterziehen. Der Vorteil für Anlageträger ist, daß sie lange vor dem Auftreten von Symptomen in ein Vorsorgeprogramm aufgenommen werden können. Auf der anderen Seite können Personen, bei denen die entsprechende Anlageträgerschaft ausgeschlossen wurde, aus dem

---

[1098] DFG, Humangenomforschung und prädiktive genetische Diagnostik, Stellungnahme v. 20.6.1999, 58.
[1099] DFG, Humangenomforschung und prädiktive genetische Diagnostik, Stellungnahme v. 20.6.1999, 58.
[1100] H.-D. Saeger/S. Pistorius/G. Fitze/H. K. Schackert, DÄBL 2002, A 441, A 445.
[1101] H.-D. Saeger/S. Pistorius/G. Fitze/H. K. Schackert, DÄBL 2002, A 441, A 443.

belastenden, kostenaufwendigen und invasiven Vorsorgeprogramm entlassen werden.[1102]

Eine Kollision der verschiedenen Rechte und Informationsinteressen ist sowohl bei der Ausübung des Rechts auf Wissen als auch bei Ausübung des Rechts auf Nichtwissen möglich.

1. Recht auf Nichtwissen naher Angehöriger – erhobenes Wissen

Zunächst geht es im Verhältnis zu Verwandten um das Recht auf Nichtwissen hinsichtlich bekannter Testergebnisse. Bei der direkten Gendiagnostik ist die Untersuchung naher Verwandter nicht erforderlich, gleichwohl enthält ein eindeutiges Ergebnis auch Informationen über einen Elternteil, der diese Gewißheit möglicherweise gar nicht haben möchte.[1103] Eine feststehende Diagnose durch genetische Testergebnisse enthält oft eine Wahrscheinlichkeit bezüglich der Erkrankung naher Angehöriger.[1104] Es besteht dann die Gefahr, daß Angehörigen prädiktives Wissen aufgedrängt wird. Dies berührt sie in ihrem Recht auf Nichtwissen, das den Einzelnen gerade davor schützen soll, daß ihm die Kenntnis anderer über seine genetische Disposition gegen seinen Willen aufgedrängt wird.[1105] Er selbst hat das Recht zu entscheiden, welche Kenntnisse über die eigene genetische Konstitution er erhalten möchte und welche nicht. Da das frühzeitige Wissen um eine unheilbare, erst spät im Leben auftretende Krankheit für den Einzelnen eine unerträgliche Belastung sein kann und einen schweren Eingriff in Recht auf Nichtwissen darstellt, darf gezwungen werden, mit solchem Wissen über Jahre zu leben.[1106]

Aufgedrängt werden kann dieses Wissen durch den getesteten Angehörigen selbst. Darüber hinaus treffen den untersuchenden Arzt unter Umständen Aufklärungspflichten. Hier kann es zum Spannungsverhältnis zwischen ärztlicher Schweigepflicht, möglichen Aufklärungspflichten gegenüber den Verwandten des Patienten (Testperson) und deren Recht auf Nichtwissen kommen.
Die Lösung des Spannungsverhältnisses ergibt sich aus dem ärztlichen Standesrecht. Grundsätzlich unterliegt das Ergebnis eines prädiktiven Tests der Schwei-

---

[1102] H.-D. Saeger/S. Pistorius/G. Fitze/H. K. Schackert, DÄBL 2002, A 441, A 443.
[1103] J. Epplen/H. Przuntek, DÄBL 1998, A 32, A 33.
[1104] R. Damm, MedR 1999, 437, 440; J. Taupitz, JZ 1992, 1089, 1090, 1099; O. Schöffski, ZVersWiss 1999, 265, 272.
[1105] Vgl. J. Taupitz, JZ 1992, 1089, 1090; G. Wiese, in: E. Jayme et al. (Hrsg.), FS für H. Niederländer, 1991, 475, 484; H. Donner/J. Simon DÖV, 1990, 907, 912 f.; K. Berberich, VW 1998, 1190; S. Cramer, Genom- und Genanalyse, Diss. Heidelberg 1991, 266; J. Goerdeler/B. Laubach, ZRP 2002, 115, 116.
[1106] B. Gretter, ZRP 1994, 24, 26 mwN.

gepflicht des Arztes nach § 203 StGB und der standesrechtlichen Schweigepflicht nach § 9 der Musterberufsordnung.[1107] Nach den Richtlinien der Bundesärztekammer[1108] informiert der betreuende Arzt den Patienten darüber, daß er die Personen mit erhöhtem Krankheitsrisiko unter seinen Verwandten auf dieses Risiko hinweisen sollte. Der Arzt darf sich nur dann selbst an die Verwandten wenden, wenn der Patient seine Angehörigen nicht informiert und wenn die Verwandten vom gleichen Arzt mitbehandelt werden.[1109] Grundsätzlich darf der Arzt sein Wissen nicht unaufgefordert Dritten, d.h. Personen außerhalb des Arzt-Patientenverhältnisses mitteilen und diese genetisch aktiv beraten. Nur in Ausnahmefällen ist der Arzt berechtigt, die ärztliche Schweigepflicht hinsichtlich der Weitergabe genetischer Daten zu brechen. Dies kommt dann in Betracht, wenn dem Dritten ein Informationsrecht zusteht, das sich aus der entscheidenden Bedeutung der genetischen Daten für dessen Gesundheit ergibt.[1110] Fürsorgepflicht, Offenbarungspflicht, Recht auf Nichtwissen und Schweigepflicht sind dabei gegeneinander abzuwägen. Genaue Kriterien fehlen; vorgeschlagen wird, die Abwägungshoheit des Arztes auf harte Notstandssituationen zu begrenzen.[1111] Ähnlich wie bei gleichzeitiger oder nacheinander erfolgender Behandlung des Sexualpartners eines HIV-Infizierten kann eine ärztliche Offenbarungsbefugnis oder Offenbarungspflicht bestehen.[1112] Im Rahmen des § 34 StGB muß das geschützte gesundheitliche Interesse des einen, das durch den Bruch der Schweigepflicht preisgegebene Interesse (informationelles genetisches Selbstbestimmungsrecht) des anderen, wesentlich überwiegen. Bei erkannten Erbkrankheiten, die durch präventive Maßnahmen gemildert oder gar ganz verhindert werden könnten, ist dies der Fall.

Soweit im umgekehrten Fall das Recht auf Nichtwissen des aufzuklärenden Angehörigen betroffen ist, gilt Folgendes: Der Betroffene selbst muß kundtun, daß er von einer genetischen Veranlagung naher Verwandter keine Kenntnis nehmen möchte. Allein aus der Tatsache, daß die Kenntnis von der eigenen genetischen Veranlagung die Persönlichkeit gravierend verändern kann, kann nämlich nicht abgeleitet werden, daß es sich gleichzeitig um eine Persönlichkeitsverletzung handelt und infolgedessen das Ergebnis einer Genomanalyse dem Betroffenen nicht ohne dessen Zustimmung mitgeteilt werden darf.[1113] Zuvor hat der Arzt al-

---

[1107] (Muster-)Berufsordnung für die deutschen Ärztinnen und Ärzte – MBO-Ä 1997, geändert durch die Beschlüsse des 103. Deutschen Ärztetages 2000, DÄBL Sonderdruck.
[1108] Richtlinien der Bundesärztekammer zur Diagnostik der genetischen Disposition für Krebserkrankungen abgedruckt in DÄBL 1998, A 1396-A 1403.
[1109] Richtlinien der Bundesärztekammer zur Diagnostik der genetischen Disposition für Krebserkrankungen abgedruckt in DÄBL 1998, A 1396, A 1398, 1.2 .
[1110] B. Gretter, ZRP 1994, 24, 25.
[1111] R. Damm, MedR 1999, 437, 445.
[1112] A. Laufs, Arztrecht, 1993, Rn 431.
[1113] J. Taupitz, in: Hanau/Lorenz/Matthes (Hrsg.), FS für G. Wiese, 1998, 583, 596 mwN.

lerdings über die Folgen prädiktiven Wissens in jeder Hinsicht aufzuklären und den Betroffenen darauf aufmerksam zu machen, daß er von seinem Recht auf Nichtwissen Gebrauch machen kann.

2. Recht auf Wissen versus Recht auf Nichtwissen (Erhebung von prädiktivem Wissen)

Die Diagnostik vieler genetisch bedingter Erkrankungen verlangt die Untersuchung naher Verwandter (Verwandte ersten Grades). So erfordert beispielsweise die Diagnostik der familiären hypertrophischen Kardiomyopathie eine Familienuntersuchung.[1114] Grundsätzlich ist für die indirekte Gendiagnostik immer eine informative Familiensituation und die Untersuchung erkrankter und gesunder Angehöriger notwendig.

Es kann hier ein Spannungsverhältnis zwischen dem Recht auf Nichtwissen, bezogen auf die Erhebung prädiktiven Wissens, des einen und dem Recht auf Wissen des anderen entstehen. Zu klären ist, ob das Freiwilligkeitsprinzip, das für die prädiktive Diagnostik gilt, in diesen Fällen eingeschränkt sein kann.

Wie bereits erörtert, kann das Recht auf Nichtwissen im überwiegenden Allgemeininteresse oder bei kollidierenden Grundrechten Dritter eingeschränkt werden.[1115] Es sind jedoch an eine Einschränkung des Rechts auf Nichtwissen bezüglich der Erhebung prädiktiven Wissens höhere Anforderungen zu stellen als bezüglich bereits erhobenen Wissens und der daraus resultierenden Daten. Dies ergibt sich daraus, daß die Erhebung prädiktiven Wissens einen wesentlich einschneidenderer Eingriff in das Persönlichkeitsrecht darstellt als die Verfügung über genetisches Daten, die bereits erhoben wurden.

Bei der vorliegenden Frage steht im Rahmen der Interessenabwägung auf der einen Seite das Recht auf Nichtwissen hinsichtlich der eigenen genetischen Veranlagung.[1116] Dieses Abwehrrecht muß gegen das Informationsrecht des anderen abgewogen werden, der zur Verwirklichung seines Rechts auf Wissen für die Durchführung der Diagnostik genetische Daten des anderen benötigt.

Manche kommen zu dem Ergebnis, daß bei der Abwägung des Rechts auf Wissen gegen das Recht auf Nichtwissen des Verwandten im Fall einer Stammbaumforschung, bei der es medizinisch als gesichert gilt, daß die ermittelten Träger mit hoher Wahrscheinlichkeit die Krankheitsveranlagung haben, und bei der gleichzeitig feststeht, daß erfolgreiche Therapiemaßnahmen ergriffen werden könnten, das Recht auf Wissen schützenswerter ist.[1117] Andere sprechen in diesen Fällen

---

[1114] C. Hengstenberg, Genetik der familiären hypertrophischen Kardiomyopathie, DÄBL 1996, A 532, A 536.
[1115] Siehe unter Zweiter Teil, Erster Abschnitt, I. 1. b) bb).
[1116] Enquête-Kommission des BT „Chancen und Risiken der Gentechnologie", BT-Drucks 10/6775, 1987, 174.
[1117] B. Gretter, ZRP 1994, 24, 27.

von einer *Pflicht zu wissen*. Diese Pflicht zu wissen meint eine Pflicht zur Verschaffung des Wissens. Denkbar ist eine Pflicht zu wissen als Ergebnis eines Abwägungsvorgangs mit Informationsrechten von Kindern oder anderen nahen Angehörigen. Eine Pflicht zu wissen kann bestehen, wenn der Betreffende drittgerichtete Entscheidungen treffen muß, d.h. seine Entscheidung nicht nur Auswirkungen auf Dritte hat, sondern auch eine Entscheidung für diese Dritten bedeutet.[1118]
Bejaht man dies im Fall genetischer Diagnostik, so führt dies dazu, daß der Einzelne zur Durchführung eines genetischen Tests verpflichtet sein kann, wenn ein Verwandter für seine Diagnostik zwingend auch die Untersuchung dieses nahen Verwandten benötigt. Dies würde eine Ausnahme vom Grundsatz der Einwilligungsbedürftigkeit prädiktiver Diagnostik bedeuten. Fraglich ist jedoch, wie sich dieses Ergebnis begründen ließe. Denkbar wäre, daß in diesen Fällen die Situation eines rechtfertigenden Notstandes im Sinne von § 34 StGB vorläge und der Einzelne gezwungen wäre, sich genetisch testen zu lassen, wenn nur so die genetische Veranlagung eines Verwandten für eine bestimmte Erkrankung festgestellt werden kann und davon die Einleitung lebensnotwendiger Therapiemaßnahmen für den Verwandten abhinge. Jedoch ist im Hinblick auf vergleichbare Fallkonstellationen problematisch, ob in diesen Fällen das Recht auf Nichtwissen des Einzelnen hinter dem Recht auf Wissen des Verwandten zurücktreten muß. Im Fall einer lebensbedrohenden Krankheit, die durch genetische Diagnostik zumindest mittelbar verhindert werden kann, ist zwar davon auszugehen, daß das Lebensrecht das Recht auf Nichtwissen überwiegt. Ungeachtet dessen, daß es im Einzelfall schwierig sein wird, eine gegenwärtige Gefahrenlage zu bejahen, ist fraglich, ob die genetische Diagnostik bei einem nahen Angehörigen und der damit einhergehende Eingriff in dessen Recht auf Nichtwissen ein angemessenes Mittel im Sinne von § 34 S.2 StGB zur Gefahrenabwehr sein kann. § 34 S.2 StGB erfordert, daß neben den Voraussetzungen des rechtfertigenden Notstandes in einem zweiten Wertungsakt die Angemessenheit der Verletzungshandlung überprüft wird.[1119] Bei Personenwerten scheidet trotz Höherrangigkeit des bedrohten Rechtsguts ein Eingriff in den Personenwert eines anderen oft deswegen aus, weil der Anspruch auf Selbstbestimmung und Respektierung der Person es ausschließt, daß ein anderer zur Duldung von erheblichen Eingriffen in seine Person gezwungen werden kann. Im Ergebnis bedeutet dies, daß wegen des Wertes der Autonomie des Einzelnen körperliche Eingriffe in die Person eines anderen in den meisten Fällen ausscheiden.[1120]
In diesem Zusammenhang ist ein Blick auf die ähnliche Interessenkollisionen zu werfen:

[1118] J. Taupitz, in: Hanau/Lorenz/Matthes (Hrsg.), FS für G. Wiese, 1998, 583, 600.
[1119] H. Tröndle/T. Fischer, StGB Kommentar, 2003, § 34 Rn 12.
[1120] H. J. Hirsch, in: Leipziger Kommentar zum StGB, 1994, § 34 Rn 68.

Bei der Organspende vom lebenden Spender kann der Eingriff in dessen höchstpersönliche Rechte durch den medizinischen Eingriff der Organentnahme nur mit ausdrücklicher Einwilligung des Spenders erfolgen. Die mangelnde Einwilligung des Spenders kann nicht durch die Voraussetzungen des rechtfertigenden Notstandes im Sinne von § 34 StGB überwunden werden.[1121] Es fehlt an der Angemessenheit des Mittels im Sinne von § 34 S.2 StGB.
Dasselbe gilt für den Fall einer lebensrettenden Blutspende zugunsten eines auf die Spende angewiesenen Dritten selbst im Fall einer äußerst seltenen Blutgruppe. Obwohl das durch die risikolose Blutentnahme verletzte Interesse an körperlicher Integrität des „einzigen" Spenders wesentlich weniger wert ist als das Lebensinteresse des Verletzten, kommt man über die Angemessenheitsprüfung des § 34 S.2. dazu, daß in jedem denkbaren Fall das gewichtige Interesse an der Respektierung des Menschen als Selbstzweck und an der Achtung der Personenwürde als absolutes Recht überwiegt.[1122] In einem freiheitlichen Rechtsstaat, der zwar auf ein Minimum personeller Opferbereitschaft nicht verzichten kann, muß die Entscheidung darüber, ob das Opfer einer lebensnotwendigen Blutspende erbracht wird oder nicht, eine sittliche Entscheidung des Einzelnen bleiben.[1123] Andere stellen auf das Verallgemeinerungsprinzip ab und stellen die Frage nach den Konsequenzen einer allgemeinen Erlaubnis der betreffenden Notstandhandlung. Im Ergebnis müßte dann jedermann zu jeder Zeit damit rechnen, zu einer Blutspende gezwungen zu werden.[1124] Deshalb könne die erzwungene Blutentnahme kein angemessenes Mittel im Sinne von § 34 S.2 StGB sein. *Lenckner* ist der Ansicht, daß es nicht erst an der Angemessenheit des Mittels im Sinne von § 34 S.2 StGB fehle, sondern daß im Rahmen der Interessenabwägung gemäß § 34 S.1 StGB nicht nur das Interesse an der körperlichen Integrität gegen das Lebensinteresse des Schwerverletzten abzuwägen sei. Vielmehr sei bei der Abwägung auch das Interesse der Rechtsgemeinschaft an der Wahrung der Personenautonomie als Grundprinzip der Rechtsordnung zu berücksichtigen, und dies führe zu einer Versagung der Rechtfertigung der erzwungenen Blutspende.[1125]
Nur einzelne gehen davon aus, daß es ausnahmsweise die Rechtspflicht zur Blutspende geben kann. Dies wird beim Bestehen von engsten Schutz- und Beistandspflichten zwischen Ehegatten, Eltern und Kindern bejaht, sofern die Blutspende

---

[1121] A. Laufs, Arztrecht, 1993, Rn 276.
[1122] A. Laufs, Arztrecht, 1993, Rn 276; H. J. Hirsch, Leipziger Kommentar zum StGB, 1994, § 34 Rn 68; H.-L. Günther, in: H.-J. Rudolphie/E. Horn/E. Samson (Hrsg.), Systematischer Kommentar zum StGB, 2001, § 34 Rn 51.
[1123] J. Wessels/W. Beulke, Strafrecht – Allgemeiner Teil, 2002, Rn 320.
[1124] J. Joerden, § 34 Satz 2 StGB und das Prinzip der Verallgemeinerung, GA 1991, 411, 426.
[1125] T. Lenckner/W. Perron, in: A.Schönke/H. Schröder (Hrsg.), Strafgesetzbuch, 2001, § 34 Rn 47.

das einzige Mittel zur Lebensrettung ist und für den Spender keine nennenswerten gesundheitliche Einbußen entstehen.[1126]

Bezogen auf die Frage der Erzwingung oder Verpflichtung zur genetischen Diagnostik unter Verwandten läßt sich folgendes sagen:
Für den Fall des genetischen Tests zum Zweck der Diagnostik eines nahen Verwandten, der dann lebensrettende Maßnahmen ergreifen könnte, ist das Interesse an Gesundheit und Lebenserhaltung des Verwandten als vitales Interesse zunächst höher zu bewerten als das Recht auf Nichtwissen des zu Testenden. Aufgrund des nahen Verwandtschaftsgrades wird in den meisten Fällen auch eine persönliche Beistandsbeziehung bestehen. Die Erzwingung des genetischen Tests würde keinen wesentlichen körperlichen Eingriff mit sich bringen – denkbar ist, daß schon ein ausgefallenes Haar ausreicht. Wenngleich der Eingriff in die körperliche Integrität gering ist, so verbleibt der schwerwiegende Eingriff in das Persönlichkeitsrecht und das Selbstbestimmungsrecht des Betroffenen. Im Vergleich mit dem Eingriff durch eine erzwungen Blutspende liegt hier ein wesentlich schwerwiegenderer Eingriff in das Recht auf Nichtwissen als Teil des Selbstbestimmungsrechts der Person vor. Selbst wenn man davon ausgeht, daß vitale Interessen auf der anderen Seite stehen, kann der Eingriff in das Recht auf Nichtwissen nie angemessenes Mittel im Sinne von § 34 S. 2 StGB sein. Die Respektierung des Menschen mit seinen Entscheidungen und das Interesse an der Achtung der Personenwürde als absolutes Recht überwiegen in jedem Fall. Die Entscheidung darüber, ob jemand genetische Informationen über seine Person erheben will oder nicht, muß allein bei ihm verbleiben. Der Kernbereich der Person und der Selbstbestimmung ist absolut zu schützen.

3. Gesetzgeberische Vorarbeiten

Die Entschließung der Datenschutzbeauftragten des Bundes und der Länder zu einer gesetzlichen Regelung von genetischen Untersuchungen[1127] trägt den Informationsrechten und dem Recht auf Nichtwissen von nahen Verwandten Rechnung. Danach soll grundsätzlich gelten, daß das Ergebnis einer genetischen Untersuchung nur der betroffenen Person mitgeteilt wird. Wenn das Ergebnis nach Ansicht des Arztes auch für Verwandte des Getesteten relevant ist, muß der Arzt bei der Beratung und Aufklärung über das Testergebnis die Testperson darauf hinweisen, daß seine Verwandten ein Recht auf Nichtwissen haben. Gegen den Willen des Getesteten darf der Arzt Verwandte nur informieren, wenn dies zur Wahrung erheblicher überwiegender Interessen dieser Personen erforderlich ist. Letzteres

---

[1126] J. Wessels/W. Beulke, Strafrecht – Allgemeiner Teil, 2002, Rn 320.
[1127] Datenschutzbeauftragte des Bundes und der Länder, Anlage zur Entschließung zu einer gesetzlichen Regelung von genetischen Untersuchungen, 2001.

entspricht der geltenden Rechtslage, nach der der Arzt unter den Voraussetzungen des § 34 StGB Verwandte unterrichten darf.[1128]

4. Vergleich mit dem Schweizer Gesetzesentwurf

Auf der Basis des Schweizer Gesetzesentwurfs zu einem Humangenetikgesetz darf der Arzt das Ergebnis einer genetischen Untersuchung nur der betroffenen Person mitteilen. Außerdem darf diese Mitteilung mit ausdrücklicher Zustimmung der betroffenen Person auch an deren Verwandte erfolgen, nachdem sie aufgeklärt wurden und eingewilligt haben. Bei fehlender Zustimmung darf der Arzt die Entbindung von der ärztlichen Schweigepflicht bei der zuständigen öffentlichen Stelle beantragen, sofern die Information der Verwandten zur Wahrung überwiegender Interessen erforderlich ist.[1129] Es muß dadurch genau geprüft werden, ob die gesundheitlichen Interessen des Verwandten das Recht auf Geheimhaltung der genetischen Veranlagung überwiegt. Ebenso muß geprüft werden, ob das Recht auf Nichtwissen der Angehörigen, die möglicherweise nichts über ihre genetischen Risiken wissen wollen, unberücksichtigt bleibt. Dies wird bei klaren Vorteilen für ihre Gesundheit in Form von Therapie und Prävention objektiv zu bejahen sein.

Diese Regelung bietet den Vorteil, daß nicht der Arzt allein darüber entscheidet, ob die Informationsinteressen der Verwandten das Recht auf Geheimhaltung der Testperson überwiegen und auch die Ausübung des Rechts auf Nichtwissen der Verwandten der Testperson nicht allein in der Hand des Arztes liegt. Vielmehr wird ein weiteres Gremium prüfen, ob überwiegende Interessen eine Einschränkung der Schweigepflicht rechtfertigen und nur dann eine Entbindung von der Schweigepflicht bejahen.

5. Stellungnahme

Für die Frage der Aufklärung Verwandter über ein sie betreffendes Testergebnis ist keine spezielle Regelung erforderlich. Der Arzt muß allein die Voraussetzungen des § 34 StGB beachten und ist bei dessen Vorliegen sogar verpflichtet, den betroffenen Verwandten zu informieren.

Nach geltendem Recht ist der Einzelne nie verpflichtet, sich genetisch testen zu lassen. Die Einwilligung in einen genetischen Test ist zwingende Voraussetzung, von der es keine Ausnahme gibt. Dies gilt auch für den Fall, daß nur bei Durchführung eines genetischen Tests die genetische Veranlagung eines Verwandten für eine bestimmte Erkrankung festgestellt werden kann und davon die Einleitung lebensnotwendiger Therapiemaßnahmen für den Verwandten abhängt. Wegen des

---

[1128] Siehe dazu unter: Zweiter Teil, Erster Abschnitt, IV. 1..
[1129] Schweizer Gesetzesentwurf, abgedruckt in ZSR 1998, 473 ff., Art. 16, 15 VE.

absoluten Schutzes der Persönlichkeit und der Selbstbestimmung hinsichtlich der Erhebung prädiktiven Wissens ist es auch nicht möglich, eine Pflicht zu wissen gesetzlich zu begründen. Dies ergibt sich auch aus einem Erst-Recht-Schluß im Vergleich mit den Fällen einer lebensnotwendigen Blutspende. Hier besteht weitgehend Einigkeit, daß niemand gezwungen sein kann, gegen seinen Willen Blut zu spenden – selbst wenn dies die einzige Überlebenschance für einen anderen ist. Ein Zwang zu genetischer Diagnostik würde einen schwerwiegenderen Eingriff in die Selbstbestimmung und das Persönlichkeitsrecht bedeuten, so daß dies erst recht nicht zulässig sein kann. Die Tatsache, daß derjenige, der sich wegen eines Verwandten testen lassen soll, auf die Aufklärung über sein Testergebnis verzichten kann und so sein Recht auf Nichtwissen auch noch zu diesem späteren Zeitpunkt ausüben kann, ändert an diesem Ergebnis nichts. Die Erhebung prädiktiven Wissens selbst ist zwingend von der Zustimmung des Betroffenen abhängig. Die Möglichkeit des Verzichts auf die Aufklärung über das Testergebnis stellt lediglich die Gewährleistung des Rechts auf Nichtwissen im Hinblick auf erhobenes Wissen dar. Die Frage der Erhebung und die Frage der Kenntnisnahme von prädiktiven Wissens sind zwei unterschiedliche Ebenen und deshalb strikt voneinander zu trennen.

V. Datenschutz

In kaum einem Bereich, in dem eine Gefährdung des Datenschutzes zu bedenken ist, ist die Bedrohung der Privatheit so groß wie in der Biomedizin. Medizinische Untersuchungen wie Genomanalysen führen durch den Medienwechsel vom Papier zur Elektronik regelmäßig zu einer Informationsverarbeitung in Datenbanken. Sind die zur Datenverarbeitung gehörende informationelle Selbstbestimmung und der Schutz vertraulicher Kommunikation (Standesregeln, ärztliche Schweigepflicht) nicht gewährleistet, kann es zu Unstimmigkeiten des Informationsaustausches bis hin zu „informationeller Gewalt" kommen, wenn der Patient, Proband, potentielle Arbeits- oder Versicherungsnehmer sich gezwungen sieht, eigene genetische Risiken zu wissen und sie Dritten mitzuteilen, obwohl er noch gesund ist.[1130] Die neuen Fortschritte und Möglichkeiten in der Humangenetik machen es möglich, den gegenwärtig noch gesunden Menschen oder auch seine Nachkommen als „zukünftig Kranke" zu definieren. Es steht zu befürchten, daß durch die multimediale globale Verbreitung ihrer Daten die Betroffenen im ungünstigsten Fall auf Grund „schlechter" Gene aus dem Arbeits-und Versicherungswesen herausgefiltert werden.

[1130] M.-T. Tinnefeld, ZRP 2000, 10, 11.

Neben den Regeln der ärztlichen Schweigepflicht besteht das Patientengeheimnis gemäß § 1 IV BDSG. Darüber hinaus bestehen eindeutige, gemeinschaftsrechtliche Datenschutzbestimmungen. Die Datenschutzrichtlinie der Europäischen Gemeinschaft[1131] verlangt, daß die Weitergabe von Gesundheitsdaten nur mit ausdrücklicher Einwilligung der betroffenen Person erfolgt oder für medizinische Zwecke wie Diagnose, Therapie („Gesundheitsversorgung") oder Prävention („Gesundheitsvorsorge") verarbeitet werden dürfen. Ausnahmen von diesem Grundsatz gelten nur für eindeutig abgrenzbare Fälle wie beispielweise im forensischen Bereich. Somit enthält die Richtlinie ebenso wie das deutsche BDSG das Prinzip eines Datenverarbeitungsverbots mit Erlaubnisvorbehalt. Unter den Begriff der Verarbeitung von Daten fällt, im Gegensatz zu § 3 BDSG, auch das Erheben und Nutzen von Daten. Ob dadurch der Schutz des Einzelnen erhöht wird, ist allerdings fraglich, da die in Art. 7 genannten Zulässigkeitsvoraussetzungen des Erlaubnisvorbehalts sehr weit sind und den Mitgliedsstaaten bei der Umsetzung ein großer Spielraum zukommt.[1132]

Im Hinblick auf die genannten Gefahren der Verarbeitung genetischer Daten ist weiterer spezieller Schutz vor Datenmißbrauch erforderlich. Gerade im Bereich des Arbeitsrechts besteht die Gefahr des Datenmißbrauchs zur Arbeitnehmerauslese.[1133] Wegen dieser Gefahr wird teilweise eine bereichsspezifische Regelung für genetische Daten von Arbeitnehmern gefordert.[1134] Andere fordern ein Gendatenschutzgesetz für alle genetischen Daten, die in verschiedenen Bereichen wie Forschung, Versicherungswesen, Arzt-Patientenverhältnis verarbeitet werden. Eine einheitliche datenschutzrechtliche Regelung und entsprechende Datenschutzkontrollmechanismen sind notwendig, um den Schutz der Persönlichkeit zu gewährleisten.[1135]

[1131] Richtlinie 95/46/EG des Europäischen Parlaments und des Rates v. 24.10. 1995 zum Schutz natürlicher Personen bei der Verarbeitung personenbezogener Daten und zum freien Datenverkehr, Art. 8 I, II, III.
[1132] E. Wanckel, Persönlichkeitsschutz in der Informationsgesellschaft, Diss. Hamburg 1998, 197, 198.
[1133] Enquête-Kommission „Recht und Ethik der modernen Medizin", Schlußbericht, BT-Drucks. 14/9020, 2002, 142.
[1134] G. Wiese, Genetische Analysen und Rechtsordnung, 1994, 68.
[1135] Enquête-Kommission „Recht und Ethik der modernen Medizin", Schlußbericht, BT-Drucks. 14/9020, 2002, 159.

VI. Folgerung

Probleme, die sich durch prädiktive Diagnostik im Verhältnis zu Dritten ergeben, lassen sich nicht allein durch strengen Datenschutz und das Verbot der Nachfrage nach Befunden lösen.[1136] Ausgangspunkt einer gesetzlichen Regelung sollte sowohl das Verbot der Diskriminierung und Stigmatisierung sein, als auch das Verbot der Unterordnung von Interessen Einzelner unter die Interessen der Gemeinschaft und Gesellschaft.[1137]

Unabhängig von konkreten, angepaßten Ausnahmeregelungen im Versicherungswesen und Arbeitsrecht[1138] sollte eine gesetzliche Regelung vorschreiben, daß prädiktive genetische Tests nur mit Zustimmung des Betroffenen, nur zu medizinischen Zwecken und nur nach einer genetischen Beratung durchgeführt werden dürfen. Weiter muß die Weitergabe der Testergebnisse an Dritte verboten werden, um das Entstehen einer genetischen Klassengesellschaft zu verhindern. Zusätzlich sind restriktive Datenschutzbestimmungen im Hinblick auf die Nutzung der Testergebnisse durch Arbeitgeber und Versicherer erforderlich, um diskriminierendes Handeln von vornherein zu verhindern.[1139]

Ob in Zukunft gesetzliche Strukturmaßnahmen erforderlich werden, um Menschen mit ungünstiger genetischer Veranlagung durch Integrationsmaßnahmen oder Antidiskriminierungsgesetzen zu schützen und so das genetische Diskriminierungsverbot zu gewährleisten, bleibt abzuwarten.[1140] Jedenfalls besteht eine Parallele zur Situation der Behinderten, denen wegen ihrer Behinderung mangelnde Leistungsfähigkeit zugeschrieben wird und die deshalb ungerechtfertigt ungleich behandelt werden. Dieses nicht medizinische, sondern soziale Problem hat man beispielsweise im Arbeitsrecht durch das Schwerbehindertengesetz versucht auszugleichen.

[1136] H.-B. Wuemerling, in: S. Winter/H. Fenger/H.-L. Schreiber (Hrsg.), Genmedizin und Recht, 2001, Rn 567.
[1137] Vgl. C. Kaminsky, in: E.-M. Engels (Hrsg.), Biologie und Ethik, 1999, 194, 219.
[1138] Siehe dazu unter: Zweiter Teil, Erster Abschnitt, II. 8. und III. 6..
[1139] D. Lanzerath, Der Umgang mit prädiktivem Wissen in der genetischen Diagnostik – Ethische Aspekte unter besonderer Berücksichtigung des Krankheitsbegriffs, Schriftliche Eingabe im Rahmen der öffentlichen Anhörung von Sachverständigen bei der Enquete-Kommission „Recht und Ethik der modernen Medizin", 2000, 10.
[1140] Vgl. D. Birnbacher, in: H.-M. Sass (Hrsg.), Medizin und Ethik, 1989, 212, 228.

Zweiter Abschnitt: Die BMK und die Zulässigkeit prädiktiver postnataler Gentests im Verhältnis zu Dritten

I. Grundnormen und Grundsätze der BMK

1. Art. 12 BMK

Die Bindung aller prädiktiven genetischen Tests an gesundheitliche Zwecken durch Art. 12 BMK bewirkt, daß diese Tests im Verhältnis zu Dritten wie Arbeitgebern, Versicherungsgebern oder Verwandten untersagt sind. Etwas anderes gilt nur, wenn diese Tests einem gesundheitlichen Zweck dienen. An diesem Ergebnis ändert auch die Zustimmung des Betroffenen nichts.

Es ist zu klären, ob dieses Verbot mit Erlaubnisvorbehalt und damit das Verbot prädiktiver Diagnostik zu gesundheitsfremden Zwecken gerechtfertigt ist. Dabei sind auf der einen Seite die Rechte des Einzelnen an der Verwertung seines genetischen Wissens oder an seinem Recht auf Nichtwissen in die Abwägung einzustellen. Auf der anderen Seite stehen die Informationsinteressen von Verwandten, Arbeitgebern und Versicherungen an prädiktiver Diagnostik und ihren Ergebnissen. Für die Beurteilung der Vorgaben des Art. 12 BMK für diese Verhältnisse spielt weiter die Ausnahmeregelung des Art. 26 I BMK eine Rolle. Ferner ist zu berücksichtigen, daß im Bereich der Biomedizin ein moralisches Unwerturteil über ein bestimmtes biomedizinisches Verfahren für sich genommen nicht ausreicht, ein rechtliches Verbot zu begründen.[1141]

Auf der anderen Seite ist zu klären, ob die Bindung an gesundheitliche Zwecke ausreichend ist, um den genannten Gefahren im Zusammenhang mit der Erhebung prädiktiven Wissens entgegenzutreten. Dies gilt um so mehr, als Art. 12 nicht in die Liste der unantastbaren Rechte des Art. 26 II BMK aufgenommen wurde.[1142] Vielmehr können Ausnahmen von der Gesundheitsbezogenheit unter den Vorgaben von Art. 26 I BMK gemacht werden.

Zu klären ist im Folgenden, ob gesundheitliche Zwecke[1143] nur solche sein können, die sich auf die zu testende Person beziehen, oder ob diese Tests auch Gesundheitszwecken im Hinblick auf Dritte dienen können.

[1141] D. Birnbacher, Bioethische Konsensbildung durch Recht? – Das Dilemma des Menschenrechtsübereinkommens zur Biomedizin, in: D. Mieth (Hrsg.), Ethik und Wissenschaft in Europa, 2000, 156, 162.
[1142] T. Degener, KritV 1998, 7, 27.
[1143] Siehe dazu unter Erster Teil, Zweiter Abschnitt, I. 1..

Über die Verwendung bereits erhobenen prädiktiven Wissens, d.h. die Weitergabe der Testergebnisse durch den Arzt oder den Betroffenen selbst, sagt Art. 12 BMK nichts aus.[1144] Dies ist angesichts der Interessen von Versicherern und Arbeitgebern an genetischen Daten problematisch. Wegen der fehlenden Regelung der Weitergabe der Testergebnisse an Dritte, die noch im ersten Entwurf vorgesehen war, und der fehlenden datenschutzrechtlichen Regelung ist die BMK in die Kritik geraten.[1145]

a) Ausnahmen von der Gesundheitsbezogenheit nach Art. 26 I BMK - Fremdnützige Tests

Eine Ausnahme von der Gesundheitsbezogenheit der in Frage stehenden Tests darf unter den Voraussetzungen des Art. 26 I BMK gemacht werden.[1146] Gemäß Art. 26 I BMK darf die Ausübung der im Übereinkommen vorgesehenen Rechte und Schutzbestimmungen nur, aber immerhin doch, insoweit eingeschränkt werden, als diese Einschränkung durch die Rechtsordnung vorgesehen ist und gleichzeitig eine Maßnahme darstellt, die in einer demokratischen Gesellschaft für die öffentliche Sicherheit, zur Verhinderung von strafbaren Handlungen, zum Schutz der öffentlichen Gesundheit oder zum Schutz der Rechte und Freiheit anderer notwendig ist. Der Erläuternde Bericht geht davon aus, daß kein Gesetz im formellen Sinne notwendig ist, sondern daß jeder Staat die geeignete Form der Umsetzung frei wählen kann.[1147] Es ist zu klären, was für Maßnahmen hier denkbar sind, insbesondere ob unter die genannten Rechte und Freiheiten anderer auch die Interessen von Versicherern und Arbeitgebern zu fassen sind.

Es wird kritisiert, daß es sich dabei um ungenaue Begriffe handelt und dadurch die Gefahr der Aushöhlung des vom Übereinkommen vorgesehenen Mindestschutz besteht. Was unter den genannten „Maßstäben, die in einer demokratischen Gesellschaft herrschen, geboten ist zur Sicherung der öffentlichen Sicherheit und Ordnung, zur Verhinderung von Straftaten oder zum Gesundheitsschutz " und vor allem zum Schutz der Rechte und Freiheiten anderer, sei naturgemäß offen und folglich für eine weite Auslegung zugänglich.[1148] Der Schutz des Einzelnen bezüglich der Möglichkeiten einer Genomanalyse und der Weitergabe der Daten er-

---

[1144] So auch J. Taupitz, der jedoch Art. 11 BMK für einschlägig hält, Genetische Diagnostik und Versicherungsrecht, 2000, 19.
[1145] T. Degener, KritV 1998, 7, 27 siehe zur ursprünglich vorgesehenen Regelung der Weitergabe von Testergebnissen unter Zweiter Teil, zweiter Abschnitt, II. 3. a).
[1146] Erläuternder Bericht, DIR/JUR (97) 5, Abschnitt 87.
[1147] Erläuternder Bericht, DIR/JUR (97) 5, Abschnitt 159 mit Verweis auf die entsprechende Praxis des Europäischen Gerichtshof für Menschenrechte.
[1148] R. Giesen, MedR 1995, 353, 359 damals zu Art. 2 II BMK des ersten Entwurfs. In der endgültigen Fassung entspricht Art. 2 II des 1. Entwurfs weitgehend dem Art. 26 I BMK der endgültigen Fassung; vgl. J. Taupitz, VersR 1998, 542, 546.

scheint fraglich, da die Einschränkung seines Schutzes als zu weitgehend empfunden wird.[1149] Aufgrund der kritisierten Ungenauigkeit der Begriffe besteht die Befürchtung, daß Art. 26 I BMK ein Einfallstor für fremdnützige Tests sein könnte.

Gleichwohl stellt die Formulierung des Art. 26 I BMK eine in Menschenrechtsdokumenten durchaus übliche Einschränkbarkeit im Hinblick auf die öffentliche Gesundheit und Ordnung und die Verhinderung von Verbrechen dar.[1150] Nach der Interpretation des Erläuternden Berichts stellen die in Art. 26 I BMK genannten Gründe keine festen Ausnahmen von den durch das Übereinkommen gewährleisteten Rechten dar. Vielmehr müssen neben dem Erfordernis einer gesetzlichen Grundlage die weiteren Voraussetzungen des Art. 26 I BMK im Lichte der Kriterien ausgelegt werden, die der Europäische Gerichtshof für Menschenrechte für Einzelfallentscheidungen im Hinblick auf die gleichen Begriffe festgelegt hat.[1151] Es ist somit von Fall zu Fall zu entscheiden, ob eine Ausnahme von der Gesundheitsbezogenheit in einer demokratischen Gesellschaft zum Schutz der öffentlichen Sicherheit oder Gesundheit oder zum Schutz der Freiheiten und Rechte anderer notwendig ist. In der Praxis wird eine doppelte Prüfung stattfinden müssen: Zunächst ist zu prüfen, ob die gesetzliche Grundlage die Voraussetzungen des Art. 26 I BMK erfüllt und eine verhältnismäßige Regelung darstellt. In einem zweiten Schritt ist zu prüfen, ob die Einschränkung im Einzelfall geeignet, erforderlich und angemessen, d.h. verhältnismäßig im engeren Sinne ist.

b) Art. 8 II EMRK

Auch die Kritiker der Regelung des Art. 26 I BMK räumen ein, daß eine Konkretisierung wegen der unterschiedlichen internationalen Regelungen schwierig ist.[1152] Fraglich ist, ob sich für die Auslegung die Parallelvorschrift des Art. 8 II EMRK fruchtbar machen läßt, der das in Art. 8 I EMRK geschützte Recht auf Achtung der Privatsphäre einschränkt.[1153] Dieses in Art. 8 I EMRK geschützte Recht erfaßt auch den von Art. 12 BMK geschützten persönlichen Bereich des Einzelnen.

Art. 8 II EMRK:
„Der Eingriff einer öffentlichen Behörde in die Ausübung dieses Rechts ist nur statthaft, insoweit dieser Eingriff gesetzlich vorgesehen ist und eine

---

[1149] L. Honnefelder, JbfWE 1996, 297, 300.
[1150] L. Honnefelder, JbfWE 1997, 305, 308.
[1151] Erläuternder Bericht, DIR/JUR (97) 5, Abschnitt 159.
[1152] R. Giesen, MedR 1995, 353, 359.
[1153] Die Auslegung wird ähnlich, wenn auch nicht in vollem Umfang, wie bei Art. 8 II EMRK erfolgen müssen: Erläuternder Bericht DIR/JUR (97) 5, Abschnitt 149.

Maßnahme darstellt, die in einer demokratischen Gesellschaft für die nationale Sicherheit, die öffentliche Ruhe und Ordnung, das wirtschaftliche Wohl des Landes, die Verteidigung der Ordnung und zur Verhinderung von strafbaren Handlungen, zum Schutz der Gesundheit und Moral oder zum Schutz der Rechte und Freiheiten anderer notwendig ist."

Obgleich prädiktives genetisches Wissen zur engeren persönlichen Sphäre gehört, besteht selbst für den besonders persönlichkeitsnahen Intimbereich kein absolut geschützter, uneinschränkbarer Kerngehalt.[1154]

Art. 8 II EMRK erlaubt eine Einschränkung des Rechts auf Privatsphäre nur, wenn es sich um Maßnahmen handelt, die im Interesse der in Art. 8 II EMRK spezifisch genannten Zielsetzungen notwendig sind.[1155] Damit ist ein Wertungsspielraum eröffnet.[1156] Für den vorliegenden Zusammenhang ist neben den Rechtgütern der öffentlichen Sicherheit und dem Interesse der Verhinderung von strafbaren Handlungen vor allem der Schutz der Freiheiten und Rechte anderer bedeutend.[1157] Voraussetzung für eine gesetzliche Ausnahme ist, daß diese Maßnahmen zum Schutz der Rechte anderer verhältnismäßig sind und in einer demokratischen Gesellschaft als notwendig erachtet werden können.[1158] Im Zusammenhang mit Art 8 II EMRK gilt, daß Genomanalysen im Bereich des Versicherungsrechts und des Arbeitsrechts nur ausnahmsweise zulässig sein können, da es sich hier um einen schwerwiegenden Eingriff in die Privatsphäre handelt und der Anspruch des Einzelnen, nicht mehr über sich wissen zu müssen, als er es selbst will, verletzt wird. Die Verwendung bereits vorhandener Testergebnisse ist hingegen zu rein diagnostischen Zwecken in den Schranken des Art. 8 II EMRK zum Schutz der Rechte und Freiheiten anderer vertretbar.[1159] Somit ergibt sich auch aus der EMRK eine Differenzierung zwischen der Zulässigkeit der Erhebung und der Verwendung vorhandenen prädiktiven Wissens im Interesse Dritter. So ist im

---

[1154] Vgl. Wildhaber/W. Breitmoser in: H. Golsong et al. (Hrsg.), Internationaler Kommentar zur EMRK, Art. 8 Rn 4.
[1155] L. Wildhaber/W. Breitmoser in: H. Golsong et al. (Hrsg.), Internationaler Kommentar zur EMRK, Art. 8 Rn 5; zusätzlich muß die Maßnahme auf einer gesetzlichen Grundlage beruhen und in einer demokratischen Gesellschaftsordnung notwendig sein.
[1156] Vgl. I. Kamp, Die Europäische Bioethik-Konvention – Medizinische Versuche an nichteinwilligungsfähigen Menschen unter besonderer Berücksichtigung der Vorgaben im nationalen und internationalen Recht, Diss. Bayreuth, 2000, 71.
[1157] Daß die prädiktive Diagnostik zunehmend auch für den Schutz der öffentlichen Gesundheit relevant wird, bleibt hier außer Betracht, da sich die Arbeit mit privatrechtlichen Rechtsbeziehungen beschäftigt.
[1158] L. Wildhaber in: H. Golsong et al. (Hrsg.), Internationaler Kommentar zur EMRK, Art. 8 Rn 158.
[1159] L. Wildhaber in: H. Golsong et al. (Hrsg.), Internationaler Kommentar zur EMRK, Art. 8 Rn 265.

einzelnen zu klären, ob und inwieweit die Interessen von Arbeitgebern, Versicherern und Verwandten eine gesetzlich festzuschreibende Ausnahme von der Gesundheitsbezogenheit rechtfertigen können.

Auf Grund der Grundrechtsrelevanz prädiktiver Diagnostik und der Einhaltung ihrer Zulässigkeitsvoraussetzungen zum Schutz des Einzelnen ist bei einer Umsetzung der BMK ein formelles Gesetz als Grundlage für die Ausnahme gemäß Art. 26 I BMK zu fordern.

2. Das Recht auf Privatsphäre und das Recht auf Nichtwissen Art. 10 I, II BMK

a) Art. 10 I BMK und Art. 8 I EMRK – Genomanalyse

Art. 10 BMK schreibt das Recht auf informationelle Selbstbestimmung für den Bereich der Biotechnologie fest.[1160]
Art. 8 I EMRK[1161] sichert demgegenüber weitergehend den individuellen Anspruch auf Privatleben und kann deshalb als ergänzende Norm hinzugezogen werden. Die Inhalte des Privatlebens sind schwierig zu definieren.[1162] Umfaßt werden zwei Bereiche. Einerseits das Selbstbestimmungsrecht der Person, über die eigene Person und die Gestaltung des Lebens frei zu verfügen; andererseits die private Sphäre, in der das Individuum die Entwicklung und Erfüllung seiner Persönlichkeit anstreben kann und die Möglichkeit haben muß, Beziehungen jeder Art zu anderen Menschen zu knüpfen.[1163] Das Privatleben umfaßt nach der Rechtsprechung des Europäischen Gerichtshof für Menschenrechte nicht nur den inneren Kreis, sondern auch die Beziehung zu anderen Menschen. So gehören auch berufliche Aktivitäten zum Privatleben im Sinne von Art. 8 I EMRK.[1164] Weiter erfaßt das Art. 8 EMRK verankerte „Recht auf Achtung des Privatlebens" auch die Sammlung und Speicherung persönlicher Daten.[1165] Nach der Rechtsprechung des EuGH umfaßt es weiter insbesondere das Recht einer Person, ihren Gesundheitszustand geheimzuhalten. Das beinhaltet im Hinblick auf den Datenschutz das Recht des Einzelnen, seine genetischen Daten zu wissen oder nicht zu wissen.[1166]

[1160] T. Kienle, Die prädiktive Medizin und gentechnische Methoden, Diss. Tübingen 1998, 177.
[1161] „Jedermann hat Anspruch auf Achtung seines Privat- und Familienlebens, seiner Wohnung und seines Briefverkehrs."
[1162] J. Frowein in: J. Frowein/W. Peukert, EMRK-Kommentar, 1996, Art. 8 Rn 3.
[1163] M. Villiger, Handbuch der Europäischen Menschenrechtskonvention, 1999, Art. 8 Rn 555; EGMR, Brüggemann und Scheuten v. German Democratic Republic, in: EuGRZ 1978, 199
[1164] EGMR, Niemeitz gegen BRD, in: EuGRZ 1993, 65, 66; J. Frowein in: J. Frowein/W. Peukert, EMRK-Kommentar, 1996, Art. 8 Rn 3.
[1165] T. Oppermann, Europarecht, 1999, Rn 100.
[1166] Nachweise bei M.-T. Tinnefeld/E. Ehmann, Einführung in das Datenschutzrecht, 1998, 24; M.-T. Tinnefeld, ZRP 2000, 10, 12.

Der Europäische Gerichtshof für Menschenrechte sieht in Art. 8 EMRK nicht nur ein Abwehrrecht des Bürgers gegen den Staat, sondern auch eine Verpflichtung des Staates zum positiven Schutz des Privatlebens.[1167] Diese Verpflichtung kann deshalb Maßnahmen umfassen, die die Achtung des Privatlebens innerhalb der Beziehungen der Individuen untereinander schützen. Daraus folgt, daß innerhalb der Rechtsordnung Voraussetzungen dafür geschaffen werden müssen, daß sich der Einzelne gegen Beeinträchtigungen seiner Privatsphäre durch Dritte wehren kann.[1168]

Wie das Allgemeine Persönlichkeitsrecht auf der Grundlage von Art. 2 I i.V.m. Art. 1 I GG, ist das Recht aus Art. 8 I EMRK in gewissen Umfang einzuschränken, wenn das Individuum sein Privatleben in Kontakt mit dem öffentlichen Leben oder mit anderen geschützten Interessen bringt.[1169] Im vorliegenden Zusammenhang müssen hier die Interessen von Arbeitgebern, Versicherern und Verwandten gegen das Recht auf Privatsphäre abgewogen werden.

b) Recht auf Nichtwissen gemäß Art. 10 II BMK

Art. 10 II BMK legt das Recht auf Nichtwissen als zu respektierendes Recht fest. Dritte wie Versicherungen, Arbeitgeber und Verwandte müssen respektieren, wenn jemand über bestimmte Aspekte seines gesundheitlichen Zustandes nicht Bescheid wissen möchte und dementsprechend über die Ergebnisse prädiktiver genetischer Tests nicht informiert und aufgeklärt werden will. Kritisiert wird, daß das Recht auf Nichtwissen lediglich beachtet werden solle und im Interesse des Einzelnen eingeschränkt werden könne und damit insgesamt eine ungenaue Bestimmung vorliege.[1170]

Da sich Art. 10 II BMK nur auf bereits erhobenes Wissen bezieht, ist die Frage des Rechts auf Nichtwissen im Rahmen der Erhebung prädiktiven Wissens nicht erfaßt. Dritte, wie Verwandte oder Arbeitgeber, können ein Interesse an der Durchführung genetischer Tests haben, das dem Recht auf Nichtwissen des Einzelnen gegenübersteht. Insoweit ist der Schutz des Rechts auf Nichtwissen durch Art. 12 BMK gewährleistet, der fremdnützige Tests verbietet.

c) Einschränkungsmöglichkeiten gemäß Art. 26 I BMK

Art. 10 BMK, der das Recht auf Privatsphäre und das Recht auf Information regelt, gehört ebenso wie Art. 12 BMK gerade nicht zu den uneinschränkbaren Normen. Vielmehr kann das Recht auf Wahrung der Privatsphäre (Art. 10 I BMK)

[1167] EGMR, X. und Y. gegen Niederlande, in: EuGRZ 1985, 297, 298.
[1168] I. Kamp, Die europäische Bioethik-Konvention, Medizinische Versuche an einwilligungsunfähigen Menschen unter besonderer Berücksichtigung der Vorgaben im nationalen und internationalen Recht, Diss. Bayreuth 2000, 72 mwN.
[1169] J. Frowein/W. Peukert, EMRK-Kommentar, 1996, Art. 8 Rn 3.
[1170] M.-T. Tinnefeld, ZRP 2000, 10, 12.

ebenso wie die Rechte aus Art. 12 BMK, auf der Grundlage des Art. 26 I BMK zum Schutz der öffentlichen Gesundheit oder zum Schutz der Freiheiten und Rechte eines Dritten eingeschränkt werden. Als Beispiel wird die Durchführung eines genetischen Tests zur Identifizierung eines Straftäters („zur Verhütung von Straftaten") oder zur Feststellung der Vaterschaft („zum Schutz der Rechte Dritter") genannt.[1171] Weiterer denkbarer Fall ist der einer übertragbaren Krankheit; auch hier können die Rechte des Patienten aus Art. 10 I, II BMK auf der Grundlage des Art. 26 BMK gegenüber dem Recht eines Dritten zurücktreten. Im Hinblick auf die vorliegende Problematik ist ungeklärt, was für weitere Einschränkungen etwa zum Schutz der Sicherheit einer demokratischen Gesellschaft denkbar sind. Auf Grund des Zusammenspiels der Rechte aus Art. 10 BMK mit der Regelung des Art. 12 BMK wird zur vergleichbaren Einschränkung nach Art. 8 II EMRK verwiesen.[1172]

3. Art.11 BMK Nichtdiskriminierung

Für die Frage des Zugriffs auf und der Verwertung von vorhandenen Testergebnissen ist Art. 11 BMK von entscheidender Bedeutung.[1173]
Zu klären ist, ob die Situation der Verwendung bereits vorhandener Testergebnisse und die damit verbundene Gefahr, daß sich Einzelne durch „gute" Testergebnisse Zugang zum Versicherungs- und Arbeitsmarkt verschaffen, durch Art. 11 BMK erfaßt wird. Inwieweit eine unterschiedliche Prämiengestaltung oder gar die Verweigerung von Versicherungsschutz als Diskriminierung bezeichnet werden kann, ist ebenfalls zu erörtern.[1174]

a) Zielsetzung

In Ergänzung zu Art. 12 BMK, der sich mit der Frage der Zulässigkeit der Gewinnung von prädiktivem Wissen beschäftigt, bezieht sich Art. 11 BMK auf bereits erhobenes Wissen. Danach ist jede Form der Diskriminierung einer Person wegen ihres genetischen Erbguts verboten. Damit soll der Gefahr entgegengewirkt werden, daß durch die Möglichkeiten der Gentechnik und prädiktiven Diagnostik Einzelne auf Grund ihrer genetischen Disposition für bestimmte Krankheiten diskriminiert und stigmatisiert werden.[1175]
Art. 11 BMK wird als Ergänzung zum Diskriminierungsverbot des Art. 14 EMRK verstanden, die den Genuß der Rechte der EMRK ausdrücklich ohne Unterscheidung von Geschlecht, Rasse, Hautfarbe, Religion um das genetische Erbe einer

---

[1171] Erläuternder Bericht DIR/JUR (97) 5, Abschnitt 64.
[1172] Siehe dazu unter: Zweiter Teil, Zweiter Abschnitt, I. 1. b).
[1173] M. Herdegen, JZ 2000, 633, 636.
[1174] J. Taupitz, Genetische Diagnostik und Versicherungsrecht, 2000, 19.
[1175] Explanatory Report DIR/JUR (97) 1, Abschnitt 74.

Person erweitert.[1176] Über dies stellt Art. 11 BMK eine Vervollständigung zu Art. 14 BMK dar, der das Verbot der Geschlechterwahl beinhaltet.
Die Freiheitsrechte der Konvention sind dadurch ausdrücklich unabhängig von Rasse, Hautfarbe, Sprache, Herkunft etc. gewährleistet. Trotz der Tatsache, daß die Bedeutung von Diskriminierung im deutschen und französischen Recht eine negative Konnotation hat, im Englischen dagegen nicht, blieb man in der englischen Originalfassung allein bei discrimination (statt unfair discrimination). Gleichwohl ist davon auszugehen, daß Diskriminierung hier als ungerechtfertigte Benachteiligung zu verstehen ist.[1177]

b) Art. 14 EMRK - Diskriminierungsverbot

Nachdem die BMK aus den Grundsätzen der EMRK entwickelt wurde, ist für die Auslegung und Bedeutung das umfassende Diskriminierungsverbot des Art. 14 EMRK zu betrachten: Die genetische Prädisposition wird von keinem der Diskriminierungstatbestände erfaßt, gleichwohl kann die genetische Veranlagung als individuelles Anknüpfungsmerkmal unter den Begriff des „sonstigen Status" gefaßt werden.[1178]
Eine Maßnahme oder Regelung ist diskriminierend im Sinne von Art. 14 EMRK, wenn sie bezüglich der Gewährleistung eines Konventionsrechts zwischen Personen oder Personengruppen differenziert, die sich in vergleichbarer Lage befinden und die Differenzierung nicht durch einen objektiven und angemessenen Rechtfertigungsgrund gerechtfertigt ist oder/und zwischen der Maßnahme oder Regelung und dem angestrebten Ziel kein angemessenes Verhältnis besteht.[1179] Für das Vorliegen einer Diskriminierung ist weder eine Diskriminierungsabsicht, noch ein Schaden des Betroffenen erforderlich.[1180] Diese Grundsätze sind bei der Auslegung des Diskriminierungsverbots des Art. 11 BMK zugrunde zu legen.

Art. 14 EMRK kann indessen keinen ausreichenden Schutz vor Diskriminierung auf Grund der genetischen Veranlagung bieten, da er keine dem Art. 3 I GG vergleichbare Bedeutung hat, sondern nur für die Auslegung und Wirksamkeit der übrigen Artikel der EMRK von Wichtigkeit ist.[1181] Deshalb bedurfte es einer ergänzenden Regelung durch Art. 11 BMK hinsichtlich des genetischen Erbes einer Person.

[1176] Erläuternder Bericht DIR/JUR (97) 5, Abschnitt 76.
[1177] Erläuternder Bericht DIR/JUR (97) 5, Abschnitt 77.
[1178] M. Spranger, VersR 2000, 815, 818 – dieser Begriff erfaßt alle individuellen Anknüpfungsmerkmale, die nicht durch die übrigen Merkmale des Art. 14 EMRK erfaßt werden; vgl. W. Peukert in: J. Frowein/W. Peukert, EMRK-Kommentar, 1996, Art. 14 Rn 51.
[1179] Ständige Rechtsprechung des EGMR vgl. Belgischer Sprachenfall, EuGRZ 1975, 298.
[1180] W. Peukert in: J. Frowein/W. Peukert, EMRK-Kommentar, 1996, Art. 14 Rn 18.
[1181] W. Peukert in: J. Frowein/W. Peukert, EMRK-Kommentar, 1996, Art. 14 Rn 2 ff..

c) Begriff der genetischen Diskriminierung

Genetische Diskriminierung ist die ungerechtfertigte Ungleichbehandlung von Menschen auf Grund ihrer genetischen Veranlagung. Dabei bezieht sich die Ungleichbehandlung auf tatsächliche oder vermutete Unterschiede einer Person, die entweder gesund ist oder nur milde, durch ihre genetische Veranlagung bedingte Symptome hat und in ihrer Gesundheit und Funktionstüchtigkeit nicht eingeschränkt ist.[1182] Damit ist nicht die Diskriminierung auf Grund phänotypischer Unterschiede gemeint, die vereinzelt zu einer Veränderung der Leistungsfähigkeit führen können. Ebenso wie bei Art. 14 EMRK ist eine Diskriminierungsabsicht oder ein Schadenseintritt beim Betroffenen nicht erforderlich.

d) Ergänzende Maßnahmen

Der Erläuternden Bericht weist darauf hin, daß bestimmte Maßnahmen zugunsten von Personen, die aufgrund ihres genetischen Erbes benachteiligt werden, durchgeführt werden können. Ziel solcher Maßnahmen ist die Wiederherstellung eines bestimmten Gleichgewichts in der Gesellschaft.[1183] Die Frage ist, was konkret für Maßnahmen gemeint sind. Jedenfalls wird wie bei Art. 14 EMRK davon ausgegangen, daß damit einleuchtende sachliche und verhältnismäßige Differenzierungen gemeint sind.[1184]

Als staatliche Maßnahme denkbar ist die bevorzugte Einstellung von Leuten mit bestimmten genetisch verursachten Leiden in den Staatsdienst oder auf dem privaten Arbeitsmarkt eine Begünstigung für Arbeitgeber. Sollte es tatsächlich zu einer Benachteiligung von Personen kommen, die um ihre ungünstige genetische Veranlagung wissen, so wäre als ausgleichende Maßnahme auch an eine dem Schwerbehindertengesetz ähnelnde Maßnahme des speziellen Kündigungsschutzes zu denken.

[1182] Enquête-Kommission „Recht und Ethik der modernen Medizin", Schlußbericht, BT-Drucks. 14/9020, 2002, 134.
[1183] Erläuternder Bericht DIR/JUR (97) 5, Abschnitt 77.
[1184] M. Spranger, JZ 2000, 633, 636.

II. Versicherungsrecht

1. Die BMK und die Frage der Zulässigkeit der Durchführung genetischer Tests vor Abschluß eines Versicherungsvertrags

a) Verbot des Art. 12 BMK

Durch die Regelung des Art. 12 BMK, d.h. durch die Bindung an gesundheitliche Zwecke, sind genetische Tests zum Zweck Untersuchung bei der Anbahnung eines Versicherungsvertrages verboten.[1185]

Der Begriff der gesundheitlichen Zwecke läßt sich nicht derart weit auslegen, daß prädiktive Tests erlaubt sind, deren Zweck nur entfernt oder mittelbar mit der Gesundheit zusammenhängt. Dies gilt beispielsweise für Tests zwecks Kostenersparnis im Gesundheits- und Personenversicherungswesen. Gesundheitliche Zwecke können demgegenüber nur solche sein, die der Gesundheit des betroffenen Individuums oder anderer individualisierbarer Personen dienen.[1186]
Dieses Ergebnis wird im Erläuternden Bericht für den Bereich des Versicherungswesens wie folgt begründet: Im Bereich des privaten Versicherungsrechts stellen prädiktive Tests grundsätzlich eine unverhältnismäßige Beeinträchtigung der Rechte des Einzelnen auf Wahrung seiner Privatsphäre dar, es sei denn, sie dienen einem gesundheitlichen Zweck.[1187]
Gleiches ergibt sich auch aus der Empfehlung R (92) 3 des Ministerkommitees hinsichtlich prädiktiver Gentests zu Gesundheitszwecken.[1188] Nach Prinzip Nr. 7 haben Versicherer kein Recht, Gentests zu verlangen und sie zur Voraussetzung für den Abschluß eines Versicherungsvertrags zu machen oder Prämienerhöhungen durch sie zu rechtfertigen.

Die Zielsetzung und die Tendenz der Konvention ist insoweit eindeutig, so daß Art. 12 BMK die Anwendung genanalytischer Verfahren im Versicherungswesen ausschließt.[1189]

[1185] Erläuternder Bericht DIR/JUR (97), 5 Abschnitt 86; L. Honnefelder, JbfWE 1997, 305, 308; T. Kienle, Die prädiktive Medizin und gentechnische Methoden, Diss. Tübingen 1998, 183; J. Simon, Gendiagnostik und Versicherung, 2001, 82.
[1186] J. Taupitz, Genetische Diagnostik und Versicherungsrecht, 2000, 19; M. Spranger VersR 2000, 815, 819.
[1187] Erläuternder Bericht DIR/JUR (97) 5, Abschnitt 86.
[1188] Recommendation No. R (92) 3 on genetic testing and screening for health care purposes, in: CDBI/INF (93) 2, Texts of the Council of Europe on Bioethical Matters, Directorate of Legal Affairs, 1993, principle 7, 61.
[1189] A.A., die davon ausgeht, daß solche Verfahren durch die Formulierung des Art. 12. BMK nicht verboten sein sollen: T. Degener, KritikV 1998, 7, 14 f.; C. Rudloff-Schäfer, Entstehungsgründe und Entstehungsgeschichte der Konvention, in: A. Eser (Hrsg.), Biomedizin und Menschenrechte, 1999, 26, 36.

Damit ist die Abwägung zwischen den Interessen der Versicherungsträger und Gemeinschaft der Versicherten einerseits und den Interessen des Einzelnen andererseits zugunsten des Einzelnen vorgenommen worden.

Nach Ansicht von *Taupitz* bezieht sich Art. 12 BMK nicht nur auf prädiktive genetische Tests, sondern auch auf solche genetischen Tests, die der Diagnosesicherung einer bereits bestehenden Krankheit dienen.[1190] Dies folge aus dem Wortlaut: „Vorhandensein eines für eine Krankheit verantwortlichen Gens". Diese Auslegung steht indes im Widerspruch zur Überschrift des Art. 12 BMK und auch des Erläuternden Berichts; beide weisen auf eine Anwendbarkeit der Einschränkung des Art. 12 BMK nur für prädiktive Test hin. Dies ist auch gerechtfertigt, da sich genetische Diagnostik, soweit sie als Mittel der Diagnosesicherung eingesetzt wird, nicht wesentlich von anderen Untersuchungsmethoden unterscheidet. Eine Einschränkung auf gesundheitliche Zwecke ist in der Regel schon deswegen nicht notwendig, da es sich um Untersuchungen hinsichtlich einer bestehenden Krankheit handelt und dadurch ein gesundheitlicher Zweck verfolgt wird.

b) Bedeutungszusammenhang: Art. 2 I BMK

Für die Frage der Abwägung der Interessen von Versicherern und potentiellen Versicherungsnehmern im Rahmen des Art. 12 BMK ist Art. 2 I BMK zu berücksichtigen. Darin ist der Vorrang der Interessen des Individuums vor den Interessen der Gemeinschaft festgeschrieben. Daraus kann man den Schluß ziehen, daß kollektive Interessen von juristischen Personen oder Unternehmen wie der Versichertengemeinschaft oder das Interesse der Allgemeinheit an einem funktionsfähigen Privatversicherungswesen sowie die ökonomischen Interessen der Versicherer wertungsmäßig hinter den Individualinteressen von natürlichen Personen zurückstehen.[1191]

Daß auch eine Zustimmung des potentiellen Versicherungsnehmers bei Verlangen eines genetischen Tests durch den Versicherer an der Unzulässigkeit prädiktiver Diagnostik in diesem Verhältnis nichts ändert, ist gerechtfertigt und sinnvoll. Die Freiwilligkeit der Einwilligung ist hier problematisch, da sich der potentielle Versicherungsnehmer in der schwächeren Verhandlungsposition befindet. Darüber hinaus ist die Freiwilligkeit nicht mehr gewährleistet, wenn ein faktischer Zwang zum Test auf dem Versicherungsmarkt entsteht, weil eine nicht unerhebliche Zahl von Personen bereit ist, sich einem Test zu unterziehen.

[1190] J. Taupitz, Genetische Diagnostik und Versicherungsrecht, 2000, 19.
[1191] J. Taupitz, Genetische Diagnostik und Versicherungsrecht, 2000, 42.

c) Ausnahme von der Gesundheitsbezogenheit gemäß Art. 26 I BMK im Bereich des Versicherungswesens

Eine Ausnahme von der Gesundheitsbezogenheit prädiktiver Tests zugunsten der Rechte und Freiheiten der Versicherer gemäß Art. 26 I BMK dürfte ebenfalls an Art. 2 I BMK scheitern. Zwar müssen die Vertragsfreiheit und unternehmerische Betätigungsfreiheit der Versicherer berücksichtigt werden. Eine in einer demokratischen Gesellschaft zum Schutz dieser Rechte notwendige Ausnahme von Art. 12 BMK läßt sich gleichwohl schwer begründen. Dies gilt insbesondere, weil die bisherigen Diagnosemöglichkeiten ausreichen, um das Versicherungswesen durch risikogerechte Prämienkalkulation aufrecht zu erhalten. Im übrigen nehmen die Versicherer ihre Grundrechte auf Vertragsfreiheit und unternehmerische Gestaltungsfreiheit sowohl im Unternehmensinteresse als auch im Interesse des Kollektivs der Versichertengemeinschaft war. Diese kollektiven Interessen vermögen jedoch im Rahmen des Art. 26 I BMK keine Ausnahme von der Gesundheitsbezogenheit begründen, da ansonsten die Wertung des Art. 2 I BMK, der Individualinteressen den Vorrang einräumt, unterlaufen würde. Auch im Rahmen des Art. 12 BMK haben Individualinteressen haben somit Vorrang.

Nach den Grundsätzen der BMK können Versicherer in keinem Fall die Durchführung prädiktiver Tests vor Abschluß eines Versicherungsvertrags verlangen.

2. Die BMK und die Frage der Offenbarungspflicht bei vorhandenen Testergebnissen

a) Art. 12 BMK und die Offenbarungspflicht im Versicherungsrecht

Nach Ansicht von *Taupitz* gilt das Verbot prädiktiver Tests des Art. 12 BMK im Versicherungswesen nicht nur dann, wenn der Versicherer einen Test verlangt und der potentielle Versicherungsnehmer zustimmt. Vielmehr gilt das Verbot auch für die Verwertung von Ergebnissen freiwillig vorgenommener prädiktiver Tests. Eine Offenbarungspflicht besteht grundsätzlich nicht. Dies ist entscheidend für die Fälle, in denen der potentielle Versicherungsnehmer einen solchen Test bereits aus eigener Initiative vorgenommen hat, um seine durch andere medizinische Untersuchungen in Zweifel gezogene genetische Unbelastetheit beweisen zu können.[1192] Interpretiert man Art. 12 BMK dahingehend, daß prädiktive Tests generell dem Versicherungswesen entzogen sind[1193], so ist dies nicht mehr möglich.

[1192] J. Taupitz, Genetische Diagnostik und Versicherungsrecht, 2000, 18.
[1193] L. Honnefelder, JbfWE 1997, 305, 308.

Nach anderer Ansicht erfaßt Art 12 BMK nur die Konstellation der Erhebung prädiktiven Wissens. Zwar ergebe sich aus Art. 12 BMK das Verbot, den Zugang zu Versicherungsschutz, d.h. den Abschluß eines Versicherungsvertrags von der Durchführung eines genetischen Test abhängig zu machen. Gleichwohl sage Art. 12 BMK nichts über einen möglicherweise unzulässigen Zugriff des Versicherungsträgers auf bereits vorhandene Testergebnisse aus, die in anderem Zusammenhang erhoben wurden.[1194] Diese Fälle sollen vielmehr vom Diskriminierungsverbot des Art. 11 BMK erfaßt sein. Der Wortlaut des Art. 12 BMK stützt diese Auslegung. Ausdrücklich genannt ist allein die Zulässigkeit der Durchführung prädiktiver genetischer Tests oder eines Tests, mit dem das Vorhandensein eines für eine Krankheit verantwortlichen Gens festgestellt werden soll. Über die Verwertbarkeit vorhandener Testergebnisse durch Dritte wie Versicherungen sagt Art. 12 BMK nichts aus. Auch läßt sich nicht sagen, daß Art. 12 BMK prädiktive genetische Tests generell dem Versicherungswesen entzieht, denn aus dem Wortlaut des Art. 12 BMK ergeben sich keine Anhaltspunkte dafür, daß neben der Unzulässigkeit der Durchführung genetischer Tests zu versicherungsrelevanten Zwecken auch ihre Verwertung durch Nachfrage oder freiwillige Weitergabe unzulässig ist. Dieses Ergebnis wird durch den Zusammenhang mit der ergänzenden Regelung des Art. 11 BMK bestätigt, der die Verwertung prädiktiven genetischen Wissens regelt.

b) Art. 11 BMK und die Frage der Offenbarungspflicht

Art. 11 BMK enthält ein umfassendes Diskriminierungsverbot. Zuzustimmen für den Bereich des Versicherungswesens ist der Auslegung dahingehend, daß „eine wie auch immer geartete Beschränkung oder Verschlechterung des Versicherungsschutzes aufgrund der genetischen Prädisposition eines Menschen unzulässig ist".[1195] Deshalb ist die Verwertung genetischer Tests durch Art. 11 BMK zum Nachteil des Versicherungsnehmers oder Antragstellers grundsätzlich und auch in den Fällen ausgeschlossen, in denen die Versicherung von den Ergebnissen auf andere Weise Kenntnis erlangt hat. In Konsequenz dessen kann den potentiellen Versicherungsnehmer keine Offenbarungspflicht treffen und der Versicherer hat kein Fragerecht nach den Ergebnissen prädiktiver genetischer Tests. Eine solche Auslegung entspricht der Empfehlung des Ministerkommitees des Europarats R (92) über genetische Tests zu gesundheitlichen Zwecken, die nicht nur von einem Verbot des Verlangens von Genomanalysen vor Abschluß eines Versicherungsvertrags ausgeht, sondern es auch verbietet, daß der Versicherer sich nach Ergebnissen bereits durchgeführter genetischer Tests erkundigt, um sie zur Vorausset-

---

[1194] M. Spranger, VersR 2000, 815, 819; M. Herdegen, JZ 2000, 633, 636.
[1195] M. Spranger, VersR 2000, 815, 819.

zung eines Vertragsabschlusses oder Grundlage von Prämiengestaltungen machen.[1196]

Jedoch liegt nach Ansicht von *Spranger* in den Fällen einer bevorstehenden, mit großer Wahrscheinlichkeit eintretenden Erkrankung und der Kenntnis der entsprechenden genetischen Veranlagung, keine Diskriminierung im Sinne des Art. 11 BMK vor. Der Betroffene wird nicht anders behandelt als andere mit einer solchen Veranlagung. Daß die genetische Veranlagung zur Grundlage einer für ihn nachteiligen Entscheidung gemacht wird, ist unschädlich. Begründet wird dies damit, daß Diskriminierung immer die Schlechterstellung gegenüber gleich gelagerten Fällen bedeutet.[1197] Mit anderen Worten: Eine sachlich nicht gerechtfertigte Ungleichbehandlung liegt in diesen Fällen nicht vor. Deshalb steht in den genannten Fällen der Kenntnis des Antragstellers von einer solchen genetischen Veranlagung keine Diskriminierung zu befürchten, wenn man ihm eine entsprechende Offenbarungspflicht auferlegt. Infolgedessen schütze auch die BMK vor der bestehenden Antiselektionsgefahr in diesen Fällen der anderweitig durchgeführten Genomanalyse und Kenntnis hinsichtlich einer in absehbarer Zeit ausbrechenden schweren Erkrankung.[1198]

Legt man wie *Spranger* das Diskriminierungsverbot des Art. 11 BMK in dieser Form aus, läuft das Verbot genetischer Diskriminierung jedoch leer. Die Gleichbehandlung aller Personen mit einer genetischen Krankheitsveranlagung untereinander sollte durch Art. 11 BMK nicht in erster Linie gewährleistet werden. Vielmehr ist Sinn und Zweck des Art. 11 BMK, daß Menschen mit genetisch bedingten Krankheitsdispositionen gegenüber solchen Menschen, die keine erkennbaren Krankheitsveranlagungen ähnlichen Schweregrads in sich tragen, gleich behandelt werden. Anders gewendet: Sobald die genetische Veranlagung zur Grundlage für eine nachteilige Entscheidung gemacht wird, liegt eine nach Art. 11 BMK unzulässige Diskriminierung vor.

Nach anderer Ansicht ergibt sich eine Offenbarungspflicht des potentiellen Versicherungsnehmers aus der Vergleichbarkeit der Sachverhalte: Trifft den potentiellen Versicherungsnehmer eine Offenbarungspflicht, wenn er auf Grund einer früher durchgeführten Genomanalyse Kenntnisse über eine Krankheitsdisposition hat, so wird er insoweit nicht anders behandelt als jeder andere Antragsteller, der Kenntnis von einer schweren Erkrankung hat. Somit würden gleiche Sachverhalte

---

[1196] Recommendation No. R (92) 3 on genetic testing and screening for health care purposes, in: CDBI/INF (93) 2, Texts of the Council of Europe on Bioethical Matters, Directorate of Legal Affairs, 1993 principle 7, 61.
[1197] E. Lorenz, VersR 1999, 1309, 1313; M. Spranger, VersR 2000, 815, 820.
[1198] M. Spranger, VersR 2000, 815, 821.

gleich behandelt und, es läge keine Diskriminierung auf Grund der genetischen Veranlagung im Sinne von Art. 11 BMK vor.[1199]

Problematisch an diesem Ansatz ist der Ausgangspunkt der Vergleichbarkeit der Sachverhalte. Eine Diskriminierung liegt vor, wenn „wesentlich Gleiches willkürlich ungleich behandelt wird".[1200] Gegen den Gleichheitssatz wird nach deutscher Rechtsprechung auch dann verstoßen, wenn wesentlich Ungleiches ohne sachlichen Grund, d.h. willkürlich gleich behandelt wird.[1201] Das Wissen um eine schwere Erkrankung und das Wissen um eine genetische Krankheitsveranlagung stellen keine vergleichbaren Sachverhalte dar. Selbst wenn eine Krankheitsveranlagung hinsichtlich einer monogenetischen Krankheit vorliegt und damit der Ausbruch der Krankheit mit einer sehr hohen Wahrscheinlichkeit vorhergesagt werden kann, handelt es sich gleichwohl um eine Wahrscheinlichkeit. Andere Ereignisse wie beispielsweise andere Erkrankungen und Unfälle können dem Krankheitsausbruch zuvorkommen oder aber der Betroffne gehört zu den glücklichen Genträgern, bei denen sich die Krankheit nicht phänotypisch ausbildet. Im Gegensatz zum Bestehen einer Erkrankung ist der Ausbruch der Krankheit ein in der Zukunft liegendes Ereignis und die Testperson derzeit ein gesunder Mensch. Die Kategorie der zukünftig Kranken würde entstehen, wenn man eine Krankheitsveranlagung mit einer bestehenden Erkrankung gleichsetzt.

c) Art. 10 I BMK – Privatsphäre

Die Bejahung einer Offenbarungspflicht bei vorhandenem Wissen um die eigene genetische Veranlagung ist auch im Hinblick auf das Recht auf Privatsphäre gemäß Art. 10 I BMK problematisch.

Spranger geht davon aus, daß eine Offenbarungspflicht im Versicherungsrecht nicht unbedingt als Eingriff in den Schutzbereich des Rechts auf Privatsphäre des Art. 8 I EMRK qualifiziert werden kann.[1202] Gleiches würde demnach auch für Art. 10 I BMK gelten.

Jedenfalls müssen die Interessen des Versicherungsnehmers an der Geheimhaltung seiner genetischen Veranlagung gegen die berechtigten Interessen des Versicherers und der Versicherungsgemeinschaft abgewogen werden. Eine Offenbarungspflicht, wie sie die überwiegende Meinung im deutschen Schrifttum für die Fälle von bereits vorhandenen Testergebnissen und die Kenntnis einer genetischen Veranlagung, die nach gesicherten medizinischen Erkenntnissen in absehbarer Zeit eine schwere Erkrankung verursachen wird, kann im Rahmen der BMK

[1199] M. Herdegen, JZ 2000, 633, 636.
[1200] BVerfGE 49, 148 (165); 98, 365 (385); B. Pieroth/B. Schlink, Grundrechte, 2002, Rn 436.
[1201] BVerfGE 49, 148 (165); 86, 81 (87); Willkür als Fehlen eines sachlichen Grundes BVerfGE 17, 122 (130); B. Pieroth/B. Schlink, Grundrechte, 2002, Rn 436.
[1202] M. Spranger, VersR 2000, 815, 818.

nicht auf überwiegende Interessen der Versichertengemeinschaft gestützt werden. Denn eine solche Ansicht beruht auf dem Ausgangspunkt, daß individuelle Rechte im Interesse der Allgemeinheit (Interessen der Versicherungsgemeinschaft) eingeschränkt werden müssen. Dies widerspricht Art. 2 BMK, der ausdrücklich den Interessen des Einzelnen den Vorrang gegenüber den bloßen Interessen der Gesellschaft einräumt.[1203]

d) Zwischenergebnis

Es besteht nach den Regelungen der Art. 12, 11, 10 BMK und der Empfehlung R (92) 3 bezüglich prädiktiver Gentests zu Gesundheitszwecken grundsätzlich keine Offenbarungspflicht für denjenigen, der aus früher durchgeführten Genomanalysen Kenntnisse über seine Krankheitsveranlagungen hat. Denkbar ist, daß der nationale Gesetzgeber eine Ausnahmeregelung im Sinne des Art. 26 I BMK erläßt, die dem potentiellen Versicherungsnehmer, der Kenntnis von einer in absehbarer Zeit eintretenden schweren Erkrankung hat, eine Offenbarungspflicht auferlegt. Eine solche Offenbarungspflicht ist jedoch nur bei überdurchschnittlich hohen Versicherungssummen mit dem Recht der Versicherer auf wirtschaftliche Betätigungsfreiheit und dem Schutz der Versichertengemeinschaft und der Versicherer vor einer Antiselektionsgefahr mit den für sie möglichen Folgen für das Versicherungssystem zu rechtfertigen.

3. Verwertung genetischer Information durch den Versicherungsträger

Es stellt sich die Frage, ob bereits vorhandene genetische Information vom Versicherungsträger zumindest zum Vorteil des einzelnen Versicherungsnehmers verwertet werden darf. Da die Möglichkeit einer rein freiwilligen Inanspruchnahme prädiktiver Diagnostik nicht besteht, vielmehr genetische Tests nur zu gesundheitlichen Zwecken vorgenommen werden dürfen, geht es hier nur um Testergebnisse, die der Einzelne früher aus Tests zu gesundheitlichen Zwecken erhalten hat. Nachdem die BMK eine Offenbarungspflicht bei positiver Kenntnis von bestimmten Krankheitsveranlagungen verneint, verbleibt an dieser Stelle das Problem der Verwertung von für den Einzelnen günstigen Testergebnissen. Für die Lösung dieser Frage ist neben der Bedeutung des Art. 12 BMK und seiner Entstehungsgeschichte, vor allem Art. 11 BMK die entscheidende Norm.[1204]

a) Entstehungsgeschichte der Konvention

Im ersten Entwurf der BMK waren die Voraussetzungen für die Weitergabe von Testergebnissen explizit festgelegt. Der Anwendungsbereich des Art. 18 E BMK war weiter vorgesehen als der des Art. 17 E BMK (heute Art. 12 BMK). Er sollte

---

[1203] M. Spranger, VersR 2000, 815, 820.
[1204] Vgl. J. Taupitz, Genetische Diagnostik und Versicherungsrecht, 2000, 19.

Ergebnisse genetischer Tests generell erfassen, d.h. nicht nur die prädiktiver genetischer Tests zur Prognose genetischer Krankheiten oder Dispositionen.[1205] Art. 18 E BMK des ersten Entwurfs[1206] sah vor, daß die Mitteilung der Ergebnisse genetischer Tests außerhalb des gesundheitlichen Bereichs lediglich unter den engen Voraussetzungen des Art. 2 II E BMK (heute Art. 26 I BMK) erlaubt sein sollte. Die Weitergabe mußte gesetzlich vorgesehen sein, und eine Maßnahme darstellen, die in einer demokratischen Gesellschaft für die öffentliche Sicherheit, die öffentliche Ordnung oder zur Verhinderung von strafbaren Handlungen etc. notwendig ist. Damit war die Weitergabe von Informationen zur Klärung der Frage der Abstammung oder zur Klärung der Beteiligung an einer Straftat gemeint, d.h. die Weitergabe der Testergebnisse aus Rechtsstaatsgründen.[1207] Sinn und Zweck dieser Regelung war, Dritte an der Nutzung genetischer Daten zu hindern, die der Einzelne im Rahmen seiner Gesundheitsvorsorge erlangt hatte. Dies gilt vor allem für die Fälle, in denen es um die Erlangung sozialer Güter wie Versicherungsschutz oder Arbeit geht. Verhindert werden sollte, daß sich der Einzelne aus Angst vor den Folgen sich keinem Test unterzieht, obwohl dies für seine Gesundheit wesentlich ist. Eine Mitteilung von Testergebnissen, die bei gesundheitlichen Untersuchungen vorgenommen wurden, für andere Zwecke war trotz der Freiheit des Vertragsverhältnisses verboten.[1208]

Im Ergebnis war durch diese Regelung die Weitergabe genetischer Informationen an Dritte bei übergeordnetem Interesse und bei Einwilligung des Untersuchten zulässig.[1209] Das Einwilligungserfordernis ergab sich hier aus dem Recht auf Wahrung der Privatsphäre in Bezug auf Angaben über die Gesundheit gemäß Art. 12 E BMK des ersten Entwurfs.[1210] Gerade im Bereich des Versicherungswesens ist jedoch eine Einwilligungsversagung zur Wahrung des Rechts auf Nichtwissen und informationelle Selbstbestimmung ein problematisches Schutzkriterium. Die Freiwilligkeit der Einwilligung ist fraglich, da die Bereitschaft anderer zur Mitteilung ihrer Ergebnisse den Einzelnen faktisch ebenfalls zur Offenlegung zwingen kann. Gleichwohl war durch die weiteren Einschränkungen des Art. 2 II E BMK der Schutz des Einzelnen vor Ausforschung gewährleistet. Es war eindeutig bestimmt, daß die Weitergabe von Testergebnissen ohne gesetzliche Grundlage nicht erlaubt sein sollte.[1211] Für den Bereich des Versicherungswesens

---

[1205] Entwurf eines Erläuternden Berichts, DIR/JUR (94) 3, Abschnitt 121.
[1206] Erster Entwurf einer Bioethikkonvention des Europarats v. Juli 1994, abgedruckt in JbfWE 1996, 277-289.
[1207] Entwurf eines Erläuternden Berichts, DIR/JUR (94) 3, Abschnitt 122; T. Kienle, ZRP 1996, 253, 257.
[1208] Entwurf eines Erläuternden Berichts, DIR/JUR (94) 3, Abschnitt 122.
[1209] T. Kienle, ZRP 1996, 253, 256; ders., Die prädiktive Medizin und gentechnische Methoden, Diss. Tübingen 1998, 136.
[1210] Art 12 E BMK entspricht heute Art. 10 BMK.
[1211] U. Vultejus, Bioethik, ZRP 1995, 47, 49.

hätte dies bedeutet, daß selbst eine freiwillige Mitteilung von Testergebnissen an den Versicherungsgeber durch den potentiellen Versicherungsnehmer nur unter den Voraussetzungen einer gesetzlichen Regelung erfolgen darf. Eine solche Regelung hätte erst noch geschaffen werden und den Anforderungen des Art. 2 II des ersten Entwurfs der BMK entsprechen müssen. Für den Bereich des Versicherungswesens könnte eine solche gesetzliche Grundlage nur erlassen werden, wenn sie zum Schutz der Freiheit und Rechte anderer notwenig ist. Es hätte erst geprüft werden müssen, ob das Interesse der Vertragsfreiheit und der wirtschaftlichen Betätigungsfreiheit der Versicherungsgeber und die wirtschaftlichen Interessen der Versicherungsnehmer an einer funktionierenden Versicherungswirtschaft wirklich gefährdet sind und ob deshalb eine Einschränkung des Grundsatzes des Art. 18 E BMK des ersten Entwurfs gerechtfertigt werden könnte.

Trotzdem wurde Art. 18 E des ersten Entwurfs[1212] der BMK in der endgültigen Fassung der BMK gestrichen und somit auf eine ausdrückliche Regelung der Frage, wann die Mitteilung von Testergebnissen zulässig ist, verzichtet. Grund dafür war die Kritik an der Regelung des Art. 18 E BMK und die Tatsache, daß man sich nicht über die Frage der Weitergabe der Testergebnisse an Dritte einigen konnte. Kritisiert wurde am Entwurf vom Juli 1994 zum einen, daß die Ausnahmen exakter formuliert und nicht durch einen allgemeinen Verweis auf Art. 2 II E BMK legitimiert werden sollten. Weiter sollte die Weitergabe ausdrücklich von der Zustimmung des Betroffenen abhängig gemacht werden. Auch Deutschland hat im Lenkungsausschuß Widerspruch gegen Art. 18 E BMK eingelegt, um zu erreichen, daß die mißbräuchliche Weitergabe genetischer Daten ausgeschlossen ist.[1213]

Nachdem auf eine Lösung der entscheidenden Frage der Weitergabe verzichtet wurde, sahen manche den Versuch, die Vertraulichkeit der Ergebnisse zu gewährleisten, als nicht befriedigend gelöst an.[1214]

In einem weiteren Entwurf war vorgesehen, daß es dem Einzelnen, der von seinem Recht auf Kenntnis seiner genetischen Disposition Gebrauch gemacht hat, erlaubt ist, diese Kenntnis zur Verhandlung bei Privatversicherungsverträgen einzusetzen. Eine Weitergabe von Testergebnissen ohne Zustimmung der Testperson hingegen sollte verboten werden. Die diesbezügliche Ausgestaltung und der Ausschluß von Mißbrauchsmöglichkeiten sollte allerdings den nationalen Mitgliedsstaaten vorbehalten bleiben.[1215] Dies wurde in der endgültigen Fassung jedoch nicht so geregelt.

[1212] Erster Entwurf einer Bioethikkonvention des Europarats v. Juli 1994, abgedruckt in JbfWE 1996, 277-289.
[1213] So bei T. Kienle, ZRP 1996, 253, 257.
[1214] L. Honnefelder, JbfWE 1996, 297, 305.
[1215] War als Art. 13 für den 2. Entwurfs vorgesehen, Nachweise bei T. Kienle, Die prädiktive Medizin und gentechnische Methoden, Diss. Tübingen 1998, 183, 184; ders. ZRP 1996, 253, 257; vgl.

Innerhalb des Lenkungsausschusses wurde angedacht, die Weitergabe von Testergebnissen unter der Voraussetzung zuzulassen, daß überwiegende Interessen von Dritten wie beispielsweise Versicherern bestehen und die Weitergabe gesetzlich festgelegt ist. Als Beispiel diente das überragende Interesse von Versicherern im Fall der Vereinbarung über eine besonders hohe Versicherungssumme.[1216] Der Lenkungsausschuß entschied sich unter Hinweis auf die schnelle, nicht absehbare Entwicklung auf diesem Gebiet, die Regelung der Weitergabe von Testergebnissen noch abzuwarten und gegebenenfalls im Zusatzprotokoll zur Humangenetik zu behandeln.[1217]

Auch eine Lösung der Weitergabe von Testergebnissen aus genetischen Tests zu gesundheitlichen Zwecken in der Form, daß die Weitergabe unter dem Vorbehalt der Einwilligung des Betroffenen zu gesundheitlichen Zwecken zulässig ist[1218], wurde nicht in die Konvention aufgenommen.

b) Art. 12 BMK und die Frage der Verwertung von Testergebnissen

Nachdem die Weitergabe und Verwendung genetischer Testergebnisse in der endgültigen Fassung der Konvention unterblieben ist, gehen manche davon aus, daß die BMK prädiktive Tests dem Versicherungswesen nicht vollständig entzieht.[1219] Jedoch verblieben für prädiktive Tests nur noch wenige Anwendungsbereiche. Zulässig sei die freiwillige Einreichung von Testergebnissen, die auf einer vom Betroffenen selbst durchgeführten Genomanalyse beruhen. Erlaubt sei die Verwertung genetischer Testergebnisse zum Vorteil des Antragstellers, der durch Vorlage eines Testergebnisses seine auf Grund anderer medizinischer Untersuchungen in Zweifel gezogene gesundheitliche Robustheit beweisen kann. Dies ermöglicht ihm, doch noch Versicherungsschutz zu erhalten oder eine stark erhöhte Prämie zu vermeiden.[1220]

Andere weisen darauf hin, daß aus der Tatsache, daß die endgültige Fassung des Art. 12 BMK keine Aussage zur Zulässigkeit oder Weitergabe genetischer Daten enthält, nichht geschlossen werden könne, die Konvention erlaube die Weiterga-

---

auch CDBI/INF (2000) 1, provisional, Convention on Human Rights and Biomedicine, Ets. No. 164, preparatory work on the convention, CDBI 6-9/07/93, 56
[1216] CDBI/INF (2000) 1, provisional, Convention on Human Rights and Biomedicine, Ets. No. 164, preparatory work on the convention, CORED 8-12/03/93, 56.
[1217] CDBI/INF (2000) 1, provisional, Convention on Human Rights and Biomedicine, Ets. No. 164, preparatory work on the convention, 56.
[1218] Vgl. CDBI/INF (2000) 1, provisional, Convention on Human Rights and Biomedicine, Ets. No. 164, preparatory work on the convention, CORED 24-26/04/96, 55
[1219] So aber L. Honnefelder, JbfWE 1997, 305, 308.
[1220] M. Spranger, der dies als befriedigende Lösung bezeichnet, VersR 2000, 815, 819, 820.

be[1221] zur Verwertung. *Honnefelder* geht davon aus, daß durch die Art. 11 und 12 BMK prädiktive Tests dem Bereich des Versicherungswesens generell entzogen werden sollten.[1222] *Taupitz* betont, daß es auf die Freiwilligkeit der Weitergabe und die Frage, wer den Test veranlaßt hat, nicht ankommen kann.[1223] Dies ist einleuchtend, da dies meist nicht nachprüfbar ist und Sinn und Zweck des Art. 12 BMK unterlaufen würde. Auch aus Art. 12 BMK ergibt sich, daß es auf die Freiwilligkeit, d.h. die Zustimmung nicht ankommen kann, denn Art. 12 BMK bestimmt, daß prädiktive genetische Tests ausschließlich zu gesundheitlichen Zwecken erfolgen dürfen und eine Zustimmung des einzelnen Antragstellers daran nichts zu ändern vermag. Sie ist nur zusätzliche Voraussetzung für die Zulässigkeit eines prädiktiven Tests. Die Verfolgung gesundheitlicher Zwecke ist zwingend.[1224]

c) Art. 11 BMK und die Verwertbarkeit von Testergebnissen

Zu klären ist, ob aus Art. 11 BMK ein Verbot der Verwertung prädiktiver Testergebnisse sowohl zum Nachteil als auch zum Vorteil des Antragstellers abgeleitet werden kann. Gegen den Vorwurf der genetischen Diskriminierung bei der Verwertung genetischer Testergebnisse wird eingewandt, daß der Versicherungsträger, der an möglichst vielen Versicherungsnehmern aus wirtschaftlichen Gründen interessiert ist, differenziert auf eine genetische Belastung reagieren kann. Er kann einen Risikoausschluß oder eine höhere Prämie vereinbaren, anstatt den Interessenten ganz abzulehnen.[1225] Entgegen aller Befürchtungen seien auch HIV- Infizierte und Chorea-Huntington-Patienten versicherbar geblieben. Es habe sich ein Markt für sogenannte Dread-Disease-Versicherungen gebildet, der als Leistungsfall den Eintritt und die Folgen einer lebensbedrohlichen Krankheit schon zu Lebzeiten vorsieht. Dies soll beweisen, daß die Zulässigkeit der Erhebung und Verwertung genetischen Wissens keineswegs Diskriminierung bedeutet. Gegen eine Diskriminierung in den genannten Fällen spreche außerdem, daß eine solche nur vorliegen könne, wenn eine Ungleichbehandlung ohne sachlichen Grund vorliege.[1226] Dementsprechend ist im verbindlichen englischen Text der BMK mit „discrimination" `unfair discrimination´ gemeint. Eine sachlich nicht gerechtfertigte Ungleichbehandlung liege jedoch bei einer Person nicht vor, die Träger einer gefahrerheblichen genetischen Disposition ist und keinen Versicherungsschutz

---

[1221] C. Rudloff-Schäfer in: S. Winter/H. Fenger/H.-L. Schreiber (Hrsg.), Genmedizin und Recht, 2001, Rn 163.
[1222] L. Honnefelder, JbfWE 1997, 305, 308.
[1223] J. Taupitz, Genetische Diagnostik und Versicherungsrecht, 2000, 18.
[1224] A. A. M. Spranger, der die freiwillige Inanspruchnahme genetischer Diagnostik nicht von Art. 12 BMK erfaßt sieht, VersR 2000, 815, 820.
[1225] E. Lorenz, VersR 1999, 1309, 1312 f.; J. Taupitz, Genetische Diagnostik und Versicherungsrecht, 2000, 14, 30.
[1226] E. Lorenz, VersR 1999, 1309, 1313 f..

oder nicht denselben Versicherungsschutz wie eine Person ohne diesen gefahrerheblichen Umstand erhalte. Ebenso wie Alter, Geschlecht oder eine bestehende Krankheit handle es sich hier um einen sachlichen Differenzierungsgrund.[1227] Auf die Verantwortlichkeit oder die Eintrittswahrscheinlichkeit komme es auch in den anderen genannten Fällen nicht an. Angeführt wird die geschlechtsspezifische Prämiengestaltung in der Krankenversicherung. Frauen zahlen in der Regel höhere Beiträge, weil sie durchschnittlich länger leben und dadurch mehr Krankheiten haben. Jedoch ist diese Parallele wenig hilfreich, da es ohnehin fraglich ist, ob dies sachlich gerechtfertigt ist.

Verneint wird auch ein Verstoß gegen das Rassendiskriminierungsverbot des Art. 14 EMRK durch die Verwertung und Verwendung genetischer Daten im Versicherungswesen. Rassendiskriminierung knüpfe an ein vielfach offenkundiges Merkmal des Menschen an und gefährde so den Zusammenhalt in der Gesellschaft. Die Unterscheidung nach anderen genetischen Merkmalen, wie Anfälligkeiten für bestimmte Krankheiten oder Langlebigkeit gehörten nicht zu den genannten offenkundigen Eigenschaften und vermögen das gesellschaftliche Zusammenleben, wenn überhaupt, nur geringfügig zu beeinträchtigen. Deshalb bestehe kein Grund zur Annahme einer Diskriminierung und dazu durch staatliche Verbote genetische Informationen dem auf Selektion ausgerichteten marktwirtschaftlichen System zu entziehen.[1228] Dem ist so nicht zuzustimmen. Zum einen handelt es sich auch bei der Unterscheidung auf Grund der genetischen Veranlagung zu Krankheiten und Anfälligkeiten um Merkmale, von den erwartet wird, daß sie sich früher oder später sichtbar ausprägen werden. Außerdem besteht gerade durch das Anknüpfen an solche, wenn auch noch nicht sichtbaren, genetischen Eigenschaften, eine Gefahr für das gesellschaftliche Zusammenleben. Daß dies nicht mit dem Rassendiskriminierungstatbestand identisch ist, macht eine Verbotsregelung im Hinblick auf genetische, unsichtbare Merkmale um so notwendiger. Eine Benachteiligung solcher möglicherweise zukünftig Kranker auf dem Versicherungsmarkt muß neben anderen Bereichen wie dem Arbeitsmarkt verhindert werden.

Zustimmung verdient deshalb die Ansicht, die eine genetische Diskriminierung bejaht, wenn beim Vorhandensein ungünstiger genetischer Dispositionen privater Versicherungsschutz verwehrt wird.[1229] Begründet wird dies mit der mangelnden Verantwortlichkeit des Einzelnen für seine genetische Ausstattung und der ansonsten bestehenden Gefahr einer „genetischen Klassengesellschaft".[1230] Dabei

---
[1227] J. Taupitz, Genetische Diagnostik und Versicherungsrecht, 2000, 31.
[1228] Max-Planck-Institut, Stellungnahme, Genomanalyse und Privatversicherung, RabelsZ 2002, 116, 132.
[1229] P. Präve, VersR 1992, 279, 282f..
[1230] P. Präve, VersR 1992, 279, 282.

wird die Notwendigkeit und das Angewiesensein auf privaten Versicherungsschutz betont. Aus diesem Grund sei der Zugriff und damit die Verwertung auf bereits vorhandene Testergebnisse im Versicherungsbereich ein Fall unzulässiger Diskriminierung nach Art. 11 BMK.[1231]
Weiter wird vertreten, daß eine genetische Diskriminierung in jedem Fall auch dann vorliege, wenn Versicherungsprämien bezogen auf bestimmte Risikofaktoren in einer Größenordnung erhöht würden, die durch das Risiko selbst nicht gerechtfertigt sind oder wenn der Versicherungsschutz für bestimmte Risikofaktoren derart abgesenkt würde, daß dadurch das Risiko selbst nicht mehr abgedeckt sei.[1232]

Soll die Norm des Art. 11 BMK mehr als nur eine „Leerformel" sein, „kann sie nur bedeuten, daß zwischen Personen unterschiedlicher genetischer Belastung nicht in der Weise unterschieden werden darf, daß Personen mit höherer genetischer Belastung auch sozial höher belastet werden. Dieses Prinzip führt jedoch in Bereichen, in denen das Äquivalenzprinzip (und nicht das Solidariatätsprinzip) gilt, zu Widersprüchen nicht nur mit der bestehenden Praxis, sondern auch mit etablierten Fairneßprinzipien, etwa beim Abschluß von Lebensversicherungen zur Finanzierung von Wohnungseigentum. Solange eine Lebensversicherung nicht wortwörtlich lebenswichtig ist (und die Solidargemeinschaft für das höhere Risiko aufkommen sollte), ist jedoch eine Differenzierung der Prämie nach dem individuellen genetischen Risiko nicht offenkundig moralisch unzulässig. Im Gegenteil würde sich derjenige, der von seiner genetischen Belastung weiß, dieses Wissen aber nicht preisgibt, einen gegenüber den übrigen Versicherten unter Fairneßgesichtspunkten bedenklichen Vorteil verschaffen".[1233]

Im Ergebnis kann im Zusammenhang mit der Wertung und Zielsetzung des Art. 11 BMK nicht davon ausgegangen werden, daß die genetische Veranlagung, d.h. eine bekannte Krankheitsveranlagung einen sachlichen Grund darstellt, der eine unterschiedliche Behandlung in Form von Ablehnung des Versicherungsschutzes oder erhöhte Prämien rechtfertigen könnte. Die mehr oder weniger sichere Wahrscheinlichkeit eines Krankheitsausbruchs im späteren Leben stellt nicht grundsätzlich einen sachlichen Differenzierungsgrund dar. Zu viele andere Faktoren können den Ausbruch der Krankheit positiv oder negativ beeinflussen. Insoweit ist eine Verwertung genetischer Information auszuschließen. Eine Differenzierung aus sachlichem Grund wird aber eher zu bejahen sein, wenn es sich um eine monogenetische Krankheit handelt, bei der der Krankheitsausbruch sehr viel sicherer

---

[1231] M. Spranger, VersR 2000, 815, 819.
[1232] Enquête-Kommission „Recht und Ethik der modernen Medizin", Schlußbericht, BT-Drucks. 14/9020, 2002, 148.
[1233] D. Birnbacher, in: D. Mieth (Hrsg.), Ethik und Wissenschaft in Europa, 2000, 156, 160.

im Hinblick auf seine Wahrscheinlichkeit vorhergesagt werden kann. Ein weiterer Faktor, der das Vorhandensein eines sachlichen Grundes in diesen Fällen ausmacht, ist eine außergewöhnlich hohe Versicherungssumme, die über dem durchschnittlichen Versicherungsschutz liegt. In diesen Fällen kann ein sachlicher Grund für die Berücksichtigung genetischer Information vorliegen mit dem Ergebnis, daß dann keine Diskriminierung im Sinne des Art. 11 BMK vorliegt.

d) Empfehlungen des Ministerkommitees

Eine Lösung des Problems der Verwertung genetischer Information ergibt sich aus der Empfehlung R (92) 3 zu genetischen Tests zu gesundheitlichen Zwecken des Ministerkommitees des Europarats.[1234] Danach sollen Versicherer nicht nur kein Recht haben, die Durchführung von Genomanalysen zur Voraussetzung eines Vertragsabschlusses zu machen. Vielmehr soll es ihnen auch nicht erlaubt sein, sich nach solchen Testergebnissen zu erkundigen, um sie zur Grundlage des Versicherungsvertrags zu machen. Prämienerhöhungen sollen durch Ergebnisse genetischer Tests nicht gerechtfertigt werden dürfen.[1235] Daraus ergibt sich eindeutig, daß die Verwertung genetischer Information im Bereich des Versicherungswesens ausgeschlossen sein soll. Darüber hinaus und zur Absicherung dieses Ziels bestehen Empfehlungen zur Weitergabe der Testergebnisse und zum Datenschutz: Die Empfehlung R (92) 3 sieht vor, daß die Erhebung und das Aufbewahren von Testsubstanzen ebenso wie die daraus gewonnene Information den Regeln der Konvention zum Datenschutz des Europarats[1236] und der Empfehlung des Ministerkommitees zum Datenschutz[1237] zu folgen hat. In jedem Fall dürfen persönliche genetische Daten nur zu gesundheitlichen Zwecken wie Diagnose, Prävention und der damit verbundenen Forschung gesammelt, verarbeitet und gespeichert werden.[1238] Unter diese Zwecke fallen die Interessen der Versicherer offensichtlich nicht, so daß sie weder zur Speicherung einmal erlangter genetischer Daten befugt sind, noch diese verarbeiten oder an andere Versicherer weitergeben dürfen. Eine Weitergabe der Testergebnisse durch den Arzt ist lediglich an Verwandte denkbar, die einem gesundheitlichen Risiko unterliegen. Im übrigen un-

---

[1234] Recommendation No. R (92) 3 on genetic testing and screening for health care purposes, in: CDBI/INF (93) 2, Texts of the Council of Europe on Bioethical Matters, Directorate of Legal Affairs, 1993, principle 6, 61.
[1235] CDBI, Recommendation No. R (92) 3 on genetic testing and screening for health care purposes, principle 7.
[1236] Europaratskonvention Nr. 108, Übereinkommen zum Schutz des Menschen bei der automatischen Verarbeitung personenbezogener Daten v. 28. Januar 1981.
[1237] CDBI, Recommendation No. R (97) 5 on the protection of medcical data.
[1238] CDBI, Recommendation No. R (92) 3 on genetic testing and screening for health care purposes, principle 8.

terliegt der Arzt der Schweigepflicht, so daß eine Weitergabe an Versicherungen nicht erlaubt ist.[1239]

Problematisch ist, daß ein absolutes Verwertungsverbot eine Einschränkung der Vertragsfreiheit auch für den Versicherungsnehmer bedeutet. Dieser ist nicht mehr frei darin, sich durch Vorlage genetischer Testergebnisse günstige Prämien zu verschaffen oder sich von einer Verdacht der Zugehörigkeit zu einer Risikogruppe zu befreien. Die Einschränkung der Vertragsfreiheit bezüglich der Verschaffung günstiger Prämien ist durch die Gefahr der Entsolidarisierung und der Entstehung einer genetischen Klassengesellschaft durch Berücksichtigung genetischer Veranlagungen auf dem Versicherungsmarkt gerechtfertigt. Die Einschränkung der Vertragsfreiheit im Hinblick auf ein Verbot der Nutzung genetischen Wissens bei Vertragsabschluß zum Beweis, daß der Versicherungsnehmer entgegen bestehender Annahmen nicht zu einer Risikogruppe gehört, stellt jedoch einen Eingriff in die Vertragsfreiheit und Selbstbestimmung dar, dessen Rechtfertigung zweifelhaft ist.

4. Vorarbeiten zum Zusatzprotokoll für Humangenetik für den Bereich des Versicherungsrechts

In diesem Zusatzprotokoll sollen eine konkrete, sozialverträgliche Regelungen auch für den Bereich des privaten Versicherungswesens getroffen werden. Anknüpfungspunkt ist Art. 12 BMK, der durch die Bindung prädiktiver Diagnostik an gesundheitliche Zwecke bewirkt, daß Versicherer die Durchführung von prädiktiven Tests vor Vertragsabschluß nicht verlangen dürfen.[1240]

Bezüglich der Frage der Offenbarungspflicht bei bekannten Testergebnissen sieht auch die Arbeitsgruppe vor allem die Gefahr der Antiselektion durch ungleichen Informationsstand. Hingewiesen wird darauf, daß die Gefahr der Einschränkung der Vertragsfreiheit auch für den Versicherungsnehmer besteht. Uneinig ist man sich darüber, ob aus diesem Grund den potentiellen Versicherungsnehmer eine Offenbarungspflicht trifft. Zu bedenken wird gegeben, daß, sollte man eine Offenbarungspflicht verneinen, man ebenso den Antragsteller auch davon entbinden müßte, Auskunft über Erkrankungen in seiner Familie zu erteilen, denn dies gebe ebenso wie prädiktive Diagnostik, Aufschluß über Risiken.

[1239] CDBI, Recommendation No. R (92) 3 on genetic testing and screening for health care purposes, principle 9.
[1240] CDBI, Working Party on Human Genetics, DIR/JUR (97) 13, Chapter II, Genetics and Society, 27.

Für den Lösungsweg der Verwendung prädiktiver Diagnostik ab einer bestimmten Versicherungssumme weist die Arbeitsgruppe auf eine weitere Differenzierungsmöglichkeit hin: Denkbar sei, auf Grund der unterschiedlichen Wahrscheinlichkeitsgrade, zwischen monogenetischen und multifaktoriellen Erkrankungen zu unterscheiden. Ein Testergebnis, das Aufschluß über eine Veranlagung zu einem monogenetischen Leiden gibt, rechtfertigt auf Grund der sehr viel höheren Wahrscheinlichkeit des Krankheitseintritts eher eine Offenbarungspflicht. Auf der anderen Seite ist im Fall einer multifaktoriellen Erkrankung das Risiko sehr viel ungenauer einschätzbar und deswegen auch eine Offenbarungspflicht schwieriger zu begründen.[1241] In jedem Fall soll dem Einzelnen die Freiheit, eine Versicherung mit einer überdurchschnittlichen Versicherungssumme abzuschließen, nicht genommen werden können. Der Versicherer darf in diesen Fällen grundsätzlich keinen Antragsteller auf Grund seiner genetischen Veranlagung ablehnen, sondern nur entsprechend höhere Prämien vereinbaren.[1242]

5. Bewertung und Schlußfolgerung

Die Vorschrift des Art. 11 BMK würde europaweit verhindern, daß Gentests, soweit sie in ihrer Prädiktion über bisherige medizinische Versicherungsvoraussetzungen hinausgehen, Bedingungen eines Versicherungsvertrages werden. Damit wäre eine genetische Diskriminierung auf Grund genetischer Veranlagung ausgeschlossen.[1243] Die Tendenz zu einer „genetischen Klassengesellschaft" würde eingedämmt.

Durch Art. 11 BMK würde die Zulässigkeit der von über 440 britischen Lebensversicherungsgesellschaften geäußerten Erklärung, daß zukünftig Anwärter für eine Lebensversicherung nach bekannten Testergebnissen genetischer Untersuchungen gefragt werden dürften, äußerst zweifelhaft.[1244]

Zusammen mit den Vorgaben des Art. 12 BMK werden dadurch die Gefahren der Verwendung prädiktiver Diagnostik zu fremdnützigen versicherungsrechtlichen Zwecken sehr weitgehend eingedämmt. Der Vorrang des Schutzes des Einzelnen ist gerechtfertigt. Auch nach den Vorgaben der BMK wird es möglich sein, die ausnahmsweise vorrangigen Interessen der Versicherer oder des Antragstellers zu berücksichtigen und eine Ausnahme von den genannten Regelungen zu machen.

[1241] CDBI, Working Party on Human Genetics, DIR/JUR (97) 13, Chapter II, Genetics and Society, 28.
[1242] CDBI, Working Party on Human Genetics, DIR/JUR (97) 13, Chapter II, Genetics and Society, 28.
[1243] S. Winter, in: L. Honnefelder/J. Taupitz/S. Winter, Das Übereinkommen über Menschenrechte und Biomedizin des Europarats, 1999, 33, 41.
[1244] S. Winter, in: S. Winter/H. Fenger/H.-L. Schreiber (Hrsg.), Genmedizin und Recht, 2001, Rn 857.

Gemeint ist das Bestehen einer Offenbarungspflicht des Antragstellers, wenn er eine außergewöhnlich hohe Versicherungssumme vereinbaren möchte und bereits Kenntnisse über eine schwere, mit hoher Wahrscheinlichkeit zeitnah eintretende Erkrankung aus durchgeführter genetischer Diagnostik hat. Hier ist das Interesse der Versicherer und der Schutz der Versichertengemeinschaft vor der Gefahr der Antiselektion ausnahmsweise vorrangig und erlaubt eine Ausnahme nach den Vorgaben des Art. 26 I BMK. Ein Fall genetischer Diskriminierung liegt in diesen Fällen nicht vor. Denkbar ist im Rahmen der Vorgaben der Art. 11 und 12 BMK auch, daß eine gesetzliche Offenbarungspflicht unabhängig von der Versicherungssumme festgeschrieben wird, wenn der Antragsteller bereits Kenntnisse über eine schwere, mit hoher Wahrscheinlichkeit zeitnah eintretende Erkrankung aus durchgeführter genetischer Diagnostik hat. Diese Ausnahme könnte ebenfalls mit den vorrangigen Rechten der Versicherer und der Versichertengemeinschaft gerechtfertigt werden (Art. 26 I BMK).

Die zweite denkbare Ausnahme muß zu Gunsten des potentiellen Versicherungsnehmers erfolgen. Er muß die Möglichkeit haben, sein Wissen aus durchgeführter prädiktiver Diagnostik zur Verhandlung mit Privatversicherern zu nützen, wenn auf Grund anderer Untersuchungen der Verdacht einer schwerwiegenden Krankheitsveranlagung besteht. Kann er diesen Verdacht durch die Vorlage prädiktiver Gentests entkräften und so regulären Versicherungsschutz erhalten, so ist ein Ausnahme vom Verwertungsverbot, das sich aus dem Zusammenhang von Art. 11 und 12 ergibt, zum Schutz der Rechte des einzelnen Versicherungsnehmers gerechtfertigt.

Insgesamt stellen die Regelungen der BMK für die Problematiken, die sich im Versicherungswesen durch die Möglichkeiten prädiktiver Diagnostik auftun, einen angemessenen Lösungsansatz dar. Die Intention, prädiktive Diagnostik weitgehend, d.h. sowohl ihre Durchführung als auch die Verwertung ihrer Ergebnisse, dem Versicherungswesen zu entziehen, verdient angesichts der Gefahren für den Einzelnen und die Gesellschaft Zustimmung.

III. Arbeitsrecht

1. Erhebung prädiktiven Wissens im Arbeitsrecht

a) Art. 12 BMK und die Frage der Erhebung prädiktiven Wissen im Rahmen von Einstellungsuntersuchungen

Teilweise wird vertreten, daß durch die Bindung prädiktiver Tests an gesundheitliche Zwecke die Erhebung prädiktiven Wissens dem Arbeitsmarkt grundsätzlich entzogen ist.[1245] Nach anderer Ansicht können gesundheitliche Zwecke auch im Rahmen von Arbeitsverhältnissen verfolgt werden.[1246] Diese Auslegung wird durch den Erläuternden Bericht gestützt, wonach für den Bereich des Arbeitsrechts gilt, daß prädiktive Tests grundsätzlich eine unverhältnismäßige Beeinträchtigung der Rechte des Einzelnen auf Wahrung seiner Privatsphäre darstellen, es sei denn, sie dienen einem gesundheitlichen Zweck.[1247] Dies entspricht den Vorgaben der Konvention, insbesondere Art. 12 BMK, denn es bestehen nach dem Wortlaut keine Anhaltspunkte dafür, daß für den Bereich des Arbeitsrechts die Vorgaben des Art. 12 BMK nicht gelten sollen.

Damit ist die Erhebung prädiktiven Wissens im Rahmen von Einstellungsuntersuchungen ausgeschlossen. Ausnahmsweise zulässig sind Tests, wenn sie einem gesundheitlichen Zweck bezogen auf die betroffene Person dienen und dadurch die Vorgaben des Art. 12 BMK erfüllen. In diesem Sinne sind genetische Tests dann ausnahmsweise erlaubt, wenn das Arbeitsumfeld im Zusammenspiel mit der genetischen Disposition einer Person negative Auswirkungen auf deren Gesundheit haben könnte. Zielsetzung solcher Tests im arbeitsrechtlichen Bereich muß die Verbesserung der Arbeitsbedingungen sein. Darüber hinaus ist das Recht auf Nichtwissen zu respektieren.[1248] Gleiches ergibt sich auch aus den Vorgaben der Empfehlung R (92) 3 zu genetischen Tests zu gesundheitlichen Zwecken des Ministerkommitees des Europarats.[1249]

Teilweise wird aus Art. 11 BMK ein Verbot vorsorglicher Arbeitnehmerscreenings abgeleitet.[1250] Dies läßt sich jedoch mit dem Sinn und Zweck des Art. 11 BMK im Zusammenhang mit Art. 12 BMK begründen, da die Frage der Zulässigkeit von vorsorglichen Arbeitnehmerscreenings Art. 12 BMK unterfällt. Danach sind nur Tests erlaubt, die dem individuellen Gesundheitsinteresse des Einzelnen dienen, so daß vorsorgliche Screenings einer Gruppe von Arbeitnehmern, ohne konkrete Anhaltspunkte für eine Gefährdung von deren Gesundheit durch einen speziellen Arbeitsplatz, ausgeschlossen ist. Zudem sind allgemeine Arbeitnehmerscreenings von vornherein darauf angelegt, ihre Ergebnisse zum Auswahlkri-

---

[1245] L. Honnefelder, JbfWE 1997, 305, 308.
[1246] Vgl. E. Deutsch in: Protokoll der 113. Sitzung des Rechtsausschusses, öffentliche Anhörung zum Thema: Übereinkommen über Menschenrechte und Biomedizin, 1998, Zusammenfassung der Stellungnahmen, 5 f..
[1247] Erläuternder Bericht DIR/JUR (97) 5, Abschnitt 86.
[1248] Erläuternder Bericht DIR/JUR (97) 5, Abschnitte 85, 86.
[1249] Recommendation No. R (92) 3 on genetic testing and screening for health care purposes, in: CDBI/INF (93) 2, Texts of the Council of Europe on Bioethical Matters, Directorate of Legal Affairs, 1993, principle 6, 61.
[1250] H.-L. Schreiber, in: S. Winter/H. Fenger/H.-L. Schreiber (Hrsg.), Genmedizin und Recht, 2001, Rn 811.

terium auf dem Arbeitsmarkt zu machen, was wiederum gegen Art. 11 BEK verstößt.

b) Geplantes Zusatzprotokoll zur Humangenetik und die Frage der prädiktiven Tests im Arbeitsrecht

Das geplante Zusatzprotokoll zur Humangenetik soll auch die Fragen von Genomanalysen im Arbeitsrecht genauer und sozialverträglich regeln. Die Angst vor der Verwendung von prädiktiver Diagnostik zu gesellschaftlichen und damit zu nicht-medizinischen Zwecken besteht auch und gerade im Hinblick auf ihre Verwendung durch den Arbeitgeber.[1251]

Im Rahmen der Vorarbeiten zu diesem Zusatzprotokoll ist die Haltung zu genetischen prädiktiven Tests im Verhältnis zwischen Arbeitgeber und Arbeitnehmer eindeutig und dahingehend wird das Zusatzprotokoll inhaltlich ausgestaltet werden: Während eine medizinisch genetische Untersuchung in den Fällen erlaubt sein kann, in denen es um eine Anstellung geht, für die bestimmte körperliche Anforderungen erfüllt sein müssen, ist dies in den übrigen Fällen nicht gerechtfertigt.[1252] Andernfalls würden genetische Veranlagungen entdeckt, deren Ausbruch noch bevorsteht, und es bestünde die Gefahr, daß dieses Wissen Einfluß auf die Entscheidung des Arbeitgebers hat.

Bezüglich arbeitsmedizinischer Untersuchungen kam die Arbeitsgruppe zu folgendem Ergebnis: Untersuchungen, die dem Zweck dienen, die Methoden der Arbeitsmedizin zu verbessern und das Erkennen von arbeitsplatzspezifischen Erkrankungen oder Veranlagungen dafür zum Schutz der Arbeitnehmer zu verbessern, dürfen nur in anonymisierter Form durchgeführt werden. Bestehen wissenschaftliche Erkenntnisse bezüglich eines Zusammenhangs zwischen einer genetischen Veranlagung und den konkreten Arbeitsbedingungen, so soll es Ärzten erlaubt sein, betroffenen Personen einen entsprechenden genetischen Test zu verschreiben, um sie auf das mögliche Risiko aufmerksam zu machen. Es muß dann dem Arbeitnehmer überlassen bleiben, was er im Fall eines Risikos für ihn macht. Keinesfalls muß er den Arbeitgeber über sein genetisches Risiko informieren, es sei denn klinische Symptome bestehen bereits und deuten auf seine Arbeitsunfähigkeit hin.[1253]

[1251] Vorarbeiten zum Zusatzprotokoll für Humangenetik, CDBI, Working Party on Human Genetics, DIR/JUR (97) 13, Chapter II, Genetics and Society, 26.
[1252] CDBI, Working Party on Human Genetics, DIR/JUR (97) 13, Chapter II, Genetics and Society, 26.
[1253] CDBI, Working Party on Human Genetics, DIR/JUR (97) 13, Chapter II, Genetics and Society, 26 f..

2. Verwertung genetischer Information auf dem Arbeitsmarkt

Die Ansicht, nach der prädiktive Tests dem Arbeitsmarkt entzogen sind[1254], geht von einem grundsätzlichen Verwertungsverbot prädiktiven Wissens auf dem Arbeitsmarkt aus. Dies ergibt sich jedoch nicht aus dem Wortlaut des Art. 12 BMK, der sich nur auf die Erhebung prädiktiven Wissens bezieht. Die Frage der Verwertung prädiktiven Wissens muß im Zusammenhang mit Art. 11 BMK geklärt werden. Danach stellt sich zunächst die Frage, ob und wann die Verwertung prädiktiven genetischen Wissens eine Diskriminierung im Sinne von Art. 11 BMK darstellt.

Eine genetische Diskriminierung auf dem Arbeitsmarkt kann vorliegen, wenn der Untersuchte wegen seiner Veranlagung von bestimmten beruflichen Tätigkeiten ausgeschlossen wird. Welche Arten von Ungleichbehandlungen auf dem Arbeitsmarkt ungerechtfertigt und im Sinne von Art. 11 BMK verboten sind, kann nur im konkreten Anwendungsfall entschieden werden. Als genetische Diskriminierung zu qualifizieren ist der Fall, in dem von einer bestimmten genetischen Disposition eines Arbeitnehmers allgemein auf seine Leistungsfähigkeit geschlossen wird. Dies gilt insbesondere für die Frage der Verteilung von Leistungen und Zugangsmöglichkeiten zu bestimmten Berufen.[1255] Zu berücksichtigen ist hierbei, daß bei genetischen Informationen grundsätzlich die Gefahr besteht, daß sie diskriminierend wirken. Genetisch diskriminierend können insbesondere auch Informationen über solche Anlageträgerschaften wirken, die genetische Normabweichungen oder genetisch bedingte Empfindlichkeiten aufdecken. Im Einzelnen ist schwierig feststellbar und beweisbar, inwieweit die genetische Information den Arbeitgeber bei seiner Einstellungsuntersuchung beeinflußt hat.

Läßt man die Verwertung genetischer Information auf dem Arbeitsmarkt und insbesondere bei Einstellungsfragen zu, besteht die Gefahr, daß Bewerber mit günstigen genetischen Testergebnissen sich Zugang zum Arbeitsmarkt verschaffen, während andere, die nicht zum Test bereit sind oder ungünstige Testergebnisse haben, schlechtere Einstellungschancen haben. Auch hier besteht die Gefahr des faktischen Zwangs zum Test und die Gefahr der Entsolidarisierung indem Einzelne aus dem Arbeitsmarkt ausgeschlossen werden. Es ist denkbar, daß man dann eine genetische Diskriminierung der benachteiligten Bewerber annehmen muß. Auch hier stellt sich erneut die Frage, ob eine ungünstige genetische Veranlagung einen sachlichen Grund für eine Ungleichbehandlung darstellen kann.

[1254] L. Honnefelder, JbfWE 1997, 305, 308.
[1255] Vgl. Enquête-Kommission „Recht und Ethik der modernen Medizin", Schlußbericht, BT-Drucks. 14/9020, 2002, 135.

Ob die freiwillige Weitergabe der Testergebnisse durch einen Bewerber mit günstigen genetischen Testergebnissen nach der BMK erlaubt ist, ist mangels ausdrücklicher Regelung zunächst anhand der Entstehungsgeschichte zu klären.

a) Entstehungsgeschichte

Die explizite Regelung der Weitergabe von Testergebnissen im ersten Entwurf einer Bioethik-Konvention[1256] verbot eine Weitergabe solcher Ergebnisse an Stellen außerhalb des Gesundheitswesens ohne gesetzliche Grundlage. Arbeitgeber hätten auch nicht mittelbar von Arbeitnehmern die Offenbarung der Testergebnisse fordern können, da dies dem Sinn des Art. 18 des ersten Entwurfs der BMK widersprochen hätte. Eine gesetzlich zu regelnde Ausnahme vom Verbot der Weitergabe außerhalb des Gesundheitswesens müßte den Voraussetzungen des Art. 2 II E BMK des ersten Entwurfs entsprechen.[1257] Dies wäre nicht ohne weiteres zu begründen gewesen. Denkbar wäre allenfalls, daß dahingehend argumentiert wird, daß die Weitergabe von Arbeitnehmerdaten dem Schutz der öffentlichen Gesundheit dient.[1258] Da es sich bei genetisch bedingten Erkrankungen um nicht ansteckende Krankheiten handelt ist eine Gefahr für die öffentliche Gesundheit nicht zu begründen. Ausnahmsweise kann eine Gefahr für Leib und Leben anderer vorliegen, wenn die genetische Veranlagung mit sich bringt, daß ein bestimmter Beruf, wie der eines Flugzeugpilots nicht mehr sachgemäß ausgeführt werden kann und dadurch eine Gefahr für Leib und Leben anderer zwangsläufig entsteht.

b) Genetische Veranlagung als sachlicher Differenzierungsgrund – Art. 11 BMK

Nicht unter das Diskriminierungsverbot des Art. 11 BMK fallen die Fälle, in denen das spezielle Berufsprofil das Fehlen bestimmter körperliche Mängel erfordert. Standardbeispiel ist auch hier der Beruf des Piloten, der besondere körperliche Fitneß erfordert. Es sind aber auch andere Berufe zu nennen wie Flugzeuglotse und Lokomotivführer. Bei diesen Berufen liegt es in der Natur der Sache, daß bei einem Versagen eine größere Zahl von Menschen in Gefahr gerät. Sollten Tests entwickelt werden, die es ermöglichen, spezifisch gefährliche, genetisch bedingte Defizite zu erkennen, wie die Neigung zu plötzlichem Herztod oder Sehschwäche, so besteht ein sachlicher Grund, der eine Ungleichbehandlung auf Grund genetischer Merkmale rechtfertigt. Eine Diskriminierung liegt in diesen

---

[1256] Erster Entwurf einer Bioethikkonvention des Europarats v. Juli 1994, abgedruckt in JbfWE 1996, 277-289; vgl. dazu unter: Zweiter Teil, Zweiter Abschnitt, II. 3. a).; heute „Biomedizin-Konvention".

[1257] Art. 2 II E entspricht Art. 26 I in der geltenden Fassung, siehe dazu unter: Zweiter Teil, Zweiter Abschnitt, I. 1. a).

[1258] U. Vultejus, der dies jedoch ablehnt, ZRP 1995, 47, 49.

Fällen nicht vor. In diesen Fällen sind die überwiegenden Interessen der anderen Betroffenen am Schutz ihrer Gesundheit und ihrem Leben vorrangig. Denkbar ist, daß in diesen speziellen Fällen gezielte genetische Tests auf berufsrelevante Anfälligkeiten durchgeführt werden dürfen und den Bewerber, sofern er aus früheren genetischen Tests Kenntnis von solchen Anfälligkeiten hat, eine entsprechende Offenbarungspflicht trifft. Im Hinblick auf Art. 12 BMK ist eine Ausnahme von der Bindung prädiktiver genetischer Tests an gesundheitliche Zwecken im Hinblick auf den Betroffenen über Art. 26 I BMK zu rechtfertigen. Der Schutz von Leib und Leben ist insoweit vorrangig. Eine gesetzliche Regelung müßte die Berufsbilder, bei denen ausnahmsweise bestimmte Tests durchgeführt werden dürfen, ausdrücklich bezeichnen. Ebenso müßte die entsprechende Offenbarungspflicht gesetzlich festgeschrieben werden.

In allen übrigen Fällen bringt die Verwendung genetischer Information die Gefahr der Diskriminierung mit sich: Es besteht die Möglichkeit daß derjenige, der die Ergebnisse freiwillig offenbart, etwa weil er unter einem faktischen Offenbarungszwang steht, auf Grund seiner Ergebnisse bei der Einstellung benachteiligt wird oder daß andere, mit ungünstigeren Testergebnissen benachteiligt werden. Wieder andere könnten benachteiligt werden, weil sie sich von vornherein der Durchführung solcher Tests und Preisgabe der Ergebnisse verweigern. Dies widerspricht der Intention des Art. 11 BMK und des Art. 12 BMK. Gewollt ist ausschließlich die Verwendung prädiktiver Diagnostik zu gesundheitlichen Zwecken des Betroffenen. Die Weitergabe und Verwertung prädiktiver Testergebnisse im Bereich des Arbeitsrechts ist nach den Vorgaben der Konvention nicht erlaubt.

c) Geplantes Zusatzprotokoll zur Humangenetik
Die Arbeitsgruppe sieht im Rahmen der Vorarbeiten zum geplanten Zusatzprotokoll ebenfalls die Gefahr der Verwendung prädiktiven Wissens zu gesellschaftlichen und damit zu nicht-medizinischen Zwecken gerade im Hinblick auf seine Verwertung durch den Arbeitgeber. Nach Ansicht der Arbeitsgruppe stehen folgende Punkte für das Zusatzprotokoll fest: Eine allgemeine medizinische Untersuchung ist nur erlaubt, wenn es um eine Anstellung geht, für die bestimmte körperliche Anforderungen erfüllt sein müssen. Dies wird mit den möglichen unerwünschten Gefahren der Verwertung prädiktiven Wissens begründet. Es bestehe die Gefahr, daß bei den Untersuchungen genetische Veranlagungen entdeckt werden, deren Ausbruch noch bevorsteht. Es wäre offensichtlich moralisch verwerflich, jemanden wegen der Wahrscheinlichkeit oder der Neigung zu einer Entwicklung einer Krankheit in der Zukunft als Arbeitnehmer abzulehnen. Eine solche Diskriminierung von Personen mit Krankheitsveranlagungen darf unter kei-

nen Umständen erlaubt werden, weil das Bestehen einer genetischen Krankheitsanlage nicht bedeutet, daß die Erkrankung auch tatsächlich auftritt.[1259] Genetische Tests im Zusammenhang mit der Bewerbung um einen Arbeitsplatz werden vermehrt Verbreitung unter jungen Leuten finden, in deren Alter die berufliche Anstellung ihre gesellschaftliche Integration bestimmt und gewährleistet. Daher bedeutet die Diskriminierung von genetisch benachteiligten Personen auf dem Arbeitsmarkt gleichzeitig ihren Ausschluß aus der Gesellschaft. Dies darf nicht möglich sein. Solange keine bestehende Krankheit erkannt wird, kann es keine Arbeitsunfähigkeit geben. Aus diesen Gründen soll die Verwendung genetischer Diagnostik in arbeitsrechtlichen Verhältnissen verboten werden.[1260]

3. Stellungnahme

Nach den Vorgaben des Art. 12 BMK stellen prädiktive Tests bei Einstellungsuntersuchungen grundsätzlich eine unverhältnismäßige Beeinträchtigung der Rechte des Einzelnen auf Wahrung seiner Privatsphäre dar und sind deswegen nicht erlaubt. Etwas anderes gilt nur, wenn sie einem gesundheitlichen Zweck bezogen auf den Bewerber dienen. Die Fassung des Art. 12 BMK über prädiktive genetische Tests entspricht damit weitgehend den Vorgaben der Benda-Kommission[1261] und der Enquete-Kommission „Chancen und Risiken der Gentechnologie".[1262] Die Weitergabe und Verwertung prädiktiver Testergebnisse im Bereich des Arbeitsrechts ist nach den Vorgaben der Konvention nicht erlaubt. Ausnahmen zum Schutz des Arbeitnehmers sind auch im Rahmen der Regelungen der BMK möglich. Die Verwendung prädiktiver genetischer Diagnostik ist weder im Interesse der Arbeitgeber noch im Interesse des einzelnen Arbeitnehmers gerechtfertigt. Insoweit gebührt dem Schutz des Einzelnen vor Ausforschung und vor einem faktischen Zwang zum Test gegenüber den wirtschaftlichen Interessen der Arbeitgeber, die ihre Grundlage in der allgemeinen Handlungsfreiheit finden, der Vorrang. Anders als im Versicherungsrecht besteht kein mit der Antiselektionsgefahr vergleichbares Interesse der Arbeitgeber. Ob sich aus der Konvention ein Verwertungsverbot genetischer Daten auch bei freiwilliger Weitergabe durch den Arbeitnehmer ergibt, läßt sich nicht eindeutig aus dem Wortlaut schließen.

[1259] CDBI, Working Party on Human Genetics, DIR/JUR (97) 13, Chapter II, Genetics and Society, 26 ff..
[1260] CDBI, Working Party on Human Genetics, DIR/JUR (97) 13, Chapter II, Genetics and Society, 26 f..
[1261] Bericht der gemeinsamen Arbeitsgruppe „In-vitro-Fertilisation, Genom-Analyse und Gentransfer", 1985.
[1262] E. Deutsch in: Protokoll der 113. Sitzung des Rechtsausschusses, öffentliche Anhörung zum Thema: Übereinkommen über Menschenrechte und Biomedizin, 1998, Zusammenfassung der Stellungnahmen, 5 f..

Das entsprechende Zusatzprotokoll zur Humangenetik bleibt abzuwarten, wobei die Gesamtkonzeption – und Intention für ein Verwertungsverbot spricht.

IV. Verwandte

1. Durchführung genetischer Tests im Interesse eines Verwandten

Es stellt sich die Frage, ob Art. 12 BMK auch die Durchführung prädiktiver Tests erlaubt, die im gesundheitlichen Interesse eines nahen Verwandten liegen. Diese Frage wird sich häufig stellen, da viele genetische Untersuchungen eine Mituntersuchung naher Verwandter erfordern. Art. 12 BMK läßt ausdrücklich Tests zu Gesundheitszwecken zu, wobei bisher davon ausgegangen wurde, daß damit Tests im gesundheitlichen Interesse der Testperson gemeint waren.[1263] Nach dem Wortlaut der Regelung ist dies jedoch nicht zwingend. Selbst wenn man Art. 12 BMK derart auslegt, so ist ein genetischer Test, der nicht dem gesundheitlichen Nutzen der Testperson dient, unter den Voraussetzungen des Art. 26 I BMK möglich.[1264]

In jedem Fall sind genetische Tests ohne die Zustimmung des Betroffenen auch im Gesundheitsinteresse eines Verwandten nicht zulässig, da jeder prädiktive Test als Intervention im Gesundheitsbereich dem Einwilligungserfordernis des Art. 5 BMK unterliegt.[1265] Etwas anderes kann auch hier nur gelten, wenn die Voraussetzungen des Art. 26 I BMK erfüllt sind, der auch eine Einschränkung des Einwilligungserfordernisses nach Art. 5 BMK umfassen kann.[1266] Liegt es im Interesse Dritter (Verwandter), daß sich eine Person einer Untersuchung unterzieht, kann das Recht des Einzelnen auf Wahrung der Privatsphäre und sein Recht auf Nichtwissen unter den Voraussetzungen des Art. 26 I BMK gegenüber dem Recht des Dritten je nach Risikoverteilung zurücktreten.[1267] Der Verwandte kann verpflichtet sein, sich zum Schutz der Gesundheit oder des Lebens des Betroffenen gezielt genetisch untersuchen zu lassen. Nach dem Erläuternden Bericht soll in diesen Fällen das Interessengleichgewicht durch eine innerstaatliche Regelung hergestellt werden.[1268] Wegen der überragenden Bedeutung des Prinzips des Informed Consent ist dafür ein formelles Gesetz erforderlich. Diese gesetzliche Grundlage muß den Voraussetzungen des Art. 26 I BMK entsprechen und eine verhältnismäßige Regelung sein. Es ist dann im Einzelfall zu entscheiden, ob eine Ausnahme vom

---

[1263] Erläuternder Bericht DIR/JUR (97) 5, Abschnitt 82.
[1264] Erläuternder Bericht DIR/JUR (97) 5, Abschnitt 87.
[1265] Siehe dazu unter Erster Teil, Zweiter Abschnitt, I. 3..
[1266] Art. 5 BMK gehört nicht zu den nach Art. 26 II BMK nicht einschränkbaren Rechten.
[1267] Bundesjustizministerium zur Bioethik-Konvention 1998, 16.
[1268] Vgl. Erläuternder Bericht DIR/JUR (97) 5, Abschnitt 87.

Einwilligungserfordernis zum Schutz der Freiheiten und Rechte Verwandter erforderlich und angemessen, d.h. verhältnismäßig im engeren Sinne ist. Auf Grund der Tiefe des Eingriffs prädiktiver Tests ist dies jedoch nur in Fällen, in denen die genetische Untersuchung des Verwandten lebensnotwendig für den Betroffenen ist, zulässig. Denkbar wäre dies in Konstellationen, in denen für eine frühestmögliche Therapieentscheidung bezüglich einer lebensbedrohenden Erkrankung ein genetischer Test Verwandter unbedingt notwendig ist. Hierbei ist das Recht auf Nichtwissen des getesteten Verwandten, der möglicherweise nicht über das Testergebnis informiert werden möchte, zu berücksichtigen.

2. Weitergabe genetischer Testergebnisse an ebenfalls betroffenen Verwandte

Im Rahmen der Vorarbeiten zum Zusatzprotokoll zur Humangenetik wurde die Frage gestellt, ob der Arzt bei genetischen Befunden, die auch für die Gesundheit der Angehörigen des Ratsuchenden von entscheidender Bedeutung sind, nach wie vor der ärztlichen Schweigepflicht unterliegt. Dann hinge es allein vom Ratsuchenden selbst ab, ob er seine Verwandten informiert. Eine Antwort auf diese Frage wurde nicht gegeben.[1269] Die Empfehlung des Ministerkomitees des Europarats R (92) 3 über genetische Tests zu gesundheitlichen Zwecken ist insofern konkreter: Im Einklang mit nationalen Gesetzen und Standesrecht soll es in Fällen eines schwerwiegenden genetisch bedingten Risikos möglich sein, die Verwandten über die für sie oder ihre zukünftigen Kinder relevanten Fakten ihre Gesundheit betreffend, aufzuklären.[1270] Dies entspricht weitgehend dem gültigen deutschen Recht, das unter den Voraussetzungen des § 34 StGB eine Aufklärung betroffener Angehöriger durch den Arzt erlaubt. Danach ist eine Güterabwägung vorzunehmen, in der geklärt wird, ob das Gesundheitsinteresse des einen das informationelle Selbstbestimmungsrecht des anderen überwiegt. Diese Lösung stellt eine den widerstreitenden Rechten angemessenen Regelung dar.

V. Datenschutz - Probleme im Zusammenhang mit der Weitergabe von Testergebnissen

Trotz der Forderungen, die Frage der Zulässigkeit der Weitergabe genetischer Testergebnisse in Art. 12 BMK zu regeln, enthält die heutige Fassung keine ent-

---

[1269] CDBI, Working Party on Human Genetics, DIR/JUR (97) 13, Chapter III, Comments relating to application of genetic tests and therapies, 35.
[1270] Recommendation No. R (92) 3 on genetic testing and screening for health care purposes, in: CDBI/INF (93) 2, Texts of the Council of Europe on Bioethical Matters, Directorate of Legal Affairs, 1993, principle 9, 62.

sprechende Regelung.[1271] Daraus kann jedoch nicht auf die Zulässigkeit der Weitergabe geschlossen werden.[1272] Im Hinblick auf den Schutz personenbezogener Daten bestehen Probleme insbesondere bei der Ausarbeitung der Verfahren für die Erstellung und den Zugang zu den epidemiologischen Karteien und therapeutischen Testprotokollen.[1273] Für Fragen des Datenschutzes im Hinblick auf genetische Daten sind nach wie vor weitgehend die nationalen Vorschriften und die gemeinschaftsrechtliche Richtlinie[1274] maßgeblich. Hinzu kommt die Datenschutzkonvention des Europarats[1275], die die automatisierte Verarbeitung personenbezogener Daten regelt und die Möglichkeit der Speicherung personenbezogener Daten nur für die Fälle vorsieht, in denen diese rechtmäßig erworben wurden.[1276]

Darüber hinaus seien hier einige Eckpunkte der BMK zur Frage der Weitergabe genetischer Daten angesprochen.

1. Art. 10 BMK - Datenschutz

Nachdem die Weitergabe der Ergebnisse genetischer Tests an Dritte in der endgültigen Fassung gegenüber dem Entwurf nicht mehr geregelt wurde, spielt Art. 10 BMK für Fragen des Datenschutzes eine Rolle. Art. 10 I BMK bezieht das Recht auf Wahrung der Privatsphäre auf Angaben über die Gesundheit. Art. 10 I BMK muß im Zusammenhang mit Art. 8 und Art. 6 der EMRK gesehen werden.[1277] Gemäß Art. 6 EMRK sind personenbezogene Gesundheitsdaten eine besondere Kategorie von Daten und unterliegen als solche speziellen Regelungen.[1278]
Kritisiert wird, daß der Datenschutz nicht explizit in der Konvention geregelt ist.[1279] Zwar wird in Art. 10 I BMK der Schutz der Privatsphäre betont. Jedoch soll das Recht auf Nichtwissen, also das Recht, die eigenen Gesundheitsdaten „nicht zu kennen" oder andere von diesem Wissen auszuschließen, lediglich be-

---

[1271] Siehe dazu unter: Zweiter Teil, Zweiter Abschnitt, II., 3. a).
[1272] C. Rudloff-Schäfer in: S. Winter/H. Fenger/H.-L. Schreiber (Hrsg.), Genmedizin und Recht, 2001, Rn 163.
[1273] T. Kienle, ZRP 1996, 253, 255.
[1274] EG-Richtlinie 95/46/EG des europäischen Parlaments und des Rates v. 24.10.1995 zum Schutz natürlicher Personen bei der Verarbeitung personenbezogener Daten und zum freien Datenverkehr.
[1275] BGBL. 1985 II, 539; 1985 in Kraft getreten.
[1276] Vgl. auch T. Oppermann, Europarecht, 1999, Rn 69.
[1277] Erläuternder Bericht DIR/JUR (97) 5, Abschnitt 63.
[1278] Z. B. Datenschutzkonvention des Europarats, Konvention Nr. 108, Übereinkommen zum Schutz des Menschen bei der automatischen Verarbeitung personenbezogener Daten, 1981; Bundesdatenschutzgesetz § 1 IV.
[1279] D. Mieth, in: Protokoll der 113. Sitzung des Rechtsausschusses, öffentliche Anhörung zum Thema: Übereinkommen über Menschenrechte und Biomedizin, 38.

achtet („shall be observed") werden.[1280] Weiter darf es unter Umständen eingeschränkt werden.[1281] *Tinnefeld* hält diese Bestimmungen für sehr vage.[1282] Gerade die Qualität der Daten aus prädiktiven Tests im Zusammenspiel mit der multimedialen Verarbeitung und Verbreitung stelle eine Gefahr für den Einzelnen dar. Der Einzelne sei bedroht durch „informationelle Gewalt", denn es bestehe die Befürchtung, ausgefiltert zu werden.

2. Schranke des Art. 26 I BMK – Weitergabe der Testergebnisse

Wie bereits angedeutet, kann sowohl das Recht auf Wahrung der Privatsphäre (Art. 10 I BMK) als auch das Recht auf Nichtwissen (Art. 10 II BMK) auf der Grundlage des Art. 26 I BMK zum Schutz eines Dritten eingeschränkt werden. Zu klären wird sein, was für weitere Einschränkungen neben der Weitergabe an Verwandte, etwa zum Schutz der Sicherheit einer demokratischen Gesellschaft denkbar sind. Genannt wird in diesem Zusammenhang der Fall der Ausbreitung von Seuchen.[1283] Da prädiktive genetische Tests immer nur Aufschluß über genetisch bedingte Krankheitsrisiken geben, die per se nicht ansteckend sind, kommt diese Ausnahme der Ausbreitung von Seuchen hier nicht weiter in Betracht. Die Notwendigkeit der Weitergabe genetischer Daten unter den Voraussetzungen erscheint derzeit nicht denkbar.

3. Empfehlungen des Ministerkommitees

Die Empfehlung zu genetischen Tests und Screenings zu gesundheitlichen Zwecken R (92) 3[1284] sieht vor, daß die Erhebung und das Aufbewahren von Testsubstanzen ebenso wie die daraus gewonnene Information den Regeln der Konvention zum Datenschutz des Europarats[1285] und den relevanten Empfehlungen des Ministerkommitees zum Datenschutz folgen muß. Genetische Daten dürfen nur zu gesundheitlichen Zwecken wie Diagnose, Prävention und der damit verbundenen Forschung gesammelt, verarbeitet und gespeichert werden.[1286]

[1280] Art. 10 II BMK.
[1281] Art. 10 III, 26 I BMK.
[1282] M.-T. Tinnefeld, ZRP 2000, 10, 12.
[1283] Bundesjustizministerium zur Bioethik-Konvention 1998, 16.
[1284] Recommendation No. R (92) 3 on genetic testing and screening for health care purposes, in: CDBI/INF (93) 2, Texts of the Council of Europe on Bioethical Matters, Directorate of Legal Affairs, 1993, principle 8, 62.
[1285] Europaratskonvention Nr. 108, Übereinkommen zum Schutz des Menschen bei der automatischen Verarbeitung personenbezogener Daten v. 28. Januar 1981.
[1286] CDBI, Recommendation No. R (92) 3, principle 8.

Die Empfehlung R (83) 10 zum Schutz personenbezogener Daten für Zwecke der Forschung und Statistik[1287] betont, daß die Verwendung personenbezogener Daten oft eine notwendige Bedingung für den Fortschritt der Wissenschaft ist, aber das Persönlichkeitsrecht des Einzelnen keinen Schaden erleiden darf. Voraussetzung ist die Einwilligung des Betroffenen und die Anonymisierung der Daten.

Die Empfehlung des Europarats zum Schutz medizinischer Daten[1288] enthält spezielle Regelungen zur Forschung mit medizinischen genetischen Daten. Unter anderem ist festgehalten, daß nur medizinisches Personal medizinische Daten sammeln und verarbeiten darf, um die Schweigepflicht zu gewährleisten. Weiter sollen die medizinischen Daten nur beim Betroffenen selbst erhoben werden.

4. Geplantes Zusatzprotokoll zur Humangenetik

Die in der Konvention unterbliebene Regelung des Datenschutzes soll nun im geplanten Zusatzprotokoll zur Humangenetik erfolgen.[1289] Soweit die Verwendung von genetischen Daten zu Forschungszwecken betroffen ist, wird eine dem geplanten, im Entwurf vorliegenden, Zusatzprotokoll zur biomedizinischen Forschung[1290] identische Regelung getroffen werden. Nach Ansicht der Arbeitsgruppe, die mit den Vorarbeiten beschäftigt ist, müssen die Daten weitest möglich anonymisiert werden. Die persönliche Identität ist im Gegensatz zu Gewohnheiten und Eßverhalten keine für die Forschung wichtige Information. Der Arzt soll verantwortlich dafür sein, daß die Anonymität der von den Familienangehörigen gesammelten Daten gewährleistet ist. Er ist an die ärztliche Schweigepflicht gebunden und darf die Identität der getesteten Personen nicht bekanntgeben. Je nach Sensibilität der gewonnenen genetischen Daten wird ein spezieller Schutz erforderlich, weil die private Sphäre des Ratsuchenden sowie die seiner nahen Verwandten und zukünftiger Kindern betroffen ist.[1291]

5. Schlußfolgerung und Stellungnahme

Von deutscher Seite aus wurde eine eingehende Regelung des Datenschutzes und der Verwendung der Testergebnisse außerhalb des Gesundheitsbereiches in Art.

[1287] CDBI, Recommendation No. R (83) 10 on the protection of personal data used for scientific research and statistics.
[1288] CDBI, Recommendation No. R (97) 5 on the protection of medcical data.
[1289] CDBI, Working Party on Human Genetics, DIR/JUR (97) 13, Chapter III, Comments relating to application of genetic tests and therapies, 35.
[1290] CDBI, Entwurf eines Zusatzprotokolls zum Übereinkommen über Menschenrechte und Biomedizin über biomedizinische Forschung, CDBI/INF (2001) 5, Arbeitsübersetzung des BMJ.
[1291] CDBI, Working Party on Human Genetics, DIR/JUR (97) 13, Chapter III, Comments relating to application of genetic tests and therapies, 35.

12 BMK gewünscht. Es wäre sinnvoll gewesen, das Schicksal genetischer Tests von vornherein mit dem Datenschutz zu verbinden.[1292] Darüber konnte keine Einigung erzielt werden. Diese Probleme werden nun bei der Erarbeitung des Zusatzprotokolls zur Humangenetik erörtert und möglicherweise auch berücksichtigt werden.[1293] Dazu wurde der Lenkungsausschuß vom Ministerkomitee des Europarats bereits 1996 ausdrücklich aufgefordert. Eine weitere genauere Regelung im Hinblick auf den Datenschutz muß abgewartet werden.

Fest steht, daß durch eine europaweite Regelung im Bereich der Biomedizin verhindert werden muß, daß Wissenschafter und Unternehmer ihren Standort ausspielen können. Mit dieser Zielsetzung wurde von der Rechtsgemeinschaft der Europäischen Union das Menschenrecht auf Datenschutz in den Mitgliedsstaaten auf gleichwertigem Niveau eingerichtet.[1294] Die EU-Mitgliedsstaaten sind bereits bei der Verarbeitung besonderer Kategorien personenbezogener Daten, wozu die genetischen Daten einer Person zählen, an den hohen gemeinschaftsrechtlichen Standard gebunden (Art. 8 EG-Datenschutzrichtlinie).[1295]

Die Einbeziehung des Gemeinschaftsrechts (EU-Richtlinie) in das noch auszuhandelnde Zusatzprotokoll zum Datenschutz im Europarat könnte den Datenschutzstandard zwischen den EU- und den übrigen Mitgliedsstaaten des Europarats im Wirkungsbereich der Biomedizin auf hohem Niveau angleichen. Damit würden auch international agierende Unternehmen im Arbeits- und Versicherungsbereich in die datenschutzrechtliche Verantwortung gezogen.

VI. Bewertung und Stellungnahme

1. Lösung der Probleme im Bereich der prädiktiven genetischen postnatalen Diagnostik im Verhältnis zu Dritten durch die BMK

Eine Ergänzung des Diskriminierungsverbots um das Verbot der Diskriminierung auf Grund von genetischen Merkmalen gemäß Art. 11 BMK ist angesichts der Gefahr der Stigmatisierung und Ungleichbehandlung bei Bekanntwerden be-

---

[1292] Vgl. M.-T. Tinnefeld, ZRP 2000, 10, 13.
[1293] Bundesjustizministerium zur Bioethik-Konvention, 1998, 25.
[1294] EG-Richtlinie 95/46/EG des europäischen Parlaments und des Rates v. 24.10.1995 zum Schutz natürlicher Personen bei der Verarbeitung personenbezogener Daten und zum freien Datenverkehr.
[1295] M.-T. Tinnefeld, ZRP 2000, 10, 12, vgl. auch M.-T. Tinnefeld/E. Ehmann, Einführung in das Datenschutzrecht, 1998, 24 ff. mwN.

stimmter genetischer Befunde wünschenswert. Auch in Deutschland ist eine entsprechende Ergänzung des Art. 3 III GG gefordert worden.[1296]

Insgesamt würde durch eine Umsetzung des Art. 11 BMK eine Reihe von Streitigkeiten im deutschen Recht zur Frage der Auswirkungen von genetischen Analysen beendet werden. Dies gilt vor allem auf den Gebieten des Arbeits- und Versicherungsrechts, wo ein stärkerer Schutz des Betroffenen herbeigeführt würde.[1297] Diese Regelung würde dem sozialen Druck zum genetischen Test und der damit verbunden Gefahr der Ausgrenzung des Einzelnen aus bestimmten Gesellschaftsbereichen entgegenwirken. Die Regelung des Art. 11 BMK ist nicht unter Hinweis auf die Drittwirkung der Grundrechte des Grundgesetzes überflüssig. Vielmehr würde eine unmittelbare Geltung im Privatrecht den Schutz des Einzelnen erheblich verbessern. Entnimmt man der Wertung des Art. 11 BMK ein allgemeines Verwertungsverbot genetischer Testergebnisse, um einer Entsollidarisierung der Gesellschaft auf den Gebieten des Arbeits- und Versicherungsmarktes entgegenzuwirken, so wäre auch das Problem der Kommerzialisierung genetischer Tests teilweise gelöst. Da es weniger Verwendungsmöglichkeiten für genetische Testergebnisse gäbe, vielmehr diese auf den Bereich der Gesundheitssorge beschränkt währen, würde keine gesteigerte Nachfrage nach prädiktiver genetischer Diagnostik entstehen. Die Gefahr, daß für den Einzelnen zweckloses und belastendes genetische Befunde erhoben werden, wäre verringert.

Die Bindung jedes genetischen prädiktiven Tests an gesundheitliche Zwecke als Einschränkung sowohl des Rechts auf Wissen des Einzelnen als auch der Informationsinteressen und Rechte dritter Personen stellt im Hinblick auf die genannten Mißbrauchsgefahren eine geeignete, erforderliche und verhältnismäßige Lösung dar. Das Recht auf Nichtwissen und das informationelle Selbstbestimmungsrecht des Einzelnen sind gegenüber den Interessen von Arbeitgebern und Versicherern angemessen geschützt. Die ausnahmsweise bestehende, auch nach der BMK begründbare Offenbarungspflicht des Versicherungsnehmers bei Kenntnis einer schwerwiegenden Krankheitsveranlagung auf Grund eines genetischen Tests, trägt den Interessen der Versicherer angemessen Rechnung. Darüber hinaus haben sie keine überwiegenden Informationsrechte bezüglich erlangten Wissens über bestimmte Wahrscheinlichkeiten. Dies gilt sowohl für monogenetische als auch für multifaktoriell bedingte Krankheitsrisiken. Festzuhalten bleibt, daß Art. 12 BMK Versicherungsträgern verbietet, den Abschluß eines Versicherungsvertrags von der Durchführung eines genetischen Tests abhängig zu machen. Ebenso

---

[1296] Enquête-Kommission „Recht und Ethik der modernen Medizin", Schlußbericht, BT-Drucks. 14/9020, 2002, 176; ebenso CDU/CSU-Fraktion des BT für eine bundesgesetzliche Regelung aus, Antrag der Abgeordneten K. Reiche et al., Anwendung von Gentests in Medizin und Versicherungen, BT-Drucks. 14/6640.
[1297] J. Taupitz, VersR 1998, 542, 543.

darf er die Weigerung eines Antragstellers, solch einen Test durchzuführen, nicht zu seinen Lasten ausgelegen.

Insgesamt bewirkt Art. 12 BMK mit seiner grundsätzlichen Beschränkung der prädiktiven Diagnostik auf gesundheitliche Zwecke eine Einschränkung auf den gesundheitlichen Bereich. Da ebenfalls die Weitergabe und Verwertung prädiktiven Wissens stark eingeschränkt wird, ist die Gefahr einer Entsolidarisierung der Gesellschaft zunächst eingedämmt.

Zu begrüßen ist, daß es sich bei den Normen der BMK um eine in vielen Ländern geltende Regelung handelt, vorausgesetzt der Ratifikationsprozeß und der Umsetzungsprozeß setzten sich fort. Die vielfach angedachte Verbotsregelung im Versicherungsrecht macht allein durch nationale Regelung keinen Sinn, da durch Art. 9 I V EGVVG die freie Rechtswahl möglich ist und damit durch Vereinbarung des Rechts eines Nachbarlandes leicht umgangen werden könnte.[1298] Dies würde schwieriger, wenn feste Einschränkungen für alle Länder des Europarats gelten würden.

Durch die Technik des Verbots genetischer Tests mit Erlaubnisvorbehalt wird die Gefahr des Entstehens eines faktischen sozialen Drucks zur Untersuchung eingedämmt. Denn ein uneingeschränkte, allein dem Freiwilligkeitsgebot unterliegende, Inanspruchnahme genetischer Tests mit dem Vorsatz, sich dadurch erleichtert Zugang zum Arbeitsmarkt oder Versicherungsmarkt zu verschaffen, ist nicht möglich. Ein mittelbarer faktischer Zwang zum Test wird nicht im befürchteten Maße entstehen können.

Die bisher im deutsch Recht fehlende Pflicht zur genetischen Beratung vor der Durchführung prädiktiver Diagnostik stellt nicht nur einen Schritt in Richtung Qualitätssicherung dar, sondern gewährleistet das Prinzip des Informed Consent auf dem Gebiet der prädiktiven Diagnostik. Nur ein Angebot genetischer Beratung, das nicht wahrgenommen werden muß, ist dafür nicht ausreichend.

Das Problem der Verwertung prädiktiver Testergebnisse zu Lasten des Antragstellers im Versicherungswesen ist ebenfalls durch Art. 11 BMK gelöst. Gerade im Bereich des Versicherungswesens würde dies eine Entscheidung der offnen Fragen bedeuten und das Schutzniveau beachtlich anheben.[1299]

[1298] Max-Planck-Institut, Stellungnahme, Genomanalyse und Privatversicherung, RabelsZ 2002, 116, 136.
[1299] M. Spranger, VersR 2000, 815, 820.

Gerechtfertigt ist, daß Genomanalysen im Arbeitsrecht grundsätzlich keinen Eingang finden werden und eine Ausnahme nur im gesundheitlichen Interesse des Arbeitnehmers gemacht werden kann. Denn hier kann der Arbeitnehmer den Arbeitgeber nicht in vergleichbare Weise bewußt benachteiligen wie dies im Versicherungsrecht möglich ist (Antiselektionsgefahr). Angesichts der Bedeutung von Arbeit für das Persönlichkeitsrecht des Einzelnen ist dieses Verwertungsverbot angemessen.

Entscheidend ist, daß die für diese Fragen im deutschen Recht nur mittelbar geltenden Grundrechte des Allgemeinen Persönlichkeitsrechts (Recht auf Nichtwissen, informationelle Selbstbestimmung) mit ihren Wertungen endlich Eingang in das Privatrecht fänden. Ihre direkte Geltung zwischen privaten Versicherungsnehmern und Versicherungsträgern, sowie zwischen Arbeitnehmern und Arbeitgebern wäre gewährleistet und der Schutz des Einzelnen erheblich verbessert. Dies gilt in besonderem Maß für das gewichtige Recht auf Nichtwissen, das dann nicht mehr auf seine Durchsetzung innerhalb von Generalklauseln angewiesen ist, die es gerade im Versicherungsrecht nicht hinreichend gibt.

Viele Vorschläge außerhalb der BMK übersehen das Problem der Regelung der freiwilligen Weitergabe genetischer Testergebnisse und bieten deshalb nur einen unvollkommenen Schutz vor einem faktischen Zwang zum Test oder der adversen Selektion.[1300] Dieses Problem wäre durch das Zusammenspiel der Art. 11 und 12 BMK angemessen gelöst.

Eine Differenzierung zwischen Kranken- und Lebensversicherung ist im Rahmen des Art. 12 BMK nicht möglich und sollte im Rahmen des Zusatzprotokolls möglich werden. Die Rechte privater Lebensversicherer können nicht in gleicher Weise eingeschränkt werden, wie die privater Krankenversicherer. Für den Bereich der Lebensversicherung wird zu Recht auf andere Vorsorge- und Anlageformen verwiesen.
Teilweise wird deshalb ein Beitritt unter Vorbehalt bezogen auf Art. 12 BMK im Hinblick auf kollidierende Rechte der Versicherer gefordert.[1301] Begründet wird dies damit, daß Art. 12 BMK eine umfassende und gegen den Gleichheitsgrundsatz verstoßende Beschränkung der unternehmerischen Gestaltungsfreiheit der Versicherer bedeutet. Andere schlagen den Weg einer modifizierten Auslegung des Art. 12 BMK vor.[1302] Letzteres ist sinnvoller, da die Rechte der Versicherer auch im Rahmen der Einschränkungsmöglichkeiten des Art. 12 BMK durch Art.

[1300] Max-Planck-Institut, Stellungnahme, Genomanalyse und Privatversicherung, RabelsZ 2002, 116, 136.
[1301] J. Taupitz, Genetische Diagnostik und Versicherungsrecht, 2000, 41 f..
[1302] Für die Möglichkeit einer modifizierten Auslegung M. Spranger, VersR 2000, 815, 820.

26 I BMK angemessen gewahrt sind.[1303] Ein Vorbehalt würde die Persönlichkeitsrechte des Einzelnen in Frage stellen und dem gewollten europaweiten Schutz gerade im Versicherungswesen untergraben.

2. Notwendiger Inhalt des Zusatzprotokolls zur Humangenetik

Der Begriff der gesundheitlichen Zwecke muß inhaltlich insofern genauer bestimmt werden, als daß damit Gesundheit im objektiven Sinne gemeint ist. Andernfalls könnte dieser Begriff subjektiv sehr weit ausgedehnt werden und die Begrenzung des Art. 12 BMK liefe leer. Da prädiktive genetische Tests auf Krankheitsanlagen bezüglich einer schweren Krankheit ohne jede Therapiemöglichkeit für den Einzelnen einen schwerwiegenden Einschnitt bedeuten, ohne daß er an seinem Schicksal etwas zu ändern vermag, muß hier der Zweck der Untersuchung besonders geprüft werden. Daher muß deutlich gemacht werden, daß je schwerer die Krankheit und je weniger Therapiemöglichkeiten zur Verfügung stehen, desto gewichtiger die persönlichen Gründe für die Durchführung der prädiktiven Diagnostik sein müssen.

Die Erforderlichkeit der Zustimmung des Einzelnen zur ausnahmsweise zulässigen Weitergabe der Testergebnisse an Dritte muß explizit festgeschrieben werden. Die Fälle der ausnahmsweise bestehenden Offenbarungspflicht im Versicherungsrecht müssen genannt und beschränkt werden auf die Fälle des Wissens um eine genetische Veranlagung, die den Ausbruch einer schweren, therapieintensiven Erkrankung in absehbarer Zeit sehr wahrscheinlich macht.

3. Vergleich mit den Regelungen der UNESCO Deklaration – postnatale Diagnostik

Im Vergleich mit Art. 11 BMK ist das Verbot der genetischen Diskriminierung gemäß Art. 6 der Deklaration enger. Erforderlich ist nicht nur eine Diskriminierung, d.h. ungerechtfertigte Ungleichbehandlung, auf Grund genetischer Eigenschaften, vielmehr muß diese Diskriminierung zusätzlich darauf abzielen, Menschenrechte, Grundfreiheiten oder die Menschenwürde zu verletzen. Dies wird zwar für ein ungerechtfertigtes Verlangen der Durchführung genetischer Diagnostik oder für ein ungerechtfertigtes Verlangen der Offenlegung genetischer Information durch Arbeitgeber, Versicherer oder Verwandte oft der Fall sein. Jedoch läßt sich sicherlich im einzelnen schwer nachweisen, daß dies auch beabsichtigt war. Art. 11 BMK, für den weder Diskriminierungsabsicht noch Schaden erforderlich ist, stellt demgegenüber die sachgerechtere Regelung dar.

[1303] Siehe unter: Zweiter Teil, Zweiter Abschnitt, II. 1. d).

Darüber hinaus wird ausdrücklich festgestellt, daß es die Würde des Menschen gebietet, daß der einzelne Mensch nicht auf seine genetischen Eigenschaften reduziert wird.[1304] Dies könnte für genetische Tests zu gesundheitsfremden Zwecken auf Verlangen von Versicherer oder Arbeitgebern der Fall sein. Gleichwohl enthält diese Bestimmung nichts über die BMK hinausgehendes.

Die UNESCO-Deklaration über das menschliche Genom enthält für das Verhältnis zu Verwandten, Versicherungen und Arbeitgebern im Hinblick auf die Einschränkung der Rechte des Betroffenen wenig hilfreiche Formulierungen. Gleichwohl ist die Zielsetzung mit der der BMK vergleichbar. Die Grundsätze der Vertraulichkeit genetischer Daten (Art. 7) und der Notwendigkeit der Einwilligung vor Durchführung der genetischen Diagnostik (Art. 5 b) sind festgehalten. Einschränkungen dieser Grundsätze sind nur auf Grund eines Gesetzes erlaubt, das diese Ausnahmen aus zwingenden Gründen zuläßt und sich im Rahmen des Völkerrechts und internationalen Menschenrechtsnormen hält.[1305] Im Vergleich mit Art. 26 I BMK liegt auch insoweit eine weniger eindeutige Norm vor.

4. Umsetzung und Durchsetzung der BMK für den Bereich der postnatalen Diagnostik

Grundsätzlich ist die Umsetzung nicht allein durch förmliche Gesetze möglich, vielmehr reichen auch standesrechtliche Regelungen, um der Umsetzungspflicht nachzukommen.

Das Verbot der genetischen Diskriminierung müßte in Deutschland einfachgesetzlich verankert werden, damit seine Geltung zwischen privaten Rechtssubjekten unmittelbar gewährleistet ist. Dies entspricht der UNESCO-Deklaration über das menschliche Genom und den bereits erlassenen Verboten in einigen anderen Staaten.[1306]

Im Fall einer Ratifizierung würde das in der deutschen Literatur seit langem anerkannte, aber nur über die Drittwirkung der Grundrechte geltende Recht auf Nichtwissen im einfachen Recht verankert werden müssen. Dies ist wünschenswert, da Einigkeit darüber besteht, daß zum Schutz des Allgemeinen Persönlichkeitsrechts ein Handeln des Gesetzgebers erforderlich werden kann[1307] und es Aufgabe der Rechtsordnung ist, die Entscheidungsfreiheit für oder gegen die

---

[1304] Art. 2 b) der UNESCO-Deklaration.
[1305] Art. 9 der UNESCO-Deklaration.
[1306] Vgl. dazu Enquête-Kommission „Recht und Ethik der modernen Medizin", Schlußbericht, BT-Drucks. 14/9020, 2002, 135.
[1307] M. Spranger, VersR 2000, 815, 817.

Kenntnisnahme genetischer Information zu gewährleisten.[1308] Dieser Schutzpflicht könnte durch Beitritt zur BMK nachgekommen werden, da dies mit einer einfachgesetzlichen Umsetzung ihrer Normen verbunden wäre. Das Recht auf Nichtwissen würde dann unmittelbar zwischen Privatpersonen gelten.

Bei der Umsetzung des Art. 12 BMK ist eine berufsrechtliche Regelung der Beratungspflicht zunächst ausreichend.[1309] Ein Gendiagnostikgesetz müßte jedoch die Beratungspflicht als zentralen Punkt gesetzlich vorschreiben.

Nach der Ansicht von *Taupitz* kann der Beitritt nur unter Vorbehalt bezogen auf Art. 12 BMK erfolgen. Da Art. 12 BMK die Durchführung eines genetischen Tests verbietet, sofern nicht Gesundheitszwecke verfolgt werden, wäre ein Test für Zwecke des Abschlusses eines Versicherungsvertrags nicht mehr zulässig. Im Rahmen der Umsetzungspflicht müßte Deutschland ein entsprechendes Verbotsgesetz erlassen. Dies trifft nach seiner Ansicht auf verfassungsrechtliche Bedenken im Hinblick auf die Rechte der Versicherer.[1310] Diese sind insbesondere bei einem Verwertungsverbot genetischer Testergebnisse verletzt. Die gelte um so mehr, als eine Ausnahme vom Verbot des Art. 12 BMK billigerweise auch nicht auf Art. 26 I BMK gestützt werden könne.[1311] Ökonomische Interessen etwa von Versicherern oder der Versichertengemeinschaft könnten nicht zu einer Rechtfertigung einer Ausnahme von Art. 12 BMK herangezogen werden. Richtig ist, daß eine Ausnahme vom Erhebungsverbot im Interesse der Versicherer nicht auf Art. 26 I BMK gestützt werden kann. Jedoch ist es möglich, das schützenswerte Interesse der Versicherer am Schutz vor der Antiselektionsgefahr im Rahmen des Art. 26 I BMK zu berücksichtigen und ausnahmsweise eine Offenbarungspflicht zu bejahen.[1312]
Alternativ wird auf die Möglichkeit einer entsprechenden Interpretationserklärung hingewiesen.[1313]

Daß die BMK keine individuelle Klagemöglichkeit vorsieht, ist nach einer Umsetzung des Übereinkommens weniger problematisch. Die rechtlichen Instrumentarien im nationalen Recht müssen ausgeschöpft und geschaffen werden, um die dem Übereinkommen zugrundeliegenden Grundsätze mit Rechtssicherheit und Klarheit durchzusetzen. Eine Verletzung des Art. 12 und 11 BMK wird einen

---

[1308] G. Wiese in: E. Jayme et al. (Hrsg.), FS für H. Niederländer, 1991, 475, 482.
[1309] C. Rudloff-Schäfer in: S. Winter/H. Fenger/H.-L. Schreiber (Hrsg.), Genmedizin und Recht, 2001, Rn 166.
[1310] Vgl. dazu unter: ZWEITER TEIL, Erster Abschnitt, II. 6. c).
[1311] J. Taupitz, Genetische Diagnostik und Versicherungsrecht, 2000, 41 f.; M. Herdegen, JZ 2000, 633, 636; gegen einen Beitritt E. Lorenz, VersR 1999, 1309, 1315.
[1312] Siehe zu den Ausnahmen unter: Zweiter Teil, Zweiter Abschnitt, II. 2. d).
[1313] J. Taupitz, Genetische Diagnostik und Versicherungsrecht, 2000, 43.

Schadensersatzanspruch nach deutschem Recht auslösen, da die Normen der BMK Schutzgesetze im Sinne von § 823 II BGB darstellen werden. Insoweit wird durch die BMK eine Verbesserung des Individualrechtsschutzes erreicht.[1314]

5. Stellungnahme

Schon jetzt ist eine rechtliche Vorbeugung gegen die ethisch bedenklichen Folgen einer Kommerzialisierung prädiktiver Tests notwendig. Die Art. 11 und 12 BMK stellen einen geeigneten Rahmen dar, die Lösung der aufgezeigten Probleme wie genetische Diskriminierung, Entsolidarisierung, faktischer Zwang zum Test und die Gefahren für das genetische Selbstbestimmungsrecht und Recht auf Nichtwissen in Angriff zu nehmen.

Durch das Verbot der genetischen Diskriminierung des Art. 11 BMK ist die Gefahr der Stigmatisierung und Ungleichbehandlung auf Grund genetischer Merkmale innerhalb privatrechtlicher Rechtsverhältnisse eingedämmt, da der Zugriff auf und die Verwertung von vorhandenen Testergebnissen durch Art. 11 BMK weitgehend verhindert ist.

Die Regelung des Art. 12 ist zu begrüßen, da sie der Kommerzialisierung durch Vermarktung genetischer Tests (Testkits) unter Umgehung des Arztes entgegenwirkt.[1315]
Der Gefahr, daß gesundheitliche Zweck nur vorgetäuscht werden könnten[1316], kann entgegengehalten werden, daß das Kriterium der Gesundheit durchaus ein mit Hilfe objektiver Kriterien eingrenzbares Kriterium ist, das es ermöglicht, Tests auf Charactereigenschaften, Neigungen und Verhaltensmuster zu vermeiden. Gesundheitliche Zwecke sind nicht leichter vortäuschbar als andere. Insbesondere gibt es noch keine allgemeine Genomanalyse, bei der alle möglichen Krankheitsdispositionen nebst Charactereigenschaften aufgedeckt werden könnten und dies dann unter dem Deckmantel der Gesundheitsbezogenheit geschieht. Dies läßt sich durch gezielte Tests auf Krankheiten ausschließen.

Richtig ist, daß die Angst vor den kaum zu übersehenden beängstigenden Dimensionen und Möglichkeiten der Gentechnik nicht zu verfrühten gesetzlichen Verboten führen darf, denn diese könnten im Moment noch nicht genug durchdacht sein und die Chancen, die die prädiktive Diagnostik für neue Therapien und Impf-

---

[1314] J. Taupitz, in: L.Honnefelder/J. Taupitz/S. Winter, Das Übereinkommen über Menschenrechte und Biomedizin des Europarats, 1999, 17, 29.
[1315] H.-H. Ropers, DÄBL 1998, A 663, A 668.
[1316] J. Taupitz, Genetische Diagnostik und Versicherungsrecht, 2000, 42.

stoffe bietet, den Kranken abschneiden.[1317] Deshalb ist die Zulässigkeit prädiktiver Diagnostik im Rahmen von gesundheitlicher Zweckverfolgung gemäß Art. 12 BMK eine sachgerechte Lösung. Sinnvoll ist, daß zur Umsetzung der BMK nicht für jeden Punkt förmliche Gesetze notwendig sind, sondern auch Standesrecht ausreichend ist. Dieses ist in einem Bereich, in dem medizinische Anwendungsmöglichkeiten und Entwicklungen noch nicht absehbar ist, zu Beginn zwar die flexiblere und sachgerechtere Lösung. Gleichwohl handelt es sich hier um einen Bereich mit erheblicher Grundrechtsrelevanz und verbindliche Abwägungen im Hinblick auf die Grundrechte können nicht innerhalb des ärztlichen Standesrechts erfolgen[1318], so daß der Gesetzgeber die Rahmenbedingungen zuvor förmlich festlegen muß.

Nachdem Art 12 BMK nur solche Tests erfaßt, die es ermöglichen, genetisch bedingte Krankheiten vorherzusagen, bieten die Regelungen der BMK keinen Schutz vor den Gefahren solcher genetischer Tests, die objektiv nicht zur Erkennung einer Krankheit geeignet sind und deren Eignung dem Betroffenen nur vorgespiegelt wird. Damit verbleiben Lücken für fragwürdige Testmöglichkeiten hinsichtlich Charaktereigenschaften und Verhaltensmerkmalen etc.[1319] Diese Lücke muß im Zusatzprotokoll für Humangenetik geschlossen werden.

Über ein Verwertungsverbot im Versicherungsrecht hinaus ist der Datenschutz bezüglich genetischer Daten unbedingt zu gewährleisten, da sobald genetische Informationen in Versicherungsdateien gespeichert sind, auch das Diskriminierungsverbot des Art. 11 BMK nicht mehr hilft. Haben die Versicherungen solche Informationen, so lassen sich „nicht-genetische" Gründe für eine Ablehnung des Antrags leicht finden.

Der Ausschuß für Recht und Bürgerrechte des Europäischen Parlaments sieht zu Recht die Notwendigkeit der Regelung der Weitergabe der Testergebnisse. In seiner Stellungnahme vom 7. Juni 1996 macht er klar, daß es notwendig ist, jegliche Weitergabe der Ergebnisse aus genetischen Tests an andere Personen oder Institutionen (etwa Versicherungen und Arbeitgeber), außer im Falle der gerichtlichen Anordnung, zu verbieten. Insofern ist die Wirksamkeit der Art. 11, 12, 13, 14 durch eindeutige Bestimmungen über die Rechte der einzelnen Menschen auf ab-

---

[1317] Vgl. für den gesamten Bereich der Gentechnik: K. Vilmar, in: S. Winter/H. Fenger/H.-L. Schreiber (Hrsg.), Genmedizin und Recht, 2001, Rn 495.
[1318] Vgl. W.-M. Catenhusen, in: S. Winter/H. Fenger/H.-L. Schreiber (Hrsg.), Genmedizin und Recht, 2001, Rn 646.
[1319] Vgl. J. Taupitz, Genetische Diagnostik und Versicherungsrecht, 2000, 42.

soluten Schutz aller Daten über ihre genetische Identität und ihre genetischen Merkmale zu ergänzen.[1320]

Die BMK ist der erste Schritt auf dem Weg zu einer erforderlichen europäischen Einigung auf dem Gebiet der Biomedizin, die rege Gesetzgebungstätigkeit in den einzelnen Vertragsstaaten zur Folge haben wird.[1321] Auch für die BRD ist der Beitritt zur BMK gerade im Hinblick auf eine notwendige Regelung der postnatalen prädiktiven Diagnose empfehlenswert.

[1320] Entschließungsantrag Europäisches Parlament: Ausschuß für Recht und Bürgerrechte v. 7. Juni 1996 A4-0190/96; 12.8; ebenso Stellungnahme des Ausschusses für Forschung, technologische Entwicklung und Energie für den Ausschuß für Recht und Bürgerrechte, Verfasser Tannert, 7.Juni 1996 A4-0190/96.
[1321] C. Rudloff-Schäfer in: S. Winter/H. Fenger/H.-L. Schreiber (Hrsg.), Genmedizin und Recht, 2001, Rn 171.

Zusammenfassung der Ergebnisse

- Die grundlegenden Regelungen der BMK zur prädikiven postnatalen Diagnostik widersprechen nicht den grundsätzlichen Wertentscheidungen des deutschen Gesetz- und Verfassungsgebers, so daß keine Unvereinbarkeit mit dem deutschen Recht vorliegt.

- Ein Verbot des Zugangs zu prädiktiver postnataler Diagnostik verstößt gegen das Recht auf Wissen des Einzelnen bezüglich seiner genetischen Konstitution. Gleichwohl ist der uneingeschränkte Zugang zu prädiktiver postnataler Diagnostik wegen der sozialen Folgen und Implikationen für den Einzelnen und die Gesellschaft nicht zu gewähren. Der Zugang zu prädiktiver postnataler Diagnostik ist unter der Voraussetzung, daß sie einem gesundheitlichen Zweck im Hinblick auf die Testperson dient, zu gewährleisten. Eine gesetzliche Regelung der prädiktiven Gendiagnostik muß dies ausdrücklich vorschreiben.

- Unter den Begriff der gesundheitlichen Zwecke oder der medizinischen Zwecke sind zunächst therapeutische und präventive Ziele im Hinblick auf eine mögliche Erkrankung zu fassen. Allein zur Diagnose einer Krankheitsveranlagung ist prädiktive Diagnostik nur zuzulassen, wenn besondere Gründe in der Person des Ratsuchenden vorliegen, die es rechtfertigen, daß prädiktives Wissen erhoben wird, ohne daß eine Therapie, Linderung oder Prävention möglich ist. Diese besonderen Gründe können in der Lebens- und Familienplanung liegen. Bei der Frage, ob ein Test im gesundheitlichen Interesse der Testperson liegt, muß eine Abwägung im Einzelfall stattfinden.
Eine medizinische Indikation für die genetische Diagnostik liegt in den Fällen der gesundheitlichen Zweckverfolgung vor.

- Eine Beratungspflicht vor und nach Durchführung prädiktiver genetischer Diagnostik ist gesetzlich zu verankern, um die Selbstbestimmung der Testperson auf diesem komplexen, schwer überschaubaren Gebiet zu gewährleisten.

- Test und Beratung sind von einem Facharzt für Humangenetik oder medizinische Genetik durchzuführen. Sie prüfen auch die Zulässigkeitsvoraussetzung prädiktiver postnataler Diagnostik, d.h. die Verfolgung eines gesundheitlichen Zwecks. Der Test kann allein durch den Einzelnen veranlaßt werden; einer ärztlichen Veranlassung bedarf es im Hinblick auf das Selbstbestimmungsrecht des Einzelnen nicht.

- Die gesetzliche Regelung muß vorsehen, daß umfassende Screenings einer Person auf alle möglichen Krankheitsveranlagungen verboten sind. Ziele und Umfang der Gendiagnostik müssen vor Durchführung feststehen. Nur dann ist die Untersuchung von der Einwilligung gedeckt und die Autonomie und das Recht auf Nichtwissen der Testperson gewährleistet.

- Ausgangspunkt einer Regelung der prädiktiven postnatalen Gendiagnostik im Verhältnis zu Versicherern, Arbeitgebern, Verwandten und anderen Dritten muß ein gesetzliches Verbot der genetischen Diskriminierung sein. Eine gesetzliche Regelung der Gendiagnostik muß dem Grundprinzip Rechnung tragen, daß die Interessen des Einzelnen nicht den Interessen der Gemeinschaft untergeordnet werden dürfen.

- Im Bereich des Versicherungswesens muß ein Ausforschungsverbot gesetzlich festgelegt werden. Der potentielle Versicherungsnehmer soll weder direkt noch indirekt gezwungen werden können, sich vor Abschluß eines Versicherungsvertrags genetisch testen zu lassen.

- Damit kein sozialer Zwang zum Test entsteht, ist darüber hinaus ein Verwertungsverbot für Ergebnisse aus prädiktiver genetischer Diagnostik gesetzlich zu verankern.

- Eine Ausnahme vom Ausforschungsverbot bei Lebensversicherungen ist nur zulässig, wenn eine Versicherungssumme von über 250.000 Euro vereinbart werden soll und gleichzeitig der Verdacht einer genetisch bedingten Krankheitsveranlagung besteht. In diesen Fällen darf eine Genomanalyse verlangt und ihre Ergebnisse dürfen verwertet werden. Das gleiche gilt bei einer außergewöhnlich hohen Zuzahlungssumme im Krankheitsfall bei Krankenversicherungen.

- Eine Offenbarungspflicht im Hinblick auf Wissen aus prädiktiver Diagnostik besteht grundsätzlich nicht. Eine entsprechende Frage des Versicherers ist unzulässig.

- Eine Ausnahme vom Frageverbot besteht in den Fällen, in denen der Antragsteller um eine Disposition für eine schwere Erkrankung in überschaubarer Zukunft weiß. Hier ist der Unterschied zu Wissen aus herkömmlicher Diagnostik geringer und die Gefahr der Antiselektion größer, so daß das informationelle Selbstbestimmungsrecht des Versicherungsnehmers zurücktritt. Entsprechend besteht auch eine Offenbarungspflicht des Versicherungsnehmers.

- Ab einer Versicherungssumme von 250.000 Euro bei Lebensversicherungen besteht eine Ausnahme vom grundsätzlichen Frage- und Verwertungsverbot. In diesen Fällen besteht ein übergeordnetes Interesse der Versicherungsgeber, die wirtschaftlich planen können müssen und für die die Gefahr der Antiselektion mit steigender Versicherungssumme wächst. Dasselbe gilt bei einer außergewöhnlich hohen Zuzahlungssumme im Krankheitsfall bei Krankenversicherungen.

- Die Weitergabe und Verwertung von Testergebnissen ist ausnahmsweise im Interesse des Betroffenen möglich, wenn er sich nur so vom Verdacht einer schwerwiegenden Krankheitsveranlagung befreien kann. Er will in diesen Fällen keine besonders günstige Prämie erreichen, sondern lediglich zum Normaltarif versichert werden, so daß keine Gefahr für die anderen Versicherungsnehmer besteht.

- Im Arbeitsrecht ist ein Ausforschungs- und Verwertungsverbot hinsichtlich der Genomanalyse und ihrer Ergebnisse gesetzlich zu verankern.

- Eine Ausnahme von diesem Verbot ist nur zum Schutz Dritter möglich, wenn der angestrebte Beruf per se Gefahren für Dritte mit sich bringt und arbeitsplatzrelevante Anfälligkeiten durch prädiktive genetische Diagnostik erkennbar sind. Diese Ausnahmen müssen gesetzlich detailliert festgelegt sein.

- Ein genetischer Test gegen den Willen des Betroffenen ist nie zulässig. Der Einzelne ist auch dann nicht verpflichtet, sich genetisch testen zu lassen, wenn nur so die genetische Veranlagung eines Verwandten für eine bestimmte Erkrankung festgestellt werden kann und davon die Einleitung lebensnotwendiger Therapiemaßnahmen für den Verwandten abhängt. Das Recht auf Nichtwissen und die Selbstbestimmung überwiegen in jedem Fall das Recht auf Wissen des Verwandten. Eine Pflicht zu wissen hinsichtlich prädiktiven genetischen Wissens gibt es nicht.

Dies entspricht dem Rahmen, den die Regelungen der BMK für den Bereich der prädiktiven Diagnostik vorgeben. Durch Beitritt zur Konvention werden verbindliche Aussagen für die Zulassung und Durchführung von Gentests erforderlich. Allein diese Vorgaben würden eine Reihe von Streitigkeiten und Unklarheiten im deutschen Recht zu Problemen der Auswirkungen postnataler genetischer Analysen beenden und so besseren Schutz für den Einzelnen bieten.

Literaturverzeichnis

BARTRAM, Claus/BECKMANN, Jan/BREYER, Friedrich/FEY, Georg/ FONATSCH, Christa/IRRGANG, Bernhard/TAUPITZ, Jochen/SEEL, Klaus-M./ THIELE, Felix: Humangenetische Diagnostik, Wissenschaftliche Grundlagen und gesellschaftliche Konsequenzen, Wissenschaftsethik und Technikfolgenbeurteilung Band 7, Berlin/Heidelberg/New York. 2000.

BACH, Peter/MOSER, Hans: Private Krankenversicherung – MB/KK- und MB/KT- Kommentar, 2. Aufl. München 1993.

BECK-GERNSHEIM, Elisabeth: Health and Responsibility – From Social Change to Technological Change and Vice Versa, in: Ethics of Human Genome Analysis, European Perspectives, hrsg. von Hille Haker, Richard Hearn und Klaus Steigleder, Tübingen 1993, 199-216.

BENDA, Ernst/MAIHOFER, Werner/VOGEL, Hans-Jochen: Handbuch des Verfassungsrechts, 2. Aufl. Berlin/New York 1994.

BENDA, Ernst: Humangenetik und Recht – eine Zwischenbilanz, Neue juristische Wochenschrift 1985, 1730-1734.

Ders.: Bericht über die Interministerielle Kommission "In-vitro-Fertilisation, Genom-Analyse und Gentransfer", in: Rechtsfragen der Gentechnologie hrsg. von Rudolf Lukes und Rupert Scholz, Köln/Berlin/Bonn/München 1985, 56-75.

BERBERICH, Kerstin: Zur Zulässigkeit genetischer Tests in der Lebens- und privaten Krankenversicherung Diss. Mannheim 1998, Karlsruhe 1998.

Dies.: Zur aktuellen Bedeutung genetischer Tests in der Privatversicherung, Versicherungswirtschaft 1998, 1190-1194.

BICKEL, Heribert: Möglichkeiten und Risiken der Gentechnik, Verwaltungs-Archiv 1996, 169-190.

BIRNBACHER, Dieter: Pränataldiagnostik aus der Sicht eines Philosophen, in: Humangenetik – Ethische Probleme der Beratung, Diagnostik und Forschung – Jahrbuch des Arbeitskreises Medizinischer Ethik – Ethik-Kommissionen in der Bundesrepublik Deutschland, hrsg. von Richard Toellner, Stuttgart/Jena/New York 1993, 39-48.

Ders.: Bioethische Konsensbildung durch Recht? – Das Dilemma des Menschenrechtsübereinkommens zur Biomedizin, in: Ethik und Wissenschaft in Europa, Die gesellschaftliche, rechtliche und philosophische Debatte, hrsg. von Dietmar Mieth, Freiburg/München 2000, 156-163.

Ders.: Genomanalyse und Gentherapie, Medizin und Ethik hrsg. von H.-M. Sass, Stuttgart 1989, 212-231.

BÖHM, Ingolf: Molekulargenetische Analyseverfahren, Datenschutz und Datensicherung 1993, 264-273.

BROX, Hans: Allgemeiner Teil des BGB, 26. Aufl. Köln/Berlin/Bonn/München 2002.

BUCHBBORN, Eberhard: Konsequenzen der Genomanalyse für die ärztliche Aufklärung in der prädiktiven Medizin, Medizinrecht 1996, 441-444.

CATENHUSEN, Wolf-Michael: Biotechnologie – Über die Notwendigkeit der Ethik und die Praxis der Regulierung, in: Ethik und Wissenschaft in Europa, Die gesellschaftliche, rechtliche und philosophische Debatte, hrsg. von Dietmar Mieht, Freiburg/München 2000, 52-62.

Ders.: Kontroversen, Kompromisse, Erfolgspunkte – Von den Schwierigkeiten, die deutsche Rolle im internationalen Diskurs zu finden, in: Biomedizin und Menschenrechte - Die Menschenrechtskonvention des Europarats zur Biomedizin, hrsg. von Albin Eser Frankfurt am Main 1999, 114-122.

COESTER-WALTJEN, Dagmar: Künstliche Fortpflanzung und Zivilrecht, Zeitschrift für das gesamte Familienrecht 1992, 369-372.

CRAMER, Stephan: Genom- und Genanalyse, Rechtliche Implikationen einer „Prädiktiven Medizin", Diss. Heidelberg 1991, (Erscheinungsort: Frankfurt/Bern/New York/Paris).

DAMM, Reinhard: Prädiktive Medizin und Patientenautonomie Informationelle Persönlichkeitsrechte in der Gendiagnostik, Medizinrecht 1999, 437-448.

DEGENER, Theresia: Chronologie der Bioethik – Konvention und ihre Streitpunkte, Kritische Vierteljahresschrift für Gesetzgebung und Rechtswissenschaft 1998, 7-33.

DEUTSCH, Erwin/SPICKHOFF, Andreas: Medizinrecht - Arztrecht, Arzneimittelrecht, Medizinprodukterecht und Transfusionsrecht– Eine zusammenfassende Darstellung mit Fallbeispielen und Texten, 5. Aufl., Berlin/Heidelberg/New York 2003.

DEUTSCH, Erwin: Medizinische Genetik und Genomanalyse - Rechtliche Probleme, Versicherungsrecht 1994, 1-5.

Ders.: Das Persönlichkeitsrecht des Patienten, Archiv für die civilistische Praxis, 1992, 161-180.

Ders.: Haftung für unerlaubte bzw. fehlerhafte Genomanalyse, Versicherungsrecht 1991, 1205-1209.

Ders.: Genomanalyse im Arbeits- und Sozialrecht – Ein Beitrag zum genetischen Datenschutz, Neue Zeitschrift für Arbeits- und Sozialrecht 1989, 657-661.

Ders.: Die Genomanalyse: Neue Rechtsprobleme, Zeitschrift für Rechtspolitik 1986, 1-4.

Ders.: Juristische Stellungnahme, Ethische und rechtliche Probleme der Anwendung zellbiologischer und gentechnischer Methoden am Menschen: Dokumentation eines Fachgesprächs im Bundesministerium für Forschung und Technologie, hrsg. vom Bundesminister für Forschung und Technologie, Bonn 1984, 16-19.

DE WACHTER, Maurice: The European Convention on Bioethics, Hastings Center Report 1997, 13-24.

DIEKGRÄF, Robert: Genomanalyse im Arbeitsrecht, Betriebs-Berater 1991, 1854-1860.

DIETEL, Manfred/PROPPRING, Peter: Molekulare Diagnostik, Kongreßbericht, 25. Interdisziplinäres Forum der Bundesärztekammer 2001 „Fortschritt und Fortbildung in der Medizin, Deutsches Ärzteblatt 2001, A 1978- A 1980.

DIETRICH, Thomas/HANNAU, Peter/SCHAUB, Günter: Erfurter Kommentar zum Arbeitsrecht, 2. Auflage München 2001.

DILLER, Powietzka: Drogenscreenings im Arbeitsrecht, Neue Zeitschrift für Arbeitsrecht 2001, 1227-1233.

DONNER, Hartwig/SIMON, Jürgen: Genomanalyse und Verfassung, Die öffentliche Verwaltung 1990, 907-918.

DREIER, Horst: Grundgesetz Kommentar Band I, Art. 1-19, 1. Aufl. Tübingen 1996.

Ders.: Grundgesetz Kommentar Band II, Artikel 20-82, 1. Aufl. Tübingen 1998.

EBERBACH, Wolfram: Die ärztliche Aufklärung unheilbar Kranker, Medizinrecht 1986, 180-186.

EBERBACH, Wolfram H./LANGE, Peter/RONELLENFITSCH, Michael: Recht der Gentechnik und Biomedizin, Kommentar und Materialien, Band 4, Loseblatt Heidelberg, Stand September 2002.

EHLERS, Alexander P.F.: Die ärztliche Aufklärung vor medizinischen Eingriffen, Bestandsaufnahme und Kritik, Köln/Berlin/Bonn/München 1987.

EIBACH, Ulrich: Genomanalyse und Menschenwürde - Eine theologisch-ethische Stellungnahme, Ethik in der Medizin 1990, 22-36.

Ders.: Ethische Fragen zu „Überlegungen zur Anwendung gentechnischer Methoden am Menschen", in: Ethische und rechtliche Probleme der Anwendung zellbiologischer und gentechnischer Methoden am Menschen: Dokumentation eines Fachgesprächs im Bundesministerium für Forschung und Technologie, hrsg. vom Bundesminister für Forschung und Technologie, Bonn 1984, 20-25.

EISNER, Beat: Die Aufklärungspflicht des Arztes, Die Rechtslage in Deutschland, der Schweiz und den USA, Bern/Göttingen/Toronto/Seattle 1992.

EPPLEN, Jörg T./PRZUNTEK, Horst: Morbus Huntington: Im Spannungsfeld zwischen Klinik, Gendiagnostik und ausstehender Gentherapie, Deutsches Ärzteblatt 1998, A 32- A 36.

ERMAN: Bürgerliches Gesetzbuch, Handkommentar, 1. Band §§ 1-853, hrsg. von Harm Peter Westermann, 10. Auflage Köln 2000.

ESER, Albin/LUTTEROTI, Markus v./SPORKEN, Paul: Lexikon Medizin Ethik Recht, Freiburg/Basel/Wien 1989.

FECHNER, Erich: Menschenwürde und generative Forschung und Technik – eine rechtstheoretische und rechtspolitische Untersuchung –, Juristen Zeitung 1986, 653-664.

FENGER, Hermann/SCHÖFFSKI, Oliver: Gentests und Lebensversicherung: Juristische und ökonomische Aspekte, in: Neue Zeitschrift für Versicherung und Recht 2000, 449-454.

FISAHN, Andreas: Ein unveräußerliches Grundrecht am eigenen genetischen Code, Zeitschrift für Rechtspolitik 2001, 49-54.

FITTING, Karl/KAISER, Heinrich/HEITHER, Friedrich/ENGELS, Gerd/ SCHMID, Ingrid: Betriebsverfassungsgesetz – Handkommentar, 20. Aufl. München 2000.

FROWEIN, Jochen/PEUKERT, Wolfgang: Europäische Menschenrechtskonvention, EMRK-Kommentar, 2. Aufl. Kehl/Straßburg/Arlington 1996.

FRÖHLICH, Uwe: Forschung wider Willen? Rechtsprobleme biomedizinischer Forschung mit Nichteinwilligungsfähigen, Diss. Mannheim 1999.

GIESEN, Dieter: Arzthaftungsrecht – Die zivilrechtliche Haftung aus medizinischer Behandlung in der Bundesrepublik Deutschland, in Österreich und der Schweiz, 4. Aufl., Tübingen 1995.

Ders.: International Medical Malpractice Law: a comparative law study of civil liability arising from medical care, Tübingen 1988.

Ders.: Grundzüge der zivilrechtlichen Arzthaftung, Jura 1981, 10-24.

GIESEN, Richard: Internationale Maßstäbe für die Zulässigkeit medizinischer Heil- und Forschungseingriffe - Das Vorhaben einer europäischen Bioethik-Konvention, Medizinrecht 1995, 353-359.

GOERDELER, Jochen/LAUBACH, Birgit: Im Datendschungel – Zur Notwendigkeit der gesetzlichen Regelung von genetischen Untersuchungen, Zeitschrift für Rechtspolitik 2002, 115-119.

GOLSONG, Heribert/KARL, Wolfram/MIEHSLER, Herbert/ PETZOLD, Herbert: Internationaler Kommentar zur Europäischen Menschenrechtskonvention, Köln/Berlin/Bonn/München, Loseblatt Mai 2000.

GRETTER, Bettina: Gesetzlich geregelte Informationspflicht gegenüber Risikoträgern von genetisch bedingten, heilbaren Krankheiten?, Zeitschrift für Rechtspolitik 1994, 24-28.

HALLER, Bruno: Das paneuropäische Mandat des Europarats, in: 50 Jahre Europarat, hrsg. von Uwe Holtz, Baden Baden 2000, 51-69.

HAUSHEER, Heinz: Ein schweizerischer Vorentwurf zu einem Humangenetikgesetz, in: Festschrift für Erwin Deutsch zum 70. Geburtstag, hrsg. von Hans-Jürgen Ahrens, Christian von Bar, Gerfried Fischer, Andreas Spickhoff, Jochen Taupitz, Köln/Berlin/ Bonn/München 1999, 593-611.

HENDRIKS, Aart: Article 17 of the European Convention on Human Rights and Biomedicine: incompatible with international human rights law?, in: Krititische Vierteljahresschrift für Gesetzgebung und Rechtswissenschaft 1998, 111-117.

HENGSTENBERG, Christian: Genetik der familiären hypertrophischen Kardiomyopathie, Deutsches Ärzteblatt, 1996, A 532- A 536.

HENN, Wolfram: Der DNA-Chip – Schlüsseltechnologie für ethisch problematische neue Formen des Screenings?, Ethik in der Medizin 1998, 128-137.

HENN, Wolfram/SCHROEDER-KURTH, Traute: Humangenetische Diagnostik: Die Macht des Machbaren, Deutsches Ärzteblatt 1999, A 1555- A 1556.

HERDEGEN, Matthias: Die Erforschung des Humangenoms als Herausforderung für das Recht, Juristen Zeitung 2000, 633-641.

HÖFLING, Wolfram: Das „Menschenrechtsübereinkommen zur Bio-Medizin" und die Grund- und Menschenrechte, in Bio-Ethik und die Zukunft in der Medizin, hrsg. von Michael Wunder und Therese Neuer-Miebach, Bonn 1998, 72-86.

Ders.: Menschen mit Behinderungen, das „Menschenrechtsübereinkommen zur Biomedizin" und die Grund- und Menschenrechte, Kritische Vierteljahresschrift für Gesetzgebung und Rechtswissenschaft 1998, 99-110.

HOFMANN, Hasso: Biotechnik, Gentherapie, Genmanipulation – Wissenschaft im rechtsfreien Raum?, Juristen Zeitung 1986, 253-260.

HONESLL, Heinrich: Berliner Kommentar zum Versicherungsvertragsgesetz, Kommentar zum deutschen und österreichischen VVG, 1. Aufl. Berlin/Heidelberg/New York 1999.

HONNEFELDER, Ludger: Intention und Charakter des Übereinkommens über Menschenrechte und Biomedizin, in: Das Übereinkommen über Menschenrechte und Biomedizin des Europarates, Argumente für einen Beitritt, Ludger Honnefelder/Jochen Taupitz/Stefan Winter, hrsg. von der Konrad-Adenauer-Stiftung, Sankt Augustin 1999, 8-15.

Ders.: Biomedizinische Ethik und Globalisierung – Zur Problematik völkerrechtlicher Grenzziehung am Beispiel der Menschenrechtskonvention zur Biomedizin des Europarates, in: Biomedizin und Menschenrechte - Die Menschenrechtskonvention des Europarates zur Biomedizin, hrsg. von Albin Eser Frankfurt am Main 1999, 38-58.

Ders.: Stellungnahme zur allgemeinen Erklärung über das menschliche Genom und die Menschenrechte der UNESCO, Jahrbuch für Wissenschaft und Ethik 1998, 223-230.

Ders.: Das Menschenrechtsübereinkommen zur Biomedizin des Europarats: zur zweiten endgültigen Fassung, Jahrbuch für Wissenschaft und Ethik 1997, 305-318.

Ders.: Stellungnahme zum Entwurf der Bioethik-Konvention, Jahrbuch für Wissenschaft und Ethik 1996, 297-306.

Ders.: Ethische Probleme der Humangenetik, Fragen und Probleme einer medizinischen Ethik, hrsg. von Jan Beckmann, Berlin New York 1996, 332-354.

IPSEN, Jörn: Staatsrecht II (Grundrechte), 4. Aufl. Neuwied/Kriftel 2001.

ISENSEE, Josef/KIRCHHOF, Paul: Handbuch des Staatsrechts der Bundesrepublik Deutschland, Band V, Allgemeine Grundrechtslehren, 2. Aufl. Heidelberg 2000.

JACHERTZ, Norbert: Helle und dunkle Seite, Früherkennung, Deutsches Ärzteblatt 2001, A 3355.

JARASS, Hans/PIEROTH, Bodo: Grundgesetz für die Bundesrepublik Deutschland, Kommentar, 6. Aufl. München 2002.

JAUERNIG, Othmar: Bürgerliches Gesetzbuch mit Gesetz zur Regelung des Rechts der allgemeinen Geschäftsbedingungen, 9. Auflage München 1999.

JOERDEN, Jan: § 34 Satz 2 StGB und das Prinzip der Verallgemeinerung, Goldammers Archiv 1991, 411-427.

JONAS, Hans: Wissenschaft und Forschungsfreiheit, in: Wissenschaft und Ethik, hrsg. von Hans Lenk, Stuttgart 1991, 193- 214.

JÜRGENS, Andreas: Fremdnützige Forschung an einwilligungsunfähigen Personen nach deutschem Recht und nach dem Menschenrechtsübereinkommen für Biomedizin, Kritische Vierteljahresschrift für Gesetzgebung und Rechtswissenschaft 1998, 34-51.

KAMINSKY, Carmen: Genomanalyse: Absichten und mögliche Konsequenzen in der Perspektive angewandter Ethik, Biologie und Ethik, hrsg. von Eva-Marie Engels, Stuttgart 1999, 194-223.

KAMP, Ilka: Die Europäische Bioethik-Konvention – Medizinische Versuche an nichteinwilligungsfähigen Menschen unter besonderer Berücksichtigung der Vorgaben im nationalen und internationalen Recht, Diss. Bayreuth 2000.

KANT, Immanuel: Werke in sechs Bänden - Band IV: Schriften zur Ethik und Religionsphilosophie, hrsg. von Wilhelm Weischedel 1963.

KATZENMEIER, Christian: Patientenrechte in Deutschland heute, Medizinrecht 2000, 24-25.

KELLER, Rolf/GÜNTHER, Hans-Ludwig/KAISER, Peter: Embryonenschutzgesetz – Kommentar zum Embryonenschutzgesetz, Stuttgart/Berlin/Köln 1992.

KERN, Bernd Rüdiger: Die Bioethikkonvention des Europarates - Bioethik versus Arztrecht?, Medizinrecht 1998, 485-490.

KERN, Bernd-Rüdiger/LAUFS, Adolf: Die ärztliche Aufklärungspflicht, unter besonderer Berücksichtigung der richterlichen Spruchpraxis, Berlin/Heidelberg/New York 1983.

KIENLE, Thomas: Die prädiktive Medizin und gentechnische Methoden: ein Beitrag zur Regelung von Genanalyse und Gentherapie in Deutschland und Europa, Diss. Tübingen 1998.

Ders.: Bioethik und Pränataldiagnostik in Europa, Zeitschrift für Rechtspolitik 1996, 253-259.

KLINKHAMMER, Gisela: Grafenecker Erklärung zur Bioethik, Orientierung an den Menschenrechten, Deutsches Ärzteblatt 1996, A 2290.

KLOESEL, Arno/CYRAN, Walter: Arzneimittelrecht Kommentar, mit amtlichen Begründungen, weiteren Materialien und einschlägigen Rechtsvorschriften sowie Sammlung gerichtlicher Entscheidungen, fortgeführt von Karl Feiden und Hermann Josef Pabel, Band IV, 3. Auflage, 78. Ergänzungslieferung (Loseblatt) Stuttgart Stand August 2001.

KÖHLER, Michael: Europäische Bioethikkonvention - Beitritt unter Vorbehalt?, Zeitschrift für Rechtspolitik 2000, 8-10.

KOLLER, Peter: Technische Entwicklung, gesellschaftlicher Fortschritt und soziale Gerechtigkeit – Am Beispiel der Humangenomforschung, Jahrbuch für Recht und Ethik 1999, 291-320.

KRAUSE, Peter: Das Recht auf informationelle Selbstbestimmung – BVerfGE 65, 1, Juristische Schulung 1984, 268-275.

KURIP, Stephan: Folgen der genetischen Diagnostik: Entsolidarisierung durch Recht auf Wissen, schriftliche Stellungnahme zur Anhörung der Enquête-Kommission Recht und Ethik in der Medizin, 16.Oktober 2000.

KUNIG, Philip: Das informationelle Selbstbestimmungsrecht, Juristische Ausbildung 1993, 595-604.

LACKNER, Karl: Strafgesetzbuch mit Erläuterungen, 24. Aufl., München 2001.

LANZERATH, Dirk: Prädikative genetische Tests im Spannungsfeld von ärztlicher Indikation und informationeller Selbstbestimmung, Jahrbuch für Wissenschaft und Ethik 1998, 193-203.

Ders.: Krankheit und ärztliches Handeln, Zur Funktion des Krankheitsbegriffs in der medizinischen Ethik, Diss. Bonn 1998.

Ders.: Der Umgang mit prädiktivem Wissen in der genetischen Diagnostik – Ethische Aspekte unter besonderer Berücksichtigung des Krankheitsbegriffs, Schriftliche Eingabe zur öffentlichen Anhörung von Sachverständigen bei der Enquête- Kommission des Deutschen Bundestages „Recht und Ethik der modernen Medizin" zum Thema: Folgen der genetischen Diagnostik, 16. Oktober 2000.

LARENZ, Karl/CANARIS, Claus-Wilhelm: Methodenlehre der Rechtswissenschaft, 3. Auflage Berlin/Heidelberg/New York/Barcelona 1995.

LAUFS, Adolf: Arztrecht, 5. Aufl., München 1993.

Ders.: Nicht der Arzt allein muß bereit sein, das Notwendige zu tun, Neue juristische Wochenschrift 2000, 1757-1769.

Ders.: Arzt, Patient und Recht am Ende des Jahrhunderts, Neue juristische Wochenschrift 1999, 1758-1769.

Ders.: Arzt und Recht – Fortschritte und Aufgaben, Neue juristische Wochenschrift 1998, 1750-1761.

Ders.: Das Menschenrechtsübereinkommen zur Biomedizin und das deutsche Recht, Neue juristische Wochenschrift 1997, 776-777.

Ders.: Arzt und Recht im Umbruch der Zeit, Neue juristische Wochenschrift 1995, 1590-1599.

Ders.: Der ärztliche Heilauftrag aus juristischer Sicht, Heidelberg 1989.

Ders.: Arzt und Recht im Wandel der Zeit, Medizinrecht 1986, 163-170.

Ders.: Die Entwicklung des Arztrechts 1982/83, Neue juristische Wochenschrift 1983, 1345-1351.

LAUFS, Adolf/UHLENBRUCK, Wilhelm: Handbuch des Arztrechts, hrsg. von Adolf Laufs, 3. Aufl., München 2002.

LEIPZIGER KOMMENTAR: Großkommentar zum Strafgesetzbuch, §§ 34, 35 StGB, 11. Aufl., Berlin New York 1994.

LEINMÜLLER, Renate: Beratung vor Gentests findet gute Resonanz, Deutsches Ärzteblatt 2001, A 3348.

LERCHE, Peter: Verfassungsrechtliche Aspekte der Gentechnologie, in Rechtsfragen der Gentechnologie hrsg. von Rudolf Lukes und Rupert Scholz, Köln/Berlin/Bonn/München 1985, 88-111.

LEXIKON DER BIOETHIK: Herausgegeben im Auftrag der Görres-Gesellschaft von Wilhelm Korff, Lutwin Beck und Paul Mikat in Verbindung mit Ludger Honnefelder, Gerfried W. Hunold, Gerhard Mertens, Kurt Heinrich und Albin Eser, Band 2, G-Pa, Gütersloh 1998.

LEXIKON MEDIZIN: Herausgegeben von der Lexikon-Redaktion des Verlages Urban & Schwarzenberg, München/Wien/Baltimore 1995.

LORENZ, Egon: Zur Berücksichtigung genetischer Tests und ihrer Ergebnisse beim Abschluß von Personenversicherungsverträgen, Versicherungsrecht 1999, 1309-1315.

MANGOLDT, Hermann von/KLEIN, Friedrich/STARCK, Christian: Das Bonner Grundgesetz, Kommentar, Band 1 Präambel, Artikel 1 bis 19, 4. Aufl. München 1999.

MAUCKNER, A./NIKOL, Sigrid: Aktueller Stand der Gentherapie, Deutsches Ärzteblatt 1997, A 995- A 997.

MAUNZ, Theodor/DÜRIG, Günter: Grundgesetz Kommentar, Band 1 Art. 1-11; Loseblatt, München, Stand 2001.

MERKEL, Reinhard: Verbrauchende Embryonenforschung? Grundlagen einer Ethik der Präimplantationsdiagnostik und der Forschung an embryonalen Stammzellen, in: Gerechtigkeit und Politik: philosophische Perspektiven, hrsg. von Reinold Schmücker und Ulrich Steinvorth, Berlin 2002, 151-177.

MIETH, Dietmar: The Problem of „Justified Interests" in Genome Analysis. A Socioethical Approach, in: Ethics of Human Genome Analysis, European Perspectives, hrsg. von Hille Haker, Richard Hearn und Klaus Steigleder, Tübingen 1993, 272-289.

Ders.: Kritik der Konvention des Europarats zur Biomedizin, Datenschutz und Datensicherung 1999, 328-329.

MÜLLER, Hansjakob: Predictive Genetic Testing: Possibilities, Implications, Limits, in: Ethics of Human Genome Analysis, European Perspectives, hrsg. Von Hille Haker, Richard Hearn und Klaus Steigleder, Tübingen 1993, 136-146.

MÜLLER, Helmut: Reformbedarf im Versicherungsrecht, Betriebs-Berater 1999, 1178-1180.

MÜNCH, Ingo von/KUNIG, Philip: Grundgesetz – Kommentar Band 1 (Präambel bis Art. 19), 5. Auflage München 2000.

Ders.: Grundgesetz – Kommentar Band 2 (Art. 21 bis 69), 5. Aufl., München 2001.

MÜNCHNER KOMMENTAR ZUM BÜRGERLICHEN GESETZBUCH, Band 2 – Schuldrecht Allgemeiner Teil (§§ 241-432) hrsg. von Kurt Rebmann/Franz J. Säcker/Roland Rixecker, 4. Aufl. München 2001.

NARR, Helmut: Ärztliches Berufsrecht – Ausbildung, Weiterbildung, Berufsausübung, begründet von Prof. Dr. jur. H. Narr, fortgeführt von Rechtsanwalt Dr. jur. R. Hess und Rechtsanwalt H.-D. Schirmer, Band II, 2. Aufl., Köln Loseblatt Stand 2002.

NICKLISCH, Fritz: Rechtsfragen der Anwendung der Gentechnologie unter besonderer Berücksichtigung des Privatrechts, in: Rechtsfragen der Gentechnologie hrsg. von Rudolf Lukes und Rupert Scholz, Köln/Berlin/Bonn/München 1985, 112-133.

OPPERMANN, Thomas: Europarecht - Ein Studienbuch, 2. Aufl. München 1999.

PALANDT: Bürgerliches Gesetzbuch, 62. Aufl. München 2003.

PATZIG, Günther: Ethische Probleme der Postnataldiagnostik, in: Humangenetik – Ethische Probleme der Beratung, Diagnostik und Forschung, hrsg. von Richard Toellner, 1993, 147-153.

PETER, Christoph: Forschung am Menschen – eine Untersuchung der rechtlichen Rahmenbedingungen unter besonderer Berücksichtigung einwilligungsunfähiger Patienten, Diss. Regensburg 2000.

PIEROTH, Bodo/SCHLINK, Bernhard: Grundrechte, Staatsrecht II, 18. Aufl. Heidelberg 2002.

PRÄVE, Peter: Das Recht des Versicherungsnehmers auf gen-informationelle Selbstbestimmung, Versicherungsrecht 1992, 279-284.

PRÖLSS/MARTIN: Versicherungsvertragsgesetz – Kommentar zu VVG und EGVVG sowie Kommentierung wichtiger Versicherungsbedingungen, hrsg. von Ulrich Knappmann, Jürgen Prölss, Helmut Kollhosser und Wolfgang Voit, 26. Aufl. München 1998.

PROPPRING, Peter: Postnatale Diagnostik: Möglichkeiten, Nutzen und Probleme, in: Humangenetik – Ethische Probleme der Beratung, Diagnostik und Forschung – Jahrbuch des Arbeitskrieses Medizinischer Ethik – Ethik-Kommissionen in der Bundesrepublik Deutschland, hrsg. von Richard Toellner, Stuttgart/Jena/New York 1993, 135-145.

PSCHYREMBEL: Klinisches Wörterbuch, 258. Aufl. Berlin/New York 1998.

RADEMACHER, Christine: Verhinderung der genetischen Inquisition, Zeitschrift für Rechtspolitik 1990, 380-384.

Ders.: Zulässigkeit der Gen-Analyse?, Neue juristische Wochenschrift 1991, 735-737.

RAMM, Thilo: Die Fortpflanzung – ein Freiheitsrecht ?, Juristen Zeitung 1989, 861-874.

REGENBOGEN, Daniel/HENN, Wolfram: Aufklärungs- und Beratungsprobleme bei der prädiktiven genetischen Diagnostik, Medizinrecht 2003, 152-158.

REUTER, Peter: Springer Wörterbuch Medizin, 1. Aufl. Berlin/Heidelberg/New York, 2001.

RICHARDI, Reinhard: Arbeitsrechtliche Probleme bei Einstellung und Entlassung Aids-infizierter Arbeitnehmer, Neue Zeitschrift für Arbeits- und Sozialrecht 1988, 72-79.

RICHARDI, Reinhard/WLOTZKE, Otfried: Münchner Handbuch zum Arbeitsrecht, Band 1, Individualarbeitsrecht I, 2. Aufl. München 2000.

RICHTER, Eva A.: Genetisierung der Medizin, Internationale Konferenz, Experten diskutierten die Chancen und Risiken der Biomedizin kontrovers, Deutsches Ärzteblatt 2002, A 759.

Dies.: Therapie zwischen Leitlinien und Zukunftsvisionen, Deutsches Ärzteblatt 2002, A 18.

RITTNER, Christian: Genomanalyse, Gentherapie und forensische Medizin: Medizinische, gesellschaftliche, rechtliche und ethische Aspekte, Deutsches Ärzteblatt 1997, A 298.

ROELLECKE, Gerd: Das Verhängnis, Neue juristische Wochenschrift 2000, 3473-3474.

RÖMER, Wolfgang: Die Entwicklung der BGH-Rechtsprechung zum Versicherungsvertragsrecht seit der Deregulierung und künftige Tendenzen, Neue Zeitschrift für Versicherung und Recht 2002, 532-537.

RÖMPP Lexikon/Biotechnologie und Gentechnik: hrsg. von Wolf-Dieter Deckwer, A. Pühler und Rolf Schmidt, 2. Aufl. Stuttgart/New York 1999.

RÖSSLER, (ohne Vornamen): Zur Diskussion über die Bioethik-Konvention, Ethik in der Medizin 1996, 167-172.

ROPERS, Hans-Hilger: Die Erforschung des menschlichen Genoms: Ein Zwischenbericht, Deutsches Ärzteblatt 1998, A 663-A 669.

RUDLOFF-SCHÄFER, Cornelia: Das Übereinkommen über Menschenrechte und Biomedizin des Europarats vom 4. April 1997 – europäische Standards in biomedizinischer Forschung und Praxis, Datenschutz und Datensicherung 1999, 322-327.

Dies.: Entstehungsgründe und Entstehungsgeschichte der Konvention, in: Biomedizin und Menschenrechte - Die Menschenrechtskonvention des Europarats zur Biomedizin, hrsg. von Albin Eser Frankfurt am Main 1999, 26-37.

RUDOLPHIE, Hans-Joachim/HORN, Eckehard/SAMSON, Erich: Systematischer Kommentar zum Strafgesetzbuch, Band 1 Allgemeiner Teil (§§ 1-79b), 7., teilweise 8. Aufl. (Loseblatt Stand April 2001) Frankfurt am Main 1997.

SACHS, Michael: Grundgesetz Kommentar, 2. Aufl. München 1999. 3. Aufl. München 2003.

Ders.: Verfassungsrecht II – Grundrechte, Berlin/Heidelberg/New York 2000.

SAEGER, Hans-Detlev/PISTORIUS, Steffen/FITZE, Guido/
SCHACKERT, Hans Konrad: Prädiktive Medizin für das operative Fach, Deutsches Ärzteblatt 2002, A 441- A 446.

SASS, Hans-Martin: Medizin und Ethik; Stuttgart 1989.

SCHAUB, Günter: Arbeitsrechts-Handbuch, Systematische Darstellung und Nachschlagewerk für die Praxis, 9. Aufl. München 2000.

SCHIMMELPFENG-SCHÜTTE, Ruth: Das Neugeborenen-Screening: Kein Recht auf Nichtwissen? Material für eine deutsche Gendatei?, Medizinrecht 2003, 214-218.

SCHMALZ, Dieter: Grundrechte, 2. Aufl. Baden-Baden 1991.

SCHMID, Werner: Der potentielle Mißbrauch genetischer Untersuchungen. Wie realistisch sind die Gefahren?, in: Humangenetik – Ethische Probleme der Beratung, Diagnostik und Forschung – Jahrbuch des Arbeitskreises Medizinischer Ethik – Ethik-Kommissionen in der Bundesrepublik Deutschland, hrsg. von Richard Toellner, Stuttgart/Jena/New York 1993, 125-133.

SCHMIDT-BLEIBTREU, Bruno/KLEIN, Franz: Kommentar zum Grundgesetz, 9. Aufl. Neuwied 1999.

SCHMIDT, Angelika: Rechtliche Aspekte der Genomanalyse: Insbesondere die Zulässigkeit genanalytischer Testverfahren in der pränatalen Diagnostik sowie der Präimplantationsdiagnostik, Diss. Göttingen, 1991 (Frankfurt a.M./Bern/New York/Paris).

Dies.: Humangenetische Forschung und ihre Anwendung aus juristischer Sicht, in: Humangenetik – Ethische Probleme der Beratung, Diagnostik und Forschung – Jahrbuch des Arbeitskreises Medizinischer Ethik – Ethik-Kommissionen in der Bundesrepublik Deutschland, hrsg. von Richard Toellner, Stuttgart/Jena/New York 1993, 191 ff.

SCHNORR, Stefan/WISSING, Volker: Gentests auf Krankenschein, Zeitschrift für Rechtspolitik 2002, 327-328.

Dies.: Gesetzliche Regelung der Zuwanderung – Auf ein Neues! ; Vor Abschluß einer Versicherung zur Genomanalyse?, Zeitschrift für Rechtspolitik 2001, 47-48.

SCHNITTLER, Christoph: Genomanalyse: Stand der politischen Diskussion und rechtliche Regelungen in Deutschland, Datenschutz und Datensicherung 1993, 290-294.

SCHÖFFSKI, Oliver: Genomanalyse: Fluch oder Segen für die Versicherungswirtschaft?, Zeitschrift für die gesamte Versicherungswissenschaft 1999, 265-295.

SCHÖNE-SEIFERT, Bettina/KRÜGER, Lorenz: Humangenetik heute: umstrittene ethische Grundfragen, in: Humangenetik – Ethische Probleme der Beratung, Diagnostik und Forschung – Jahrbuch des Arbeitskreises Medizinischer Ethik – Ethik-Kommissionen in der Bundesrepublik Deutschland, hrsg. von Richard Toellner, Stuttgart/Jena/New York 1993, 253-287.

SCHÖNKE, Adolf/SCHRÖDER, Horst: Strafgesetzbuch – Kommentar 26. Aufl. München 2001.

SCHREIBER, Hans-Peter: Gentechnologie, Genomanalyse und Ethik, Ethik in der Medizin 1998, 68-76.

SCHRÖDER, Michael: Ethik-Kommissionen, Embryonenschutz und In-vitro-Fertilisation: gültige Regelungen im ärztlichen Standesrecht?, Versicherungsrecht 1990, 243-253.

SCHUBERT, Hartwig von: Das Dilemma der „angewandten Ethik" zwischen Prinzip, Ermessen und Konsens am Beispiel der „Bioethik-Konvention" und kirchliche Stellungnahmen, Ethik in der Medizin 2000, 46-50.

SCHWEIDLER, Walter: Bioethische Konflikte und ihre politische Regelung in Europa: Stand und Bewertung, hrsg. von Zentrum für Europäische Integrationsforschung Bonn 1998.

SIEP, Ludwig: Ethische Probleme der Gentechnologie, in: Fragen und Probleme einer medizinischen Ethik, hrsg. von Jan Beckmann, Berlin New York 1996, 309-331.

SIMON, J.: Genomanalyse – Anwendungsmöglichkeiten und rechtlicher Regelungsbedarf, Monatsschrift für Deutsches Recht 1991, 5-14.

Ders.: Gendiagnostik und Versicherung. Die internationale Lage im Vergleich, Baden-Baden 2001.

SPICKHOFF, Andreas: Medizin und Recht zu Beginn des neuen Jahrhunderts, Neue juristische Wochenschrift 2001, 1757-1768.

SPRANGER, Matthias: Prädiktive genetische Tests und genetische Diskriminierung im Versicherungswesen, Versicherungsrecht 2000, 815-821.

STAUDINGER, J. v.: Kommentar zum bürgerlichen Gesetzbuch, mit Einführungsgesetz und Nebengesetzen, Zweites Buch, Recht der Schuldverhältnisse, Unerlaubte Handlungen (§§ 823-825), 13. Aufl., Berlin 1999.

STEINMÜLLER, Wilhelm: Genetisches Selbstbestimmungsrecht – Eine Skizze zur sozialen Bewältigung der Genomanalyse, Datenschutz und Datensicherung 1993, 6-10.

STEINKE, Wolfgang: DNA-Analyse gerichtlich anerkannt, Monatsschrift für Deutsches Recht 1989, 407-408.

STERNBERG-LIEBEN, Detlev: „Genetischer Fingerabdruck" und § 81a StPO, Neue juristische Wochenschrift 1987, 1242-1247.

STREINZ, Rudolf: 50 Jahre Europarat, in: 50 Jahre Europarat - Der Beitrag des Europarats zum Regionalismus hrsg. von Rudolf Streinz, Bayreuth 2000, 17-33.

Ders.: Europarecht, 2. Aufl. Heidelberg 1995.

TARSCHYS, Daniel: 50 Jahre Europarat: der Weg nach einem Europa ohne Trennungslinien, in: 50 Jahre Europarat, hrsg. von Uwe Holtz, Baden Baden 2000, 39-49.

TAUPITZ, Jochen: Die Neufassung der Deklaration von Helsinki des Weltärztebundes vom Oktober 2000, Medizinrecht 2001, 277-286.

Ders.: Genetische Diagnostik und Versicherungsrecht, Frankfurter Vorträge zum Versicherungswesen, hrsg. im Auftrag des Förderkreises für die Versicherungslehre an der Johann Wolfgang Goethe-Universität Frankfurt am Main E.V. von Martin Nell und Manfred Wandt, Band 32, 2000.

Ders.: Vereinbarungen zur Bioethik – Ziele, Möglichkeiten und Grenzen aus juristischer Sicht, in: Das Übereinkommen über Menschenrechte und Biomedizin des Europarates, Argumente für einen Beitritt, Ludger Honnefelder/Jochen Taupitz/Stefan Winter, hrsg. von der Konrad-Adenauer-Stiftung, Sankt Augustin 1999, 17-31.

Ders.: Die Menschenrechtskonvention zur Biomedizin: akzeptabel, notwendig oder unannehmbar für die Bundesrepublik Deutschland, Versicherungsrecht 1998, 542-546.

Ders.: Das Recht auf Nichtwissen, in: Festschrift für Günther Wiese zum 70. Geburtstag, hrsg. von Hanau/Lorenz/Matthes Neuwied 1998, 583-602.

Ders.: Menschenrechtsübereinkommen zur Biomedizin – Einheitlicher Mindestschutz, Kommentar, Deutsches Ärzteblatt 1998, A 1078- A 1079.

Ders.: Privatrechtliche Rechtspositionen um die Genomanalyse: Eigentum, Persönlichkeit, Leistung, Juristen Zeitung 1992, 1089-1099.

TAUPITZ, Jochen/FRÖHLICH, Uwe: Medizinische Forschung mit nichteinwilligungsfähigen Personen – Stellungnahme der Zentralen Ethikkommission, Versicherungsrecht 1997, 911-918.

TAUPITZ, Jochen/SCHELLING, Holger: Mindeststandards als realistische Möglichkeit – Rechtliche Gesichtspunkte in deutscher und internationaler Perspektive, in: Biomedizin und Menschenrechte - Die Menschenrechtskonvention des Europarats zur Biomedizin, hrsg. von Albin Eser Frankfurt am Main 1999, 95-113.

THÜSING, Gregor/LAMBRICH, Thomas: Das Fragerecht des Arbeitgebers – aktuelle Probleme zu einem klassischen Thema, Betriebs-Berater 2002, 1146-1153.

TINNEFELD, Marie-Theres: Menschenwürde, Biomedizin und Datenschutz, Zeitschrift für Rechtspolitik 2000, 10-13.

Dies.: Freiheit der Forschung und europäischer Datenschutz, Datenschutz und Datensicherung 1999, 35-41.

Dies.: Menschenrechtspolitik in Europa am Beispiel der Bioethik-Konvention des Europarates, Datenschutz und Datensicherung 1999, 317- 321.

Dies.: Persönlichkeitsrecht und Modalitäten der Datenerhebung im Bundesdatenschutzgesetz, Neue juristische Wochenschrift 1993, 1117-1119.

Dies.: Quo vadis, Molekularbiologie? – Fragen zur sozialen und rechtlichen Auswirkung von Genomanalysen, Datenschutz und Datensicherung 1993, 261-263.

TINNEFELD, Marie-Theres/EHMANN, Eugen: Einführung in das Datenschutzrecht, 3. Aufl. München/Wien 1998.

TRÖNDLE, Herbert/FISCHER, Thomas: Strafgesetzbuch und Nebengesetze, 51. Aufl., München 2003.

UMBACH, Dieter C./CLEMENS, Thomas: Grundgesetz, Mitarbeiterkommentar und Handbuch, Band I, 1. Aufl., Heidelberg 2002.

VAN DEN DAELE, Wolfgang: Freiheiten gegenüber Technikoptionen – Zur Abwehr und Begründung neuer Techniken durch subjektive Rechte, Kritische Vierteljahresschrift für Gesetzgebung und Rechtswissenschaft 1991, 257-278.

Ders.: Mensch nach Maß? Ethische Probleme der Genmanipulation und Gentherapie, München 1985.

VESTING, Jan-W.: Ärztliches Standesrecht: Instrumentarium zur Regelung der Gentherapie?, Neue juristische Wochenschrift 1997, 1605-1608.

Ders.: Somatische Gentherapie – Regelung und Regulierungsbedarf in Deutschland, Zeitschrift für Rechtspolitik 1997, 21-26.

VILLIGER, Mark E.: Handbuch der Europäischen Menschenrechtskonvention (EMRK) – unter besonderer Berücksichtigung der schweizerischen Rechtslage, 2. Aufl., Zürich 1999.

VITZTHUM, Wolfgang Graf: Gentechnik und Grundgesetz – Eine Zwischenbilanz, in: Das akzeptierte Grundgesetz, Festschrift für Günter Dürig zum 70. Geburtstag, hrsg. von Hartmut Maurer, München 1990, 185-206.

Ders.: Gentechnologie und Menschenwürdeargument, Zeitschrift für Rechtspolitik 1987, 33-37.

Ders.: Die Menschenwürde als Verfassungsbegriff, Juristen Zeitung 1985, 201-209.

VOGEL, Walther: Molekulargenetik und genetische Beratung: Zeit zu handeln, in: Welche Gesundheit wollen wir?, Dilemmata des medizinischen Fortschritts, hrsg. von Elisabeth Beck-Gernsheim, Frankfurt a. M. 1995, 90 ff.

VOLLMER, Silke: Genomanalyse und Gentherapie, Diss. Konstanz 1989.

VULTEJUS, Ulrich: Informationelle Selbstbestimmung auch bei Genen, Zeitschrift für Rechtspolitik 2002, 70-71.

Ders.: Bioethik, Zeitschrift für Rechtspolitik 1995, 47-49.

WAGNER, Hellmut/MORSEY, Benedikt: Rechtsfragen der somatischen Gentherapie, Neue juristische Wochenschrift 1996, 1565-1570.

WERBER, Manfred: Versicherungsrechtliche Fragen um AIDS, Zeitschrift für die gesamte Versicherungswissenschaft 1991, 187-202.

WESSELS, Johannes/BEULKE, Werner: Strafrecht Allgemeiner Teil, 32. Aufl., Heidelberg 2002.

WIESE, Günther: Genetische Analysen und Arbeitsschutz, Betriebsberater 1994, 1209-1213.

Ders.: Genetische Analysen und Rechtsordnung, unter besonderer Berücksichtigung des Arbeitsrechts, 1. Aufl. Neuwied/Kriftel/Berlin 1994.

Ders.: Genetische Analysen an Arbeitnehmern, Datenschutz und Datensicherung 1993, 274-280.

Ders.: Gibt es ein Recht auf Nichtwissen? – Dargestellt am Beispiel der genetischen Veranlagung von Arbeitnehmern, in: Festschrift für Hubert Niederländer zum siebzigsten Geburtstag am 10. Februar 1991 hrsg. von Eric Jayme, Adolf Laufs, Karlheinz Misera, Gert Reinhart, Rolf Serick Heidelberg 1991.

Ders.: Genetische Analyse an Arbeitnehmern, Recht der Arbeit 1986, 120-130.

Ders.: Persönlichkeitsrechtliche Grenzen sozialpsychologischer Experimente, Festschrift für Konrad Duden zum 70. Geburtstag hrsg. von H.-M. Pawlowski/Günther Wiese/Günther Wüst, München 1977, 719-747.

WINTER, Stefan: Gesundheitspolitische Analyse der Europäischen Menschenrechtskonvention zur Biomedizin, in: Das Übereinkommen über Menschenrechte und Biomedizin des Europarates, Argumente für einen Beitritt, Ludger Honnefelder/Jochen Taupitz/Stefan Winter, hrsg. von der Konrad-Adenauer-Stiftung, Sankt Augustin 1999, 33-44.

WINTER, Stefan/FENGER, Hermann/SCHREIBER, Hans-Ludwig: Genmedizin und Recht, Rahmenbedingungen und Regelungen für Forschung, Entwicklung, Klinik, Verwaltung, München 2001.

WOLFSLAST, Gabriele: Einwilligungsfähigkeit im Lichte der Bioethik-Konvention, Kritische Vierteljahresschrift für Gesetzgebung und Rechtswissenschaft 1998, 74-87.

ZERRES, Klaus: The Role of Genetic Disposition in Human Health and Disease – The role of the Analysis of the Human Genome, in: Ethics of Human Genome Analysis, European Perspectives, hrsg. von Hille Haker, Richard Hearn und Klaus Steigleder, Tübingen 1993, 30-40.

ZIPPELIUS, Reinhold: Bonner Kommentar zum Grundgesetz, Band 1, Einleitung bis Art. 5, hrsg. von Rudolf Dolzer und Klaus Vogel, Loseblatt, Heidelberg, Stand Mai 2001.

Quellenverzeichnis

BUNDESÄRZTEKAMMER: Richtlinien zur pränatalen Diagnostik von Krankheiten und Krankheitsdispositionen, abgedruckt in: Deutsches Ärzteblatt 1998, A 3236- A 3242.

Dies.: Richtlinien zur Diagnostik der genetischen Disposition für Krebserkrankungen, abgedruckt in: Deutsches Ärzteblatt 1998, A 1396- A 1403.

Dies.: Richtlinien zum Gentransfer in menschliche Körperzellen (Bundesärztekammer 1995), abgedruckt in: Deutsches Ärzteblatt 1995 B 583- B 588.

Dies.: Richtlinien zur Gentherapie beim Menschen (Bundesärztekammer 1989b) abgedruckt in: Keller/Günther/Kaiser, Kommentar zum Embryonenschutzgesetz, 1992, Anhang 5.

Dies.: (Muster-) Berufsordnung für die deutschen Ärztinnen und Ärzte - MBO-Ä 1997- in der Fassung der Beschlüsse des 100. Deutschen Ärztetages 1997 in Eisenach, geändert durch die Beschlüsse des 103. Deutschen Ärztetages 2000 in Köln, abgedruckt in: Deutsches Ärzteblatt, Sonderdruck.

Dies.: Memorandum: Genetisches Screening, Erstes Beratungsergebnis des Ständigen Arbeitskreises „Biomedizinische Ethik und Technologiefolgenabschätzung" beim Wissenschaftlichen Beirat der Bundesärztekammer, abgedruckt in: W. Eberbach/P. Lange/M. Ronellenfitsch (Hrsg.) Recht der Gentechnik und Biomedizin, Kommentar und Materialien, Band 3, Loseblatt Stand August 2001 (Heidelberg), Teil II. F, s.a. DÄBL 1992, A 2317 ff., B 1433 ff..

BERUFSVERBAND MEDIZINISCHE GENETIK e.V. und
DEUTSCHE GESELLSCHAFT FÜR HUMANGENETIK e.V.: Leitlinien zur Erbringung humangenetischer Leistungen: 1. Leitlinien zur genetischen Beratung, Medizinische Genetik 1996, 8, Sonderbeilage 1-2.

Ders.: Grundpositionen zu Fragen der genetischen Diagnostik der Deutschen Gesellschaft für Humangenetik e.V. und des Berufsverbandes Medizinische Genetik e.V., in: Medizinische Genetik 1996, 8, 125-131.

BUNDESMINISTERIUM FÜR FORSCHUNG UND TECHNOLOGIE UND BUNDESMINISTERIUM DER JUSTIZ: In-vitro-Fertilisation, Genomanalyse und Gentherapie Bericht der gemeinsamen Arbeitsgruppe des Bundesministers für Forschung und Technologie und des Bundesministers der Justiz, hrsg. vom Bundesminister für Forschung und Technologie, München 1985, Reihe Gentechnologie, Chancen und Risiken.

BUNDESMINISTERIUM FÜR GESUNDHEIT, ETHIK- BEIRAT BEIM BMG: Prädiktive Gentests. Eckpunkte für eine ethische und rechtliche Orientierung, November 2000.

BUNDESMINISTERIUM DER JUSTIZ: Das Übereinkommen zum Schutz der Menschenrechte und der Menschenwürde im Hinblick auf die Anwendung von Biologie und Medizin – Übereinkommen über Menschenrechte und Biomedizin – des Europarats vom 4. April 1997 - Information zu Entstehungsgeschichte, Zielsetzung und Inhalt, 1998.

BIOETHIK-KOMMISSION DES LANDES RHEINLAND-PFALZ: Bericht der Bioethik-Kommission des Landes Rheinland-Pfalz vom 20.07. 1999: „Präimplantationsdiagnostik – Thesen zu den medizinischen, rechtlichen und ethischen Problemstellungen", Ministerium der Justiz Rheinland-Pfalz.

Dies.: Humangenetik - Thesen zur Genomanalyse und Gentherapie, Bericht der Ethik-Kommission des Landes Rheinland-Pfalz, hrsg. von Peter Caesar, Justizminister des Landes Rheinland-Pfalz.

DER BUNDESBEAUFTRAGTE FÜR DEN DATENSCHUTZ: 62. Konferenz der Datenschutzbeauftragten des Bundes und der Länder, Münster, 24.-26. Oktober 2001, Entschließung, Gesetzliche Regelung von genetischen Untersuchungen, Vorschläge zur Sicherung der Selbstbestimmung bei genetischen Untersuchungen, siehe auch im Internet: www.bfd.bund.de/ information/DS-Konferenzen/62dsk_ent7.html .

Ders.: 62. Konferenz der Datenschutzbeauftragten des Bundes und der Länder, Münster, 24.-26. Oktober 2001, Anlage zur Entschließung Gesetzliche Regelung von genetischen Untersuchungen, Vorschläge zur Sicherung der Selbstbestimmung bei genetischen Untersuchungen, siehe auch im Internet: www.bfd.bund.de/information/DS-Konferenzen/62dsk_ent7anl.html

DEUTSCHER BUNDESTAG: Beschlußempfehlung und Bericht des Ausschusses für Forschung und Technologie, Vorschlag der Kommission für eine Entscheidung des Rates über ein spezifisches Forschungsprogramm im Gesundheitsbereich: Prädiktive Medizin: Analyse des menschlichen Genoms (1989-1991) vom 24.11. 1988, BT-Drucks. 11/3555.

Ders.: Gesetzesentwurf der Bundesregierung, Entwurf eines Gesetzes über Sicherheit und Gesundheitsschutz bei der Arbeit (Arbeitsschutzrahmengesetz – ArbSchRG) v. 03.02. 1994, BT-Durcks. 12/6752.

Ders.: Protokoll des Rechtsausschusses des Deutschen Bundestages vom 17.05. 1995, Anhörung zur Bioethik-Konvention.

Ders.: Beschlußempfehlung und Bericht des Rechtsausschusses zu dem Antrag der Abgeordneten Robert Anretter et al. – Entwurf einer Bioethik-Konvention des Europarats, v. 27.06. 1995, BT-Drucks. 13/1816.

Ders.: Unterrichtung durch die Bundesregierung, Bericht über den Verhandlungsstand des Menschenrechtsübereinkommens zur Biomedizin (früher: Bioethik-Konvention), BT-Drucks. 13/5435 v. 21.08. 1996.

Ders.: Kleine Anfrage der Abgeordneten Petra Bläss et al., Biomedizin-Konvention und fremdnützige Eingriffe an einwilligungsunfähigen Menschen, BT-Drucks. 13/8404 v. 13.08. 1997.

Ders.: Antwort der Bundesregierung auf die Kleine Anfrage der Abgeordneten Robert Anretter et al. (Bt-Drucks. 13/9520), BT-Drucks. 13/9577 v. 06.01. 1998.

Ders.: Antrag der Abgeordneten Dr. Wolfgang Wodarg, Volker Beck, Hubert Hüppe u.v.a. 13. Wahlperiode 02.07. 1998.

Ders.: Antrag der Abgeordneten Katharina Reiche, Dr. Maria Böhmer, Horst Seehofer u.v.a. und der Fraktion der CDU/CSU 14. Wahlperiode 03.07. 2001, Anwendung von Gentests in Medizin und Versicherungen, BT-Drucks. 14/6640.

Ders.: Protokoll der 113. Sitzung des Rechtsausschusses vom 25. März 1998: Öffentliche Anhörung zu dem Übereinkommen zum Schutz der Menschenrechte und Menschenwürde im Hinblick auf die Anwendung von Biologie und Medizin: Übereinkommen über Menschenrechte und Biomedizin vom 4. April 1997.

ENQUÊTE-KOMMISSION „CHANCEN UND RISIKEN DER GENTECHNOLOGIE": Bericht v. 06.01. 1987, BT-Drucksache 10/6775.

ENQUÊTE-KOMMISSION „RECHT UND ETHIK DER MODERNEN MEDIZIN": Einsetzungsantrag v. 22.03.2000, BT-Drucks. 14/3011.

Dies.: Dirk Lanzerath, Der Umgang mit prädiktivem Wissen in der genetischen Diagnostik – Ethische Aspekte unter besonderer Berücksichtigung des Krankheitsbegriffs schriftliche Eingabe zur öffentlichen Anhörung von Sachverständigen zum Thema: Folgen der genetischen Diagnostik, 16.10. 2000.

Dies.: Stephan Kruip, Folgen der genetischen Diagnostik: Entsolidarisierung durch Recht auf Wissen, Schriftliche Stellungnahme zur öffentlichen Anhörung, 16.10. 2000.

Dies.: Klaus Zerres, stand der Technik und der Forschung, Wortprotokoll der 9. Sitzung am 16.10. 2000, öffentliche Anhörung von Sachverständigen zum Thema „Folgen der genetischen Diagnostik".

Dies.: Schlußbericht v. 14.05. 2002, BT-Drucks. 14/9020.

BUNDESTAGSFRATION „DIE GRÜNEN": Entwurf eines Gesetzes zur Regelung von Analysen des menschlichen Erbgutes (Gentest-Gesetz, GTG), Stand 04.10. 2001.

BUND-LÄNDER-ARBEITSGRUPPE „SOMATISCHE GENTHERAPIE": Abschlußbericht, abgedruckt in: W. Eberbach/P. Lange/M. Ronellenfitsch (Hrsg.) Recht der Gentechnik und Biomedizin, Kommentar und Materialien, Band 4, Loseblatt Stand: September 2002 (Heidelberg).

Dies.: Abschlußbericht der Bund-Länder-Arbeitsgruppe „Somatische Gentherapie": Zusammenfassung der Aussagen und Empfehlungen der Bund-Länderarbeitsgruppe „somatische Gentherapie", in: Neue juristische Wochenschrift 1998, 2728-2729.

BUND-LÄNDER-ARBEITSGRUPPE „GENOMANALYSE": Abschlußbericht, Mai 1990, abgedruckt in: W. Eberbach/P. Lange/ M. Ronellenfitsch (Hrsg.) Recht der Gentechnik und Biomedizin, Kommentar und Materialien, Band 4, Loseblatt Stand: September 2002 (Heidelberg), Teil II. F.

DEUTSCHER BUNDESRAT: Entschließung des Bundesrates gegen die Verwertung von Genomanalysen in der Privatversicherung, BR-Drucks. 530/00 v. November 2000.

Ders.: Entschließung des Bundesrats zur Anwendung gentechnischer Methoden am Menschen, BR-Drucks. 424/92 v. 16.10. 1992.

Ders.: Bundesrat zum ersten Entwurf einer Bioethik-Konvention, Verbesserungsvorschläge und Kritik, BR-Drucks. 117/95, v. 20.02. 1995.

Ders.: Bericht der Bundesregierung über den Verhandlungsstand des Menschenrechtsübereinkommens zur Biomedizin, BR-Drucks. 617/96 v. 14.08. 1996.

DEUTSCHER RICHTERBUND: Menschenwürde oberster Maßstab, Thesen des Deutschen Richterbundes zur Fortpflanzungsmedizin und zur Humangenetik – Beschluß der Bundesvertreterversammlung, in: Deutsche Richterzeitung 1986, 229-230.

Ders.: Bioethik-Konvention stößt auf Kritik, in: Deutsche Richterzeitung 1995, 149-152.

DEUTSCHE FORSCHUNGSGEMEINSCHAFT: Perspektiven der Genomforschung, Stellungnahme vom 26. Mai 1999, in: Humangenomforschung, hrsg. von der Senatskommission für Grundsatzfragen der Genforschung der Deutschen Forschungsgemeinschaft, Mitteilung 2, Weinheim 2000, 18-36.

Dies.: Humangenomforschung und prädiktive genetische Diagnostik: Möglichkeiten – Grenzen – Konsequenzen, Stellungnahme vom 20. Juni 1999, in : Humangenomforschung, hrsg. von der Senatskommission für Grundsatzfragen der Genforschung der Deutschen Forschungsgemeinschaft, Mitteilung 2, Weinheim 2000, 37-66.

EUROPÄISCHES PARLAMENT: Bericht über den Entwurf eines Übereinkommens zum Schutz der Menschenrechte und Menschenwürde hinsichtlich der Anwendung von Biologie und Medizin - Bioethik-Konvention; Ausschuß für Recht und Bürgerrechte des europäischen Parlaments- Stellungnahme A4-0190/96 vom 7. Juni 1996.

Dass.: Stellungnahme der Parlamentarischen Versammlung des Europarates zum Entwurf einer „Bioethik-Konvention", Stellungnahme 184 (1995), Beschluß der Parlamentarischen Versammlung des Europarats vom 2. Februar 1995, abgedruckt in: Jahrbuch für Wissenschaft und Ethik 1996, 291-295.

Dass.: Entschließung zum Schutz der Menschenrechte und Menschenwürde hinsichtlich der Anwendung von Biologie und Medizin, B4-1029, 1084, 1085/96 vom 20.09. 1996.

Dass.: Nichtständiger Ausschuß für Humangenetik und andere Technologien in der modernen Medizin, Anhörung vom 26.3.2001, Daniel Sarrao, Postnatale Gentests.

Dass.: Temporary Committee on the Human Genetics and other new technologies of modern medicine, Komitee zum Schutz der Menschenwürde, Schweiz, Statement for the Public EP Hearing on Human Genetics with the Civil Society on 9 and 10 July 2001; siehe auch im Internet: www.europarl.eu.int/comparl/tempcom/genetics/contributions/contri_kom itee.de.pdf.

EUROPARAT: Das Übereinkommen zum Schutz der Menschenrechte und Menschenwürde im Hinblick auf die Anwendung von Biologie und Medizin: Übereinkommen über Menschenrechte und Biomedizin vom 4. April 1997 des Europarats.
Englische Fassung und deutsche Übersetzung abgedruckt bei Deutsch Medizinrecht Rn 1033 oder Jahrbuch für Wissenschaft und Ethik 1997, 285-303.

Ders.: Erläuternder Bericht zu dem Übereinkommen der Menschenrechte und Menschenwürde im Hinblick auf die Anwendung von Biologie und Medizin: Übereinkommen über Menschenrechte und Biomedizin, 1997, DIR/JUR (97) 5.

Ders.: Explanatory Report to the Convention for the protection of human rights and dignity of the human being with regard to the application of biology and medicine: Convention on human rights and biomedicine, 1997, DIR/JUR (97)1.

Ders.: Draft convention for the protection of human rights and dignity of the human being with regard to the application of biology and medicine: Bioethics convention and explanatory report, DIR/JUR (94) 2 and DIR/JUR (94) 3, Strasbourg July 1994; auch abgedruckt in: BR-Drucksache 117/95 v. 20.02. 1995; siehe auch zu diesem ersten Entwurf: Entwurf einer „Bioethik-Konvention" des Europarats Juli 1994, abgedruckt in: Jahrbuch für Wissenschaft und Ethik 1996, 277-289.

Ders.: Entwurf eines Übereinkommens zum Schutz der Menschenwürde, Menschenrechtsübereinkommen zur Biomedizin, Rechtsabteilung des Europarats, Straßburg, Juni 1996, DIR/JUR (96) 7.

Ders.: Zusatzprotokoll zum Übereinkommen zum Schutz der Menschenrechte und Menschenwürde im Hinblick auf die Anwendung von Biologie und Medizin über das Verbot des Klonens von menschlichen Lebewesen vom 12. Januar 1998, abgedruckt in: Jahrbuch für Wissenschaft und Ethik 1998, 331-338.

Ders.: Erläuternder Bericht zum Zusatzprotokoll über das Verbot des Klonens abgedruckt in Jahrbuch für Wissenschaft und Ethik 1998, 335-338.

Ders.: Lenkungsausschuß für Bioethik: Entwurf eines Zusatzprotokolls zum Übereinkommen über Menschenrechte und Biomedizin über biomedizinische Forschung, Lenkungsausschuß für Bioethik, CDBI/INF (2001) 5, Straßburg, 18.07.2001, Arbeitsübersetzung des Bundesministeriums der Justiz.

Ders.: Lenkungsausschuß, Arbeitsgruppe für biomedizinische Forschung: Entwurf Erläuternden Berichts zum Entwurf eines Zusatzprotokolls zum Übereinkommen über Menschenrechte und Biomedizin über biomedizinische Forschung, CDBI (2001) 7, Straßburg, 31. August 2001, Arbeitsübersetzung des Bundesministeriums der Justiz.

Ders.: Lenkungsausschuß für Bioethik (CDBI), Entwurf eines Zusatzprotokolls zu dem Übereinkommen zum Schutz der Menschenrechte und der Menschenwürde im Hinblick auf die Anwendung von Biologie und Medizin über die Transplantation von Organen und Geweben menschlichen Ursprungs, Straßburg 3. Februar 1999, CDBI/INF (99) 2, Arbeitsübersetzung der Bundesregierung.

Ders.: Lenkungsausschuß für Bioethik (CDBI), Entwurf eines erläuternden Berichts zum Entwurf eines Zusatzprotokolls zum Übereinkommen über Menschenrechte und Biomedizin über die Transplantation von Organen und Geweben menschlichen Ursprungs, Straßburg 3. Februar 1999, CDBI/INF (99) 2, Arbeitsübersetzung der Bundesregierung.

Ders.: Steering Committee on Bioethics (CDBI), Additional Protocol to the Convention on Human Rights and Biomedicine, on Transplantation of Organs and Tissues of Human Origin, Strasbourg, 24. January 2002, s.a. im Internet: http://conventions.coe.int/treaty/en/Html/186.htm.

Ders.: Explanatory Report to the Additional Protocol to the Convention on Human Rights and biomedicine, concerning transplantation of organs and tissues of human origin, 8. November 2001, ETS No. 186, s.a. im Internet: http://conventions.coe.int/treaty/en/Reports/Html/186.htm.

Ders.: Steering Committee on Bioethics (CDBI), Working Party on Human Genetics, Strasbourg, 27. October 1997, DIR/JUR (97)13.

Ders.: Europaratskonvention Nr. 108, Übereinkommen zum Schutz des Menschen bei der automatischen Verarbeitung personen-bezogener Daten vom 28. Januar 1981.

Ders.: Steering Committee on Bioethics, (CDBI), Convention on the protection of human rights and dignity of the human being with regard to the application of biology and medicine: Convention on human rights and biomedicine (Ets. No. 164), Preparatory work on the Convention, Strasbourg, 1.3. 2000, CDBI/INF (2000) 1, provisional.

COUNCIL OF EUROPE, COMMITTEE OF MINISTERS: Recommendation No. (83) 10 on the protection of personal data used for scientific research and statistics, 23.9. 1983.

Dass.: Recommendation No. R (90) 3 concerning medical research on human beings, in: Texts of the Council of Europe on Bioethical matters, Directorate of Legal Affairs, Strasbourg 1993, 49-52.

Dass.: Recommendation No. R (90) 13 on prenatal genetic screening, prenatal genetic diagnosis and associated genetic counselling, in: Texts of the Council of Europe on Bioethical matters, Directorate of Legal Affairs, Strasbourg 1993, 53-55.

Dass.: Recommendation No. R (92) 1 on the use of analyses of deoxyribonucleic acid (DNA) within the framework of criminal justice system, in: Texts of the Council of Europe on Bioethical matters, Directorate of Legal Affairs, Strasbourg 1993, 56-58.

Dass.: Recommendation No. R (92) 3 on genetic testing and screening for health care purposes, in: Texts of the Council of Europe on Bioethical matters, Directorate of Legal Affairs, Strasbourg 1993, 59-62.

Dass.: Recommendation No. R (97) 5 on the protection of medcical data, vom 13.02. 1997, siehe im Internet: www. cm.coe.int/ta/rec/1997/97r5.html

PARLAMENTARISCHE VERSAMMLUNG DES EUROPARATS: Stellungnahme der Parlamentarischen Versammlung des Europarats zum Entwurf einer „Bioethik-Konvention", in: Jahrbuch für Wissenschaft und Ethik 1996, 291-295.

GESAMTVERBAND DER DEUTSCHEN VERSICHERUNGSWIRTSCHAFT: Positionen Nr. 19 – Dezember 2000; siehe auch im Internet: www.gdv.de/presseservice/12015.htm

Ders.: Freiwillige Selbstverpflichtung der Mitgliedsunternehmen des Gesamtverbandes der Deutschen Versicherungswirtschaft e.V., 7.11. 2001; Pressemitteilung vom 7.11. 2001: Versicherungen in der Verantwortung für Gentests: GDV Mitgliedsunternehmen legen freiwillige Selbstverpflichtung vor (PD-Nr. 41/2001), siehe auch im Internet: www.gdv.de/presseservice/15801.htm

INTERNATIONAL HUNTINGTON ASSOCIATION, WORLD FEDERATION OF NEUROLOGY: Guidelines for the molecular genetic predictice test in Huntington's disease, abgedruckt in: Journal Medical Genetics 1994, 555-559; oder Neurology 1994, 1533-1536.

MAX-PLANCK-INSTITUT FÜR AUSLÄNDISCHES UND INTERNATIONALES PRIVATRECHT: Genomanalyse und Privatversicherung, der Stellungnahme, in: Rabels Zeitschrift für ausländisches und internationales Privatrecht 2002, 116-139.

SCHWEIZERISCHE EIDGENOSSENSCHAFT, BUNDESVERSAMMLUNG: Bundesgesetz über genetische Untersuchungen am Menschen; Vorentwurf September 1998, abgedruckt in: Zeitschrift für schweizerisches Recht 1998, 473-486.

UNESCO: Allgemeine Erklärung über das menschliche Genom und die Menschenrechte der UNESCO abgedruckt in: Jahrbuch für Wissenschaft und Ethik 1998, 213-223.

WELTÄRZTEBUND: Deklaration des Weltärztebundes von Helsinki (Revidierte Deklaration von Helsinki), 1996, abgedruckt in: E. Deutsch, Medizinrecht, 1999 Rn 1032.

Ders.: Revidierte Deklaration des Weltärztebundes von Helsinki über die Rechte des Patienten, 1995, abgedruckt in E. Deutsch, Medizinrecht 1999, Rn 1031.

WELTGESUNDHEITSORGANISATION: Proposed International Guidelines on Ethical Issues in Medical Genetics and Genetic Services, Report of a WHO Meeting on Ethical Issues in Medical Genetics, Geneva, 15.-16.12.1997. Siehe auch im Internet: www.who.int/ncd/hgn/hgnethhic.htm .

Die Reihe RECHT UND MEDIZIN wird von den Professoren Deutsch (Göttingen), Laufs (Heidelberg) und Schreiber (Göttingen) herausgegeben. Ihre Aufgabe ist es, Monographien und Dissertationen auf dem Gebiet des medizinischen Rechts zu veröffentlichen. Dieses Gebiet, das an Bedeutung noch zunehmen wird, umfaßt auf der juristischen Seite sowohl zivilrechtliche als auch straf- und öffentlich-rechtliche Fragestellungen. Die Fragen können von der juristischen oder von der medizinischen Seite aus untersucht werden. Übergreifendes Ziel ist es, den medizin-rechtlichen Fragen nicht etwa ein gängiges juristisches Denkschema überzuwerfen, sondern die besonderen Probleme der Regelung medizinischer Sachverhalte eigenständig aufzufassen und darzustellen.

Die Adressen der drei Herausgeber sind:

Prof. Dr. Dr. h.c. Erwin Deutsch (Zivilrecht und Rechtsvergleichung)
Höltystraße 8
37085 Göttingen

Prof. Dr. Dr. h.c. Adolf Laufs (Zivilrecht und Rechtsgeschichte)
Kohlackerweg 12
69151 Neckargemünd

Prof. Dr. Dr. h.c. Hans-Ludwig Schreiber (Strafrecht und Rechtstheorie)
Grazer Str. 14
30519 Hannover

RECHT UND MEDIZIN

Band 1   Erwin Deutsch: Das Recht der klinischen Forschung am Menschen. Zulässigkeit und Folgen der Versuche am Menschen, dargestellt im Vergleich zu dem amerikanischen Beispiel und den internationalen Regelungen. 1979.

Band 2   Thomas Carstens: Das Recht der Organtransplantation. Stand und Tendenzen des deutschen Rechts im Vergleich zu ausländischen Gesetzen. 1979.

Band 3   Moritz Linzbach: Informed Consent. Die Aufklärungspflicht des Arztes im amerikanischen und im deutschen Recht. 1980.

Band 4   Volker Henschel: Aufgabe und Tätigkeit der Schlichtungs- und Gutachterstellen für Arzthaftpflichtstreitigkeiten. 1980.

Band 5   Hans Lilie: Ärztliche Dokumentation und Informationsrechte des Patienten. Eine arztrechtliche Studie zum deutschen und amerikanischen Recht. 1980.

Band 6   Peter Mengert: Rechtsmedizinische Probleme in der Psychotherapie. 1981.

Band 7   Hazel G.S. Marinero: Arzneimittelhaftung in den USA und Deutschland. 1982.

Band 8   Wolfram Eberbach. Die zivilrechtliche Beurteilung der *Humanforschung*. 1982.

Band 9   Wolfgang Deuchler: Die Haftung des Arztes für die unerwünschte Geburt eines Kindes ("wrongful birth"). Eine rechtsvergleichende Darstellung des amerikanischen und deutschen Rechts. 1984.

Band 10 Hermann Schünemann: Die Rechte am menschlichen Körper. 1985.

Band 11 Joachim Sick: Beweisrecht im Arzthaftpflichtprozeß. 1986.

Band 12 Michael Pap: Extrakorporale Befruchtung und Embryotransfer aus arztrechtlicher Sicht; insbesondere: Der Schutz des werdenden Lebens in vitro. 1987.

Band 13 Sabine Rickmann: Zur Wirksamkeit von Patiententestamenten im Bereich des Strafrechts. 1987.

Band 14 Joachim Czwalinna: Ethik-Kommissionen - Forschungslegitimation durch Verfahren. 1987.

Band 15 Günter Schirmer: Status und Schutz des frühen Embryos bei der *In-vitro*-Fertilisation. Rechtslage und Diskussionsstand in Deutschland im Vergleich zu den Ländern des angloamerikanischen Rechtskreises. 1987.

Band 16 Sabine Dönicke: Strafrechtliche Aspekte der Katastrophenmedizin. 1987.

Band 17 Erwin Bernat: Rechtsfragen medizinisch assistierter Zeugung. 1989.

Band 18 Hartmut Schulz: Haftung für Infektionen. 1988.

Band 19 Herbert Harrer: Zivilrechtliche Haftung bei durchkreuzter Familienplanung. 1989.

Band 20 Reiner Füllmich: Der Tod im Krankenhaus und das Selbstbestimmungsrecht des Patienten. Über das Recht des nicht entscheidungsfähigen Patienten, künstlich lebensverlängernde Maßnahmen abzulehnen. 1990.

Band 21 Franziska Knothe: Staatshaftung bei der Zulassung von Arzneimitteln. 1990.

Band 22 Bettina Merz: Die medizinische, ethische und juristische Problematik artifizieller menschlicher Fortpflanzung. Artifizielle Insemination, In-vitro-Fertilisation mit Embryotransfer und die Forschung an frühen menschlichen Embryonen. 1991.

Band 23 Ferdinand van Oosten: The Doctrine of Informed Consent in Medical Law. 1991.

Band 24 Stephan Cramer: Genom- und Genanalyse. Rechtliche Implikationen einer "Prädiktiven Medizin". 1991.

Band 25 Knut Schulte: Das standesrechtliche Werbeverbot für Ärzte unter Berücksichtigung wettbewerbs- und kartellrechtlicher Bestimmungen. 1992.

Band 26 Young-Kyu Park: Das System des Arzthaftungsrechts. Zur dogmatischen Klarstellung und sachgerechten Verteilung des Haftungsrisikos. 1992.

Band 27 Angela Könning-Feil: Das Internationale Arzthaftungsrecht. Eine kollisionsrechtliche Darstellung auf sachrechtsvergleichender Grundlage. 1992.

Band 28 Jutta Krüger: Der Hamburger Barmbek/Bernbeck-Fall. Rechtstatsächliche Abwicklung und haftungsrechtliche Aspekte eines medizinischen Serienschadens. 1993.

Band 29 Alexandra Goeldel: Leihmutterschaft – eine rechtsvergleichende Studie. 1994.

Band 30 Thomas Brandes: Die Haftung für Organisationspflichtverletzung. 1994.

Band 31 Winfried Grabsch: Die Strafbarkeit der Offenbarung höchstpersönlicher Daten des ungeborenen Menschen. 1994.

Band 32 Jochen Markus: Die Einwilligungsfähigkeit im amerikanischen Recht. Mit einem einleitenden Überblick über den deutschen Diskussionsstand. 1995.

Band 33 Meltem Göben: Arzneimittelhaftung und Gentechnikhaftung als Beispiele modernen Risikoausgleichs mit rechtsvergleichenden Ausblicken zum türkischen und schweizerischen Recht. 1995.

Band 34 Regine Kiesecker: Die Schwangerschaft einer Toten. Strafrecht an der Grenze von Leben und Tod – Der Erlanger und der Stuttgarter Baby-Fall. 1996.

Band 35 Doris Voll: Die Einwilligung im Arztrecht. Eine Untersuchung zu den straf-, zivil- und verfassungsrechtlichen Grundlagen, insbesondere bei Sterilisation und Transplantation unter Berücksichtigung des Betreuungsgesetzes. 1996.

Band 36 Jens-M. Kuhlmann: Einwilligung in die Heilbehandlung alter Menschen. 1996.

Band 37 Hans-Jürgen Grambow: Die Haftung bei Gesundheitsschäden infolge medizinischer Betreuung in der DDR. 1997.

Band 38 Julia Röver: Einflußmöglichkeiten des Patienten im Vorfeld einer medizinischen Behandlung. Antezipierte Erklärung und Stellvertretung in Gesundheitsangelegenheiten. 1997.

Band 39 Jens Göben: Das Mitverschulden des Patienten im Arzthaftungsrecht. 1998.

Band 40 Hans-Jürgen Roßner: Begrenzung der Aufklärungspflicht des Arztes bei Kollision mit anderen ärztlichen Pflichten. Eine medizinrechtliche Studie mit vergleichenden Betrachtungen des nordamerikanischen Rechts. 1998.

Band 41 Meike Stock: Der Probandenschutz bei der medizinischen Forschung am Menschen. Unter besonderer Berücksichtigung der gesetzlich nicht geregelten Bereiche. 1998.

Band 42 Susanne Marian: Die Rechtsstellung des Samenspenders bei der Insemination / IVF. 1998.

Band 43 Maria Kasche: Verlust von Heilungschancen. Eine rechtsvergleichende Untersuchung. 1999.

Band 44 Almut Wilkening: Der Hamburger Sonderweg im System der öffentlich-rechtlichen Ethik-Kommissionen Deutschlands. 2000.

Band 45 Jonela Hoxhaj: Quo vadis Medizintechnikhaftung? Arzt-, Krankenhaus- und Herstellerhaftung für den Einsatz von Medizinprodukten. 2000.

Band 46 Birgit Reuter: Die gesetzliche Regelung der aktiven ärztlichen Sterbehilfe des Königreichs der Niederlande – ein Modell für die Bundesrepublik Deutschland? 2001. 2. durchgesehene Auflage 2002.

Band 47 Klaus Vosteen: Rationierung im Gesundheitswesen und Patientenschutz. Zu den rechtlichen Grenzen von Rationierungsmaßnahmen und den rechtlichen Anforderungen an staatliche Vorhaltung und Steuerung im Gesundheitswesen. 2001.

Band 48 Bong-Seok Kang: Haftungsprobleme in der Gentechnologie. Zum sachgerechten Schadensausgleich. 2001.

Band 49 Heike Wachenhausen: Medizinische Versuche und klinische Prüfung an Einwilligungsunfähigen. 2001.

Band 50 Thomas Hasenbein: Einziehung privatärztlicher Honorarforderungen durch Inkassounternehmen. 2002.

Band 51 Oliver Nowak: Leitlinien in der Medizin. Eine haftungsrechtliche Betrachtung. 2002.

Band 52 Christina Herrig: Die Gewebetransplantation nach dem Transplantationsgesetz. Entnahme – Lagerung – Verwendung unter besonderer Berücksichtigung der Hornhauttransplantation. 2002.

Band 53 Matthias Nagel: Passive Euthanasie. Probleme beim Behandlungsabbruch bei Patienten mit apallischem Syndrom. 2002.

Band 54 Miriam Ina Saati: Früheuthanasie. 2002.

Band 55 Susanne Schneider: Rechtliche Aspekte der Präimplantations- und Präfertilisationsdiagnostik. 2002.

Band 56 Uta Oelert: Allokation von Organen in der Transplantationsmedizin. 2002.

Band 57 Jens Muschner: Die haftungsrechtliche Stellung ausländischer Patienten und Medizinalpersonen in Fällen sprachbedingter Mißverständnisse. 2002.

Band 58 Rüdiger Wolfrum / Peter-Tobias Stoll / Stephanie Franck: Die Gewährleistung freier Forschung an und mit Genen und das Interesse an der wirtschaftlichen Nutzung ihrer Ergebnisse. 2002.

Band 59 Frank Hiersche: Die rechtliche Position der Hebamme bei der Geburt. Vertikale oder horizontale Arbeitsteilung. 2003.

Band 60 Hartmut Schädlich: Grenzüberschreitende Telemedizin-Anwendungen: Ärztliche Berufserlaubnis und Internationales Arzthaftungsrecht. Eine vergleichende Darstellung des deutschen und US-amerikanischen Rechts. 2003.

Band 61 Stefanie Diettrich: Organentnahme und Rechtfertigung durch Notstand? Zugleich eine Untersuchung zum Konkurrenzverhältnis von speziellen Rechtfertigungsgründen und rechtfertigendem Notstand gem. § 34 StGB. 2003.

Band 62 Anne Elisabeth Stange: Gibt es psychiatrische Diagnostikansätze, um den Begriff der schweren anderen seelischen Abartigkeit in §§ 20, 21 StGB auszufüllen? 2003.

Band 63 Christiane Schief: Die Zulässigkeit postnataler prädiktiver Gentests. Die Biomedizin-Konvention des Europarats und die deutsche Rechtslage. 2003.

Band 64 Maike C. Erbsen: Praxisnetze und das Berufsrecht der Ärzte. Der Praxisverbund als neue Kooperationsform in der ärztlichen Berufsordnung. 2003.

Markus Tjaden

Genanalyse als Verfassungsproblem

Zulässigkeit genanalytischer Anwendungen im Lichte von Menschenwürde und genetischem Selbstbestimmungsrecht

Frankfurt/M., Berlin, Bern, Bruxelles, New York, Oxford, Wien, 2001. 294 S.
Studien zum Internationalen, Europäischen und Öffentlichen Recht.
Herausgegeben von Eibe Riedel. Bd. 8
ISBN 3-631-37579-4 · br. € 52.–*

Die Genanalyse kann als Paradebeispiel für das tiefgreifende Veränderungspotential der expandierenden biomedizinischen Gentechnologie dienen. Zugleich stellt sie eine außerordentliche verfassungsrechtliche Herausforderung dar. Ziel dieser Arbeit ist es, den im öffentlichen Meinungsbild und in der juristischen Literatur vorgebrachten Einwänden und Erwägungen detailliert und kritisch aus verfassungsrechtlicher Perspektive auf den Grund zu gehen. Nach einer Einführung in die naturwissenschaftlichen Grundbegriffe der Thematik und einer tiefgreifenden Aufbereitung der einschlägigen Verfassungsparameter werden die einzelnen Anwendungsbereiche der Genanalyse auf ihre einfachgesetzlichen und verfassungsrechtlichen Grenzen hin untersucht, bevor der weitere Handlungsbedarf erörtert wird.

Aus dem Inhalt: Naturwissenschaftliche Grundbegriffe der medizinischen Genanalyse · Verfassungsrechtliche Parameter für die Beurteilung der Genanalyse · Menschenwürde und Genanalyse · Recht auf genetische Selbstbestimmung · Einfachgesetzliche und verfassungsrechtliche Grenzen genanalytischer Anwendungen · Staatliche Handlungsrechte und Handlungspflichten

Frankfurt/M · Berlin · Bern · Bruxelles · New York · Oxford · Wien
Auslieferung: Verlag Peter Lang AG
Moosstr. 1, CH-2542 Pieterlen
Telefax 00 41 (0) 32 / 376 17 27

*inklusive der in Deutschland gültigen Mehrwertsteuer
Preisänderungen vorbehalten

Homepage http://www.peterlang.de